Oscar Levy · Nietzsche verstehen

OSCAR LEVY

GESAMMELTE SCHRIFTEN UND BRIEFE

Herausgegeben von Steffen Dietzsch und Julia Rosenthal

Band 1

parErga

OSCAR LEVY

Nietzsche verstehen
Essays aus dem Exil 1913–1937

Herausgegeben
von Steffen Dietzsch
und Leila Kais

PAR$_E$RGA

Bibliografische Information der Deutschen Bibliothek

Die Deutsche Bibliothek verzeichnet diese Publikation in
der Deutschen Nationalbibliografie; detaillierte
bibliografische Daten sind im Internet über
http://dnb.ddb.de abrufbar.

www.parerga.de

Erste Auflage 2005
© Parerga Verlag GmbH, Berlin
Alle Rechte vorbehalten – Printed in Germany
Satz und Umschlaggestaltung: work:at:book / Martin Eberhardt, Berlin
Herstellung: Druckhaus Köthen GmbH
ISBN 3-937262-12-1

Für Maud Rosenthal

zum
22. April 2004

Vorwort
Oscar Levy: Gesammelte Schriften und Briefe

Mit diesem Band von Oscar Levys gesammelten Nietzsche-Essays (1913–1937) wird ein dem deutschen öffentlichen Bewusstsein lange entrückter Autor wieder zugänglich gemacht.

Oscar Levy (1867–1946) kommt aus der Bildungswelt des deutschen Judentums. Er hat allerdings sehr früh schon (das wilhelminische) Deutschland verlassen, um seiner Façon gemäß selbstbestimmt, individuell, exzentrisch und urban leben zu können. Von allem Anfang an ein exemplarisch freier Geist, beflügelte er entschieden die Rezeption der Philosophie Nietzsches in seinen neuen Lebenswelten zwischen British Museum und der südlichen Landschaft Zarathustras. Im Europa der »nationalen Derwische« (Levy) war er als ein intellektueller Nomade unterwegs. Er blieb ein ewiger Außenseiter, der jedoch Seinesgleichen anzog, woraus sich fruchtbare Freundschaften entwickelten, wie exemplarisch mit Norman Douglas, Marius Paul Nicolas, Leopold Schwarzschild oder Henry Louis Mencken. Hierbei entfaltete Levy, wie nebenher, eine exzellente Briefkultur, die sich in bemerkenswerten, großen Korrespondenzen mit den ungewöhnlichsten Menschen seiner Zeit spiegelt.

Nietzsches Philosophie der Freiheit prägte lebenslang die mentale Eigenart des Schriftstellers und Essayisten Oscar Levy. Er begriff und verteidigte Nietzsches Selbstbild, demzufolge »der tiefste Geist auch der frivolste sein muß, – als beinahe die Formel für meine Philosophie.«[1] Von hier bekam Levy den nachhaltigen Gedankenimpuls, dass man im Denken und

---

1 Friedrich Nietzsche an Ferdinand Avenarius, v. 10. Dez. 1888, in: Sämtliche Briefe. Krit. Studienausgabe, hgg. von G. Colli und M. Montinari, München 1986 [im folgenden: KSB], Bd. 8, S. 516 f.

Schreiben (anders als im Leben) eine entschlossene Respektlosigkeit entwickeln sollte – gegenüber der öffentlichen Meinung und ihren jeweiligen Götzen des moralischen Konformismus, des thematischen Tabus, kurz: der *political correctness*.

Oscar Levy entwickelte eine ganz eigene Urteilskraft des ›Flaneurs‹, die die intellektuellen Grenzen des herkömmlich Erlaubten und Verbotenen, des Gebotenen und Abwegigen verschwinden lässt. Damit verstieß der mondäne Beau gegen die Etikette seiner nationalbigotten Generation, was er selber dann auch zu spüren bekam. Sein Name und sein Werk waren lange nur *Aussenseitern* gegenwärtig. Als Kosmopolit war er immer unterwegs in den geistigen Räumen des alten Europa. Dieses immer Unterwegs-sein gehörte schließlich zur ästhetischen Form seiner Exilantenexistenz: Er behielt die aristokratische Haltung bei, während er durch die Caféhäuser der europäischen Metropolen strich und gegen die feindselige Blindheit seiner Zeitgenossen angesichts des augenfälligen kulturellen Nihilismus auf beiden Seiten der weltpolitischen Waage anschrieb.

Oscar Levys Verteidigung authentischer Geisteskultur gegen die Barbarei, die sich in leidenschaftlichen Essays, Traktaten, Gedichten, Briefen und politischen Schriften äußerte, soll hier erstmals, in mehreren Bänden versammelt, präsentiert werden.

Die Präsenz ›Freier Geister‹ wie Levy war gemeint, als Nietzsche auf immer wieder mögliche Bruchstellen des guten europäischen Denkens hinwies, nämlich: »Der Himmel erbarme sich des europäischen Verstandes, wenn man den jüdischen Verstand davon abziehen wollte!«[2]

---

[2] Friedrich Nietzsche an Franziska Nietzsche, v. 19. September 1886, KSB, Bd. 7, S. 249.

Inhalt

Die Nietzsche-Bewegung in England
Ein Rückblick, ein Geständnis und ein Ausblick [1913] 11

Nietzsche im Krieg
Eine Erinnerung und eine Warnung [1919] 39

Mein Kampf um Nietzsche [1925] 51

Nietzsche und Spitteler [1925] 137

Brandes, Mussolini und Nietzsche
Eine Erinnerung und ein Briefwechsel [1927] 145

Ecce Homo
Einleitung zur englischen Ausgabe [1927] 153

Offener Brief an Frau Elisabeth Förster-Nietzsche
vom 11. Mai 1929 161

Also sprach Zarathustra
Einleitung zur englischen Taschenbuchausgabe [1932] ... 165

Nietzsches Schwester † [1935] 221

Von Nietzsche zu Nazi [1936] 225

Nochmals Heine und Nietzsche [1937] 237

›De Nietzsche à Hitler‹ [1937] 245

Nietzsche-Feier in Nizza [1937] 253

Ein Nazi contra Nietzsche [1937] 257

ANHANG

›I don't fit‹ oder
Oscar Levys europäische Nietzsche-Lektion
Nachwort von Steffen Dietzsch und Leila Kais........... 271

Danksagung 343
Zur Textgestalt 344
Siglenverzeichnis 344
Quellen 345

Personenregister................................. 349

Die Nietzsche-Bewegung in England
Ein Rückblick, ein Geständnis und ein Ausblick
[Vorwort zum Abschlussband der englischen Nietzsche-Ausgabe]
[1913]

Mit diesem achtzehnten und letzten Band der autorisierten Übersetzung der Werke Nietzsches ins Englische wird eine Arbeit zum Abschluss gebracht, deren endgültige und erfolgreiche Fertigstellung zwanzig Jahre in Anspruch genommen hat. Man schrieb das Jahr 1893, als Nietzsche erstmals namentlich in einem der Bücher des unglücklichen britischen Dichters John Davidson[1] erwähnt wurde. Im Jahr darauf veranlasste eine Gruppe deutscher, britischer und schottischer Bewunderer Nietzsches die Herausgabe einer autorisierten Fassung der Werke des deutschen Denkers, von der in den Jahren 1896 und 1897 tatsächlich drei Bände veröffentlicht wurden. Die Rezeption dieser Bücher war so entmutigend, dass von Seiten des Verlags, der kurz darauf, hauptsächlich aufgrund der erheblichen Verbindlichkeiten im Rahmen der Nietzsche-Ausgabe, seine Geschäftstätigkeit einstellen musste, keine weiteren Schritte eingeleitet werden konnten. In den darauf folgenden sechs Jahren – von 1897 bis 1903 – stellte es sich, trotz verschiedener Anstrengungen einiger unermüdlicher Glaubenskämpfer, als völlig unmöglich heraus, Nietzsche in der Öffentlichkeit, in der Presse oder bei Verlegern Gehör zu verschaffen. Ihre Hoffnungen schwanden vollends als *The Dawn of Day* [Morgenröthe] der Öffentlichkeit im Jahr 1903 vorgestellt und abermals kalt aufgenommen wurde. Aber im Jahr 1907 hatte die Gruppe wieder einigermaßen Mut gefasst und brachte, als letzten Versuch, eine Übersetzung des Buches *Jenseits von Gut und Böse* heraus – diesmal auf eigene

---

[1] John Davidson [1857–1909], stark von Nietzsche beeinflußter englischer Poet des *fin de siècle*. Vgl. *Writings of the ›Nineties‹* (ed. Derek Stanford, London/N.Y. 1971). *Fleet Street Eclogues* (1893).

Gefahr, denn es ließ sich kein Verleger dazu bewegen, einen Autor aufzugreifen, der zweimal zurückgewiesen worden war. Diese Übersetzung war beinahe zehn Jahre zuvor angefertigt worden, hatte aber bis dahin das Licht der Öffentlichkeit noch nicht erblickt, und man war davon ausgegangen, dass es dabei bleiben würde. Sie entpuppte sich als Erfolg – vielleicht nur als ein halbherziger, aber doch so, dass es die Insassen der Arche Nietzsches endlich wissen ließ, dass die Wasser der Demokratie zurückgegangen waren und zumindest einige höhere Gipfel der Menschheit die entsetzliche Flut überragten. Der Erfolg ermutigte sie, ihr altes Projekt zur Veröffentlichung der Gesamtwerke wieder aufzugreifen. Es wurden neue Übereinkünfte mit dem Nietzsche-Archiv getroffen, dessen Entscheidungsträger sich als höchst bereitwillig erwiesen, als es darum ging, einen weiteren Vertrag über eine neue Ausgabe abzuschließen. Im Mai des Jahres 1909 verließen die ersten vier Bände dieser – vorliegenden – Übersetzung die Druckerei und wurden wohlwollend aufgenommen, wenn auch noch lediglich von einer kleinen und nicht allzu enthusiastischen Öffentlichkeit. Gegen Ende desselben Jahres wurden drei weitere Bände veröffentlicht. In den Jahren 1910 und 1911 erschienen die übrigen zehn Bände der Übersetzung, während von den meisten der bereits veröffentlichten Bände zweite und dritte Auflagen gedruckt wurden. Im Jahr 1912 erschien kein Band, aber mit dem Index wird die vollständigste und umfangreichste Übersetzung eines ausländischen Philosophen ins Englische durch einen letzten und, wie zu hoffen ist, sehr nützlichen Band ergänzt.

Die Stunde des Triumphs ist also endlich gekommen, und ich weiß, dass einige derer, die mit mir an dieser Ausgabe gearbeitet haben, von einem Gefühl ergriffen worden sind, das demjenigen der Grenadiere Friedrichs des Großen nach der Schlacht bei Leuthen[2] ähnelt – das Gefühl eines übervollen und dankbaren

---

2   Ort westlich von Breslau. Hier errang Friedrich der Große im Siebenjährigen Krieg 1757 einen Sieg über die Österreicher.

Herzens, welches sämtliche Soldaten am Ende des siegreichen Tages veranlasste, um ihre Lagerfeuer herum in die feierliche und bewegende Melodie der lutherischen Hymne einzustimmen: »Nun danket alle Gott!« Leider (oder erfreulicherweise) befinden sich die tapferen Nietzsche-Anhänger in derselben Lage, wie Friedrich der Große selbst, der als Voltairianer vermutlich der einzige Anwesende war, der in die Danksagung an die höhere Macht nicht einstimmen konnte, weil *er* wusste, dass die höhere Macht grundsätzlich auf der Seite der höheren Willensmacht kämpft; weil er wusste, dass der feste Wille einer kleinen Minderheit selbst die Berge der größten Mehrheit bewegen kann. Aber lassen wir für den Augenblick den schmeichelnden Vergleich mit dem preußischen König und seinen Grenadieren beiseite, und nehmen wir stattdessen ein wenig der Demut an, die unseren Gegenspielern so lieb ist, denn indem wir diese Haltung ernsthaft einnehmen, können wir vielleicht eine Religion, deren Schwächen wir mit solch unerwartetem Erfolg bekämpft haben, bis zu einem gewissen Grad versöhnlich stimmen. Seien wir bescheiden, was unsere Leistung angeht, und gestehen wir offen ein, dass unsere Übersetzungsarbeit, wie sie jetzt erscheint, keineswegs so vollkommen ist, wie man es sich vielleicht wünschen könnte, dass sie nicht nur dem Original nachsteht, wie es für die meisten Übersetzungen unausweichlich der Fall ist, sondern dass sie wahrscheinlich diverse Fehler enthält, die womöglich einer falschen Auslegung Nietzsches entsprungen sind. Zwar wurde jede erdenkliche Mühe aufgewendet, um solche Fehler zu vermeiden, und die Übersetzer boten ihre ganze Kraft auf, um den schneidigen, geistreichen und malerischen Stil Nietzsches in angemessener Weise ins Englische zu übertragen, aber kein Mensch, sei er noch so gewandt, darf sich einbilden, einen anderen vollkommen zu verstehen, und kein Übersetzer, sei er noch so begabt, kann behaupten, die unendlich vielfältigen Nuancen und Rhythmen eines Dichters wie Nietzsche in einer anderen Sprache ebenbürtig wiederzugeben. Werden unsere Leser es uns nachsehen, wenn wir nicht immer ein Ideal erfüllt haben, das zu hoch lag, als dass wir es überhaupt hätten erfüllen können? Werden sie es uns nachsehen, wenn wir ihnen versichern, dass niemand unter der Nichterfüllung dieses Ideals so gelitten hat, wie wir selbst? Ich hoffe ernstlich, dass wir in dieser Beziehung nachsichtig beurteilt werden, insbesondere, wenn ich an dieser Stelle das Versprechen wiederhole, welches ich in der ›Anmerkung des Herausgebers‹ zu einer der ersten Bände dieser Ausgabe gemacht habe:»Da diese Sache mir gewissermaßen heilig ist, bin ich bereit, mir jeden Vorschlag von qualifizierter Seite anzuhören, was die Verbesserung von Stil oder Sinn angeht. ... Ich bin keinerlei Verpflichtungen mit Verlegern eingegangen – nicht einmal mit dem jetzigen –, die meiner Aufgabe im Wege stehen, mich an irgendeinen Text, der sich als fehlerhaft herausstellt, binden, oder mich veranlassen könnten, den Originaltext zu kürzen, zu fälschen oder zu ›versüßen‹, um den Verkauf der Bücher zu fördern. Ich bin daher in der Lage, mich mit ganzer Aufmerksamkeit einem Werk zu widmen, welches für das Land, in dem ich wohne, nach meiner Einschätzung von nicht minderer Wichtigkeit ist, als für das Land, in dem ich geboren wurde sowie für das übrige Europa.«[3]

Während wir gut daran tun, bescheiden zu sein im Hinblick auf das, was wir getan haben, wäre es jedoch absurd, sich als demütiger Heuchler zu geben im Hinblick auf die Tatsache, dass wir es getan haben, dass wir überhaupt dazu fähig waren, für Nietzsche eine Öffentlichkeit in England zu gewinnen. Denn England war mit Sicherheit das wichtigste Land, das es für das Denken Nietzsches zu erobern galt. Ich denke dabei nicht an die allgegenwärtige englische Sprache, dank derer Nietzsche jetzt nicht nur in Südafrika und Australien, in Kanada und Amerika, sondern sogar an den Ufern des Nils und des Ganges sowie unter den Pagoden und Kirschbäumen Chinas und Japans gelesen wird. Ich habe einen anderen und wichtigeren Grund im

---

3 *The Works of Friedrich Nietzsche. Edited by Oscar Levy*, Band IV, *Thoughts out of Season*, Vol. I, S. 8.

Sinn, der im Laufe des Fortschreitens dieser Veröffentlichung in mir zur Überzeugung reifte: die Überzeugung, dass, falls es uns nicht gelingen sollte, Nietzsche in England Gehör zu verschaffen, sein wunderbares und zugleich sehr praktisches Gedankengut der Welt womöglich auf immer verloren gehen könnte – einer Welt, die dann rasch wieder durch die immerzu drohenden Wolken des Obskurantismus und der Barbarei verdunkelt werden würde.

Aber, so könnte man an dieser Stelle einwenden, ist Nietzsche nicht in beinahe alle Sprachen übersetzt worden; gibt es nicht vollständige russische, polnische, spanische, italienische und französische Ausgaben seiner Werke, ganz zu schweigen von den Sprachen der kleineren europäischen Nationen? Weshalb müssen wir also der Verbreitung seines Evangeliums in der angelsächsischen Welt eine solche Bedeutung beimessen? Das könnte natürlich als legitimer Einwand geltend gemacht werden, aber eine kleine Überlegung und Erklärung werden aufzeigen, wie sehr sich die Verhältnisse in England von denen auf dem europäischen Festland unterscheiden und zwar gerade in der grundlegendsten Sache, in derjenigen, mit der sich Nietzsches Denken vornehmlich befasst – in Sachen Religion.

Um diesen Unterschied kurz und deutlich zu nennen: In England findet sich die christlichste Öffentlichkeit nicht unter den Wohlhabenden, den Mächtigen, den Aristokraten, sondern sie findet sich – ganz wie zur Zeit Jesu – in den unteren Gesellschaftsschichten beziehungsweise in der unteren Mittelschicht. Unter den Besuchern von Kapellen und Freikirchen lebt der wahre Geist des Christentums am ehesten, dort ist er am lebhaftesten zu spüren; die Menschen in einfachen und bescheidenen Stellungen nehmen die Religion der Einfachen, der Bescheidenen und Friedfertigen am ehesten Ernst, weil diese Religion, die in ihrer Gesellschaftsschicht entstand, selbst heute, nach zweitausend Jahren, noch ihrem Geschmack genau entspricht, ihren geheimen Wünschen und Ansprüchen schmeichelt und ihr Gemüt wie ihren Geist, ihre Hoffnungen und ihren Hass gleichermaßen anspricht. Von diesen – ich möchte sagen, ganz natürlichen – Verhältnissen ist auf dem europäischen Festland, wo die geschichtliche Entwicklung ganz anders verlaufen ist und eine etwaige derartige Unterscheidung zwischen inbrünstigen und weniger inbrünstigen Christen völlig verwischt und sogar ausgewischt hat, nichts zu erkennen. Auf dem europäischen Festland, wo die Französische Revolution bekanntermaßen einen weit größeren Einfluss hatte als in England, war auch die Reaktion gegen diese Revolution wesentlich stärker, und diese Reaktion der Mächtigen, der Reichen und der Aristokraten hat sich (so merkwürdig es klingen mag) die christliche Religion angeeignet, um die revolutionären unteren Gesellschaftsschichten zurückzudrängen, denen diese eisern, aber irrtümlich einen Mangel an christlicher Gesinnung unterstellten. Irrtümlich, wie ich meine, weil sie vergaßen, dass das Christentum, trotz seines gütigen Aussehens, in Wirklichkeit eine revolutionäre Religion ist und dass nicht ein Mangel an Religion, sondern der Geist der Religion selbst das französische Volk veranlasst hat, ihren König und ihre Aristokraten zu köpfen. Als nun die Revolution siegreich überwunden und die Restauration mit voller Kraft eingeleitet worden war, hatten die Monarchen Preußens, Russlands und Österreichs nichts besseres zu tun, als die Heilige Allianz zu schmieden, der fast alle Monarchen Europas (mit Ausnahme des Prinzregenten Englands) beitraten, und sich dem Christentum und den Grundsätzen der Gerechtigkeit, des Friedens und der Wohltätigkeit (die Bedürfnisse aller unteren Gesellschaftsschichten) als ihrem Schibboleth zu verschreiben: Mit anderen Worten, waren sie es – die Prinzen, die Mächtigen, die Herren –, die sich die Lehren der Sklavenreligion zu eigen machten. Im Widerspruch zu ihnen, und um ihre ›Feinde und Unterdrücker‹ bekämpfen zu können, haben die liberalen und sozialistischen unteren Schichten auf dem europäischen Festland mehr oder weniger laut eine Art Atheismus verkündet, obgleich sie es sind, die mit der größten Inbrunst, wenn auch nicht an den christlichen Gott, so doch zumindest an etwas weit

Wichtigeres als an diesen Gott glauben, nämlich an seine Moralgrundsätze.

Wie also leicht zu erkennen ist, steht auf dem europäischen Festland in Sachen Religion alles Kopf; was unten sein sollte, ist oben, und was oben sein sollte, ist unten, wohingegen in England alles verhältnismäßig natürlich ist: Die Religion der Unteren ist bei den Unteren noch am lebendigsten, während die oberen Schichten weit eher von einem nichtchristlichen Geist, dem eines Voltaire und eines Gibbon[4], durchdrungen sind. In England ist daher in Wahlperioden der Schlachtruf noch zu hören: »Zur Hölle mit den Herzögen und Fürsten: Wählt Christus!«, während auf dem europäischen Festland Christus Seite an Seite mit den Aristokraten kämpft, die vorgeben, mit ihm – dem Feind hochrangiger Namen und weltlicher Reichtümer – auf du und du zu stehen. Französische Offiziere aus guten Kreisen nehmen heutzutage regelmäßig am Gottesdienst teil, nicht etwa aus einer tiefen inneren Zuneigung zum gekreuzigten Fürsten des Friedens heraus, sondern um gegen das zu protestieren, was sie für den dreistesten Atheismus der aufständischen unteren Schichten halten. Deutsche Junker tun so, als wären sie die Säulen des Thrones und des Altars, ohne zu wissen beziehungsweise ohne wissen zu wollen, dass die Lehre, die vom Altar aus gepredigt wird, allen Thronen und allen Autoritäten gegenüber subversiv ist, solange sie nicht verfälscht wird. Alle, die auf dem gesamten europäischen Festland Reichtum und Schönheit verkörpern, fühlen sich als Reaktion auf die ›materialistischen‹ unteren Schichten genötigt, einem Gott zu huldigen, der für Armut und Gleichheit und gegen volle Taschen und rosige Wangen einstand. Mit vollem Recht bezichtigen die Liberalen und Sozialisten auf dem europäischen Festland daher die oberen Schichten der Heuchelei, wohingegen in England die Heuchelei weit eher bei den Liberalen und den Angehörigen der

---

4 Edward Gibbon [1737–1794] englischer Historiker. Oscar Levy liest Gibbon seit Mitte der 1890er Jahre [Autobiogr., Blatt 59].

Mittelschicht zu finden ist. Denn, weshalb leben diese Liberalen nicht nach ihren christlichen Grundsätzen? Warum wird keine Gleichheit hergestellt? Weshalb wird der Kapitalismus nicht abgeschafft? ... »Aber ist all das denn überhaupt durchführbar?« Aha! ... Ist demnach das Christentum undurchführbar?

Es ist diesen eigenartigen Umständen zuzuschreiben, dass Nietzsches Gedankengut augenscheinlich in England eher verstanden werden wird als in irgendeinem anderen europäischen Land, denn in England, und zwar nur dort, kann noch nachvollzogen werden, dass Nietzsche im Recht war, als er das Christentum als Religion der unteren Schichten beschrieb, wohingegen auf dem europäischen Festland sein ganzer Angriff gegenstandslos und seine gesamte Philosophie auf einer Mutmaßung begründet zu sein scheint. Aber wieso – so könnte man einwenden – verlässt man sich nicht eher auf ein anderes Land, auf eines, das Nietzsche viel näher steht als England, ein Land, in dem die Übersetzung der Werke Nietzsches von der Regierung finanziell unterstützt worden ist und welches außerdem im Ruf steht, die intellektuellste europäische Nation zu sein – wieso verlässt man sich nicht auf das moderne Frankreich, wenn es darum geht, Nietzsche erfolgreich umzusetzen? Die Antwort auf diesen wichtigen Einwand ist ganz einfach, und sie lautet dahingehend, dass auf die französische Freidenkerei – obwohl sie mit Sicherheit weit unabhängiger ist, als das, was anderswo Freidenkerei genannt wird – dass also, ich wiederhole, auf die französische Freidenkerei nicht allzu viel Verlass ist, wenn sie sich ernsthaft gegen eine alte Religion richten soll. Man darf nicht vergessen, dass der Katholizismus, anders als der Protestantismus, wirklich in die Herzen seiner Gläubigen eingedrungen ist und dass der Verstand eines Lateiners so freidenkerisch und gewagt wie nur möglich sein kann, dass aber sein Herz nichtsdestotrotz davor zurückschrecken wird, die letzten Schlussfolgerungen aus seinen gedanklichen Überzeugungen zu ziehen. Der Katholizismus ist überdies ein bewundernswertes System, das von wahren Kennern der menschlichen Natur erdacht wurde; er entspricht den Bedürfnissen der Südländer genau, und er hat noch nicht zu jenen unzumutbaren Zuständen geführt, die Nietzsche in seinen Werken unablässig angreift. In den lateinischen Ländern hält sich noch ein Rest Patriarchat; die Familie ist noch nicht vollständig unterminiert; die Frauen befinden sich noch nicht in offener Rebellion; die Autorität des Vaters ist noch nicht ganz untergraben worden; die Kinder sind noch nicht von der starren Überzeugung durchdrungen, dass »sie ihr eigenes Leben leben müssen, koste es, was es wolle!« Und da das Patriarchat in häuslichen wie in geschäftlichen Dingen in diesen Ländern noch nicht ganz verschwunden ist, war der Staat bislang nicht gezwungen, Millionen von Sklaven zu versorgen, von denen viele jenseits aller Fürsorge und Hoffnung sind, viele, aufgrund deren Ausbreitung unsere Gesellschaft sogar droht, kläglich zugrunde zu gehen, indem sie an ihrem eigenen Auswurf erstickt.

Es besteht kein Zweifel daran, dass der Protestantismus (mag er auf anderen Gebieten auch Gutes bewirkt haben) diese leidigen Zustände, die uns umgeben, hervorgerufen hat: Mit seiner Vorstellung von Gleichheit hat er die Menschheit in tausende anarchischer Atome zergliedert, mit seiner Vorstellung von Freiheit hat er die Verantwortung auf schwache Schultern geladen, mit seiner Vorstellung von Wohltätigkeit hat er diesen schwachen und wertlosen Menschen zum Überleben verholfen und sie sogar darin unterstützt, sich so ungehindert wie nur möglich zu vermehren. Da nun der Protestantismus der Hauptangriffspunkt Nietzsches ist und die Dinge bei den Katholiken nicht ganz so schlecht stehen wie bei den Protestanten, wird ein französischer oder italienischer Freidenker wohl den Äußerungen Nietzsches über das Christentum anstandslos zustimmen, sich aber selbst ohne zu zögern davon freimachen, indem er eine Trennlinie zwischen dem Katholizismus und dem Christentum zieht. *Man sollte ein zu guter Katholik sein, um ein guter Christ zu sein*, schrieb jüngst einer der bedeutendsten Nietzsche-Anhänger Frankreichs. Meiner Ansicht nach ist das ein grober

Irrtum; ein Irrtum, der im Übrigen vom Oberhaupt der katholischen Kirche nicht geteilt wird, der – aus seiner Sicht – zurecht die Werke Friedrich Nietzsches auf den »Index Expurgatorius«[5] gesetzt hat. Ich halte es für einen großen Fehler, sich hinter der Kirche zu verstecken, um den Folgen wahren Christentums zu entgehen, denn die Kirche – selbst die katholische, die von allen christlichen Kirchen am wenigsten christlich ist – wird den Glauben niemals aufgeben: Sie würde sich als Arzt überflüssig machen, wenn sie aufhören würde, ihr absonderliches Gift zu verbreiten. All meiner Hochachtung für das intellektuellste Land Europas zum Trotz, habe ich deshalb größte Bedenken, ob nicht ein protestantisches Land die Führung übernehmen wird und übernehmen sollte, was das Gedankengut Nietzsches angeht. Und da das Land unseres Philosophen, wie er selbst wahrheitsgemäß vorhergesagt hat, aufgrund seiner mangelnden kirchlichen Moral, seiner geistigen Verwirrung und seiner Unentschlossenheit in Verstandesdingen nicht in Frage kommt, ist es eine äußerst dringliche Obliegenheit geworden, dasjenige Land zu überzeugen, in welchem die Abneigung gegen jedwede Überzeugung – insbesondere gegen solche, die diktatorisch manifestiert werden – am tiefsten verwurzelt ist: England.

»Es ist schwer, dieses Land zu bewegen, mein Freund, wirklich schwer«, mahnte einst der alternde Disraeli[6] den jungen und enthusiastischen Sozialisten Hyndman[7]; und wenn überhaupt

---

5 Hier gemeint: Katalog verbotener Bücher.
6 Benjamin Disraeli (Lord Beaconsfield) [1804–1881], britischer Premierminister und Romancier. Autor von: *Tancred or The Last Crusade* (London 1847; später ins Deutsche übersetzt von Oscar Levy). Levy schreibt andernorts: »I share Disraeli's view about the good racial qualities of the Jews – acquired in their school of millenial suffering. […] Disraeli never saw the dangers of these values.« [Autobiogr., Blatt 87 f.]. Levy übersetzt auch *Contarini Fleming* (dt. 1909). Vgl. André Maurois: *Benjamin Disraeli, Lord Beaconsfield* (dt. 1931).
7 Henry Mayers Hyndman [1842–1921], englischer Politiker, begründet 1881 die englische Sozialdemokratie (*Socialist League*).

jemand außer Disraeli selbst die Wahrheit dieser Aussage erfahren hat, dann sind wir es, die wir diese Ausgabe erfolgreich zum Abschluss gebracht haben. Die stoische ›Ataxie‹ der angelsächsischen Welt ist – gelinde gesagt – etwas Schreckliches. Aber warum soll man es gelinde sagen? Es besteht kein Zweifel daran, dass England in Verstandesdingen eine steinerne Mauer darstellt, und diejenigen, die es noch nicht glauben, können sich davon anhand einiger nahezu unauslöschlicher blauer Flecken an den Köpfen meiner Mitarbeiter und an meinem eigenen bis in alle Ewigkeit überzeugen. Damit will ich selbstverständlich keineswegs eine in irgendeiner Hinsicht besonders feindselige Kritik äußern – ganz im Gegenteil: Ich bewundere eher diese Eigenschaft in einer Welt, der es sonst an Grundsätzen fehlt, einer Welt, die nur allzu oft Toleranz gegenüber allen Meinungen vortäuscht, weil sie keine echten eigenen Meinungen hat. Solche weltoffenen Menschen sind die letzten, für die Nietzsche geschrieben hätte, und die frühe rege Akzeptanz Nietzsches seitens eben solcher Menschen war und bleibt unsere größte Gefahr – eine weitaus größere Gefahr, als der starre Widerstand jener unseligen steinernen Mauer. Nein, wenn ich in dieser Angelegenheit zu wählen hätte, würde ich es mit der britischen Steinmauer aufnehmen wollen: Sie ist wenigstens nicht von willfähriger Nachgiebigkeit, in diesem Unverstand steckt wenigstens Festigkeit, und hat man sie erst bezwungen, kann man sich mit Sicherheit auf eine steinerne Mauer verlassen und auf sie bauen, wie hartnäckig der Widerstand auch gewesen sein mag. ... Aber ich möchte mich nicht länger mit dem Widerstand aufhalten, mit dem wir es zu tun hatten, sonst meint man noch, es gehe hier darum, unsere Leistungen zu verherrlichen oder unseren Schneid bei der Überwindung von Hindernissen hervorzuheben. Ich bin aus einem weitaus bescheideneren Grund gezwungen, die Aufmerksamkeit des Lesers auf die Bedingungen zu lenken, unter denen Nietzsche in England eingeführt wurde; es geht darum, uns – die Nietzscheaner – für die Art und Weise zu entschuldigen, in der es getan worden ist.

Die Art und Weise unseres Feldzugs ist sehr oft, sowohl in privaten Gesprächen als auch in öffentlichen Äußerungen, getadelt worden und zwar, ich sage es gleich, nicht ohne eine gewisse Berechtigung. Unsere Veröffentlichungen sind volltönend gewesen, unsere Vorlesungen angriffslustig und unsere Gespräche ›dünkelhaft‹. Ich selbst habe mich unverhohlen zu spöttischen und sarkastischen Äußerungen deftigsten Kalibers hinreißen lassen, wie das Vorwort zu eben dieser Ausgabe sowie alle Vorworte, die ich zu den Büchern meiner Freunde geschrieben habe, belegen werden. Auch habe ich, ich gestehe es, einige meiner Mitarbeiter dazu ermuntert, sich einer ähnlichen Sprache zu bedienen – einer Sprache, die in den Ohren des durchschnittlichen Bewohners dieser Insel sowohl misstönend als auch störend klingt, zumal er es gewohnt ist, dass die höflicheren Formen parlamentarischer Debatten auch in seiner Literatur beibehalten werden. Ich weiß es, und ich gestehe es, aber lassen Sie mich gleich dazusagen, ich bereue es nicht im Geringsten. Der Grund für dieses ganze ungewöhnliche Verhalten liegt klar auf der Hand: Wir waren eine unbedeutende Minderheit, die sich im Krieg gegen eine überwältigende Mehrheit befand, deren Pfeile, wie ein persischer Gesandter sich einst den Spartanern gegenüber äußerte, mühelos die Sonne hätten verdunkeln können.

Wir waren eine erbärmlich kleine Garnison in einer beängstigend feindseligen Umgebung. Alle stellten sich uns entgegen: zwar allerdings nicht offen, aber, schlimmer noch, stillschweigend, störrisch, instinktiv. Vor uns stand eine äußerst mächtige geschlossene Front, die sämtliche Geisteskräfte dieses Landes einschloss – eine Front, die sich aus Priestern und Professoren, Politikern und Petticoats zusammensetzte. Man sollte meinen, ein paar Einzelpersonen, einige der unabhängigen Denker oder ein paar Literaten des modernen England wären für uns in die Bresche gesprungen, aber, abgesehen von einem falschen Verständnis unseres Anliegens und einer sehr vertraulich und insgeheim geäußerten Ermunterung regte sich nicht eine einzige Seele, öffnete sich nicht ein einziger Mund, krümmte sich nicht ein einziger Finger unseretwegen. Hinzu kommt, dass wir wahrlich eine angeschlagene Mannschaft waren und England von vornherein zu verstehen gegeben hatte, dass es mit Nietzsche nichts zu tun haben will. Man lasse auch nicht außer Acht, dass wir eine erheblich dezimierte Mannschaft waren. Von den älteren Nietzsche-Anhängern, welche die erste Ausgabe unterstützten, sind nur zwei, Thomas Common[8] und William Haussmann[9], der Sache treu geblieben. Einige haben Fahnenflucht begangen, andere sind verschwunden, und einer ist zum Katholizismus übergetreten. John Davidson, ebenfalls ein echter Nietzscheaner, aber einer, der von Nietzsche eher vergiftet als inspiriert war, hat sich sogar das Leben genommen. Wen wundert das? Das Schlachtfeld des Geistes hat, wie jedes andere, seine Toten, Verwundeten und Deserteure, und nur der bequemliche Bürger, der sich keine Vorstellung von dieser höheren Kriegsführung macht, wird angesichts derer, die im Laufe ihres edlen, aber gefährlichen Unterfangens zugrunde gehen, mit den Schultern zucken.

Mit anderen Worten: Es war eine Frage des ›jetzt oder nie‹, und, was zumindest einen aus unserer Armee angeht, kann ich mit Sicherheit behaupten, dass er ein ›nie‹ nicht überlebt hätte. Wenn die Brücken hinter einem zerstört sind, kämpft es sich gut, es kämpft sich recht skrupellos, und man ist folglich nicht sehr wählerisch, was die Mittel angeht. *Je n'aime pas la guerre à l'eau de rose*, wie Napoleon zu sagen pflegte. *Wenn moralische Unterstützung nicht ausreicht, müssen wir Griechenland unmoralische Unterstützung bieten*, sagte einst Bismarck. Und wir haben unserer Sache gewiss mit allen möglichen Mitteln gedient, offenen wie verborgenen, legalen wie illegalen, moralischen wie

---

8 Thomas Common [1850–1919], englischer Übersetzer Friedrich Nietzsches, Herausgeber der Zeitschrift *Notes for Good Europeans* (1903–1918). Levy schreibt: »Common […] has the merit of having been the first Nietzschean in England« [Autobiogr., Blatt 92].
9 William Haussmann, amerikanischer Nietzsche-Übersetzer: *A Genealogy of Morals* (1899)

unmoralischen – daran besteht kein Zweifel, ich gestehe es offen, und ich sage es sogar mit Stolz. Denn, was wir taten, war für uns selbst nicht ungefährlich, und unser Mangel an Behutsamkeit beweist zumindest eines: dass wir einen wirklichen Vorsatz und ein echtes Ziel vor Augen hatten – ein Ziel, das uns die üblichen Gesetze der Vorsicht und Umsicht vergessen ließ, die in der literarischen Welt sonst so geschätzt werden.

Obgleich wir aber unmoralische Mittel anwandten, soll niemand denken, wir hätten sie zu einem unmoralischen Zweck angewandt. Ich bin mir dessen bewusst, dass die Allgemeinheit diesbezüglich noch gegenteiliger Ansicht ist; ich weiß, dass man Nietzsches Gedankengut noch immer für dasjenige eines gnadenlosen Ungeheuers hält oder für das eines Schwachen, der sich stark zu geben versucht oder bestenfalls für den Traum eines romantischen und fiebernden Kopfes. Wie ich fürchte, hat außer mir noch niemand auf die tiefe Frömmigkeit und Religiosität[10] hingewiesen, die seiner Sache zu Grunde liegen. Und nun, nach den langen Jahren, in denen meine Gedanken sich um sein Werk gedreht haben, ist meine Ansicht, dass Nietzsches Lehre keine Verneinung des Christentums ist, wie es scheint, sondern vielmehr seine absolut logische Konsequenz, in mir zu einer nahezu unumstößlichen Überzeugung herangereift.

Um es so knapp wie möglich auszudrücken: Nietzsches Angriff auf das Judentum und das Christentum entspringt seinem redlichen Intellekt. Aber woher, mag man fragen, rührt diese Redlichkeit – diese intellektuelle Redlichkeit, die es sich nicht nur verbietet, an das Übernatürliche zu glauben, sondern auch, was weit wichtiger ist, an die gegenwärtigen christlichen Vorstellungen von gut und böse? Was hat uns offenbart, dass gut und böse nicht etwa unterschiedliche moralische Schattierungen sind, wie schwarz und weiß, sondern dass alle guten Eigenschaften in Wirklichkeit verfeinerte böse Eigenschaften sind, dass

---

10 Siehe: *The Works of Friedrich Nietzsche. Edited by Oscar Levy*, Band IV, *Thoughts out of Season*, Vol. I, S. 8.

alles Gute im Bösen wurzelt und dass derjenige, der die Wurzel ausreißt, auch die Frucht zerstört? Wer hat uns letztendlich gelehrt, dass alles Ichbezogenheit sei, dass alles Ichbezogenheit sein muss, dass man ›böse‹ sein muss, dass man Wurzel fassen muss, dass man fest auf seinen bösen Beinen stehen muss, um ›gut‹ zu sein und dass die Güte des Nichtbösen lediglich Schwäche ist, wenn sie nicht die an andere gerichtete Bitte ist, ihm gegenüber Güte zu üben? Wer hat uns diese Wahrheiten beigebracht; durch welche ungewöhnliche Macht haben wir Heutigen die Fähigkeit erworben, die eigentliche Natur der Dinge zu durchschauen? Hatten Nietzsches viel gerühmte Heiden auch nur eine Ahnung von dieser tief schürfenden Psychologie? Nein, das hatten sie nicht. Nietzsche selbst muss die Frage stellen: *Was wussten die Griechen von der Seele?* Aber wer, ich frage noch einmal, hat uns dann diese außerordentliche Einsicht geschenkt, die zweifellos die wichtigste Entdeckung darstellt, die die Welt jemals gemacht hat?

Die Antwort ist ganz einfach: Sie ist ein Geschenk des auserwählten Volkes; es ist der semitische Gedanke an sich, es ist das christliche Gewissen, welches es uns ermöglicht hat, die Wurzeln unseres Seins zu erfassen, welches den Abgrund in unserem Inneren erhellt hat – ein Abgrund, den kein heidnischer Suchscheinwerfer jemals hätte ans Licht bringen können. Es ist die jüdisch-christliche Lehre von der Sünde, die jeden einzelnen von uns dazu gezwungen hat, sich selbst zu reflektieren, in sich zu gehen, sich zu hinterfragen, sich selbst kennen zu lernen und zwar mit einer Disziplin, die von Generation zu Generation strenger wurde. Und wir haben uns tatsächlich kennen gelernt; wir haben uns sogar so gut kennen gelernt, dass wir an diese semitischen Vorstellungen nicht länger glauben können, dass wir nicht mehr an Sünde oder daran, dass Ichbezogenheit böse sei oder auch an die jüdische Unterscheidung von gut und böse glauben können. Und wir haben nicht nur uns selbst, sondern auch andere verstehen gelernt, unsere Augen sind für den menschlichen Ursprung aller Geschichte und Religion aufgetan worden, so dass die einzige interessante Frage, die es in Bezug auf irgendeine Religion für uns noch zu stellen gibt, lautet: »Cui bono? Zu wessen Vorteil, zum Wohl welches Menschenschlags wurde diese Religion erfunden?« All das hat uns das jüdisch-christliche Gewissen gelehrt. Aber dasselbe Gewissen und dieselbe Gewissenhaftigkeit, die uns dazu veranlassten, unser innerstes Herz zu ergründen, zwingen uns nun, nachdem der wahre Zustand der Dinge enträtselt geworden ist, eben diesem Gewissen mit all seinen Irrtümern und Fehlschlüssen aufzusagen. Mit anderen Worten: Unsere Religion ist es, die es uns verbietet, weiterhin in irgendeiner Weise an unsere Religion zu glauben; unsere Moral ist es, die unserer Moral den Todesstoß gegeben hat.

Wir können uns nicht helfen. Wir müssen diese alte Moral über Bord werfen; wir müssen versuchen, eine andere, eine höhere, natürlichere Form von Moral zu finden, aber – ich sage es noch einmal – *aus Gründen* der Moral, der Frömmigkeit, der Redlichkeit. Wir können nicht länger so tun, als seien wir Altruisten! Wir können keine Lügner sein! Unsere Eltern waren anständige, gesetzestreue, religiöse Menschen, und wir haben ihren Sinn für Ehre und Wahrhaftigkeit geerbt, er liegt uns im Blut! Fort mit den Lügen, fort mit dem Gerede von Bruderschaft, fort mit all der giftigen Heuchelei der Gegenwart!

»Man sieht, was eigentlich über den christlichen Gott gesiegt hat: die christliche Moralität selbst, der immer strenger genommene Begriff der Wahrhaftigkeit, die Beichtväter-Feinheit des christlichen Gewissens, übersetzt und sublimiert zum wissenschaftlichen Gewissen, zur intellektuellen Sauberkeit um jeden Preis«, sagt Nietzsche selbst in der *Fröhlichen Wissenschaft*.[11] ... Sind das die Worte eines unreligiösen Menschen? Ist das die Stimme eines echten Immoralisten – die Rede eines verzweifelten Anarchisten? Ist das also der viel gefürchtete und

---

11 Friedrich Nietzsche: *Die fröhliche Wissenschaft*. Kritische Studienausgabe. Hg. von G. Colli und M. Montinari [im folgenden: KSA]. München 1988. Band 3, S. 600.

selbsternannte Antichrist? Na, wenn es jemals einen wahren Spross des semitischen Gedankens gegeben hat, einen edlen Verfechter jenes alten Glaubens und seiner christlichen Zugabe, dann ist es Friedrich Nietzsche. Wenn es jemals einen wahren Christen gegeben hat, dann war er es. Er ist nicht nur mitnichten der Antichrist; er ist das genaue Gegenstück dazu, er ist das, was Goethe[12] von Spinoza sagte: Christissimus. Es ist der Glaube seiner Gegner, derjenigen, deren Glaube noch nicht zum wissenschaftlichen Gewissen herangereift ist, der in Frage gestellt werden sollte; sie sind es, die, im Vergleich zu ihm, nichts als wankelmütige Skeptiker und feige Idealisten sind, bestenfalls aber rückständige Christen, unterentwickelte Christen, Christen auf einem niedrigeren Niveau. Ach, was für eine Fastnacht der Scham wird über das moderne Europa hereinbrechen, sobald ihm die volle Bedeutung der Gedanken Friedrich Nietzsches bewusst wird, sobald es sich endlich darüber im klaren wird, was für eine edle, mutige und wahrhaft religiöse Natur es seiner Nichtbeachtung, seinem falschen Verständnis und seinem Spott ausgesetzt hat!

Aber ich lasse mich von meinem Thema hinreißen, und das war nicht meine Absicht. Ich wollte bei diesem kritischen Punkt der Nietzscheanischen Propaganda sanft und ›würdevoll‹ bleiben. Ich will mich also wieder einer weniger eindringlichen und eher literarischen Ausdrucksweise bedienen und ein paar ruhigere Worte an diejenigen richten, für die Nietzsche, obgleich sie es vielleicht noch nicht wissen, bald ein unersetzlicher Freund und Führer werden wird. Hier möchte ich unter anderem zuvorderst die Künstler nennen, obschon ich meine Zweifel daran habe, ob meine an sie gerichtete Empfehlung Nietzsches nicht überflüssig ist. Denn Künstler waren mitunter die Ersten, die Nietzsche willkommen geheißen haben und ihm sogar die Ehre gaben, ihn »unseren Philosophen« zu nennen, wohingegen

---

12 Levy schreibt: »True Exile, such as Goethe experienced in Weimar.« [Autobiogr., Blatt 78].

man wohl gefahrlos wird vorhersagen können, dass Akademiker, Lehrer und Kleriker die letzten sein werden, die ihm Ehre erweisen, und zwar aus dem einfachen Grund, dass die Letzteren ein leichtes und die Ersteren ein schweres Leben zu führen haben. Man wird sehen, dass mit dem Wort ›Künstler‹ hier ein Mensch gemeint ist, der, in welcher Beziehung auch immer, Neuland betreten, neue Werte erschaffen, alte Irrtümer beseitigen und für diesen Wagemut bezahlen muss, indem er einsam lebt, und solche Menschen, die von Natur aus gesünder, stolzer, mutiger sind als andere (denn sonst hätten sie sich nicht einer solch großen Aufgabe gestellt), sind zugleich auch feinfühliger und verletzlicher (denn sonst würden sie das Neue nicht erkennen) und haben deshalb dringend den Frohsinn, die fröhliche Weisheit, den redlichen Optimismus nötig, die aus den Seiten unseres Philosophen sprechen.

Außerdem müssen sie von Nietzsche das lernen, was sich jeder Wegbereiter aneignen muss, was aber den sinnenfreudigen Künstlern am schwersten fällt, nämlich ein gewissermaßen einfaches, sogar asketisches Leben, und zwar nicht um ihrer Seele willen, wie es bei den Christen der Fall ist, und nicht eines seelischen und körperlichen Mangels wegen, wie es bei den Philistern der Fall ist, sondern mit Rücksicht auf ihre Sache, ihre Kunst, ihr Ziel, ihre Hoffnungen und Wünsche. Nietzsche selbst führte ein schweres Leben, und er legt auch seinen Anhängern ein schweres Leben nahe. Da aber gegenteilige Vorstellungen in England noch vorherrschen und (zu meinem größten Bedauern) der Name Nietzsches heute beliebt, allzubeliebt zu werden droht, will ich, um den Möchtegern-Jüngern ein warnendes Beispiel zu geben und um meine Ausführung zu belegen, Ernst Horneffer[13] erwähnen. Horneffer, einer der bedeutendsten deutschen Nietzscheaner, erklärte kürzlich seine Konvertierung zum Monismus (in England hauptsächlich bekannt als

---

13 Ernst Horneffer [1871–1954], Archivar im Nietzsche-Archiv in Weimar, Freimaurer. *Vorträge über Nietzsche* (1903, erw. 1908).

die naturalistische Philosophie Ernst Haeckels) und begründete sie damit, dass Nietzsche »vom Menschen zu viel verlangt«. Das war immerhin richtig und aufrichtig: *n'est pas diable qui veut*, wie die Franzosen sagen, und *n'est pas Nietzschéen non plus qui veut*. Mögen unheilige Hände sich nicht an inspirierten Schriften vergreifen, mögen die Laien an ihre alten Religionen und ihre neuen Philosophien glauben, und möge Nietzsche der Philosoph derer sein, die für sich stehen müssen, die aber aus eben diesem Grund eher als jeder andere ein Vorbild und womöglich auch einen Führer nötig haben.

Alsdann sollte Nietzsche den Pionieren der Wissenschaft, denen, die den sicheren Hafen der Religion verlassen haben und heute Forschende auf einem heimtückischen und unbekannten Meer sind, höchst dringend ans Herz gelegt werden, und das umso mehr, als sie ihn in der Vergangenheit zu sehr vernachlässigt und außer Acht gelassen haben. Man tut nicht gut daran, seine besten Freunde zu vernachlässigen; und schlimmer ist es noch, wenn man ihrer dringend bedarf. Aber seine Gegner außer Acht zu lassen, ist die größte Gefahr überhaupt – eine Gefahr, der die Männer der Wissenschaft, die mit den kleinsten und entferntesten Dingen viel zu beschäftigt sind, um die nächsten und größten zu erkennen, nur allzu gern erliegen. Es ist eine merkwürdige Sache, dass diejenigen, die sich ausschließlich auf ihre Sinne verlassen, in der Regel keine feinfühligen Menschen sind, dass die, welche in der Lage sein sollten, am besten zu sehen, gar nichts erkennen und etwa imstande sind, frohgemut ihren Garten am Rande eines Vulkans anzulegen, der beileibe nicht erloschen ist. Wissenschaftler haben keine Vorstellung davon, dass alles über Nacht wieder überschwemmt und zerstört werden kann. Sie ahnen nicht einmal einen Vulkan, denn er spuckt kein Feuer und Schwefel mehr, sondern brodelt nur ›Liebe‹ und Worte süßlicher Verführung. Er grollt und donnert nicht mehr, er rafft nicht mehr Tausende mit einem einzigen heftigen Ausbruch dahin, er ist recht sanft geworden, ein rechter Vulkan fürs Arbeitszimmer und für den Vorlesungssaal, und der einzige Hinweis darauf, dass es sich noch um einen Vulkan handelt, ist der, dass er noch gehörig raucht. Mögen die Wissenschaftler aufmerksam werden auf die rauchenden Metaphysiker, die Obskurantisten, die den Nebel lieben und bevorzugen, die nicht mehr wie Theologen aussehen, sondern herumlaufen wie vornehme Herren und ihren geistigen Pferdefuß unter wissenschaftlichen Gewändern zu verbergen verstehen. Thomas von Aquin und Immanuel Kant sind durchaus noch nicht tot, sondern sehr lebendig und von Kennern trotz ihrer neuen und moderneren Aufmachung leicht zu identifizieren: Sie predigen verständigen Zuhörern noch immer den ›Glauben‹, wenn sie ihn auch nicht mehr so nennen; sie legen ihrer unschuldigen Herde noch immer die ›Moral‹ ans Herz, wenn sie sie jetzt auch als ›Intuition‹ und ›Instinkt‹ bezeichnen; sie erwerben ihren Ehrendoktortitel noch immer an einer mittelalterlichen Universität wie Oxford, wenn auch – spitzfindige Klugheit! – der Titel nicht mehr so heißt, wie er früher lautete und auch lauten sollte: Doktor der Theologie. Mögen die Wissenschaftler vor ihren heiligen Gegnern auf der Hut sein.

Mögen sie sich der Gefahr bewusst werden, die von ihnen ausgeht, und mögen sie nicht annehmen, ein negativer Agnostizismus böte Schutz gegen eine positive, mächtige und alte Religion. Die Annahme einer christlichen Moral setzt eine moralische Weltordnung voraus, und jede weitere Hinterfragung der Gesetze dieser Welt erübrigt sich, da sie ein für allemal von der Religion festgelegt worden sind. Mit anderen Worten: Es werden nur diejenigen Wahrheiten zugelassen, die mit unseren Vorurteilen nicht kollidieren – der Pragmatiker würde sagen »die nützlich sind« – aber was hat die Wahrheit mit moralischen, religiösen oder pragmatischen Vorurteilen zu schaffen? Andererseits – und nun folgt die wichtigste Frage für die Wissenschaft – gibt es überhaupt eine vorurteilsfreie Wahrheit? Ist nicht jede Wahrheit abhängig vom Kopf dessen, der sie denkt? Ist der Mensch nicht von Natur aus ein ›voreingenommenes Tier‹, wobei die einzig wichtige Frage diejenige nach der Art der

Vorurteile ist, ob es sich um Vorurteile handelt, die das Dasein heben oder es herabsetzen, ob sie einen mutigen oder einen nichtswürdigen Menschentypus fördern? Selbstverständlich ist der Mensch voreingenommen und muss es auch sein, und die große Gefahr für den Wissenschaftler, der an eine absolute, unvoreingenommene Wahrheit glaubt, besteht darin, dass er immer wieder auf moralische Wahrheit zurückgreifen wird, auf die Wahrheit, an die wir uns seit mehr als zweitausend Jahren gewöhnt haben. Denn der wissenschaftliche Geist ist, wie Nietzsche mit Recht bemerkte, nichts als eine Höherentwicklung des religiösen Geistes, und der heutige Wissenschaftler ist, trotz seines angeblichen Agnostizismus, noch immer eine sehr religiöse Natur: wie viel Religion – ich meine unbewusste Religion – steckte etwa selbst in Huxley, Darwin und Spencer? Darwin wurde sogar in Westminster Abbey beigesetzt, womit sich die Kirche ihm zweifellos erkenntlich zeigen wollte für seine wahrlich christliche Predigt (und die seiner Anhänger) über die Notwendigkeit zur Anpassung an die Umwelt und die glänzende Belohnung für eine derartige ›Tüchtigkeit‹, nämlich die Bevorzugung solcher prächtigen Kerle seitens der Damenwelt und ihr daraus resultierendes ›Überleben‹ inmitten einer glücklichen und zahlreichen Familie.

Und wenn es um die Anwendung der Wissenschaft auf die Soziologie geht, wenn Wissenschaftler, wie zum Beispiel die junge und viel versprechende Eugenische Partei, sich die schwere Verantwortung des Befehlens und Regierens aufbürden möchten oder sogar aufzubürden gezwungen sind – eine Verantwortung, die einst der höchsten Menschheitsklasse vorbehalten war –, dann wird die Führung durch Vernunft und Philosophie in der Tat ganz und gar unentbehrlich. Man wird ohne weiteres unken können, dass diese wahrhaft fortschrittlichen Männer der Wissenschaft höchst verzweifelte Fehlschläge erleiden werden, wenn sie ihre Pflichten weiterhin auf die leichte Schulter nehmen, wenn sie die Tragweite ihrer Aufgabe außer Acht lassen und darin fortfahren, ihre biologischen Gesetze ohne den geringsten Einblick in ihre Bedeutsamkeit auf die menschliche Gesellschaft anzuwenden. Ihnen ist mit Recht zum Vorwurf gemacht worden, dass sie die Gesetze einer Pferdezuchtanstalt auf Menschen anwenden möchten. Mit Recht, behaupte ich, denn sie haben die Tatsache übergangen, dass der Mensch – wenn ich das sagen darf, ohne der Religiosität bezichtigt zu werden – allem voran ein moralisches Tier ist. Es sind Werte, die den Menschen erschaffen und formen, es ist der Geist, der die Materie veredelt, es ist Materie, die über Generationen hinweg von hohen Gedanken geprägt worden ist, die schließlich einen gesunden, glücklichen, mutigen und stolzen Menschentypus hervorbringt.

Mit anderen Worten: Die erfolgreiche ›Zucht‹ des Menschen kann nur mittels religiösen oder philosophischen Glaubens erzielt werden. Bedauerlicherweise hatte unsere Religion, das Christentum, jedoch von Anfang an einen niedrigen Menschentypus im Visier. Sie hat, mit einer allen gewaltigen Strömungen eigenen Ausschließlichkeit, einen höheren Typus nicht einmal unter ihren Anhängern geduldet. Aus dem Abschaum und dem Bodensatz des römischen Imperiums hervorgegangen, vertritt diese Religion die Bedürfnisse der unteren Schichten. Ihr war ein drängendes Verlangen nach Liebe, Frieden, Wohltätigkeit, Güte, Bruderschaft und Gerechtigkeit zu eigen, aber gleichermaßen auch ein Groll gegen jeden, der diese süßlichen Tugenden nicht nötig hatte, ein unsterblicher Hass gegen alle, die von tätigen Idealen durchdrungen waren, gegen all jene, die der Meinung sind, dass Wohltätigkeit, Liebe, Güte und Gerechtigkeit durchaus Eigenschaften der Starken sein *können*, aber niemals eine unverschämte Forderung der Schwachen darstellen dürfen. Es klingt merkwürdig, aber nach einer zweitausendjährigen Schlacht haben die Schwachen heute tatsächlich gewonnen. Sie haben vor allem seit der Französischen Revolution stärker Fuß gefasst, und, von einem Jahrhundert der Liebe, Wohltätigkeit und Güte gehätschelt, ist das eigentliche christliche Ideal, das Ideal des frühen Christentums, um uns herum überall wieder Fleisch geworden und zwar in erschreckend hoher Zahl. Wir müssen uns nur umsehen: *ecce Christiani!* Was für eine feine Gesellschaft, und wie gut wir jetzt allmählich die Römer verstehen, die diesen spätjüdischen und frühchristlichen Pöbel verachteten, ja sogar verabscheuten!

Wie lauten nun die Pflichten der Eugenischen Partei und all derer, die sich zusammengeschlossen haben, um sich der Vorherrschaft eines niedrigen Menschentyps' in unserer Mitte entgegenzustellen? Ihre erste und dringlichste Aufgabe liegt nur allzu klar auf der Hand: Sie müssen die Ursache unserer heutigen Zustände begreifen lernen, sie müssen erkennen, dass nicht unsere Ungläubigkeit, sondern unser Glaube, nicht unsere Unmoral, sondern unsere Moral, nicht unser Heidentum, sondern unser Christentum uns an den Abgrund einer zunehmend wertlosen Menschheit geführt hat. Und sie dürfen nicht nur unser heutiges Christentum und unsere jetzige Generation für den verheerenden Zustand verantwortlich machen, in dem wir uns befinden; sie müssen im selben Maße auch unsere Vorfahren anklagen, und zwar gewiss nicht wegen ihrer Sünden und Laster, sondern gerade ihrer Tugenden wegen, die jetzt auch uns, ihre Kinder, auf schreckliche Weise befallen haben und uns veranlassen, ebenfalls mit den Zähnen zu knirschen und die Worte des Propheten Jeremia zu murren: »Die Väter haben saure Trauben gegessen, und den Söhnen werden die Zähne stumpf«.[14] »Sollen auch wir diese sauren Trauben essen, sollen auch wir den alten Glauben schlucken?« – so lautet die erste Frage, die sich alle diejenigen stellen müssen, die an eine Rassenregeneration glauben – die Frage, die zuerst beantwortet werden muss, ehe man auch nur daran denken sollte, zur Tat zu schreiten. Wenn sie sie tatsächlich essen und demütig und bequem auf dem Pfad bleiben, den ihre Väter vorgezeichnet haben, werden ihre eigenen Kinder sie verfluchen, denn ihre Bemühungen werden fehlschlagen. Wenn sie es nicht tun und es ihnen gelingt, ihr Gewissen aus

---

14 Jeremia 31,29.

der festgefahrenen alten religiösen Bahn zu lösen, werden alle künftigen Generationen sie preisen – ein Preis und ein Erfolg, der allerdings nur mittels einer sicheren Erkenntnis und eines offenen Bekenntnisses bezüglich ihrer religiösen Haltung zu haben ist. Jemand, der an Rasse glaubt, ist kein Christ mehr im früheren Sinne des Wortes. Im Gegenteil, wer es mit den Ärmlichen, den Erbärmlichen, den Missratenen, den Ungezogenen, den Schwachsinnigen und ihren Abkömmlingen aufnimmt, sündigt tödlich gegen den Geist einer Religion, die um des Überlebens aller niedrigeren Menschentypen willen ins Leben gerufen wurde und dafür eintrat und noch heute eintritt.

Weiterhin sollten unsere Freunde bedenken, dass es nicht genügt, das christliche Ideal und seinen Menschentypus abzulehnen, dass eine negative Haltung nicht ausreicht, dass Wegbereiter und Schöpfer positive Ziele und Wünsche haben und Seefahrer wissen müssen, welchen Hafen sie ansteuern. Eugeniker müssen daher vor allem den Menschentypus oder die Menschentypen kennen lernen, die sie anstreben. Nun hat ein wissenschaftlicher Eugeniker zwar seine christlichen Werte über Bord geworfen, aber noch keine eigenen neuen Werte erlangt. Wie soll er also beurteilen, wer tüchtig oder untüchtig ist? Dazu ist er nicht in der Lage: Er wird entweder auf das Christentum zurückgreifen müssen und immer wieder beim alten Menschentypus anlangen, oder – was weit schlimmer wäre, als auf eine alte und keinesfalls törichte Religion zurückzugreifen – er wird »im Dunkeln sterilisieren«.* Was für ein entsetzliches Unheil sie anrichten könnten – und sollte man das Messer denen in die Hand geben, die an der Menschheit im Dunkeln herumoperieren möchten, die auf der Grundlage ihrer eigenen beschränkten Sichtweise

---

* Das *Mental Deficiency Bill* [britisches Gesetz über Geistesbehinderungen], das vorerst fallengelassen worden ist, sah unter gewissen Bedingungen die Sterilisation lebensuntüchtiger Menschen vor. Die Sterilisation missgebildeter Menschen wird in der Schweiz und in einigen amerikanischen Bundesstaaten heute bereits praktiziert. Siehe hierzu: *Juristisch-psychiatrische Grenzfragen*, VIII. Band, Heft 1–3, Halle a. S. 1911.

über Tüchtigkeit und Untüchtigkeit urteilen? Sind sie ernsthaft der Meinung, dass alle, die heute unter verhältnismäßig guten Bedingungen überlebt haben, die ›Tüchtigsten‹ seien, dass es nicht sowohl unter als auch über ihnen eine Schicht gibt, die ›untüchtig‹ ist, also an die ›Erfordernisse des Fortschritts‹ nicht hinreichend angepasst, eine Schicht, die, ebenso leicht wie die wirklich Untüchtigen, die Taugenichtse, unter die Räder unserer Zivilisation gerät, und sogar eher noch als sie? Eine stille Schicht, an die keiner denkt und um die sich niemand kümmert, eine Schicht, die es sogar ablehnt, dass man sich um sie kümmere, aber nichtsdestotrotz eine tief leidende Schicht, die bislang zusammen mit ihrer direkten Gegenschicht, den Taugenichtsen, den Schutz der christlichen Milde genossen hat? Wie sollen sie diejenigen, die aufgrund ihrer Stärke, ihres Muts, ihrer intellektuellen Redlichkeit, ihrer höheren Ansprüche und ihrer überlegenen Feinfühligkeit an das moderne Leben schlecht angepasst sind, von denen unterscheiden, die am anderen Ende der gesellschaftlichen Leiter stehen, wenn sie von keiner anderen Vernunft geleitet werden als von der eines Gemüsehändlers, für den Tüchtigkeit soviel bedeutet wie ›bürgerliche Verwertbarkeit‹, also Tüchtigkeit im Hinblick auf die faden Bedürfnisse einer kommerziellen und mechanischen Zivilisation? Es soll ihnen nicht dasselbe widerfahren, wie den Juden; sie sollen nicht einen Gott zwischen zwei Verbrechern kreuzigen, und haben nicht sogar Verbrecher, die zuweilen eine große Charakterstärke aufweisen, mehr wahren Wert als die ›Götter‹ und ›Tüchtigen‹ solcher Mittelschichtreformer? Und Menschen, welche die moralischen Werte ihrer Religion verloren und keine neuen erlangt haben, solchen, die damit sogar noch unter das Christentum gefallen sind, sollen wir die Macht über die Menschheit und ihre Zukunft anvertrauen – ihnen und ihren Polizisten! Ist es unter diesen Umständen nicht höchste Zeit, die Frage zu stellen: *Quis custodiet ipsos custodes?* Auf gut Deutsch: Wer sterilisiert die Sterilisierenden?

Es bleibt unseren Gesellschaftswissenschaftlern nichts anderes übrig: Sie müssen entweder zum alten Glaubensbekenntnis zurückkehren oder ein neues erlernen, sie müssen entweder auf die alte Moral zurückgreifen, oder lernen, ihre Werte umzuwerten. Die Wissenschaft an sich ist in keiner Weise eine Richtschnur, wenn es um die wichtigsten Staats- und Regierungsfragen geht: Die Wissenschaft ist lediglich klug und intelligent, wie eine Frau; sie kann gut erkennen und unterscheiden, wie eine Frau, aber sie ist zugleich kurzsichtig, sie ist nicht in der Lage, die Dinge auf eine allgemeine Formel zu bringen, es mangelt ihr an Vorstellungskraft, sie braucht einen Zweck und eine feste Richtung. Die Wissenschaft bedarf deshalb vor allem der Leitung und Unterstützung der Philosophie, und das umso mehr, wenn es sich um eine bedeutende Wissenschaft handelt, diejenige der Zukunft, wie die Wissenschaft von der Rasse und der Eugenik es eines Tages zu werden verspricht. Menschen, die diesen bedeutendsten Wissenszweig ausbilden, Menschen, die über unsere Zukunft zu entscheiden haben, müssen mit der höchsten gegenwärtigen Weisheit gewappnet werden. Versäumen sie es, sich diese Weisheit anzueignen, oder sind sie unfähig, wirkliche von scheinbarer Weisheit zu unterscheiden, sollten sie bescheidener werden und nicht eine Stellung anstreben, die ihr Verständnis übersteigt, sie sollten dann die Leitung der Dinge dem religiösen Menschen überlassen, der trotz allem das menschliche Herz einigermaßen kennt.

Sie sollten desto vorsichtiger und bescheidener sein, als ihr Versagen nicht nur sie selbst, sondern auch uns kompromittieren wird, denn, wenn sie es auch selbst nicht wissen, es wird eines Tages bekannt werden, dass der größte und echteste Verfechter der Eugenik nicht Sir Francis Galton[15] war, sondern Friedrich Nietzsche. Wir werden dann vielleicht das Vergnügen haben, mit ihnen gemeinsam an den Galgen zu kommen, und die Sozialisten und anderen religiösen Sektierer werden lauthals erklären, dass damit ein für allemal bewiesen worden sei, dass

---

15 Sir Francis Galton [1822–1911], englischer Forscher und Anthropologe. *Hereditary Genius* (1914).

die Ideen Nietzsches ganz und gar unbrauchbar sind. Aber, so ehrenhaft es auch sein mag, in solch gelehrter und wissenschaftlicher Gesellschaft gehängt zu werden, wir möchten doch vorher gern Einspruch gegen einen solchen möglichen Fehlgriff der Gerechtigkeit erheben. In einer Geschichte von Edgar Allen Poe sieht ein Affe seinem Herrn beim Rasieren zu; eines Tages flüchtet er, das Rasiermesser in der Hand, bricht in ein Haus ein, zwingt dort eine alte Dame, sich auf einen Stuhl zu setzen, seift sie ein, fuchtelt mit dem Rasiermesser vor ihrem Gesicht herum und schneidet ihr dann prompt die Kehle durch – aber ist der Herr für seine Karikatur verantwortlich, zumal diese Karikaturen uns nie beim Rasieren zugesehen haben? Sollen wir für die Tollkühnheit wissenschaftlicher Boeotier verantwortlich gemacht werden, die keine Ahnung haben von Nietzsche oder von unserem Werk in England, einem Werk, das eigens für sie und zu ihrer Unterweisung durchgeführt worden ist, ein Werk, das zwanzig emsige Arbeitsjahre in Anspruch genommen hat und unter den widrigsten Umständen von einem kleinen Haufen Außenseiter umgesetzt worden ist?

Da ich aber schon wieder mein ›würdevolles Auftreten‹ verliere, möchte ich zum Schluss kommen und ein paar abschließende Worte an die Außenseiter, meine Freunde, richten, die so viel zur erfolgreichen Fertigstellung dieser Übersetzung geleistet haben, zumal sich unsere Wege jetzt womöglich trennen werden. Ihre im Laufe der langen Jahre der Vorbereitung und Veröffentlichung geleistete Unterstützung der Sache ist in höchstem Maße vortrefflich, großzügig und unerschütterlich gewesen. Ohne jede Hoffnung auf Anerkennung und auch ohne jedes Verlangen danach, haben sie stetig an einer nahezu unerfüllbaren Aufgabe gearbeitet und sie gemeistert. Für viele unter ihnen war diese Arbeit ein Akt der Liebe: Dieser Index selbst ist ein Beitrag von einem Bewunderer Nietzsches, der – ganz wie die Frommen im Mittelalter alle am Bau ihrer gotischen Kathedralen einen Anteil haben wollten – seinen Stein (und zwar einen ausgezeichneten Schlussstein) zu dem Gebäude beisteuern wollte, das wir errichtet haben. Jede Menge Mühe und innige Sorgfalt wurden in diese Ausgabe gesteckt, und zwar von Menschen, denen immer noch jede innige Sorgfalt und sogar überhaupt jede menschliche Regung abgesprochen werden. Man soll wissen, dass sie vielleicht einige der Unwahrheiten, die über uns kursieren, widerlegt, und meine Freunde mögen sich für schmerzliche Missverständnisse mit der Vorhersage eines Mannes trösten, der einem prophetischen Volk angehört, nämlich dass es eines Tages eine Ehre gewesen sein wird, einer der ersten Übersetzer Nietzsches gewesen zu sein, dass eines Tages erkannt werden wird, dass sie sich, indem sie Ungerechtigkeit und Unbeliebtheit kühn trotzten, um ihr Land verdient gemacht haben.

Aus dem Englischen von Leila Kais

Nietzsche im Krieg
Eine Erinnerung und eine Warnung
[1919]

Es war in England – ganz am Anfange des Krieges, am 18. August 1914, wenn ich nicht irre – als ich des Morgens im Briefkasten meines Londoner Hauses eine Nummer der Edinburger Zeitung *The Scotsman* entdeckte, in der mit blauem Stifte ein Artikel angestrichen war. Er handelte über *Nietzsche und der Krieg* und hatte einen schottischen Geistlichen zum Verfasser, der zu beweisen versuchte, daß die heidnische, antichristliche Gesinnung Nietzsches, seine Verachtung aller landläufigen Moral, seine Predigt des Willens zur Macht und seine Verherrlichung des Übermenschen den Deutschen den Kopf verdreht und sie zum Überfall des kleinen Belgien und zur Aussendung von vier Kriegserklärungen in einer Woche veranlaßt habe. Auf dem Rande der Zeitung stand geschrieben: »*You* have brought this poison to England« (»*Sie* haben dieses Gift nach England gebracht«).

Es braucht deutschen Lesern nicht erst versichert zu werden, daß diese Beschuldigungen aus der Luft gegriffen waren: es ist bei uns nicht unbekannt, daß der Philosoph Nietzsche auf die amtliche Politik der Wilhelmstraße[1] von Bismarck bis Bethmann keinen nennenswerten Einfluß ausübte, daß er vielmehr wegen seiner Angriffe auf die Religion von den führenden deutschen Kreisen abgelehnt wurde, und daß er auch – trotz der Feldausgaben des *Zarathustra* – zu den seltneren Bildungsgepäckstücken der deutschen Feldsoldaten gehört. Aber so falsch wie der übrige Inhalt des Artikels war, so richtig war die Randbemerkung des anonymen Absenders: ich war in der Tat

---

1 Damaliger Sitz des Auswärtigen Amtes und der Reichskanzlei in Berlin.

der Herausgeber der autorisierten englischen Übersetzung von Friedrich Nietzsches gesammelten Werken.

Es war dies eine Würde, auf die ich in gewöhnlichen Zeiten ziemlich stolz gewesen war, aber die Zeiten waren eben nicht mehr gewöhnlich und die Würde wurde zur Bürde. Denn es dauerte nicht lange, so brach in den Zeitungen ein furchtbarer Sturm gegen Nietzsche los. Die Intellektuellen Englands, Irlands und Schottlands, zu denen ein gut Teil Fromme gehören, aber auch eine große Anzahl jener sogenannten Freidenker, die Nietzsches Weltanschauung ebenfalls verletzt, hatten schon lange mit einer Art verwunderten Unbehagens auf die kleine kecke Schar derer gesehen, die da in ihrer Mitte eine neue Bewegung hervorgerufen, andere Maßstäbe angelegt und altes Überkommenes zu kritisieren und zu ridikulisieren versucht hatte – und das in einer Art und Weise, die von der Würde (und Langeweile) der landesüblichen Gelehrsamkeit bedenklich abstach. Jetzt war die Zeit der Revanche gekommen für manches, das man hätte herunterschlucken müssen, ohne sich öffentlich verteidigen zu können, denn der öffentlichen Diskussion unserer Ansichten war man möglichst ausgewichen, um nicht die Aufmerksamkeit der stets gafflustigen Menge noch mehr auf uns zu lenken. Nun aber fühlte man plötzlich den Wind in den Segeln, und der langaufgestapelte Groll konnte direkt auf sein Ziel losgelassen werden.

Für uns Nietzschejünger in England galt es jetzt, uns unserer Haut zu wehren, denn England ist, und das in weit ausgeprägterem Maße als Deutschland, ein Land der öffentlichen Meinung. »Oeffentliche Meinung – private Faulheit« hatte zwar einst Nietzsche gesagt, gerade als ob er die Ereignisse von 1914 und den Mißbrauch seines Namens seitens einer unverständigen Menge vorausgesehen hätte. Dieses wahre und ironische Wort hindert aber nicht, daß die öffentliche Meinung in England (und gar in Amerika!) eine furchtbare Macht ist, eine Macht, die dem, der sie gegen sich hat, böse Stunden und sogar Tage und Nächte bereiten kann. Der Refrain Nietzsche, Treitschke

Oscar Levy, 1894 in London

und Bernhardi[2] grollte uns aus den Spalten aller Blätter und Revuen, von der altehrwürdigen Tory-Wochenschrift *Spectator* bis zur »aufgeklärten« liberalen *Daily News* entgegen. Begeisterte Kanzelredner und Politiker und entrüstete Dichter und Romanschriftsteller »lüfteten« in ihnen ihre Ansichten: Der poeta laureatus Sir Robert Bridges[3] verglich in einem in der *Times* veröffentlichten Gedichte England mit Christus und Deutschland mit dem Antichrist, als den sich sein führender Philosoph Nietzsche öffentlich und schamlos ausgegeben habe. In Piccadilly, der fashionablen Londoner Geschäftsstraße, stellte ein Buchhändler die 18 Bände unserer Ausgabe ins Schaufenster, und darüber stand in großen Lettern geschrieben: »The Euro-Nietzschean War. Read the Devil, in order to fight him the better« (»Der Nietzsche-Europa-Krieg. Lest den Teufel, um ihn besser bekämpfen zu können!«) Selbst der sonst so gemütliche *Punch*, der sich in den ersten Monaten des Krieges selber ein wenig über die Patriotitis seiner Landsleute lustig gemacht hatte, ließ bei dem Namen Nietzsche die zu breitem Lachen nach oben gezogenen Mundwinkel plötzlich hängen und verkündigte unter Stirnrunzeln: »One touch of Nietzsche makes the whole World sin« (»Eine Berührung mit Nietzsche macht die ganze Welt zu Sündern«) – eine Verdrehung des englischen Sprichwortes: »One touch of nature makes the whole world kin« (»Eine Berührung mit der Natur macht die ganze Welt zu Brüdern«) ...

Jawohl, es galt sich jetzt zu wehren, und das mitten im Kriege, in diesem Kriege, wo nicht nur die Gesetze, sondern auch die menschliche Vernunft zum Schweigen verurteilt ist. Es war nicht leicht, denn fast alle maßgebenden Blätter refusierten zunächst

---

2 Friedrich von Bernhardi [1849–1930], deutscher General der 7. Armee und Militärschriftsteller im Ersten Weltkrieg. Autor von *Deutschland und der nächste Krieg* (1911) sowie von *Vom heutigen Krieg* (1912).
3 Sir Robert Bridges [1844–1930], englischer Poet. Seit 1913 offizieller Hofdichter – *Poeta Laureatus. Growth of Love* (1876/89).

unsere Berichtigungen: die Parole des schottischen Geistlichen hatte anscheinend »oben« Karriere gemacht und war S[einer] M[ajestät] aller getreuesten Journalisten als offizielle Direktive ausgegeben worden. Ob die Leute, die sie ausgaben, mehr von Nietzsche gelesen hatten als jenen Brief des schottischen Geistlichen, weiß ich nicht. Ich weiß nur das eine, daß die Bibliothek des House of Lords ein Jahr vor dem Ausbruch des Krieges noch nicht in dem Besitze meiner Ausgabe war. Da ich befürchtete, die hohen Herren würden dieses für sie so nützliche Gegengift gegen den damals noch staatsgefährlichen Lloyd George und andere Demokraten übersehen, habe ich sie selbst einst dem Oberhause geschenkt und dafür auch vom Bibliothekar einen schönen Dankbrief erhalten. Ich habe ihn mir sorgsam aufbewahrt, weniger zur Erinnerung an meine eigene Generosität, wie an die Mentalität der stolzesten Aristokratie der Welt, die sich das einzige Mittel zu ihrer Rettung auch noch von einem krassen »outsider« schenken lassen mußte.

Zu Ehren der Nietzschefreunde in England sei es gesagt, that they stuck to their gun (daß »sie an ihrer Kanone kleben blieben«, das heißt, sie nicht im Stiche ließen), wie der hübsche englische Kriegsausdruck lautet, und daß dank ihrer Zähigkeit und intellektuellen Sauberkeit der Giftgasangriff der englischen Literaten und Politiker abgeschlagen wurde. Es waren doch einige sehr resolute Gesellen unter diesen meinen Kameraden von der Nietzsche-Übersetzung und solche, die nicht ohne weiteres, wie Bismarck einst von seinen Diplomaten verlangte, einschwenkten wie die Unteroffiziere. Der alte Thomas Common, der Übersetzer des *Zarathustra*, schrieb an den *Scotsman*: »Aus Nietzsche durch Herausreißung einzelner Zitate einen deutschen Jingo und Pangermanisten zu machen, ist sehr wohl möglich – es ist aber ebensogut möglich, aus der Bibel durch kluge Manipulationen den Atheismus nachzuweisen, denn in ihr stehen die Worte: ›Es gibt keine ... Götter‹ – das Wort ›anderen‹ und das folgende ›außer mir‹ läßt man einfach weg«. Ein anderer meiner Freunde, der Ire J. M. Kennedy[4], der Übersetzer der *Morgenröte* und Verfasser der *Quintessence of Nietzsche* (1909 u. 1912), protestiert in einer neuen Auflage seines Werkes ebenfalls gegen die politische Ausschlachtung des deutschen Philosophen: es wurde zu billigem Preise auf den Markt gebracht und in England und Amerika zu tausenden von Exemplaren verkauft. Alfred. R. Orage[5], der kühne Herausgeber des *New Age*, dessen zehnjähriger treuer Unterstützung wir nicht zum mindesten unseren Erfolg in England verdankten, hörte nicht auf, die englischen Patrioten wegen ihrer Teufelsanklägerei zu verspotten. Auch Bernard Shaw nahm in seinem *Common Sense about the War* die philosophisch-politischen Dilettanten Alt-Englands aufs Korn. Unseres transatlantischen Bundesbruders H. L. Mencken[6] muß hier besonders gedacht werden, jenes hochgeachteten Schriftstellers der Union, der derselben Familie wie die Mutter Bismarcks entstammt, und der trotz der vergessenen deutschen Muttersprache sich um so besser amerikanisch auszudrücken versteht und so bei dieser Nietzsche-Affäre seinen Landsleuten mit einigen jener kräftigen Ausdrücke dienen konnte, die dort drüben eine bessere Wirkung ausüben als das geschniegelte und gebügelte Englisch von Oxford und Cambridge. Wir hatten sogar unsere Jeanne d'Arc und eine, die bei dieser Gelegenheit die bei Frauen so seltene satirische Feder zu führen verstand und mittels ihrer so manchen schwer gewappneten Literaturkritiker ihres Landes niederstreckte:

---

4 John Macfarland Kennedy [†1918], Pseud.: S. Verdad; englischer Schriftsteller, *Religions and Philosophies of the East* (1910); *English Literature* (1912; neu 1974).

5 Alfred R. Orage [1873–1934], ab 1899 Herausgeber von *The New Age*. Levy schreibt: »I owe Orage much, because only with his help (and my father's money) I was able to make England acquainted with Nietzsche.« [Autobiogr., Bl. 128].

6 Henry Louis Mencken [1880–1956], deutsch/amerikanischer Journalist und Schriftsteller, Autor von *The Philosophy of Friedrich Nietzsche* (1908), *Men vs. The Man* (1910), *Prejudices* (dt. *Gesammelte Vorurteile*, 2000), *Kulturkritische Schriften* 1918-1926 (1999). Mencken sympathisierte im 1. WK stark mit der deutschen Seite [vgl. Oscar Levy: Autobiogr., Bl. 83].

und darum auch ihr einen schönen Gruß über den Kanal, ihr, meiner tapferen und lieben Feindin – Miß Beatrice Marshall[7]!

So wurde dieser ernst gemeinte, auf Durchbruch angelegte Angriff abgeschlagen. Als das Trommelfeuer verstummt, der Gegner verschwunden, der literarische Schützengraben wieder gesäubert war und im Unterstande wieder die Tabakspfeifen zu dampfen begonnen hatten, erschienen auch die höheren Chargen, die sich bisher sorgsam hinter der Front gehalten hatten, und versicherten uns gewöhnlichen Soldaten, wie sehr sie unsere Feinde verachteten. Professor A. Wolf[8] vom University College in London veröffentlichte zur Verteidigung Nietzsches seine sechs Vorlesungen; Mr. John Dewey, der Philosophieprofessor der Columbia-Universität in New-York, wies in seinem Buche *German Philosophy and Politics* schlagend nach, daß Kant die deutsche Psyche weit mehr beeinflußt habe als Nietzsche; Leo [recte: Otto] Heller, Professor der modernen europäischen Literatur an der Universität Washington, erzählte in seinen *Prophets of dissent* seinen Landsleuten, daß zwischen Nietzsche und Treitschke doch ein großer Unterschied bestände. Mit Intelligenzen, die Nietzsche und Treitschke in einem Atem nennen konnten, hatten wir uns herumschlagen müssen!

Und jetzt, nachdem Engländer, Amerikaner und Franzosen sich eines Besseren besonnen und sich ihrer politisch-philosophischen Escapaden zu schämen begonnen haben, wird in Deutschland eine Nietzsche-Gesellschaft gegründet: »Für Kriegsarbeit im Sinne von Nietzsches Willen zur Macht, für Einsetzung eines starken deutschen Friedens, der ein machtvolles Deutschland verbürgt«.

Hier möchte auch ich mit etwas »einsetzen«, nämlich mit einer Warnung. Einer Warnung, nicht etwa vor einem starken

---

7 Beatrice Marshall [1851–1944], britische Schriftstellerin und Übersetzerin. Tochter der Schriftstellerin Emma Marshall.
8 Abraham Wolf [1876–1948], erster Lehrstuhlinhaber für Geschichte und Naturwissenschaften in London (History and Method of Science), Zusammenarbeit mit Sir William Bragg.

deutschen Frieden, einem Frieden, der so gut wie möglich auszufallen hat – denn darüber gibt es keine Diskussion. Wohl aber vor dem Mittel, das benutzt werden soll, um diesen Frieden zu erreichen, – denn dieses Mittel ist falsch. Es geht nämlich wirklich nicht an, Nietzsche als Sturmbock für patriotische Zwecke zu benutzen – es geht aus dem einfachen Grunde nicht, weil dieser Sturmbock einst gegen die Vaterländerei den schärfsten aller Proteste eingelegt hat. Und nicht nur gegen *die* Vaterländerei, sondern gegen sein eigenes Vaterland. Eine fürchterliche Ahnung beschleicht mich hier: sollte es dieser deutschen Nietzsche-Gesellschaft so gegangen sein wie dem englischen Oberhause – sollte sie Nietzsche niemals gelesen haben? Hat sie vielleicht keine Ahnung von diesem Denker, der die Deutschen »ohne Sinn, ohne Substanz, ohne Ziel« findet, der »diese Rasse nicht ausstehen kann«, dessen »Verdauung schon beim Anblick einer seiner Landsleute gestört wird«, dieser Landsleute, die »in geistigen Dingen immer träger und instinktärmer werden«, sie, »die den Willen zur Macht (zum Reich) so gut ohne Verdauungsbeschwerden herunterschlucken wie das Evangelium der Armen«, sie, die »alle Kulturverbrechen gegen Europa auf dem Gewissen haben«?... Oder wollen diese Patrioten durchaus *alles* wahrmachen, was Nietzsche einst prophezeite, einschließlich jener Worte, die er im *Ecce Homo* über den Fall Wagner schreibt: »Die Deutschen sollten sich noch einmal unsterblich an mir vergreifen und verewigen! Es ist gerade noch Zeit dazu. Ist das erreicht? Zum Entzücken, meine Herren Germanen: ich mache Ihnen mein Kompliment!«

Geben wir doch der Wahrheit, der in diesem Falle unschmackhaften Wahrheit, die Ehre: Nietzsche hat die Deutschen bitter gehaßt, er haßte sie aus Liebe zu seinem Ideal, das ein europäisches war. Vielleicht wäre er heute mit ihnen mehr zufrieden, als zu seinen Lebzeiten, denn eines seiner Verzweiflungsmittel, um der europäischen Dekadenz Herr zu werden, war die brutale Medizin eines langen und gefährlichen Krieges, und diesen Krieg – wahrhaftig! – ihn haben seine so bitter getadelten Deutschen zu führen verstanden. Vielleicht hätte Nietzsche darum vor den heutigen Deutschen mehr Respekt als vor ihren Vätern, deren »erbärmliches Behagen« ihm so sehr auf die Nerven ging: das war eben doch, wie der Krieg bewiesen hat, nur eine Oberflächenerscheinung. Und dennoch: auch die heutigen Deutschen können sich nimmermehr auf einen Philosophen berufen, der bezweifelte, daß ihr großer Waffenerfolg von 1870 etwas zu Gunsten der deutschen Bildung bewiese; der keck erklärte, er habe in Europa nur eine Heimat, und die hieße Paris; der allen nationalen »Neurosen« kühl bis ans Herz hinan, d. h. genau so wie einst Goethe den Freiheitskriegen, gegenüberstand?

Nein, auf Nietzsche dürfen sich auch die modernen Deutschen nicht berufen: auch sie müssen auf ihre anderen und echten Schutzpatrone zurückgreifen, wenn sie ehrliche Vaterlandspolitik treiben und einen starken deutschen Frieden auf Grund philosophischer Anschauungen zu erzwingen hoffen. Es gibt ja genügend deutsche große und kleine Philosophen – von Fichte bis Chamberlain – deren Satzungen und Aussprüchen sie nicht erst Gewalt anzutun brauchen, die sie vielmehr direkt und ohne Umprägung als literarische Munition gegen ihre Feinde verwenden können. Nur mit Nietzsche ist hier nichts anzufangen, denn dieser steht auf einer ganz anderen Warte. Nietzsche nämlich ist zu gut dazu, im einseitigen Interesse eines Vaterlandes ausgebeutet zu werden: er ist zu etwas Höherem bestimmt – zur Verständigung zwischen den verschiedenen Vaterländern. Heute aber ist es dazu noch zu früh, denn heute klirren noch die Waffen, grollen die Geschütze, zischen die Torpedos und alles, was seine heutigen Jünger tun können und tun müssen, ist, zu verhindern, daß er von voreiligen Händen und Gemütern in einen aussichtslosen Kampf gezogen werde. Aber seine Zeit wird einst kommen, seine Stunde wird mit mächtigem Glockenschlage eingeläutet werden, und zwar dann, wenn die Patrioten eingesehen haben werden, daß man zwar alles mit Bajonetten machen, aber sich nicht darauf setzen kann; wenn sie begriffen haben, daß die Macht des Schwertes zwar groß, aber nicht groß genug ist, um die Versöhnung zu erzwingen; wenn sie zu ahnen begonnen haben, daß kein Soldat oder Diplomat oder Kaufmann – weder Schwert, noch Feder, noch Gold – die Herzen der heutigen Menschen öffnen kann, jene feindlichen Herzen, die sich voneinander abgewandt und voreinander verschlossen haben, wie Blüten, über die der eisige Nordwind strich. Und wenn alle jene, die die Welt mit blutigem Messer oder mit politischen Pflastern oder mit kommerziellen Vernunftspillen heilen wollten, abgewirtschaftet haben werden, dann – aber erst dann! – wird Nietzsche im Dienste seines Vaterlandes zu verwenden sein, aber dann nicht nur im Dienste *seines* Vaterlandes, sondern in dem *aller* Vaterländer.

Denn Nietzsche lagen nicht die politischen Gegensätze, nicht die Gegensätze zwischen Preußen und Frankreich oder die zwischen Deutschland und Europa am Herzen, sondern, genau wie seinem großen und von ihm so geliebten Vorgänger Goethe, nur die zwischen Kultur und Barbarei. Als Künstler, als Dichter, als Psychologe, als Kulturphilosoph gewann er so nicht nur zu den Besten einer Nation, sondern zu den Besten vieler Nationen ein Verhältnis; und dieses Verhältnis kann in Zukunft mehr zur Anknüpfung der abgerissenen Bande beitragen, wie die bekannte Politik der gepanzerten Faust, die den Panzer nicht nur um die Faust, sondern auch um Herz und Hirn legt, mehr aber auch wie alle jene Phantastereien von kommenden Völkerligen (Völkerlügen!) und Freundschaftbünden, die heute wieder drohend am Horizonte der Zukunft auftauchen. Völkerbünde sind keine Realpolitik, und selbst die Realpolitik ist keine Realpolitik, weil sie das vergißt, was das Realste an jeder Politik sein sollte, nämlich – den Geist. Nietzsche hat den nicht vergessen, und darum hat seine Politik – die Politik eines Dichter-Philosophen – nicht denselben schmählichen Bankerott gemacht, wie jene der »auf dem Boden der harten Tatsachen stehenden« Politiker und Nationalökonomen. Im Gegenteil: gerade während des Weltkrieges hat sie ihre erste Probe bestanden. Denn die kleine geistige

Internationale, die in den verschiedenen feindlichen Ländern zu dem Umwerter aller Werte steht, ist nicht auseinander gebrochen – zum Unterschied von allen anderen Internationalen, von der roten wie der schwarzen, von der goldenen wie der wissenschaftlichen, von der dynastischen wie der diplomatischen. Warum gerade sie nicht abbrach, warum gerade Nietzsche den entfesselten Elementen trotzen konnte, das ist vielleicht ein Wunder, größer als jenes des heiligen Nepomuk, der einst bei der Wegschwemmung der Moldaubrücke auf seinem einsamen Pfeiler in der Mitte des Flusses stehen blieb, größer deswegen, weil Friedrich Nietzsche ja nicht, wie jener Heilige von Prag, unter dem besonderen Schutze der Vorsehung gestanden haben kann ... Aber es ist ein Wunder nur für die Ungläubigen des Geistes. Und daß die Jünger Zarathustras des Gottlosen nicht ganz der Ritterlichkeit und der Menschenliebe vergaßen, und trotz der Feindschaft ihrer Völker zueinander standen, während die berufenen Pächter dieser Menschenliebe, während die sämtlichen frommen Internationalen, einschließlich der Jesuiten und Zionisten, auseinanderfielen und sich gelegentlich sogar als Verbrecher titulierten – das ist ein anderes Wunder oder Rätsel, das der Kulturgeschichte der Nachwelt zur Lösung überlassen bleibt, das aber der Menschenkenner der Mitwelt schon heute erraten wird. Genug: die Brücke ist nicht hinweggeschwemmt, sie existiert wie im Frieden und sie kann nach dem Kriege von ein paar internationalen Pionieren (man nannte sie vor dem Kriege »vaterlandslose Gesellen«) wieder benutzt werden. Unter der einen Bedingung: daß die nationalen Fanatiker, die völkischen Enthusiasten, die erregten Vaterlandsderwische sich hübsch beiseite und auf ihren beiderseitigen Ufern halten.

Nietzsche darf nicht gegen das Deutschtum von England – aber auch nicht für das Deutschtum von Deutschland ausgebeutet werden. Wir, die wir die Engländer bekämpft haben, weil sie seinen Namen in den Schmutz dieses Krieges zogen, um die teuflische Gesinnung ihrer Feinde nachzuweisen, wir wollen es auch den Deutschen verwehren, diesen toten Cid, der im Leben nichts von ihnen wissen wollte, nach seinem Abscheiden aufs Pferd zu setzen, um die Gegner zu schrecken, um einen »machtvollen deutschen Frieden zu erzielen«. Wir protestieren gegen jeden Mißbrauch seiner Worte, im Namen seines Gedächtnisses, das uns teuer ist, im Namen der intellektuellen Ehrlichkeit, die er geübt und gelehrt hat, im Namen aber auch und im Interesse Europas, das er liebte und das nach soviel Hader und Bruderzwist wieder des Friedens und der Versöhnung bedarf.

(August 1918.)

Mein Kampf um Nietzsche[1]
[1925]

I

Was ich in folgenden Blättern bringe, das sind Erinnerungen an eine aufgeregte Zeit in meinem Leben. Nun geht es zwar die grosse Welt wenig an, ob ein Autor aufgeregt ist, oder war – sie sind es meistens, ebenso wie die anderen so genannten normalen Menschen – aber meine damaligen inneren und äusseren Kämpfe haben ein allgemeines Interesse, weil sie um Ideen gingen, die heute noch zu den brennenden Fragen gehören, ja deren Bedeutung und Bedeutsamkeit für die kommenden Zeiten erst heute in den Sehkreis unserer Zeitgenossen einzutreten beginnen. Denn einer immer grösseren Anzahl unter uns wird es ja heute klar, dass wir nicht so sehr in einer politischen, als in einer religiösen Krise leben; dass diese religiöse Krise unsere Hauptkrankheit und die politische nur deren Symptom ist; dass das Heil uns demgemäss nur vom Geiste und nicht von der Materie; dass es uns von innen und nicht von aussen, dass es uns nur von einer Herzens- und nicht etwa von einer Betriebsänderung kommen kann.

Nun ist es merkwürdig, dass meine Geschichte nicht etwa in Deutschland, im sogenannten Lande des Geistes und des Idealismus, sondern in England, dem sogenannten Lande der Politik und des Materialismus spielt. Es ist, wie gesagt merkwürdig: es ist aber gleichzeitig auch höchst charakteristisch. In diesem,

---

[1] Titel wurde von Ocar Levy nachträglich geändert in: *Auf dem Kriegspfade in England.* – Oscar Levy setzt dabei als Fußnote hinzu: *Im Jahre 1925 fand ich weder in England noch in Deutschland für diese Schrift einen Verleger.* Außerdem notiert er auf dem ersten Blatt: *(geschrieben 1925) durchgesehen im Juli 1931, fast nichts verändert.*

vom geistigen Deutschland verachteten »empirischen« England lebt nämlich heute noch eine Art Geist, die in Deutschland nicht mehr lebt, oder jedenfalls nicht bewusst mehr lebt: das Christentum als Volksreligion. Deswegen musste meine Geschichte in England, deswegen konnte sie nicht in Deutschland spielen.

Ich hatte vor dem Kriege zwanzig Jahre in England gelebt: ich hatte diese Zeit dazu verwendet, um die englisch-sprechende Welt mit den Ideen des Philosophen Friedrich Nietzsche bekannt zu machen. Die grosse englische autorisierte Nietzsche-Uebersetzung ist unter meiner Führung, Kontrolle und Verantwortung entstanden: sie ist durch mich und ein paar andere Mitarbeiter einem durchaus unwilligen, weil grösstenteils anders orientiertem und deshalb feindseligen Publikum aufgezwungen worden. Es liegt ausserhalb des Rahmens dieses kleinen Buches, von den Kämpfen – den Kämpfen mit dem Dämon des Nichts, der Stille, der Wüste, des Schweigens, des Lächelns, des Achselzuckens, durchaus nicht des Widerspruchs – zu berichten, der dem endgültigen Erfolge dieser Ausgabe vorausging. Ich habe diesen Vorkriegskampf um Nietzsche schon einmal, allerdings auf Englisch geschildert: in meiner Vorrede zu dem letzten, dem achtzehnten, dem Indexbande meiner Uebersetzung. Ich habe dort auch, obwohl nur kurz, von den Schwierigkeiten berichtet, die wir bis zu dem Erfolge zu überwinden hatten: ich will hier nur noch erwähnen, dass unser Sieg entschieden war, als dieser letzte Band im Sommer 1913 auf dem Büchermarkte erschienen war. »You have rammed this Nietzsche down the English throat« (»Sie haben diesen Nietzsche den Engländern durch die Speiseröhre gedrückt«) sagte allerdings schon damals ein skeptischer englischer Freund zu mir. Dass es nur dieses gewesen war, ersahen wir aus der Kurzlebigkeit unseres Erfolges: denn ein Jahr darauf brach der Weltkrieg aus und mit ihm kam auch die Antwort der bisher lautlosen englischen Mitwelt auf die Nietzsche-Propaganda.

»Nietzsche hat den Krieg gemacht«. »Nietzsche hat den Deutschen den Kopf verdreht«. »Nietzsche ist das Urbild des teutonischen Uebermenschen von heute«. »Nietzsche ist ein Heide und seine deutschen Schüler sind keine Christen mehr«. »Der Hammer, mit dem der verrückte Philosoph die alte Welt und ihre Werte zertrümmern wollte: er zertrümmert jetzt in Gestalt von 42cm-Kanonen die blühenden Städte Flanderns und Nordfrankreich«. Die »crème« der Kriegsekstase lieferte dann die humoristische Wochenschrift *Punch*, die den Shakespeare'schen Vers »One touch of nature makes the whole world kin« (»ein Lot Natur macht die ganze Welt zu Brüdern«) also travestierte: »one touch of Nietzsche makes the whole world sin« (»Ein Lot Nietzsche bringt der ganzen Welt die Sünde«) und damit alles, was damals noch lachen konnte, auf ihre Seite brachte. Oft hat das Ausland, und nicht mit Unrecht, geklagt, dass die Deutschen keine Ahnung von der Psychologie fremder Nationen besässen: was aber diese anderen Völker von Deutschland wussten, das zeigt die ahnungslose Kreuzigung des edlen Nietzsche zwischen den patriotischen Schächern Treitschke und Bernhardi, die der Haupttrumpf der intellektuellen Entente-Propaganda und gewissermassen das philosophische Gegenstück zur Cadaver-Verwertungslüge darstellt.

Für uns Nietzschefreunde in England brach eine schwere Zeit heran; die des Abwartens und seiner Langeweile. Der Engländer hat eine empfehlende Phrase für jemanden, dem vorläufig nichts zu tun übrigbleibt. Er sagt »sit tight« oder auch »lie low«... »Liege niedrig!« – »zeige Dich nicht!« – »habe Geduld!«. Eine leichte Empfehlung, die aber, wie viele Ratschläge, schwer auszuführen ist. Wir taten unser Bestes: wir versuchten, in den Zeitungen zu protestieren, wir hatten damit auch einen beschränkten Erfolg: aber während des Weltkrieges Nietzsche wirksam zu verteidigen und den Lärm der Waffen mit den Stimmen der Vernunft zu übertönen, das war eigentlich unmöglich.

Aber endlich nahm auch der endlose Krieg ein Ende. Ein Ende allerdings mit Schrecken, denn schon kurz vor seinem Ende war die russische Revolution ausgebrochen.

In London existierte vom Jahre 1908 ab eine *Revue*

d'Avantgarde, wie die Franzosen sagen, eine kleine Pionier-Zeitung, oder besser gesagt Wochenschrift: *The New Age*. Sie wurde von dem Sozialisten A. R. Orage geleitet und hatte, trotz ihrer beschränkten Mittel und ihres kleinen Leserkreises, sich eine immerhin geachtete Stellung in der literarischen Welt errungen. Ihr Herausgeber war durch mein kleines Nietzsche-Buch: *The Revival of Aristocracy* (Probsthain & Co, London 1906)[2] auf mich aufmerksam geworden und hatte mir einst seine Wochenschrift zur Unterstützung meiner Propaganda zur Verfügung gestellt. Alle meine englischen Freunde, die ausschliesslich den bürgerlichen Parteien angehörten, waren gegen diese Bundesgenossenschaft gewesen, die ich aber deswegen bereitwillig annahm, weil gerade die Tories und die Liberalen nichts von der neuen Lehre wissen wollten, weil wir gerade von ihnen und ihren Publikationen in strengster geistiger Blockade gehalten wurden. Es hat damals bittere Kämpfe zwischen mir und meinen Mitarbeitern gegeben: es erschien diesen Engländern durchaus »unfair«, sich mit dem Feinde zu verbinden: so etwas dürfe man nicht tun, selbst dann nicht, wenn man bei den Freunden keinerlei Gehör finden könne. Die Ägyptische Galerie des Britischen Museums, wo wir uns immer trafen, besprachen und unseren Studien oblagen – denn das Britische Museum besitzt die beste Bibliothek Europas – hallte damals oft wider von unseren Streitigkeiten, ob deren selbst die geduldig die Hände in den Schoss legenden ägyptischen Königspaare die starren Köpfe geschüttelt haben dürften, denen ich aber immer mit jenem lateinischen Verse ein Ende machte, den wohl jeder ehrlich für etwas Bestrebte und Begeisterte unterschreiben wird: *Electere si nequeo superos, Acheronta movebo!* (»Wenn ich die Götter nicht rühren kann, so werde ich die Hölle in Bewegung setzen«).

Im übrigen waren die Teufel in dieser Hölle nicht so schwarz, wie sie gemalt wurden. Im Gegenteil: gerade der Herausgeber

---

2 D.i. die englische Übersetzung von: Oscar Levy: *Das neunzehnte Jahrhundert*, Dresden 1904.

des *New Age* war ein sehr liebenswürdiger und umgänglicher Mann: mehr Skeptiker als Dogmatiker, mehr Unparteiischer, als Parteimensch, mehr Opportunist als Jusquauboutist. Im ganzen genommen war er, wie die meisten Redakteure, wohl *novarum rerum cupidus*, aber keineswegs gewillt, sich auf irgend eine der bei ihm veröffentlichten Lehren festzulegen: er hatte an ihnen gewissermassen nur ein ästhetisches Gefallen und freute sich, wenn die verschiedensten Weltanschauungs-Köter in seiner Zeitschrifts-Arena sich tüchtig herumbissen. Wenn es zu toll wurde, so sprach er wohl in einer besonderen Rubrik ein ermahnendes, ernüchterndes oder beschwichtigendes Wort, oder er erklärte sogar, wenn er einer Lehre überdrüssig geworden, sie für »down«, »out«, »finished«, »erledigt«. Dieses passierte nebst manchen Anderen, eines Tages auch Friedrich Nietzsche, dessen geistiger Tod in der Nummer vom 18. Dez. 1919 des *New Age* von dessen begabten Herausgeber der darob sichtlich erleichterten englischen Leserwelt angezeigt wurde.

Ich las die Botschaft zwar zunächst mit Unbehagen, dem aber bald eine Art Erleichterung folgte, denn diese Botschaft bedeutete, dass wir aus unserem Rattenloch herauskommen, dass wir den Unterstand verlassen durften, dass der Stellungskrieg, der wohl jedem ehrlichen Soldaten gegen den Geschmack geht, wirklich zu Ende sei. Ich las die Botschaft auch mit einer gewissen Hoffnung, denn diese Nachricht von dem Ableben der Lehre Nietzsches gab mir endlich die Gelegenheit zu einer Antwort. Ich kannte den Herausgeber des *New Age* ziemlich gut: ich wusste, daß er auch die Literatur als Sportsmann betrieb – ich war überzeugt, dass er meine Antwort drucken würde, obwohl sie ihm widersprach, vorausgesetzt, dass sie ehrlich, »fair«, »outspoken«, »a straight hit on the shoulder« und keiner unterhalb des Gürtels war. Und wenn er sie druckte, auch das wusste ich, dann würde sie weit über den Rahmen des *New Age* herauswirken und uns wiederum Wind in unsere, schon seit Jahren erschlafften Nietzschesegel bringen. Und dieser Wind, so hoffte ich, würde dazu beitragen, wenigstens einige der Miasmen dieser bis zum Ersticken mit dem Giftgas der Unaufrichtigkeit geschwängerten Weltatmosphäre in die interplanetarischen Zwischenräume zu verjagen.

Ich machte mich also sofort an die Arbeit und schrieb an A. R. Orage den folgenden Protestbrief:

> Sehr werter Herr Herausgeber!
> Sie sind ein so charmanter literarischer Causeur, dass es mir aufrichtig schwer fällt, Ihnen zu widersprechen, oder mit Ihnen sogar einen Streit anzufangen. Und dennoch: dieses Mal muss ich es tun, denn Ihre neueste Nachricht über Nietzsches geistiges Ableben erscheint mir, um das Wort Mark Twain's über seine eigene Todesnachricht zu gebrauchen, »ausserordentlich übertrieben«. Wenn Sie, werter Herr, ebenso wie ich, Gelegenheit gehabt hätten, das Deutschland der Revolution mit eigenen Augen zu sehen, so würden Sie sofort verstehen, warum in einigen deutschen Köpfen (wie Sie in Ihrem Artikel zu sagen beliebten) »Nietzsche noch immer spukt«, warum diese Deutschen ihre Augen und ihre Köpfe noch heute sehnsüchtig nach dem Schatten des grossen Philosophen drehen. Diese Deutschen wünschen durchaus nicht irgend eine Restauration der Monarchie und noch weniger ein Wiederaufleben des Pangermanismus: aber sie sind zu gleicher Zeit nicht unschuldig genug, um eine Welt zu wünschen, oder auch nur an sie zu glauben, die (nach der Wilson'schen[3] Phrase) »für die Demokratie sicher gemacht« ist, und darum unsicher gemacht ward für alle, die einen eigenen Willen, ein eigenes Streben, ein eigenes Entwicklungsbedürfnis haben. Ich gebe Ihnen im übrigen gern zu, dass diese Deutschen nicht sehr zahlreich sind: aber die Zahl beweist bekanntlich gar nichts in geistigen Bewegungen.

---

3 Thomas Woodrow Wilson [1856–1924], 28. amerikanischer Präsident (von 1913–1921), maßgeblich an der Gestaltung der politischen Nachkriegsordnung Europas nach 1918 beteiligt.

Die Zeit der Zahlen verschwindet überhaupt hinter uns mit sichtbarer Schnelligkeit. Die Zeit der Wahlen verschwindet ebenfalls – und es bricht an die Zeit der Auswahlen (»the age of elections is passing, to make room for that of selection«).

Sie dürfen nämlich nicht vergessen, werter Herr, dass der Bolschewismus an Deutschlands Tore klopft und dass eine Antwort auf diese Bewegung erfolgen muss, denn sie ist durchaus nicht so harmlos, wie einige weltentrückte Individuen im westlichen Europa glauben. Auch besteht durchaus keine Garantie, dass sie, wie man bei Ihnen annimmt, durch ihre eigene Verrücktheit zu Falle gebracht werden wird. Es ist leider Methode in dieser bolschewistischen Verrücktheit; es steckt, wie Lloyd George sehr richtig neulich bemerkte, »eine Idee dahinter«. Und wie, so erlaube ich mir, Sie jetzt zu fragen, wollen Sie mit dieser Idee fertig werden?

An dieser Stelle will ich ganz aufrichtig werden, denn nur meine vollkommene Aufrichtigkeit kann Ihnen beweisen, wie notwendig Nietzsche heute ist: gleichzeitig bin ich mir wohl bewusst, dass diese meine Aufrichtigkeit manchen Ihrer Leser schwer verletzen muss. Denn die Idee, welche hinter dem Bolschewismus steckt, ist die Idee des Christentums selber! Die Idee des Christentums ist die Moral des Christentums: sie ist es, die in Russland durch den Bolschewismus realisiert worden ist. Das Reich Gottes ist dort gekommen: nur glauben diese modernen Christen nicht mehr an Gott, sondern an seinen Sohn und dessen heiligen Geist. Christ ist erstanden und hat den Seinen, den Armen und Niedergetretenen, zum endgültigen Siege verholfen: und wenn, Sie, werter Herr, den »Seinen« einmal genauer ins Antlitz schauen wollen, so werden Sie sofort erkennen, warum weder Sie, noch die Mitwelt einen so ausgezeichneten Spezialisten gegen deren Krankheit, wie den Professor Dr. Friedrich Nietzsche, ablehnen dürfen.

Einer Ihrer unschuldigen Leser mag hier einwenden: »Aber der Bolschewismus ist die Karikatur des Christentums: Christus brachte uns die Botschaft der Liebe und des guten

Willens; er verurteilte alle Taten der Gewalt; er empfahl uns, selbst dem Bösen nicht widerstehen zu wollen«. Dem ist so: und trotzdem wollte Christus seine Botschaft der Liebe und der Güte doch ernst genommen sehen – und die Bolschewisten haben sie eben ernst genommen. Sie sind nur etwas weniger Utopisten und etwas mehr Praktiker als Jesus Christus, der, obwohl ein Revolutionär, schliesslich seine eigenen Prinzipien nicht ganz in die Praxis übersetzte* und es vorzog (obgleich nicht ganz freiwillig!) für sie auf Golgatha zu sterben. »Der einzige Christ, der je gelebt hat, starb am Kreuz«, sagt Friedrich Nietzsche, dessen Wort indessen heute nicht mehr ganz wahr sein dürfte. In Russland hat es nämlich in unseren Tagen eine ganze Menge christlicher Christen gegeben, und auch diese sind denselben Weg wie ihr grosses Vorbild gegangen. Lesen Sie nur, um dieses zu erkennen, in Ihrer eigenen Zeitschrift und unter demselben Datum, an dem Ihr Artikel erschien, den Bericht von M. D. Ouspensky[4] über die russische Intelligentsia und deren Mitschuld an dem Gelingen der bolschewistischen Revolution. »Der Bolschewismus«, sagt dieser scharfe Beobachter, »wurde die ersten sechs bis neun Monate seiner Existenz hindurch immens gefördert durch den passiven Idealismus der Intelligentsia, die den Bibeltext: ›Widerstehet nicht dem Bösen‹ im Munde und im Kopfe hatte«. Dieses ist die echte Lehre Christi, eine Lehre, die jener andere christliche Enthusiast Leo Tolstoj in unseren Tagen wiederverbreitet hat und deren grossartige Erfolge in und ausserhalb Russlands ich persönlich immer mit wachsendem Misstrauen gefolgt bin.

---

* Spätere Anmerkung (1931): Er tat es doch, siehe Luc. XII, 49–53. Siehe auch das vorzügliche Buch von Robert Eisler: *Die Messianische Unabhängigkeitsbewegung*, Heidelberg 1929.

4 Pjotr Demianovitch Uspensky, [1878–1947], russischer Theosoph, Philosoph, Mystiker, Autor von *The Fourth Dimension* (1909) sowie von *Tertium Organum* (englisch 1923).

Ich hegte dieses Misstrauen, weil ich diesen Russen verstand, und weil ich überhaupt den Unterschied zwischen dem Russen und dem westlichen Europäer erkannte: dass er nämlich ein Mann ist, der seine Prinzipien in die Tat übersetzt, was, wie immer man auch zu den Prinzipien selber stehen mag, immerhin ein Zeichen seiner Aufrichtigkeit ist. Wir anderen Europäer haben die Angewohnheit, über des Russen Mangel an gesundem Menschenverstand und moralischem Gleichgewicht zu lächeln: aber ein Europäer, der gleichzeitig ein Christ ist, sollte sich schämen, auch nur ein einziges Wort gegen diese Ehrlichkeit dieser echten Gläubigen über seine Lippen zu bringen. Was in Russland passiert ist, das musste passieren: es ist gerade das, was in christlichen Revolutionen immer passiert ist: der aktive Christ, der Bolschewist, stellte den passiven Christen, den Christus-Christen an die Wand. Aber ob aktiver, oder passiver Christ – bitte beachten Sie dieses: beide Kategorien sind Christen, denn beide glauben mit Inbrunst an die utopische Botschaft der Liebe und des guten Willens! Die Intelligentsia wie der Bolschewismus sind von christlichen Agitatoren angesteckt: die Intelligentsia vom christlichen Propheten Leo Tolstoj, der nicht dem Bösen zu widerstehen befahl, die Bolschewiki vom jüdischen Propheten Karl Marx, der, wie Christus selber, eigentlich ein christlicher Prophet war. Sie werden sehen, dass Nietzsche recht hatte, als er einst sagte – »Die Juden sind eine verhängnisvolle Rasse«.

Und nun wiederhole ich noch einmal meine Frage: Was wollen Sie gegen die Bolschewiki machen? Wie gedenken Sie sich auseinanderzusetzen mit diesen Fanatikern des Friedens, diesen Terroristen der Liebe, diesen Maniakalikern der Brüderlichkeit, diesen Protagonisten der Armut? Eine Idee kann nur durch eine Idee besiegt werden, eine Philosophie nur durch eine Philosophie widerlegt werden, eine Religion nur durch eine Religion und eine Bewertung nur durch eine andere Bewertung abgelöst werden. Lange bevor das Christentum wieder einmal akut wurde, hat Nietzsche die grosse Gefahr vorausgesehen, die aus seiner Realisation der Welt erwachsen würde. Und lange vor dem Weltkriege hat er vorausgesagt, wohin die Werte des Christentums, der Demokratie, der Mediokratie, der Herdenverehrung, der Armen- und Schwachenvergötterung führen würde: und er schlug, nein er donnerte seine Aufforderung der Umwertung aller Werte dagegen in alle Welt hervor und heraus. Diese Umwertung, und nur diese allein, ist das Gebot der Stunde und darum, und gerade darum ist Friedrich Nietzsche der Mann und die Notwendigkeit von Heute und Morgen noch mehr als von Gestern. Denn keine Bajonette und keine Kanonen und keine Giftgase und keine Luftschiffe werden je mit der Demokratie fertig werden, d. h. mit einer Bewegung, die eine Tradition und eine Religion von zweitausend Jahren hinter sich hat. Der Geist wird nur durch den Geist besiegt, die alte Demokratie nur durch eine neue Aristokratie bewältigt werden, und das Reich der Taugenichtse kann nur abgelöst werden durch die, die etwas taugen. (›The reign of nobodies by the appearance of somebodies‹.)

Vielleicht ist England sich heute noch nicht der Gefahr bewusst, die der ganzen übrigen Welt von Russland droht. Es glaubt vielleicht, es läge weit vom Schuss, und es meint, Länder wie Deutschland, Ungarn und andere sich selbst überlassen zu können. Zwischen diesen und ihnen liegt der Kanal – dem Himmel sei Dank! Ich aber sage Ihnen, dass weder der Himmel noch der Kanal Sie retten werden, wenn Sie sich selbst nicht retten, wenn Sie nicht die Notwendigkeit erkennen, Ihren Sinn und Ihre Werte umzustellen. Und wenn Sie dann wirklich die Notwendigkeit der Sinnesänderung erkannt haben, so erinnern Sie sich, bitte, jener Umwertung, die Nietzsche gerade in dem Augenblicke der Welt gab, als diese ihrer am meisten bedurfte. Erinnern Sie sich jenes Gegengiftes, was er ihr einst verschrieb, als er sie an den ersten Symptomen des Uebels erkranken sah. Nietzsche nannte sich den Antichristen, und wahrlich, das war er, und damit

war er auch der Anti-Bolschewist. Bitte tun Sie ihn nicht als veraltet ab und legen Sie ihn nicht frühzeitig zu den Toten. Bitte glauben sie nicht an Indien und seine Weisheit und hoffen sie nicht, dass Ihnen von dorther die Rettung kommen werde. Und glauben Sie erst recht nicht, ich empfehle Ihnen Nietzsche, weil ich sein englischer Herausgeber bin und weil ich natürlicherweise meine eigenen Güter anzupreisen habe. Gewiss: ich preise meine eigenen Güter an, aber nur zu Ihrem eigenen Guten. Ich empfehle Sie Ihnen, weil ich Ihnen wohl will, und weil ich England wohl will. Ich bin und bleibe ein Freund Ihres Landes, und das, obwohl mich die Behörden dieses Landes immer noch als feindlichen Ausländer behandeln, und das gerade wegen meiner Uebersetzung von Friedrich Nietzsche. Denn ich weiß, dass die Liebe doch schließlich immer den Hass besiegt – vorausgesetzt, dass es nicht die Liebe eines Christen ist, vorausgesetzt, dass man nicht aus Schwäche und Sklavensinn, sondern aus seiner Stärke und seinem Verstande heraus liebt.
Montreux, den 2. Januar 1920
Oscar Levy

II

Die Klage am Schlusse meines Briefes war nur zu berechtigt gewesen: das englische »Home Office« (das Innenministerium) hatte mir die Rückkehr nach England verweigert, und weder meinen Freunden noch mir war es gelungen, diese Entscheidung rückgängig zu machen. Ich war ob dieser Ablehnung auf's tiefste betrübt, denn sie bewies mir wiederum, wie vergebens ich bisher in England gearbeitet hatte und welch fürchterlichen Missverständnissen die Lehre Nietzsches noch ausgesetzt war. Der Erfolg, den wir bisher gehabt hatten, war eben nur in gänzlich aussenstehenden Kreisen gewesen: in die inneren Kreise und unter die Leute, welche es eigentlich anging, waren die neuen Werte überhaupt nicht gedrungen. Alles dies war eigentlich nichts Neues: dem Haus der Lords z. B., d. h. der mächtigsten Aristokratie Europas, hatte ich einst noch vor dem Kriege meine Nietzsche-Ausgabe selber schenken müssen: sein Bibliothekar, Sir Edmund Gosse[5], hatte es nicht für nötig gehalten, dieses Lebenselixier der von ihm verwalteten Bibliothek einer doch auch erneuerungsbedürftigen Adelskaste einzuflössen. Nun war noch der Krieg mit seiner anti-Nietzsche und seiner antideutschen Propaganda hinzugekommen, und wir waren sozusagen widerlegt, abgetan, erledigt, »blown up«. Auch jener Todesanzeige-Artikel von A. R. Orage, der immer wusste, aus welcher Richtung der Wind blies, war ja ein Zeichen des schlechten drohenden Wetters gewesen.

Es musste also etwas geschehen, um den in eine Sackgasse geratenen Nietzsche-Ball wieder ins Rollen zu bringen, und meine Anwesenheit in London war dazu dringend erforderlich. Denn die Nietzsche-Ausgabe war durch die starke Nachfrage nach dem »Teufel, der das Weltunglück gemacht hatte«, zwar im Kriege zur Hälfte ausverkauft worden, aber einem Neudruck stand sowohl das jetzt geschwundene Interesse der Leser, wie auch der teilweise Bankrott des Verlegers entgegen. Glücklicherweise war dieser letztere nur mein Agent gewesen: ich hatte die Nietzsche-Ausgabe einst auf eigene Kosten drucken lassen müssen, weil sich kein Verleger in England dazu bereit gefunden hatte. Diese meine freie Verfügungsmöglichkeit über die Ausgabe war aber auch der einzige Lichtblick in einer sonst hoffnungslosen Situation – falls man nicht das schlechte Nachkriegswetter selber noch dazu rechnen wollte. Denn gewiss; dieses Wetter war böse, der Wind blies hart, und er blies direkt gegen uns: aber es war wenigstens Wind, und nicht mehr die langweilige Windstille der Moral-geschwängerten und Lügenverpesteten Kriegs- und Vorkriegsatmosphäre.

---

5 Sir Edmund Gosse [1849–1928], englischer Schriftsteller, geadelt 1925. Literarischer Entdecker Ibsens (1873).

Mein Kampf um Nietzsche

Ich bin in meinem Leben in der Wahl meiner Mittel nie wählerisch gewesen: die Wahl der Mittel kann sich nur derjenige gestatten, der keine Aufgabe im Leben hat. Ich will den Leser aber nicht mit der Beschreibung des Schleichweges langweilen, auf dem es mir gelang, das englische »Home Office« zu umgehen und durch das englische »Foreign Office« (Aussen-Amt) die direkte Erlaubnis zum Wiederbetreten des Landes zu erhalten. Genug: es gelang mir, und schon im April 1920, lange vor allen Anderen, war ich wieder »drin«. Als ich die sehr rigorose Passrevision in Dover hinter mir hatte und auf den bereitstehenden Zug nach London zuschritt, fühlte ich mich erleichtert, bis zum Freudenrausch erleichtert und des Julius Cäsars stolze Worte kamen mir in den Sinn: »Afrika, ich habe Dich!« Denn ich hatte, wenn ich London hatte, nicht nur Afrika, sondern Asien, Amerika und Australien: überall dort, wo die englische Zunge herrschte, das wusste ich, würde der Name Nietzsche wieder erklingen, wenn es mir noch einmal gelänge, ihm Gehör zu verschaffen und seinen Namen von dem Kriegsschmutz zu reinigen.

Allerdings war es mir entfallen, dass der grosse Cäsar, mit dem ich mich in meiner übermütigen Stimmung verglichen hatte, vor diesen Worten gestolpert war: ich wurde aber sehr unliebsam an meine Vergesslichkeit erinnert, als das Stolpern bei mir hinterdran kam. Die Atmosphäre in London hatte sich doch sehr verändert, und nur ganz wenige meiner alten Freunde kamen mir mit dem alten Vertrauen entgegen. Und diese wenigen hatten, wenn auch Vertrauen zu mir, kein Vertrauen mehr zu Nietzsche. Einige von ihnen schämten sich jetzt geradezu ihrer Mitarbeit und hatten einander, als sie sich in Uniform im Felde trafen, spöttisch gefragt: »What about Nietzsche now?« (»Was denken Sie jetzt über Nietzsche?«) Der Verleger selber teilte mir mit, dass ihn die Nietzsche-Ausgabe schliesslich auch geschäftlich geschädigt hätte, trotzdem er kein Geld dabei verloren habe, und auch keines verlieren konnte. Mein bester Mitarbeiter, Anthony

M. Ludovici[6], der in dem englischen *Who is who?*, dem Berühmtheitsadressenbuch »Wer ist das?«, seine Mittäterschaft am Nietzsche nicht verschwieg und seine Uebersetzung dem Publikum nicht unterschlagen hatte, wurde wegen seiner Charakterfestigkeit geradezu bewundert, aber in seiner Schriftsteller-Karriere nichts desto weniger gehindert. Die Welt um uns herum, so meinte auch er, taumelte immer mehr in die andere Richtung, und sie taumelte nicht nur, sie galoppierte sogar. Die Universitäten Oxford und Cambridge, die allerdings immer schon »anti-Nietzsche« gewesen waren, hatten jetzt ganz radikale Neigungen entwickelt und liebäugelten mit »labour« und Pazifismus. Dazu kamen noch für mich als Deutschen sehr unangenehme Schikanen von seiten des »Home Office«, das es mir natürlich nicht vergeben konnte, dass ich es umgangen hatte und es mich bald fühlen liess, dass ich in England von ihm, und nicht von dem »Foreign Office« abhinge. Besuche meinerseits auf der Polizei waren gefolgt von Besuchen der Polizei bei mir und von Ersuchen, das Land an dem und dem Termine zu verlassen. Nicht ich hatte Afrika, sondern Afrika hatte mich.

Um meiner bedrückten Stimmung abzuhelfen, suchte ich damals, wie ein sentimentaler Liebender, gerne die Orte wieder auf, wo ich einstmals glücklich gewesen war und begab mich so eines Tages auch auf das Office des *New Age*, das unweit der grossen Gerichtshöfe, in der den Strand mit High Holborn verbindenden Chancery Lane gelegen war. Das Office selber befand sich im dritten Stocke eines Hinterhauses, in dessen zweitem die

---

6 Anthony Mario Ludovici [1882–1971], Freund Oscar Levys, Übersetzer Friedrich Nietzsches; Autor von *Nietzsche and Art*, von *Nietzsche: His Life and His Works* (1910) sowie von *Who is to be Master of the World* (1909), Levy schreibt eine Einleitung dazu, von der er meint, sie sei »the best I have ever written« [Autobiogr., Blatt 81]. In den Dreißigern radikalisierten sich einige der Freunde Levys: »Ludovici as well as Pitt-Rivers went over to the German side«. [Autobiogr., Blatt 83]. »As to Ludovici, he even became an Antisemite and spoke in meetings against the Jews. He had also been to Nürnberg [Parteitag 1935] to shake hands with Hitler.« [Autobiogr., Blatt 83].

Druckerei war, wo neben anderen Sachen auch unsere Wochenschrift gesetzt und gedruckt wurde. Oberhalb dieses stets laut lärmenden Maschinenbetriebes befand sich die kleine Bude, die, den beschränkten Mitteln des Unternehmens entsprechend, gleichzeitig als Redaktions-, Sekretariats- und Empfangzimmer des *New Age* diente. Sie war nicht viel grösser als eine gewöhnliche Gefängniszelle. In der einen Ecke saß, mit einer schönen roten oder rotgelben Krawatte geschmückt, immer der fleissige Redakteur und schrieb an seine Mitarbeiter Schmeichelbriefe, das Einzige, womit er sie bezahlen konnte; in der anderen saß seine nicht minder fleissige Sekretärin und schrieb die Adressen für die Zeitschrift, die aber trotz ihrer beschränkten Mittel einen Leserkreis in allen Weltgegenden hatte. In der Mitte stand ein einziger Stuhl für den jeweiligen Besucher. Als ich kam, war der Stuhl unbesetzt, Orage selber abwesend, und nur die brave Sekretärin, die ich noch von früher her kannte, begrüsste mich mit alter Freundlichkeit. Ich mochte ungefähr fünf Minuten auf meinem Stuhl gesessen haben, als plötzlich die Türe aufging und ein eleganter hochgewachsener junger Mann hereintrat – ein Typus, wie ich ihn nie auf dem *New Age*-Office vorher gesehen hatte. Denn Eleganz und Schönheit waren das Einzige, was in diesem vorurteilslosem Kreise wirklich verpönt war; in diesem Kreise, in dem weit weniger der Körper, als der Geist gepflegt wurde – und alle Sorten Geist, von der Kredit- bis zur Rechtschreibungs-Reform, vom Vegetabilismus bis zum »human slaughtering« (humane Schlachtart der Tiere), von der Anti-Vivisektion bis zur Pro-Native-Agitation. Ich will mich hier nicht etwa über meine früheren Gefährten lustig machen: die »causes«, für die sie fochten, hatten meistens etwas Lächerliches an sich, aber der Geist, mit dem sie es taten, war höherer, reiner, weil religiöser Herkunft. Es war der Geist der alten Puritaner selber, der noch in diesen blassen, oft kränklichen Menschen lebte und ihre gedanken- und schmerzdurchfurchten Gesichter durchleuchtete: der Geist, dessen dazugehöriger Körper sich einst bei langsamem Feuer rösten liess, ohne nach der nebenliegenden Bibel zu greifen und so sein Leben auf billige Art zu retten. Diesen wahren Glauben hatten meine Freunde noch – nur war es heute nicht mehr der alte religiöse Glaube: dieser Glaube hatte sich in eine Unmenge »causes« gespalten – aber immerhin waren unter diesen »causes« von heute noch der mächtige Sozialismus und der dazu gehörige Pazifismus, einer, wie der andere bekanntlich religiöser Herkunft. Und sie hatten ihn so fest, wie ihre Vorfahren: in England gab es während des Krieges sechs tausend »Conscientious objectors« (Kriegsdienstverweigerer aus Gewissensgründen), denen keine Staats- oder Pöbelgewalt, von der Reitpeitsche bis zur Zwangsjacke, etwas anhaben konnte. Und manche meiner Freunde und Freundinnen, die ich mit Namen nennen könnte, waren die Opfer ihrer Ueberzeugungstreue geworden: sie hatten ohne Menschenfurcht für ihren Glauben und ihre Feindesliebe gelitten – wie das Gewissen es ihnen gebot, ob das Gesetz es auch anders befahl. Es ist nicht die Wahrheit: es ist eine Halbwahrheit, wenn Theodor Fontane von den Engländern berichtet, »sie sagen Christus, und sie meinen Kattun!«... Diese meine sozialistischen Freunde vom *New Age* hatten von Kattun keine Ahnung: Wenn sie Christus sagten, so meinten sie Christus, und sie meinten ihn nicht nur, sondern sie stritten auch für »Ihn«. (In England wird das persönliche Fürwort für Christus auch in der Literatur immer gross geschrieben.) Und dann: wie sollte ich mich über Ketzer und Aussenseiter lustig machen – ich, der ich selber ein Ketzer, ein abseits und am Rande der Gesellschaft Lebender, und gleichsam eine Kreuzung von Kain und Catilina war? Ich, der ich ein schlimmerer Ketzer war als alle die anderen, ein Ketzer, der selbst nicht mehr an die Ketzer glaubte, einer, der weder für Kattun, noch Christus sich begeistern konnte: also ein Ketzer in das Quadrat erhoben, ein mit der ganzen Welt und ihren Werten zerfallener Apostel Friedrich Nietzsches?

Der junge Mann aber, der soeben das Office des *New Age* betrat, gehörte sicherlich nicht zu uns, sondern seinem ganzen Aussehen nach zu jener anderen Kategorie von Engländern, die sich im Gegensatz zu den Puritanern ebenfalls in diesem konservativen Lande erhalten hat und die das landesgeübte Auge sofort erkennt, trotzdem sie kein Atlaswams, keinen Sammetmantel, keine Schärpen, Sporen und Spitzenmanchetten mehr tragen: zu den Kavalieren. Was hatte dieser blondgelockte Jüngling, der sicherlich ein hochblauer Tory war, bei den kurzgeschorenen und schlecht gekämmten »roundheads« des *New Age* zu tun?

Der Besucher öffnete die Tür des kleinen Zimmers nur halb und rief der Sekretärin zu: «Miss M.[7] – haben Sie davon gehört, dass Dr. Oscar Levy wieder in London ist?« »Hier sitzt Dr. Levy«, antwortete Miss M., auf mich weisend. Der junge Mann kam auf mich zu und sagte in einfacher Weise: »Ich bin glücklich, Sie hier zu treffen, denn ich habe Sie schon lange sprechen wollen... Ich habe nämlich Ihren Brief vom 8. Januar im *New Age* gelesen... Wollen Sie mir das Vergnügen machen, heute mittag mit mir den Lunch einzunehmen?... Pall Mall Restaurant, unten am Haymarket »Sie kennen doch London? 12 Uhr wenn ich bitten darf. Ich bestelle sofort einen Tisch. Hier ist meine Karte«.

Auf der Karte stand geschrieben: George H. Pitt-Rivers[8], Captain Royal Dragoons. Ich hatte angenommen. Das Luncheon begann, nach englischer Sitte mit leichtem Geplauder über gleichgültige Dinge und ging nach einiger Zeit zu persönlichen Berichten über. Meines neuen Freundes Regiment war in Indien stationiert gewesen, beim Ausbruch des Krieges nach Europa gekommen, wo es absitzen und wie gewöhnliche

---

7 Möglicherweise Beatrice Marshall.
8 Pitt-Rivers, George Henry Lane [1890–1966], von 1915–1930 mit Emily Rachel Forster, der Tochter von Henry William Forster [vgl. S. 114] verheiratet. Danach verheiratet mit Rosalind Venetia Henley, Tochter des Generals Anthony Morton Henley. Militärschriftsteller, arbeitete am Worcester College in Oxford. Autor von *Conscience & fanatism: an essay on moral values* (1919), *The World Significance of the Russian Revolution* (1920; Oscar Levy verfasste hierzu ein *Prefatory Letter*). *The clash of culture and the contact of races* (1927); *The Czech conspiracy: a phase in the world-war plot* (1938).

Infanterie in die Rattenlöcher der Schützengräben kriechen musste. Mein Freund hatte den Krieg mitgemacht, bis er verwundet und auf lange Zeit zum Krüppel gemacht worden war. Er hatte sich während seiner Reconvalescenz viel mit Büchern beschäftigt und dabei erkannt, dass in dieser Welt der Geist gehörig auf Abwege geraten und dass eine Heilung nur von ihm aus, und durch seine Regeneration zu bewirken sei. Er hatte sich darum von seinem Berufe freigemacht und der Literatur zugewandt. »The pen is mightier than the sword« (»die Feder ist mächtiger als das Schwert«), fügte er hinzu, ein Wort, das aus seinem frischen jugendlichen Munde kommend, sich eigentümlich genug ausnahm. »Und welches ist der Geist, den Sie für besonders missraten und gefährlich ansehen?«, fragte ich zurück und erhielt die prompte Gegenfrage: »May I speak openly?« – »You may.« – »Der Geist, der diese Welt ins Unglück geführt hat und weiter ins Unglück führt und führen wird, wenn wir ihm nicht beizeiten Einhalt gebieten, ist der Geist Ihrer eigenen Rasse... es ist der semitische Geist.« – »Ah?« – »Jawohl«, fuhr mein Gastgeber fort »sehen Sie die russische Revolution. Ist sie nicht etwas Fürchterliches? Und beachten Sie, wer sie hauptsächlich gemacht hat: es sind die Juden. Sie sind und bleiben die Hauptrebellen unserer Zeit. Denken Sie auch an Bayern und Ungarn, wer hat dort dem Pöbel zur Macht verholfen, oder ihm mindestens dazu verhelfen wollen? Die Antwort ist wiederum: die Juden. Denken Sie auch an die Geschichte Europas im Neunzehnten Jahrhundert: an die polnischen und ungarischen Revolutionen der vergangenen Tage sowie an die deutsche Revolution von 1848. Wer spielte in ihnen die hervorragendste Rolle, wer war darin das treibende Element? Antwort: die Juden.« – »Es gibt aber doch auch andere Juden, die keine Revolutionäre sind«, warf ich ein. »Die westlichen Juden z. B. stehen dem Bolschewismus im ganzen feindlich gegenüber, und selbst von vielen ihrer östlichen Brüder gilt das Gleiche. Wer etwas zu verlieren hat, ist doch kein Revolutionär, und sehr viele Juden haben doch etwas zu verlieren.« – »In dieser

Behauptung steckt ein grosser Teil Wahrheit«, antwortete mein Gegenüber. »Es gibt ja nicht nur Revolutionäre, sondern auch andere Juden, z. B. die Juden der grossen Finanz«. – »Nun, das sind doch keine Revolutionäre?« – »Anscheinend nicht. Aber in Wirklichkeit doch. …Diese hohe jüdische Finanz hat, bewusst oder unbewusst, ebenfalls für die Revolution mitgearbeitet. Sie ist geschichtlich eine Konsequenz unseres Puritanismus und unseres Liberalismus, die von Jahrhundert zu Jahrhundert an Macht gewonnen haben und es schließlich fertig brachten, nationale und spirituelle Werte immer mehr abzutöten und an ihre Stelle die todbringende Maschinerie der Finanz und der Fabrik zu setzen. Diese hohe internationale Finanz beutet in jedem Lande das Volk aus, ja, sie beutet ganze fremde Völker aus, wie z. B. diejenigen Asiens und Afrikas.« – »Ich wundere mich, dass Sie als Tory etwas gegen die Ausbeutung haben.« – »Nein, ich habe gar nichts gegen Ausbeutung, nur muss sie von Leuten ausgehen, vor denen man Respekt haben kann. Aber reine Geldmenschen mit kegelrunden Kartoffelköpfen und erfolgreiche Fabrikbesitzer mit roten dicken Händen sind keine Herren, die die Welt sich ruhig gefallen lassen kann und wird. Eine solche Herrscherkaste, die keine mehr ist, züchtet geradezu die Revolution. Die Bolschewiki haben gar nicht so unrecht, wenn sie gegen diese Gebieter von heute zu Felde ziehen: nur sollten sie wissen, dass sie das Uebel, welches sie ausrotten wollen, nur noch verschlimmern, denn Kapitalismus und Kommunismus – par nobile fratrum! – ziehen an einem Strang und arbeiten sich gegenseitig in die Hände.« – »Sie sagten soeben, dass die Juden bewusst oder unbewusst auf den Ruin dieser Welt hinarbeiten? Wie meinen Sie das?« – »Nun, ich meine einfach, dass soviel Uebeltat, dass ein so konsequenter ›black guardian‹, eine Schurkerei, die sich Jahrtausende hindurch erstreckt, nicht einfach die Folge eines bewussten bösen Willens sein kann. Es ist mir darum oft in den Sinn gekommen, dass es etwas Anderes sein könnte: dass z. B. eine Art Idealismus, die Juden immer und immer wieder gegen alles Grosse und Starke und Schöne in die

Arena getrieben hat. Vielleicht sind die Juden wirklich die Opfer einer falschen Theorie: vielleicht haben sie, gegen ihren eigenen Willen, immer diejenigen Ereignisse heraufbeschworen, die sie selber immer am meisten verwünschten und verdammten. Vielleicht liegt auf den Juden ein alter Fluch, dem sie selber nicht entrinnen können, ebenso wenig der ewige Jude der alten Sage dem seinigen entgehen konnte.« –

»Hm«, erwiderte ich, etwas nachdenklich geworden. »Sie sehen das ein«, erwiderte mein Gegenüber lebhaft, und aus meinem Gesichtsausdruck ablesend, dass ich nicht ganz gegen seine Ansicht war. – »Ich freue mich darüber: ich habe gehofft, von Ihnen keine Ablehnung zu erfahren. Und doch habe ich nie von einem anderen Juden irgendeine Ermunterung erfahren. Das ist ein grosses Unglück«, fuhr er fort. »Ich bin nämlich fest davon überzeugt, dass nur die Juden uns von den Juden befreien können. Denn ich fühle genau, dass die jüdische Rasse, trotz ihres hohen Alters noch nicht erschöpft ist, und ich weiß von meinen anthropologischen Studien her, dass ihre verhältnismässige Reinheit eine Quelle großer Stärke ist, oder sein kann. Die Juden könnten uns helfen, wenn sie wollten.« –

»Und verstünden«, erwiderte ich. «Und verstünden!«, bestätigte er. »Aber was soll geschehen?«, fragte ich. »Ich habe ein Buch geschrieben, eigentlich nur eine Broschüre«, sagte der Rittmeister. »Ihr Titel ist *The World Significance of the Russian Revolution*[9]. Ich habe alle möglichen Dinge darin über die Juden gesagt.« – »Dieselben, die Sie mir gesagt haben?« – »Dieselben und noch einige andere dazu. Ich bin aber noch unsicher, ob ich es veröffentlichen soll. Ich möchte nämlich beileibe nicht für einen Antisemiten gehalten werden. Ein Antisemit ist ein Mann, der den Hass in dieser Welt nur noch vermehrt. Wir haben aber gerade genug Hass in der Welt: wir haben ausser dem religiösen noch den nationalen, und ausser dem nationalen noch

---

9 George Pitt-Rivers: *The World Significance of the Russian Revolution*. Oxford 1920, 45 S..

den Klassenhass. Genug und übergenug! …Und gerade in der Judenfrage wird Unsereiner, ein ›Gentile‹ [Nichtjude], meistens missverstanden… Wenn dagegen ein Jude selber etwas zur Judenfrage sagt, so hat es ein ganz anderes Gewicht. Sie könnten sagen, was Sie wollen: ich könnte es nicht. Sie könnten mich vor Missverständnissen schützen: ich würde sofort der religiösen Brunnenvergiftung beschuldigt werden… Und zum Ueberfluss tragen Sie noch den Namen Ihres alten Priesteradels, einen Namen, den Sie glücklicherweise nicht, wie so viele Ihrer Glaubensgenossen, abgeändert haben, als Sie zu uns nach England gekommen sind.« – »Worauf wollen Sie hinaus?« – »Ich möchte gerne, dass Sie die Vorrede zu meinem Buch schreiben.« – »Aber könnte ich schreiben, was ich will und was ich denke?« – »Sicherlich: ich habe schon einen Verleger.« – »Aber sind Sie sicher, dass dieser Verleger alles drucken wird, was ich schreibe? Sie wissen, die Verleger Ihres Landes sind vorsichtige Leute: ein jeder von ihnen hat Angst vor zuviel Courage; ein jeder von ihnen ist ein unerbittlicher Zensor oder hat zum mindesten einen zur Seite: eine jede einigermassen aussergewöhnliche Ansicht wird von diesen ›Miniaturpäpsten‹ ›bluepenoilled‹ (›geblaustiftet‹), wie man bei Ihnen sagt, worüber ich mich schon oft nicht nur blau, sondern auch grün geärgert habe.« – »Sie werden gedruckt werden, wie Sie es wünschen.« – »Aber Sie wissen vielleicht nicht, dass mein Antisemitismus noch etwas weiter geht, als der Ihrige? Sie wissen vielleicht nicht, wie weit er geht? Sie wissen vielleicht nicht, dass er, von den Propheten über Christus und die Apostel hinaus, sich bis zur letzten Reinmachfrau des geheimsten Kabinetts des untersten bolschewistischen Volkskommissariats erstreckt?« – »Doch, ich weiß es und billige Ihre Ansicht. Ich habe ja Ihren Brief im *New Age* gelesen. Und gerade dieser Brief hat mir Mut gemacht und mir den Wunsch eingegeben, Sie persönlich kennen zu lernen: gerade dieser Brief hat in mir die Hoffnung erweckt, dass es noch jemanden in der Welt geben könne, der mich versteht. Denn meine eigenen Landsleute verstehen mich nicht, so dass ich mich schon oft gefragt habe, wie ich eigentlich unter sie komme und ob ich wirklich ein Engländer wäre.« – »Es ist gut, mein Freund. Ich werde die Vorrede[10] schreiben.«

III.

Wir waren beide frohen Mutes von einander geschieden: aber ich weiß nicht, ob von uns beiden ich nicht doch der Frohere gewesen bin.

Ich hatte nämlich jemanden gefunden, den ich schon lange gesucht hatte – einen Antisemiten! Wie der Knabe im deutschen Märchen, der ausgezogen war, um das Gruseln zu lernen, so hatte ich die verschiedenen Länder durchstreift, um einmal ein waschechtes Exemplar dieser Gattung zu treffen – und bisher war all mein Suchen vergeblich gewesen!

Mit welch kümmerlichen und krüppelhaften Vertretern dieser so notwendigen Species Mensch hatte ich bisher immer vorlieb nehmen müssen! Da waren die deutschen Rassen-Antisemiten, die sich selber für auserwählt und reinen, »nordischen« Blutes hielten – sie, die vielleicht dem vermischtesten und gemischtesten Volke Europas entstammten: unmöglich sie überhaupt ernst zu nehmen! Besser als sie gefielen mir immerhin die französischen Reaktionäre und Royalisten, die ihrerseits Juden und Deutsche als die Störenfriede der Welt ansahen und diese beiden feindlichen Brüder als Gegner ihrer lateinisch-classischen Kultur in eine gemeinschaftliche Verdammnis versetzten. Interessant waren für mich auch die Bellocs[11] und die Chestertons[12],

---

10 Oscar Levy: Vorrede zu Pitt-Rivers: *The World Significance of the Russian Revolution*, a.a.O., S. I–XIII. (Siehe S. 76–91 dieses Bandes.)

11 Hilaire Belloc [1870–1953], englisch-französischer Schriftsteller. Autor von: *The Jews*. An anderer Stelle nimmt Levy bezug auf ihn als auf »A famous Catholic writer". [Autobiogr., Bl. 200].

12 Gilbert Keith Chesterton [1874–1936], englischer Kriminalautor und katholischer Theologe. Rezensierte Levys *Revival of Aristocracy* in der *Daily*

Mein Kampf um Nietzsche 73

die begabten Vertreter des Katholizismus in England, die ihrem Volke die Rückkehr ins Mittelalter predigten und ihm erzählten, alles Unglück stamme daher, weil das »merry England« einst dem Puritaner Cromwell erlegen sei, jenem Cromwell, der seinerseits wieder den Juden erlegen sei und ihnen die Rückkehr nach England gestattet hätte. Unter all diesen Leuten war aber doch kein Einziger, der das Problem an der Wurzel gepackt hätte, wie später Mussolini[13] es getan, als er erklärte »La Latinita è stata rovinata due volte per due visionarii, entrambi Ebrei: Gesù Christo e Karlo Marx« (»die Latinität ist zweimal durch zwei Visionäre ruiniert worden, die beide Hebräer waren, Jesus Christus und Karl Marx«)[14] – aber Mussolini lebte damals, wie gesagt, noch ausserhalb der Zeitungsspalten, und niemand hatte je etwas von ihm gehört. Ganz unmöglich auf der anderen Seite waren für mich immer die jüdischen Antisemiten deutscher Nation gewesen (von denen man hätte Besseres erwarten können, denn die Juden sind gewöhnlich gute Hasser[15]) wie z. B. Otto Weininger und Walter Rathenau: beide waren vom Christentum und christlicher Philosophie vergiftet und hassten die Juden, weil sie selber so gute Christen waren – und Walter Rathenau hatte dazu noch einen lebenslänglichen Respekt vor dem Deutschtum, einen Respekt, der mir schon in meinen Jünglings-Jahren vollkommen abhanden gekommen war.

Und gar unter meinen englischen Freunden vom *New Age* und in den anderen Kreisen meines Londoner Verkehrs: man

---

News [Autobiogr., Blatt 121]. *Twelve Types* (1910), *Heretiker* (dt. 1912), *The Defendant* (dt. 1917).
13 Benito Mussolini [1883–1945], italienischer Premierminister von 1924 bis 1943. Levy besucht Mussolini am 16. Juli 1924 im Palazzo Chigi. Das Gespräch dauert eine halbe Stunde (19.15 bis 19.45 Uhr): »I came away highly disappointed.« [Autobiogr., Blatt 216]. Levy war »as disappointed as with Mrs. Foerster-Nietzsche – ›Keep away from celebrities‹ (Nietzsche). – My bad impression and my good reports.« [Autobiogr., Blatt 218]. Levy distanziert sich später von Mussolini [vgl. Autobiogr., Blatt 251].
14 Vgl.: Benito Mussolini: Rede zum Nietzsche-Jubiläum 1924.
15 Vgl.: Theodor Lessing: *Der jüdische Selbsthaß*, Berlin 1922, S. 27–37.

hätte eher eine Nadel auf einem Heuboden als einen Antisemiten unter ihnen finden können! Diese englischen Liberalen und Radikalen, mit denen ich literarisch fast ausschliesslich in Berührung kam, hatten ja – im Gegensatze zu Ihren Kameraden auf dem Kontinente – noch nicht vergessen, dass ihre Prinzipien ursprünglich religiöser Herkunft waren, dass die Ideen der Menschenliebe und Menschengleichheit vom Sinai- und Kalvarienberge stammten, und dass die Hauptakteure auf diesen beiden heiligen Bergen einst Juden gewesen waren! Viele von ihnen waren in der Jugend in die Kirche gegangen und waren mit den Dichtungen von Wordsworth und Byron weniger vertraut, als mit den Psalmen Davids und den Sprüchen Salomos; sie hatten in täglicher Bibelstunde und aus frommem Elternmunde die verzweifelten Klagen Jeremiahs und die verzückten Zukunftsvisionen Jesajahs vernommen; sie waren in den heiligen Büchern von denen Mosis bis zu denen Hiobs und Koheleths besser beschlagen als ich selber – ihr israelitischer Freund! Diese englischen Sektarier, Dissenters und Non-Conformisten, die heute politisch die englische Linke bilden und von den liberalen Whigs bis zu den fatalen Kommunisten reichen, haben es ja noch nicht vergessen, dass einst die Lehre Israels für die Enterbten und Unterdrückten eingetreten ist, dass »das Schwert Gottes und Gideons«[16] einst die gepriesenen Freiheiten Englands erfocht und dass die Schottlands unter denselben Gesängen erstritten wurden, die einst vor Tausenden von Jahren das Herz Judas entflammt hatten. Die Liebe einzelner dieser Enthusiasten zu Israel ging so weit, dass sie nicht nur im Geiste, sondern auch im Fleische zur »heiligen Rasse« gehören wollten und sich demgemäss einen Stammbaum angefertigt hatten, der, gestützt auf Bibeltexte und Bibelinterpretationen, bewies, dass die Engländer die Nachkommen der zehn verloren gegangenen Stämme Israels und also gleichfalls echte Söhne des auserwählten Volkes

16 Vgl. Richter 7,20.

seien! Nicht unter Feinden, nein, unter Brüdern hatte ich mich in England bewegt, und das Wort vom warmen »brother«, das unter Händedruck begleitet, mir am Ausgang ihrer »chapels« mitunter entgegentönte, klang doppelt zärtlich und war auch so gemeint, weil es an einen wirklichen Sohn des »auserwählten Volkes« gerichtet war.

Nicht unter hasserfüllten Antisemiten hatte ich die besten Jahre meines Lebens verbracht, sondern unter begeisterten Philosemiten, unter so dezidierten Philosemiten, dass ihnen nie ein Zweifel aufstieg über uns Juden, dass ein Problem der Juden und der jüdischen Werte für sie gar nicht existierte. Der einzige Antisemit unter ihnen, der einzige, dem Zweifel und zuletzt die Gewissheit aufgestiegen war, der einzige, dem der Antisemitismus, dem die Berechtigung des Antisemitismus Jahrzehnte lang wie ein Kreuz im Nacken gelegen hatte: das war ich selber gewesen – ein Ketzer also unter Ketzern, ein Aussenseiter unter Aussenseitern, ein Dissenter unter Dissentern, ein Katilinarier unter Katilinariern!

Und jetzt kam mir von der anderen Seite, von der entgegengesetzten Toryseite her ein anderer »Katilinarier« entgegen: ich war nicht mehr allein, in der Wüste, mit meinem Kreuze, mit meinem verdorrten Munde, mit einem Munde, der verdorrt war, weil er sich nie zur Aussprache öffnen durfte, ohne missverstanden zu werden… Hosannah, Hosannah, Hallelujah!

Es war in Hosannah- und Hallelujah-Stimmung, in der ich den folgenden Brief an Georg Pitt-Rivers schrieb, der als Einleitung zu dessen Buch *The World Significance of the Russian Revolution* im Jahre 1920 vom Verleger Basil Blackwell[17] in Oxford veröffentlicht wurde und in der ersten, wie zweiten Ausgabe des Buches wörtlich zu finden ist:

---

17 Sir Basil Blackwell [1889-1984].

Mein lieber Pitt-Rivers,
Als Sie mir zuerst das Manuscript von *The World Significance of the Russian Revolution* übergaben, da drückten Sie gleichzeitig einen Zweifel an der Richtigkeit des von Ihnen gewählten Titels aus. Ich habe nunmehr Ihr Manuscript gelesen und ich kann Ihnen mit bestem Gewissen versichern, dass Ihre Ungewissheit jeglicher Grundlage entbehrt. Sie konnten gar keinen besseren Titel finden als »Die Weltbedeutung der russischen Revolution«, aus dem einfachen Grunde, weil kein Ereignis unseres Zeltalters schließlich mehr Bedeutung für unsere Welt haben wird, als dieses. Wir stehen dieser Revolution noch viel zu nahe, um sie klar erkennen zu können: dieses merkwürdige und unerwartete Ergebnis des Weltkrieges ist uns heute noch versteckt durch Feuer und Rauch der nationalen Ekstasen und patriotischen Enthusiasmen. Um so mutiger ist Ihr Versuch, etwas Licht auf ein Ereignis zu werfen, das heute noch Nebel und Mysterien verhüllen: gleichzeitig hegte ich aber die Befürchtung, dass eine so frühzeitige Behandlung eines so ungewissen Stoffes fehlgehen könne, oder, was dasselbe ist, nur einen Tageserfolg bringen würde. Es gibt ja kein Zeitalter, das seine gedruckten Kinder mit solcher Gier verschlingt, als das unsrige, und die Möglichkeit, dass auch Sie diesem modernen Chronos nur einen Mundvoll seiner gewöhnlichen Nahrung dargereicht haben könnten, lag nur zu nahe...

Es ist mir lieb, Ihnen berichten zu können, dass ich angenehm enttäuscht bin – nicht allein durch die vielen neuen Tatsachen, die, wie ich höre, persönlich von Ihnen gesammelt und ausgewählt wurden, nicht nur aus Büchern, sondern auch von den Lippen und Briefen russischer Augen- und Unglückszeugen, von Freunden sowie Feinden der Revolution. Noch mehr als dieses neue Licht auf eine dunkle Sache, schätze ich die Schlüsse, die Sie aus dem Reichtum Ihrer Tatsachen ziehen; sowie die psychologische Schärfe, mit der Sie erklären, warum eine Bewegung, die so bestialisch und verrückt wie die Revolution war, schliesslich doch glücken und alle Ihre Gegner besiegen konnte. Denn zwei Fragen sind es, die vor allen anderen der Beantwortung harren, und die, wie ich meine, Sie in Ihrer Broschüre richtig beantworten: 1. Wie konnte die Soviet-Regierung, die doch zugegebenerweise nur die Regierung einer unbedeutenden Minorität war, es fertig bringen, nicht allein sich zu halten, sondern ihre Position in zweieinhalb Jahren der Macht noch zu verstärken? Und 2. warum ist es der Soviet-Regierung trotz ihres brutalen und bestialischen Vorgehens geglückt, die Sympathien einer sich vermehrenden Anzahl von Leuten in England zu erringen? ... Sie geben die Antwort: der Bolschewismus hat nur die Demokratie zu seiner Feindin gehabt, und eine Demokratie, die zu feige war, um die logische Konsequenz aus ihrem eigenen Glauben zu ziehen, welch letztere natürlich der Bolschewismus ist. Der Bolschewik hat einfach, Ihnen zufolge, das getan, was sein Vater, der Demokrat, immer tun wollte, aber stets zu tun zögerte: daher des letzteren Heuchelei und Unbestimmtheit, daher des ersteren Energie, Aufrichtigkeit und Erfolg... »Keine Bewegung«, so sagen Sie ganz richtig über die weisse Opposition, »die nur unzusammenhängende Massen sich selbst widersprechender Elemente enthält, kann einer anderen Bewegung Herr werden, die wenigstens weiss, was sie will und daher keinerlei Kompromisse kennt.«[18]

Worin besteht nun dieser wundervolle »eigene Wille« der Bolschewiki? Sie meinen, und Sie meinen mit recht, dass eine Ideologie dahinter stecke und Sie erkennen ganz klar, dass es eine alte Ideologie ist. Es gibt da nichts Neues unter der Sonne: es ist selbst nichts Neues, dass diese Sonne im Osten aufgeht. Das ist von jeher ihre Gewohnheit ge-

---

18 Vgl.: George Pitt-Rivers: *The World Significance of the Russian Revolution*, a.a.O., S. 14 f.

wesen: vor Tausenden von Jahren erwählten ihre Strahlen sich die Wüsten und Bergesspitzen Palästinas, wo einsame Propheten ihres Lichtes zuerst teilhaftig wurden und von wo eifrige Apostel die Erleuchtung zu den heidnischen, im »Dunkel lebenden« Nationen brachten. Diese Apostel haben dann auch das Licht nach Europa gebracht, wo, wie wir zugeben müssen, es zunächst mit etwas Argwohn, ja Unwillen aufgenommen wurde. Nach ein paar Jahrhunderten aber war der europäische Unwille gebrochen und das, was in Palästina »das tausendjährige Reich Gottes und des Friedens« genannt ward, das wurde schliesslich nach mancherlei Wandlung bei uns das Reich der Brüderlichkeit, das Reich der Gerechtigkeit, das Reich der Freiheit, oder auch das Reich der Vernunft, das Reich der Gleichheit und schliesslich sogar das Reich des Proletariats... Wir erinnern uns ja alle aus der Religionsgeschichte an jene begeisterten Jünger des heiligen Paulus und des heiligen Petrus – wobei die des ersteren eine grössere Rolle spielten, wie die des letzteren – die in strenger apostolischer Folge das kommende »Licht« sahen und den heiligen Glauben predigten... Es geht eine direkte Linie von Paulus auf Luther, von Luther auf Müntzer, von Müntzer auf Robespierre, von Robespierre auf Lenin ... Der Lenin von heute allerdings mag durch den Umgang mit Menschen und Dingen sich jene Erfahrung erworben haben, die manchen Enthusiasten vor ihm schon belehrt und auch zum Schelmen und Zyniker gemacht hat: Eines ist sicher und kann aus seinen Vorkriegsschriften nachgewiesen werden: er war vor der Revolution ein Träumer und Visionär und einer, der seiner geistigen Ahnen gänzlich würdig ist, jener Ahnen, von denen ich einige genannt und noch mehr zu nennen vergessen habe. Es steht ganz ausser Zweifel, dass er seine revolutionäre Karriere als der Apostel des Lichtes und des Glaubens begonnen hat, und dass er ein orthodoxer Schüler seines geistigen Vaters, des ebenfalls gläubigen Verfassers des *Neuesten Testaments*, »Das Kapital« [von Karl Marx] war. In

M. Landau Aldanov's[19] Buch *Lénine* (Bibilothèque d'Histoire Contemporaine, Paris, 1919, p. 70) finden Sie eine Beschreibung, die ein junger Student vom Smolny Institut[20] gibt, in welchem er Zeuge des ersten Auftretens Lenins nach dem bolschewistischen Staatsstreich geworden war. Auf diesen jungen Mann machten weder Trotzky noch die anderen Leute viel Eindruck, aber Lenin, der mit stürmischem Beifall begrüsst wurde, hat ihn geradezu entzückt. »Man konnte das keine politische Rede mehr nennen: das war der Glücksschrei einer Seele, die dreissig Jahre auf diesen Augenblick gewartet hatte!« – »Ich dachte«, so fügt der Augenzeuge hinzu, »dass ich die Stimme Girolamo Savonarolas vernahm!« Armer Savonarola! Er war als Mann und Italiener sicherlich von feinerem Kaliber als sein russischer Enkel, denn eines Tages hatte er sich beklagt: »Dass er für seinen […] mit den Waffen der Hölle kämpfen müsse«. Aber wer weiß, ob Lenin nicht auch das Gleiche empfunden hat!

»In die Hölle mit solch einem Himmel!«… Das ist die Antwort, die Sie, mein lieber Pitt-Rivers, auf die Ergüsse dieser Fanatiker und Enthusiasten geben würden… Und Sie könnten diese Antwort ehrlich geben: ehrlich und sogar leidenschaftlich-entrüstet. Denn Sie haben Ihren Glauben an die Demokratie verloren und Ihre Bewertung, Ihr Ideal, Ihre Zukunftsvision für die Menschheit ist eine andere geworden. Eines Tages, das ist ganz sicher, wird auch Ihr Glaube in Erfüllung gehen und seinerseits den Sieg erringen über seinen Widersacher, der jetzt, wenn auch nicht zu sicher, auf seinem blutbefleckten Throne sitzt. »Eine bestimmte positive Be-

---

19 Mark Aldanov (Pseudonym: Mark Alexandrovitch Landau) [1886–1957], russischer Schriftsteller, emigrierte 1919 nach Frankreich und 1941 in die USA. Autor von *Essay on Lenine* (1919), *Deux Revolutions* (1921) sowie von *Actinochemie* (1936).
20 Adelspalais in Sankt Petersburg. Ursprünglich Stift für junge adlige Damen. Zwischen Herbst 1917 und 1920 Sitz des bolschewistischen Rates der Volkskommissare.

wegung«, so sagen Sie wörtlich, »kann allein einer ebenso bestimmten anderen Bewegung Herr werden«. Aber wie, so frage ich noch einmal, konnten die unbestimmten und unbestimmbaren Demokraten ihrer Herr werden; wie konnten die Verehrer der Statistik und der Nationalökonomie, wie die Besucher der Vortragssäle und Debattierklubs, wie konnten die Professoren des »Fortschritts und der Entwicklung« je den Mut aufbringen, einer Bewegung auch nur entgegenzutreten, die vollkommen das realisierte, was sie selber immer zu hoffen, zu wünschen, zu schätzen vorgegeben hatten? Wie konnten sie mit ihren Papierpfeil-Argumenten je die Attacke wagen auf die schweren Panzer des reinen Gewissens und des reinen Glaubens? Wie konnte das demokratische Pulver es je zu einer Kollision kommen lassen mit dem bolschewistischen Feuer? Denn der Bolschewismus ist ja keine Bewegung: es ist ein Glaube und eine Religion! Wie konnten diese Halb- und Viertelgläubigen auch nur davon träumen, die »Aufrechten« und die »Wahrhaftigen« ihres eigenen Glaubens zu besiegen, also heilige Kreuzfahrer, die unter der roten Standarte von Karl Marx sich gesammelt hatten und unter der draufgeherischen Führung der erfahrensten Leiter aller unserer modernen Revolutionen fochten – unter der der Juden?

Ich berühre hier eine Frage, die, Ihrer Broschüre nach zu urteilen, Sie anscheinend mehr interessiert als irgendeine andere, und ich gestehe, dass ich Ihr Interesse vollkommen berechtigt finde. Es gibt keine merkwürdigere, rätselhaftere Rasse in der Welt als die Juden und darum keine interessantere. Ein jeder Autor, der wie Sie selber, von dem Anblick der Gegenwart bedrückt und von dem Ausblick auf die Zukunft beängstigt wird, ist gezwungen, die jüdische Frage und ihren Zusammenhang mit dem Heute und Morgen in Betracht zu ziehen. Denn die Frage nach dem Einfluss der Juden auf unser Zeitalter geht an die Wurzel aller Dinge und soll und muss darum von jedem ehrlichen Denker erörtert werden, wie kitzlich diese Frage auch sein mag, wie kitzlich die Angehörigen der jüdischen Rasse selber auch sein mögen. Denn die Juden nämlich, das wissen Sie wohl auch, sind die empfindlichste Gemeinschaft auf Erden und schöpfen sofort Verdacht gegen jeden Nichtjuden, der sich ihnen mit kritischer Absicht naht. Sie sind nur zu geneigt – und das wegen ihrer schrecklichen Erfahrung nicht mit Unrecht geneigt – einen jeden, der nicht für sie ist, als gegen sie zu betrachten und ihn als einen intoleranten, mittelalterlichen, barbarischen Feind ihrer Rasse und ihres Glaubens hinzustellen.

Nun will ich durchaus nicht behaupten, dass in Ihrer Broschüre nicht etwa ein stark antagonistischer Einschlag gegen das Judentum zum Ausdruck käme. Sie weisen mit Entrüstung auf die Gefahren hin, die von der Vorherrschaft der Juden in Finanz und Industrie, wie von ihrer Führerschaft in Aufständen und Revolutionen der Welt drohen. Sie erörtern mit Entsetzen den Zusammenhang zwischen dem Kollektivismus der internationalen Finanz – der Demokratie der goldenen Werte, wie Sie sie nennen – und dem Kommunismus von Marx und Trotzky – der Demokratie der Schlagworte und der Phrase. Und all das Elend und Uebel von heute, das wirtschaftliche und das politische, führen Sie auf eine Quelle, eine »fons et origo malorum« zurück: auf die Juden.

Nun mögen andere Juden sie lästern oder schelten ob Ihrer so entschieden vorgetragenen Ansichten, ich selber werde davon absehen, durch meine Stimme den Chorus der Verdammenden zu verstärken. Ich meinerseits werde mich bemühen, Sie zu verstehen, und wenn ich Sie verstanden habe – und ich glaube, das ist mir geglückt – so werde ich Sie gegen die ungerechten Angriffe meiner oft zu voreiligen Rasse zu verteidigen suchen. Aber Eines muss ich doch, bevor ich für Sie eintrete, vorausschicken: es gibt kaum ein Ereignis im modernen Europa, das nicht auf die Juden zurückgeführt werden kann. Nehmen wir z. B. den Weltkrieg, der jetzt anscheinend zu Ende gekommen ist, und fragen

Sie sich: Was sind seine Gründe und Ursachen gewesen. Sie werden natürlich antworten: der Nationalismus. Sie werden ebenso natürlich hinzufügen, dass der Nationalismus nichts mit den Juden zu tun hat, denn die Juden, das haben Sie uns eben bewiesen, sind ja die Erfinder der internationalen Idee. Aber ganz genau so wie die bolschewistische Ekstasis und die finanzielle Tyrannis, so kann auch die nationale Finsternis und Bigotterie (wenn ich sie so nennen darf) auf eine jüdische Quelle zurückgeführt werden: sind nicht die Juden die Erfinder des Mythos vom auserwählten Volke und ist diese Besessenheit nicht heute ein Allgemeingut aller europäischen Völker, ja der kleinen, noch mehr, als der grossen geworden? Und weiter: Erinnern Sie sich, bitte, der Geschichte des Nationalismus. Dieser Nationalismus ist ja eine verhältnismässig moderne Bewegung; er begann in Europa als eine Reaktion gegen Napoleon. Napoleon seinerseits war ein Kind (wenn auch ein Gegner) der französischen Revolution; die französische Revolution war die Konsequenz der deutschen Reformation; die deutsche Reformation war die Wiederbelebung des ersten Christentums; diese Art Christentum ward einst erfunden, gepredigt und verbreitet durch Juden: folglich haben die Juden den Weltkrieg gemacht! Bitte halten Sie dieses nicht für einen Scherz meinerseits, oder gar für eine Parodie der antisemitischen Propaganda: es scheint nur Scherz und ist keine Parodie, denn hinter diesem Scheine liegt eine gigantische Wahrheit verborgen, und sie lautet, dass alle modernen Ideen und Bewegungen ursprünglich aus jüdischer Quelle stammen – aus dem einfachen Grunde, weil die semitische Idee endgültig die Welt erobert, und dieses nur *scheinbar irreligiöse* Zeitalter sich gänzlich unterworfen hat.

Die semitische Idee hat durch das Christentum gesiegt, das, wie Disraeli schon vor langer Zeit bemerkte, nichts anderes ist als »Judentum fürs Volk«. Die Idee der Demokratie, die in dem christlichen Appell der Juden an das Volk enthalten war, hat ihnen die besten Propagandadienste geleistet, hat ihnen den erfolgreichen Schlachtruf des »Dieu le veult« [Gott will es] geliefert, mit dem sie schliesslich die Welt sich zur Gefolgschaft gezwungen haben. Mit dieser Idee haben die Juden Lollarden und Hussiten, Puritaner und Jacobiner, Sozialisten und Bolschewisten inspiriert, oder wenn Sie wollen, infiziert. Nun macht die Demokratie, wie wir alle wissen, alle Leute frei und gleich (das wenigstens ist die theoretische Forderung), sie hat darum notwendigerweise alle anderen Bande, feudale, wie patriarchale zwischen Herren und Knecht, Gebieter und Diener, Lord und Leibeigenen zerstört; sie hat dieses Band aber ersetzen müssen durch ein anderes System, (das sie extra erfinden musste) nämlich das der Löhne, Gehälter und Geldabfindung. Die Demokratie hat, wie wir alle wissen, die Sklaverei abgeschafft, jene natürliche Sklaverei, bei der der Herr ein eigenes Interesse an dem Wohlergehen des Sklaven als seines wertvollsten Besitztums hatte: aber diese Sklaverei kam durch die Hintertür wieder herein, und zwar als Lohn-Tyrannei, die es erlaubte, den befreiten Sklaven wie eine Zitrone auszupressen, ohne dass das Besitztum der Herren irgend welchen Schaden erlitt. So endete die leuchtende Freiheitslösung der Reformation und der Revolution, die wunderschönste Theorie, die je ausgedacht ward, in der ekelhaftesten Praxis, die je unsere Welt verunreinigt hat. Natürlich sind die Juden auch für diese Praxis, wie für alles Andere, verantwortlich, denn sie sind eben die geistigen Väter der Demokratie und darum der Plutokratie!... Alles das sei zugegeben, aber nun lassen Sie mich eine Frage an Sie stellen: Haben vielleicht die Juden diese Theorien hier in England eingeführt? Waren Cromwell und seine Eisenreiter Juden? War die puritanische Revolution von einem britischen Trotzky inspiriert? Ward Karl I.[21] auf die Anklage eines jüdischen Volks-Kommissars hin

---

21 Charles I. [1600–1649], seit 1625 im Amt, am 30. Jan. 1649 geköpft.

verurteilt und hingerichtet? Sie werden mir zugeben: Das ist unmöglich, es gab ja keine Juden vor Cromwell in diesem Lande. Die Rundköpfe der grossen Rebellion sangen zwar mit Begeisterung die hebräischen Psalmen, aber nur die überkommene Poesie und nicht die Nachkommenschaft der Poeten selber war in jenen Tagen in England zugelassen. Die Christen haben es fertiggebracht, diese wundervolle Revolution ganz allein zu machen, wie um der Welt zu beweisen, was für gute Juden sie sein konnten, wenn »der Geist über sie kam«. Und dann, als die Juden durch Cromwell zugelassen waren, da wurden sie selber, zusammen mit den Christen, die Opfer, wie die Ausbeuter dieses Puritanismus', dieser Demokratie, dieses Idealismus', dieser Plutokratie. Der schottische und amerikanische Finanzmann errang auf ökonomischem Gebiete dieselben Erfolge als sein Vorfahre vom älteren und ursprünglich-puritanischen Glauben. Der christliche Wucherer nahm sein Pfund Fleisch mit demselben »gusto« aus der Brust seines Opfers, wie sein Shylock-Kollege von der auserwählten Rasse. Und was jenes Fabriksystem betrifft, das die Seelen wie die Körper der Männer und Frauen, ebenso wie die Schönheit und die Fruchtbarkeit der Landschaft und des Bodens bedroht: so wird es von blonden und flachnäsigen Juden, zum wenigsten in ihrem Vaterlande, mit demselben Erfolge betrieben, als auf dem Kontinente von deren schwarzhaarigen und hakennäsigen Brüdern »in business«.

Nun ist allerdings all dieses »tu-quo-que«-Argument natürlich keine Entschuldigung für die Juden. Es besteht ja kein Zweifel, dass die Juden in allem, was sie tun, im Guten wie im Bösen, den Nichtjuden den Rang ablaufen: es besteht fürderhin kein Zweifel, dass ihr Einfluss auf die Moderne einer sehr starken Kritik bedarf und sicherlich nicht ohne Besorgnis mit angesehen werden kann. Die grosse Frage ist nur, ob die Juden wissentliche oder unwissentliche Uebeltäter sind. Ich selber bin fest davon überzeugt, dass sie ohne

Bewusstsein fehlgehen: aber, bitte, glauben Sie nicht, dass ich sie aus diesem Grunde entschuldigen will. Ein bewusster Uebeltäter hat Anrecht auf Respekt, denn er weiß wenigstens, was gut ist; ein unwissender hingegen: nun, der braucht die Liebe Christi – eine Liebe, die nicht die meinige ist – um Vergebung zu erlangen dafür, dass er »nicht weiß, was er tut«. Aber ich bin der festen Ueberzeugung, dass diese revolutionären Juden wirklich nicht wissen, was sie tun: dass sie mehr unbewusste Sünder, als bewusste Uebeltäter sind. Es ist mir angenehm zu bemerken, dass ich mit dieser Beobachtung nicht alleinstehe, und dass Sie selber eine Ahnung davon haben, dass diese Juden die Opfer ihrer eigenen Theorien und Systeme geworden sind. Auf p. 39 Ihrer Broschüre schreiben Sie nämlich: »Es kann wohl sein, dass die Juden gerade immer die Resultate durch ihr Wirken hervorgebracht haben, die sie selber am meisten verabscheuen: vielleicht ist dieses der wirkliche Fluch des ewigen Juden!«[22] Wenn ich nicht die Ehre und das Vergnügen hätte, Sie persönlich zu kennen, wenn ich nicht Kenntnis hätte vor Ihrem leidenschaftlichen Wunsch nach Licht und Ihrer ausgesprochenen Abscheu vor Ungerechtigkeit, so würde mir dieser eine Satz genügen, um Sie von dem hassenswerten Vorwurf des vulgären Antisemitismus zu befreien.

Nein: Ich halte Sie nicht für einen der vielen vulgären, sondern für einen der wenigen ungewöhnlichen Kritiker unserer Rasse. Denn es gibt, des bin ich sicher, eine Sorte Antisemitismus, der den Juden gerechter wird, als jener blinde Philosemitismus, als jener sentimentale, allumfassende Liberalismus, der selber weiter nichts ist, als eine Wiederauflage der semitischen Ideologie. Und darum können Sie gerecht gegen die Juden sein, ohne ihnen gegenüber in Romantik zu verfallen. Sie haben bemerkt, dass das jüdische Element

---

22 George Pitt-Rivers: *The World Significance of the Russian Revolution*, a.a.O. 1920, S. 39.

die treibende Kraft stellt für den Kommunismus, wie für den Kapitalismus, d.h. für den materiellen wie spirituellen Ruin dieser Welt. Und Sie hegen dabei doch den tiefen Argwohn, dass dieses aussergewöhnliche Verhalten dem intensiven Idealismus der Juden entspringen könne. Hierin haben Sie vollkommen recht. Wenn der Jude von einer Idee erfasst wird, so ist es ihm unmöglich, in wasserdichten Schoten zu denken (wie es z. B. die Deutschen und Anglosachsen machen, deren rechte Zerebral-Hemisphäre nie eine Ahnung davon hat, was ihre linke Zwillingsschwester denkt): Nein, der Jude, ebenso wie der Russe, hat sofort das Bestreben, das, was er denkt, auch zu tun, das, was er predigt, auch auszuführen: er zieht die logischen Konsequenzen aus seinen Theorien, er beginnt seine Grundprinzipien in die lebende Tat zu übersetzen. Aus dieser Eigenschaft stammt unzweifelhaft auch seine mysteriöse Kraft – jene Kraft, die Sie verurteilten, aber gleichzeitig auch z. B. bei den Bolschewisten, bewundern mussten. Und wir müssen sie, ob Juden oder Christen, bewundern, denn sind diese modernen Juden uns nicht von jeher bekannt, gibt es nicht einen Parallel-Typus für sie in der Geschichte, gehen sie nicht noch heute bis zum bitteren Ende, und nehmen sie nicht noch jetzt das schwere Kreuz auf die Schulter, ganz wie es vor Tausenden von Jahren ihr grosser Rassen-Bruder getan hat? Ihr Bruder in Rasse wie in Revolution, er, gegen den die Anklage der Obrigkeit nach dem Evangelium Lucae XXIII, 5 lautete: »Er hat das Volk erreget, damit, dass er gelehret hat hin und her im ganzen jüdischen Lande, und hat in Gallliäa angefangen, bis hierher (bis Jerusalem)«. Und wer z. B. hat im letzten Kriege das deutsche Volk aufgewiegelt? Wer hat schon wieder einmal »die« Wahrheit gehabt, jene Wahrheit, über die Pontius Pilatus einst die Achseln zuckte? Wer hat wieder einmal die Sauberkeit und Ehrlichkeit in der Politik gepredigt, jene Ehrlichkeit, über die auch heute noch jeder erfahrene Pro-Konsul nur ein Lächeln haben kann? Autoren, unter denen viele Juden waren:

Fried[23], Fernau[24], Latzko[25], Richard Grelling[26], der Autor von *J'accuse*. Und wer ward getötet, und wer ging willig in den Tod für diese Ideen und Prinzipien? Männer und Frauen der jüdischen Rasse, Haase[27], Levine[28], Luxemburg, Landauer, Kurt Eisner, der Premierminister von Bayern, von Moses bis Marx, von Ezekiel bis Eisner, in Praxis und Theorie, in Idealismus wie in Materialismus sind sie heute noch das geblieben, was sie immer waren: leidenschaftlich ihren Zwecken und ihren Zielen ergeben und willens, nein begierig, ihren letzten Blutstropfen für die Realisation ihrer Visionen zu vergiessen.

»Aber alle diese Visionen sind falsch!«, werden Sie erwidern. »Sehen Sie doch nur, wohin sie die Welt tatsächlich geführt haben! Bedenken Sie doch, dass sie jetzt an die zweitausend Jahre lang ausprobiert worden sind! Wie lange werden Sie uns noch diese Prinzipien empfehlen, oder besser gesagt, antun? Und wie gedenken Sie uns aus dem Moraste, in den uns Ihre Prinzipien geführt haben, herauszubringen, wenn Sie nicht endlich einmal die Richtung ändern wollen, auf welcher die Menschheit so fürchterlich fehlgegangen ist?«

Auf diese Ihre Frage habe ich nur eine Antwort zu geben, und diese lautet: »Sie haben recht!«... Dieser Vorwurf, der,

---

23 Alfred Hermann Fried [1864–1921], jüdischer Schriftsteller und Pazifist, Begründer der Deutschen Friedensgesellschaft, Begründer der Zeitschrift *Die Waffen nieder!*
24 Rudolf Fernau (eigentlich: Andreas Neuberger) [1901–1985], Schauspieler.
25 Andreas Latzko [1876–1943], ungarischer Schriftsteller. *Menschen im Kriege* (1917). Gehörte, wie Oscar Levy, zu den Autoren der Zeitschrift *Die weissen Blätter*.
26 Grelling, Richard [1853–1929], deutscher Journalist und (anonymer) Autor von *J'accuse! Von einem Deutschen* (Lausanne 1915), vertritt die Kriegsschuld-These der Deutschen am Ersten Weltkrieg.
27 Hugo Haase [1863–1919], Vorsitzender der USPD (1911), Mitglied des Rats der Volksbeauftragten (1918), starb bei einem Attentat.
28 Eugen Leviné [1883–1919], deutscher Sozialistenführer, Bayerische Räterepublik, Standgericht. *Stimmen der Völker zum Krieg* (1924).

wie ich sicher herausfühle, der Hauptgrund Ihres Antisemitismus ist, hat eine nur zu tiefe Berechtigung; und auf dieser gemeinschaftlichen Basis kann ich Ihnen nur willig die Hand reichen und Sie gegen irgendeine Anklage der Rassenhass-Predigt verteidigen: wenn Sie ein Antisemit sind, mein werter Pitt-Rivers, so bin ich, der Semit, auch einer, und ein noch viel eifrigerer sogar als Sie sind... Wir haben geirrt, mein Freund: wir haben traurig und schwer geirrt!... Und wenn es noch Wahrheit in unserem Irrtum vor dreitausend, zweitausend, ja hundert Jahren gab: heute steckt nur noch Falschheit und Verrücktheit dahinter, eine Verrücktheit, die ein immer grösseres Elend und ein immer mehr sich ausbreitendes Chaos hervorbringen muss. Das gestehe ich Ihnen offen und ehrlich ein, und in einer Art Trauer, die ein alter Psalmist, aber nur er, in diese in Flammen stehende Welt hinausstöhnen könnte... Wir, die wir uns als die Heilande der Welt aufspielten; wir, die wir stolz der Welt den Heiland gegeben zu haben vermeinten, wir sind heutzutage nichts weiter wie dieser Welt Verführer, Zerstörer, Brandstifter und Henkersknechte!... Wir, die wir einst versprachen, Euch in einen neuen Himmel zu führen, wir haben es endlich fertiggebracht, Euch in einer neuen Hölle zu landen... Es hat keinen Fortschritt durch uns gegeben am wenigsten einen moralischen Fortschritt! Und gerade unsere Moral ist es, die allen wirklichen Fortschritt gehemmt hat und die, was schlimmer ist, noch heute jedem zukünftigen natürlichen Wiederaufbau dieser unserer ruinierten Welt im Wege steht... Ich blicke auf diese Welt und ich schaudere ob dieser ihrer Hässlichkeit: ich schaudere um so mehr, als ich die geistigen Urheber dieser Hässlichkeit kenne.

Aber diese Urheber selber, unwissend in diesem wie in allem, was sie unternehmen, ahnen noch nichts von dieser ungeheuren Wahrheit. Während Europa brennt, während seine Opfer schreien, während selbst die Hunde heulen in diesem Weltenfeuer und die Rauchwolken sich immer dichter und dichter auf unseren Kontinent senken, da versuchen die Juden – oder wenigstens ein Teil von ihnen und durchaus nicht der unwürdigste – aus dem brennenden Hause sich zu retten und beginnen sich von Europa nach Asien, von der dunklen Szene unseres Unglücks in die sonnigen Gefilde Palästinas zurückzuziehen. Ihre Augen sind verschlossen gegen das Elend, ihre Ohren verstopft gegen die Seufzer, ihr Herz verhärtet gegen die Anarchie Europas: sie haben nur Gefühl für die eigenen Sorgen, sie können nur über ihr eigenes Schicksal trauern, sie können nur noch unter ihren eigenen Bürden seufzen. Sie wissen nichts von einer Pflicht gegen Europa, das sich hilflos nach Rettern und Führern umsieht; sie wissen selbst nichts mehr von ihren grossen Vorfahren, an deren Herz das Mitleid niemals vergeblich appellierte: sie wurden zu arm an Liebe, zu krank am Herzen, zu müde zum Kampfe und siehe! diese Söhne von Männern, die einst die bravsten Soldaten waren, sie vertauschen heute die Schützengräben mit dem Hinterland und sind nur zu bereit, der grimmen Musik der sausenden Granaten die Kuhglocken und Winzergesänge der »glücklichen« Ebene von Saron vorzuziehen.

Und doch sind wir nicht alle Kapitalisten, nicht alle Bolschewisten, nicht alle Zionisten… Und dennoch, und trotz alledem, besteht die Hoffnung, dass dieselbe Rasse, die das Uebel geschaffen, schliesslich auch das Heilmittel finden, zum mindesten sich ihm nicht verschliessen werde. So ist es ja immer in der Vergangenheit gewesen: war nicht jener fatale Liberalismus, der schliesslich zum Bolschewismus führte, schon in der Mitte des dunklen 19. Jahrhunderts von zwei erleuchteten Juden bekämpft: von Friedrich Stahl, dem Begründer der konservativen Partei in Deutschland, und von Benjamin Disraeli, dem Führer der Tory-Partei in England? Und wenn auch zugegeben werden muss, dass diese beiden hervorragenden Männer noch keine Ahnung davon hatten, dass ihre eigene Rasse und deren »gute Botschaft« an dem von ihnen bekämpften Uebel schwer beteiligt war: so steht doch andererseits zu hoffen, dass die zukünftigen Disraelis dann ganz anders diesen heiligen Werten zu Leibe rücken werden, wenn sie erst wirklich erkannt haben, dass ihr eigenes Volk sie in die Welt gesetzt hat, und dass es tatsächlich ihr »Gutes«, ihre »Liebe«, ihre »Ideale« waren, die die Welt in diese Hölle von Bosheit und Hass gestürzt hat. Ein neues »Gutes«, eine neue Liebe, eine wahre, verständige, verstehende Liebe, eine Liebe, die heilt und glättet und tröstet, müsste dann unter den Grossen Israels aufkommen und überkommen jene krankhafte, süssliche, ohnmächtige, romantische Liebe, die, seit Tausenden von Jahren wirksam, schliesslich alle Stärke und allen Edelsinn aus der Welt verbannt hat. Denn der Hass wird nie durch den Hass besiegt: es ist nur die Liebe, die seiner Herr werden kann, und wahrlich! wir bedürfen einer grossen und gewaltigen Liebe, um des alten teuflischen Hasses von heute Herr zu werden. Dieses ist und sei unsere Aufgabe für die Zukunft, eine Aufgabe, der sich Israel sicherlich nicht entziehen wird; denn es hat noch nie eine grosse Aufgabe gescheut, es hat immer noch die Wege gewiesen – ins Gute wie ins Böse...

Und so ist doch noch Hoffnung, mein Freund! Denn wir sind ja noch hier, unser letztes Wort ist noch nicht gesprochen, unsere letzte Tat noch nicht getan, unsere letzte Revolution noch nicht vollbracht. Diese letzte Revolution, die Revolution, die unsere tausendjährige revolutionäre Tätigkeit erst krönen wird, ist die Revolution gegen die Revolutionäre. Diese Revolution wird kommen, ja, sie ist vielleicht schon heute da... Durch sie wird das Urteil gesprochen werden über unseren alten Glauben: durch sie wird der Grundstein gelegt werden für eine neue Religion. Und wenn dieser grosse Tag anbricht, wenn die Werte des Todes und des Niedergangs in den Schmelztiegel geworfen werden, um als die des Lebens und der Schönheit wieder daraus zu erstehen, dann werden Sie, mein lieber Pitt-Rivers, der Sohn einer alten und berühmten christlichen Familie, ganz sicherlich an Ihrer Seite wenigstens einen getreuen Bundesgenossen, wenigstens ein Mitglied jener Rasse finden, die mit so sicheren Erfolgen auf allen geistigen Schlachtfeldern Europas gekämpft hat.

Mit dem Motto: »Gegen die Revolution und für das blühende Leben!« verbleibe ich ergebenst der Ihrige Oscar Levy.
Royal Societies Club,
London, S.W.
July 1920.

Ich hatte oben gesagt, dass ich diese Einleitung in Hosiannah- und Hallelujahstimmung geschrieben hätte. Diese Angabe bedarf aber einer gewissen Berichtigung, denn diese Stimmung wurde einmal unterbrochen und zwar durch den Besuch eines Polizisten. Ich hatte mich, um in Ruhe schreiben zu können, aus dem geräuschvollen London in das Seebad Margate zurückgezogen und in der Eile vergessen, mich bei der Londoner Polizei ab- und bei der Margater anzumelden, was damals für deutsche »Ex-Enemies« doch eine gesetzliche Notwendigkeit war. Im Hotel hatte ich aber meine Nationalität angeben müssen, und der Hotelier hatte sofort die Margater Polizei benachrichtigt. Eines Morgens platzte ein »Bobby« (so nennt der Londoner Volksmund den Polizisten), mitten in meine Hosiannah-Einleitung hinein. Es war für mich eine ernste Sache, denn ich stand schon damals sehr schlecht mit dem Home-Office, das mich immer aufs neue bedrängte, das Land zu verlassen. Ich habe den Polizisten aber beruhigt und vermittels ein paar Pfunden, ihm die gute Idee eingegeben, einen Autor bei einer immerhin nicht unwichtigen Arbeit zu belassen…

IV

Die Broschüre mit »den beiden ungleichen Namen unter dem Deckel« (wie ein Kritiker sie nannte) hatte keinen durchschlagenden Erfolg. Dieses war nicht anders zu erwarten gewesen; unser Zeitalter ist zwar ein tief-religiöses, d.h. von Ideen beeinflusst, ja zerrissen, die ursprünglich sämtlich religiöser Herkunft sind – aber es ist gleichzeitig so materialistisch, so in Sorgen um die nächsten Dinge versunken und so ungenügend geschult und vorbereitet durch seine Vorkriegs-Erzieher, dass ihm die eigene Religiösität und fromme Weltanschauung durchaus nicht ins Bewusstsein treten kann.

Immerhin machte die *World Significance of the Russian Revolution* das, was man in England einen »stir« nennt, einen Lärm. Es wurde, und zwar mit unumschränkter Anerkennung von der hoch-toryistischen *Morning Post* am 1. Sept. 1920 besprochen. Eine etwas reserviertere Haltung nahm der *Spectator* in seiner am 9. Okt. 1920 erschienenen Kritik ein, die aber das Gute hatte, meine Vorrede bis zur Hälfte wörtlich wiederzugeben. Diese Kritik selber brachte der alten und einflussreichen Londoner Wochenschrift noch eine Reihe von Zuschriften verschiedener Leser, die sich mehr oder minder bitter und spaltenlang über das Buch wie seine Besprechung beklagten. Eine sehr beifällige Rezension der »Curieuse brochure«, wie er sie nannte, veröffentlichte dann M. Roger Lambelin[29] in der Nummer vom 1. Okt. 1920 der *Action Francaise*[30]. Die Belgrader *Novoe Vremia* vom 5. Juli 1922 endete ihre zustimmende Kritik über das Buch sogar mit folgenden Worten: »Wenn es mehr aufrichtige Juden, wie diesen einen Oscar Levy gäbe, so wären die anderen Völker ganz sicher imstande, den Kontakt mit ihnen zu finden: man würde sich mit ihnen verständigen können, und der Antisemitismus würde aufhören, in der Welt eine Rolle zu spielen.« Nur der deutsche *Hammer* war mit meiner Hauptthesis unzufrieden und schrieb in der Nummer vom 15. Juli 1921: »Kein denk- und kritikfähiger Jude kann je das Wahnbild des Kommunismus für ein erreichbares Ideal gehalten haben. Kommunismus, wie er in

---

29 Roger Lambelin [1857–1929], französischer Übersetzer und Herausgeber der *Protokolle der Weisen von Zion* (Paris 1921)
30 Ab 1908 von der gleichnamigen nationalistischen Bewegung in Frankreich (begründet von Barrès) herausgegebene Zeitschrift.

Russland verwirklicht wurde, ist Versklavung der Massen unter jüdischer Frohnvogtei, die es auch dem ärmsten Juden schneller als auf jedem anderen Wege ermöglicht, zu Genuss und Macht, den einzigen jüdischen ›Idealen‹, zu gelangen. Keine Handlung der Juden in der Geschichte lässt auch nur eine Spur dessen erkennen, was wir unter Idealismus begreifen. Es ist nicht Voreingenommenheit, sondern gerade klare vorurteilsfreie Bewertung der jüdischen Geschichte als Erzeugnis jüdischen Wesens und Wollens, wenn wir im Judentum die Verkörperung schlechthin eines zerstörerischen, satanischen Willens erkennen, demzufolge wir es auf Tod und Leben bekämpfen müssen, weil sein Sieg unser Untergang wäre, und weil wir uns in diesem Kampfe als Vollstrecker göttlichen Willens fühlen. Tief und wahr empfinden wir in diesem Kreuzzug den Ruf an uns: ›Gott will es!‹«

Ein Volk, aus dem solche frommen, mittelalterlichen, kreuzfahrerischen Stimmen kommen können, hielt und hält seine Gegner während des Krieges, ja hält sie bis auf den heutigen Tag für »unmoralische Heiden« und »jedes Christentums bare Verbrecher«!

Der stärkste Widerhall aber war aus Amerika gekomen, wo des Grossindustriellen Henry Ford's Zeitung *The Dearborn Independent* vom 30. April 21 einen grossen Artikel brachte, der folgende fette Ueberschrift trug: »Dr. Levy, a Jew, admits his people's error. In a letter that goes straight to mind and heart, he shows the Bolshewic tendency of his Race and deplores it«. (»Dr. Levy, ein Jude, gibt den Irrtum seines Volkes zu. In einem Brief, der direkt auf Herz und Verstand der Leser Eindruck macht, beweist er die bolschewistische Tendenz seiner Rasse und beklagt sie.«) Diese Kritik gab, ebenso wie die des *Spectators*, einen fast wörtlichen Auszug aus meinem Einleitungsbriefe. Nur der Passus über den englischen Puritanismus und seine Verknüpfung mit dem Kapitalismus, mit der Demokratie und der Plutokratie, und den Hinweis auf die Aehnlichkeit der englischen, schottischen, amerikanischen und jüdischen Finanz hatten beide Blätter weggelassen. Da war die *Action Francaise* doch weit ehrlicher gewesen. Sie sprach ganz offen von »les méfaits, les crimes, les cruautés des Puritains, des usuriers et financiers de Grande-Bretagne et d'Amérique...« (»den Missetaten, den Verbrechen, den Grausamkeiten der Puritaner, der Wucherer und Finanzleute Englands und Amerikas«), die ich in meiner Vorrede erwähnt hatte. Freilich konnte sich diese *Action Francaise* auch diese Ehrlichkeit gestatten. Es war ja die Vertreterin eines Katholizismus, der den Puritanismus und Protestantismus immer abgelehnt hatte und der gewissermassen unschuldig war (oder sich so stellen konnte) an all seinen Konsequenzen: vom Individualismus bis zum Jacobinismus, Liberalismus, Kapitalismus und Bolschewismus. Was aber alle Blätter, die protestantischen wie die katholischen, die anglosächsischen wie die französischen, die christlichen wie die jüdischen sorgfältig verschwiegen, das war die *umfassend* antisemitische Einstellung meiner Vorrede, das war die antisemitische *und* antichristliche Tendenz dieses meines Geleitbriefes zum Pitt-Rivers'schen Buche. Es war mir also dasselbe passiert, was wohl schon allen Autoren widerfahren ist: ich war von der Kritik unvollständig zitiert und darum karikiert worden. Es ist dies eine ebenso bequeme, wie bekannte Methode, mit der man schliesslich Alles beweisen kann, z.B. auch den Atheismus der Bibel, denn in ihr steht geschrieben: »Es ist kein Gott«. Das steht geschrieben im 1. Verse des 14. Psalm Davids. Aber gleich davor finden sich die Worte: »Die Toren sprechen in Ihrem Herzen:« und dahinter steht: »sie taugen nichts und sind ein Greuel mit ihrem Wesen; da ist Keiner, der Gutes tue«... Aber was davor und was dahinter steht, lässt man einfach weg – und durch die Weglassung des Wichtigsten wird der Atheismus der Bibel und ward der Antisemitismus meiner Vorrede aller Welt schlagend bewiesen...

Die eng-antisemitische Ausschlachtung meines Briefes erregte besonders unter Semiten eine begreifliche Unruhe und mündliche wie schriftliche Tadel von seiten derer, die sich betroffen fühlten, blieben mir nicht erspart. Einen besonders eindringlichen Brief erhielt ich, mit Einlage der betreffenden

Nummer des *Dearborn Independent*, von Amerika, dessen Absender eine Ahnung davon zu haben schien, dass ich das Opfer einer Taschenspieler-Kritik geworden sei und dem ich deswegen zu antworten beschloss.

Nun ist es, wie alle Eingeweihte wissen werden, in der ganzen Welt schwer, eine wirklich wichtige Sache in die Zeitung zu bringen, denn die Zeitungen beschäftigen sich nur mit unwichtigen Dingen. Die Zeitungen sind, wie Goethe schon sehr richtig bemerkte, ausschliesslich Zeitdiener, d. h. sie dienen allen möglichen Interessen, nur nicht solchen, die wirklich interessant sind. Die Zeitungen, die öffentlich für die Freiheit der Kunst, der Wissenschaft, der Ideen eintreten, sind in Wahrheit intoleranter für alle abweichenden und noch nicht von dem Erfolge abgestempelten Ideen, wie je ein Papst gewesen: sie sind intoleranter, weil sie abhängiger sind, als ein Papst, der doch, wenn er jemanden auf den Index setzt, es nicht aus kleinlichen Gründen zu tun braucht, z. B. deswegen, weil der »advertisement manager« (Inseraten-Redakteur) meint, der Schokoladenfabrikant X würde auf diese Veröffentlichung hin dem Blatte seine Annoncen entziehen. Und diese selbe Presse, die eigentlich von jeher nur Zeitlakaien und Zahlungsfähigen offen stand, beklagt sich heute, wie eine keusche Jungfer, über Vergewaltigung! Aber ein Lenin und ein Mussolini, die heute die Presse vergewaltigen, machen ja nur dasselbe, was jede Macht, und auch die Zeitungsmacht von jeher getan: sie unterdrücken Ideen, die ihnen schaden können; sie bekämpfen die, von denen sie früher unterdrückt wurden; sie kämpfen einmal für die eigene Freiheit, und nicht mehr für die der Zeitungsbesitzer und Chokoladenfabrikanten!

Und unsere Ideen waren dazu noch weit unzeitgemässer als die Lenins und Mussolinis! Und in England war der Ring der »guten und gerechten« Presse noch weit starrer als auf dem Kontinente! Von allen jenen Blättern, die die *Weltbedeutung der russischen Revolution* besprochen hatten, wäre nicht ein einziges – dessen war ich ganz sicher – willens gewesen, eine ehrlich auf den Grund gehende Berichtigung oder Ergänzung zu meiner Vorrede zu veröffentlichen.

In London erschien damals noch eine andere Outsider-Revue, die es aber trotzdem zu einer gewissen Notorietät gebracht hatte und die an allen Strassenecken, von Haymarket bis Hampstead eifrig ge- und verkauft wurde. Ihr Titel war *Plain English* – »Auf gut Deutsch«, würden wir etwa sagen – und ihr Herausgeber war Lord Alfred Douglas, der Sohn des Marquis of Queensberry, der ehemalige Freund Oscar Wildes[31]. Ein interessanter Mann, ein gefürchteter Polemiker, ein nicht unbegabter Dichter: aber ebenfalls ein Katilinarier, denn die öffentliche Meinung Englands war ihm ungünstig und hatte ihn schon in verschiedenen verlorenen und Aufsehen erregenden Prozessen ihren Unwillen fühlen lassen. Ich selber, der ich mit Nietzsche glaube, dass öffentliche Meinung meist private Faulheit bedeutet, bin von der Schuld des Lord Alfred Douglas keineswegs überzeugt. Ich halte ihn für einen mutigen, draufgängerischen und darum oft unbedachten Autor, der besonders in der Wilde-Sache das Opfer von Fälschungen und Verleumdungen geworden ist, die leider auch in Deutschland ein nur zu gläubiges Publikum gefunden haben. Ich sage dies, weil ich es wirklich glaube: ich schreibe es nicht etwa aus einem anderen Grunde. Ich schulde nämlich Lord Alfred Douglas auch Dank.

Lord Alfred Douglas war in reiferen Jahren Katholik geworden; und nicht nur Katholik, sondern auch, was in England oft zusammengehört, Antisemit. Ich selber habe für den Antisemitismus der Katholiken, der ja in Deutschland weniger hervortritt, immer ein besonderes Verständnis gehabt: der Katholizismus ist römisch und halb heidnisch, er ist autoritär und international, er ist hierarchisch und aristokratisch, er steht der Natur und

---

[31] Oscar Wilde [1854–1900], irisch-englischer Schriftsteller. Vertrat den extravaganten Ästhetizismus des ausgehenden 19. Jh. Die Affäre von 1894 um seine homoerotische Beziehung zu Lord Alfred Bruce Douglas bezeichnet Levy als »Saturnalia of the moral canaille« [Oscar Levy: Autobiogr., Blatt 48].

der Erfahrung näher und muss darum den Sklavenaufstand der
Juden, Protestanten, und anderer Demokraten mit besonderem
Unbehagen und Widerwillen empfinden. Lord Alfred Douglas
war tief von der Wahrheit seiner Weltanschauung überzeugt:
Plain English floss geradezu über mit Denunziationen der jüdi-
schen Finanz, die dem Herausgeber zufolge mit der englischen
Regierungskaste ein intimes Bündnis geschlossen hätte – zur
Ausbeutung und zum Ruin des »British Empire«. Auch war in
Plain English viel von den berüchtigten *Protokollen der Weisen
von Zion*[32], die als der Katechismus des modernen Judentums
angesprochen wurden, die Rede.

Plain English vom 4. Sept. 1920 war eine der ersten englischen Wochenschriften, die das Pitt-Rivers'sche Buch besprochen hatte. Betreffs meiner Vorrede wurde dort gesagt, dass das
ganze Protokoll der Weisen von Zion durch sie nur bestätigt
würde. Der einzige Unterschied bestünde im Ton: »Oscar Levy
verteidigt sich, während die Protokolle jubilierten« (»Oscar
Levy is apologetic, whereas the protocols are exultant«). Das
Interessante an der Kritik war, dass sie im Gegenteil zu allen
anderen wenigstens den Hauptpunkt meiner Ausführung erwähnte, nämlich meine Klage, dass die Todsünde meiner Rasse
die Einführung des Christentums gewesen sei. Aber das war natürlich, dem Kritiker zufolge, auch nur ein Trick: das Heilmittel,
das ich vorschlüge, war ja die Entchristlichung der Welt, was
bekanntlich eines jeden Juden Ziel und Ideal wäre. Mein Aufruf
zur Revolution gegen die Revolutionäre, meine Hoffnung auf
Israels Beteiligung an dieser letzten Revolution Israels, ward
also kommentiert: »Wir schenken Oscar Levy's Versicherung,
dass Israel gern an dieser Gegenrevolution teilnehmen würde,
unseren Glauben. Denn wir wissen aus den Protokollen, dass

---

[32] 1921 wurde dieser Text durch den britischen Journalisten Philipp Graves in
The Times als Fälschung der zaristischen Geheimpolizei »Ochrana« nachgewiesen. Vgl. Hadassa Ben-Itto: *Die Protokolle der Weisen von Zion* (Berlin
1998).

Israel auch in dieser Phase der Weltgeschichte, ebenso wie in den vorhergehenden, als Leiter auftreten wird. Heisst es nicht also in den Protokollen: ›Man wird unsere Herrschaft erst dann anerkennen, wenn das Volk müde über dem Parteistreit und entrüstet über die Zahlungsunfähigkeit seiner Regierungen (die wir verursacht haben) in Verzweiflung aufschreien wird: *Setzt sie ab und gebt uns einen Diktator, der uns Frieden bringt und alle Ursachen des Zwistes, wie Grenzen, Nationen, Religionen, Staatsschulden beseitigt; gebt uns einen Diktator, der uns Ruhe und Eintracht verschafft, d. h. einen Mann, wie wir ihn unter der Herrschaft unserer Souveräne und unserer Parlamentarier nicht finden können.*‹«... Mr. George Pitt-Rivers, zu dessen Kapiteln die Kritik dann übergeht, wird besonders getadelt, weil er sich »anscheinend ganz zufrieden gibt, dieser bemerkenswerten Vorrede Gefolgschaft zu leisten« (»appears to be quite content to accept the leadership of this remarkable preface«). Seine Ausführungen, so meint der Kritiker, erinnern doch gar zu sehr an den Aufschrei, den die Weisen von Zion so sehnsüchtig erwarteten, z. B. jene Stelle, wo Mr. Pitt-Rivers schreibt: »Es mag sein, dass nur ein Jude uns von den Juden retten kann; ein Jude, der gross genug, der begeistert genug ist, um in sich selber die lebenszerstörenden Laster seiner Rasse zu überwinden.« Und spöttisch fragt der Kritiker den Autor des Buches: »Gibt es eine bessere Definition des ›Königs von Israel‹, des ›Patriarchen der Welt‹, wie die Protokolle ihn voraussagen?« Und als Schlußrésumé heisst es dann in der Kritik: »Die Bedeutung dieser Veröffentlichung liegt in der intellektuellen Gemeinschaftsarbeit eines Christen und eines Juden (›the intellectual cooperation of the gentile and the Jew‹). Die ausserordentlichen Lobsprüche, die der Autor der Vorrede auf den der Broschüre häuft, machen uns aber äusserst skeptisch. ›Quidquid id est, timeo Danaos et dona ferentes‹ [Ich fürchte die Danaer, auch wenn sie Geschenke bringen]. In den Protokollen der Weisen von Zion nämlich heisst es: ›Der Sinn der Gentiles steht nach Erfolg und Beifall: lasst uns diesen reichlich ihnen spenden!‹«

Als Lord Alfred Douglas diese Kritik in seinem *Plain English* veröffentlichte, da ahnte er wohl noch nicht, dass ich den Weisen von Zion auch ihm gegenüber spielen und ihm selber ein Danaer-Geschenk in den Schoß, respektive in die Spalten seines Blattes legen würde. Lord Alfred hat es aber angenommen – und darum habe ich Grund, ihm aufrichtig dankbar zu sein.

Denn ich wusste wirklich nicht, wer in aller Welt meine Erläuterung zu meinem Einleitungsbriefe hätte drucken sollen. Die Zeitungen hätten, wie gesagt, abgelehnt (wer England kennt, wird das verstehen). Das Zeitalter der Pamphlete ist vorüber (es sollte wieder eingeführt werden). Und selbst als Pamphlet hätte niemand meinen Ergänzungsbrief gedruckt, denn in England bestehen ja noch Gesetze gegen Blasphemie! Sie werden zwar nur noch selten angewandt: aber sie bestehen immer noch! In jedem Kontrakte mit einem Verleger muss der Autor bezeugen, dass sein Buch »nothing libellous or blasphemous« (»keine Verleumdung oder Blasphemie«) enthält – weiß Gott, mit welchen Gefühlen ich damals den für meinen Nietzsche unterschrieben habe »Nietzsche nothing blasphemous!«... Wie ich eigentlich auf Lord Alfred Douglas verfiel, weiß ich selber nicht. Vielleicht aus der Erfahrung heraus, dass ich immer mit Antisemiten in meinem Leben gut ausgekommen war. Und warum sollte ein Jude nicht eines Antisemiten Freund sein können? Sind sie doch, wenn nicht Fleisch von unserem Fleische, so doch Geist von unserem Geiste, wenn auch, ohne es selber zu wissen! Sind sie doch auch Gift von unserem Gifte, wenn auch weniger lang daran gewöhnt, als wir, die seit Jahrtausenden Mithridatisierten? Sind sie doch Suchende und darum Irrende, ganz wie wir und turmhoch über jenen, die nicht suchen und darum nicht irren können! Auch mit Lord Alfred Douglas, den ich später, nachdem er mir in dem amüsant betitelten Artikel »The Levities of Oscar Levy« (»Der Leichtsinn Oscar Levys«, *Plain English* 25. Juni 21) widersprochen hatte, persönlich kennenlernte, war es nicht anders gewesen. Unser gemeinsamer Freund, der brave

Alfred Rose[33], der uns zum Lunch in seinen Klub einlud, hatte die größte Befürchtung, wir würden einander in die Haare geraten, und war höchlichst verwundert, die beiden Gegner sich gemütlich unterhalten und sogar miteinander lachen zu sehen – vom Lobster bis zum Likör!

V.

Der Brief, in welchem ich Lord Alfred Douglas meine Ergänzung zur Pitt-Rivers'schen Vorrede anbot, lautete folgendermassen:

Sehr werter Herr!
Sie würden mich sehr verbinden, wenn Sie beiliegende Antwort an einen meiner Korrespondenten in Amerika in Ihrer Wochenschrift veröffentlichen würden.

Ich bin mir allerdings vollkommen bewusst, dass die von mir vertretenen Ansichten durchaus nicht mit denen von *Plain English* übereinstimmen: auf der anderen Seite ist Ihr *Plain English* das einzige englische Blatt, das religiöse Ideen ernst nimmt und auch tieferes Interesse bezeugt für jene Frage, die für uns heute die erste sein und bleiben muss: die jüdische Frage.

Ihnen im voraus dankend, verbleibe ich Ihr sehr ergebener Oscar Levy.

Der Brief selber, der in der Nummer vom 18. Juni 1921 in *Plain English* veröffentlicht wurde, lautete folgendermassen:

---

33 Alfred Rose [Pseudonym: Rolf S. Reade], englischer Bibliograph von Erotika, Mitglied des *Royal Society Clubs*. Levy schreibt: »He had been in the Intelligence Service, and I distrusted him a little (not only a little)." [Autobiogr., Blatt 194].

Royal Societies Club,
St. James Street,
London, S.W.
27. Mai 21

Sehr werter Herr!
Ich habe Ihren Brief vom 30. April erhalten und erlaube mir, Ihnen bestens für denselben zu danken, ebenso wie für die beiliegende Nummer des *Dearborn Independent* desselben Datums, welche eine längere Besprechung meiner Vorrede zu Captain George Pitt-Rivers' Buch *The World Significance of the Russian Revolution* enthält.

Ihr Brief drückt Ihre Verwunderung aus, ob der Ansichten, welche ich über unsere Rasse geäussert habe; Sie wünschen meine Meinung darüber zu hören, ob ich richtig zitiert worden bin; und Sie fragen mich gleichzeitig, ob ich für meine Behauptungen noch heute die volle Verantwortung übernehme.

Meine Antwort lautet, dass die aus meiner Vorrede angeführten Stellen korrekt wiedergegeben und sogar sehr ausführlich sind, dass sie aber immerhin einen sehr wichtigen Teil meiner Ausführungen übergehen. Ich habe ohne Zweifel in dieser Vorrede unsere Rasse angeklagt, dass sie die unbewusste geistige Urheberin aller jener Unruhen und Revolutionen sei, die in unseren Tagen Monarchien wie Republiken gleichmässig bedrohen. Aber ich habe gleichzeitig auch in meiner Vorrede betont, dass die Juden dieses direkt tun – dieses ist der Teil meiner Vorrede, die der Ford-Kritiker zitiert – und dass sie es auch indirekt tun, und dieses ist der Teil meiner Vorrede, die in der besagten Besprechung vollkommen übergangen wird. Diese indirekte Revolution geschieht nämlich durch die Christen, die unsere geistigen Nachkömmlinge und gleichzeitig unsere begabtesten Schüler sind; Schüler, die zu allen Zeiten sehr mutige und darum sehr gefährliche Revolutionäre gewesen sind. Ich habe in meiner Vorrede das Beispiel Christi selber erwähnt, der vom jüdischen, und nicht nur vom jüdischen Standpunkt aus, nichts anderes als ein Revolutionär war, wie ganz klar aus der Anklage der staatlichen Autoritäten gegen ihn im Ev. Lukas XXIII, 5, hervorgeht: »Er wiegelt das Volk auf, damit, dass er gelehret hat, hin und her, im ganzen jüdischen Lande, und hat in Galiläa angefangen bis nach Jerusalem.« Ich habe dann auf alle die demokratischen Idealisten hingewiesen, die einstmals Christi enthusiastische und erfolgreiche Nachfolger gewesen sind: auf Lollarden[34] und Hussiten, auf Protestanten und Puritaner, auf Jacobiner und Bolschewiki. Ich habe auf die, gleichfalls ausgelassene, Tatsache hingewiesen, dass die englischen Christen, in ihrer puritanischen Revolution sich als gänzlich selbständig vorgehende Schüler ihrer jüdischen Meister erwiesen haben; dass die heutige Demokratie, der heutige Individualismus, der heutige Kapitalismus, der heutige Sozialismus mit all seinen schrecklichen Konsequenzen direkt auf diese Rebellion zurückgeführt werden könne; dass somit nicht nur die Juden, sondern auch die Christen die Opfer dieser ursprünglichen jüdischen Ideologie geworden sind. Ich habe auf die frappante Aehnlichkeit der jüdischen, schottischen und amerikanischen Geldmagnaten hingewiesen, und diese mit sehr deutlichen Worten gekennzeichnet, die aber vom Ford-Kritiker ebenfalls mit Schweigen übergangen wurden.

Nun habe ich durchaus nicht die Absicht, diesen Kritiker der »unfairness« anzuklagen, denn er ist unparteiisch genug, um zu erkennen, dass ich ein Freund unserer Rasse bin, und er ist ebenfalls generös genug, um zu konstatieren, dass »meine Vorrede direkt auf das Herz und den Verstand der Leser Eindruck mache«. Captain Pitt-Rivers' Broschüre war ja nur kurz: die von mit erbetene Vorrede durfte sie an Länge nicht gut übertreffen, und ich habe darum manches

---

34 Englische Aufständische im 14./15. Jahrhundert, auch »Witcliffer« genannt.

übergehen müssen, das hätte gesagt werden sollen, manches, das gesagt werden muss, um meine Stellung klar zu machen. Da ich nun aber bemerke, dass diese Vorrede einen gewissen falschen Eindruck bei Ihnen, wie auch hier, in Frankreich und Deutschland, gemacht hat, so will ich die Gelegenheit benutzen, um etwas mehr Licht auf dieses umstrittene Thema zu werfen.

Es war, wie ich schon in der Pitt-Rivers Vorrede betonte, einer der Glaubenssätze Benjamin Disraelis, dass »das Christentum Judentum fürs Volk, aber immerhin noch Judentum« sei. Ich bin vollkommen mit den Worten des berühmten Staatsmannes einverstanden: worin ich aber von ihm abweiche, das sind seine daraus gezogenen Bewertungen. Disraeli war so stolz auf das Christentum, wie nur ein Vater auf seinen begabten Sohn stolz sein kann, während ich zum Skeptiker über diesen Sohn geworden bin und sein Verhalten als recht kompromittierend empfinde. Während Disraeli ein eitler Vater ist, der diesen seinen Sohn immer als Paradepferd aller Welt vorzuführen bestrebt ist, bin ich ein etwas genierter Vater, der lieber ohne seinen Sohn ausgeht und sich gelegentlich sogar aus seiner Vaterschaft herauswinden möchte.

Was mir an diesem Sohne am wenigsten gefällt, ist eine Gewohnheit, die ich, der ich selber Schriftsteller bin, eigentlich nicht rühmen dürfte, nämlich seine »Kakoethes scribendi« [arglistige Schreiberei] – seine schlechte Gewohnheit des Schreibens oder besser noch: seine Gewohnheit des Schlechtschreibens. Nun ist es zwar wahr, seine Schriften sind ziemlich alt, und sie wurden schon vor zweitausend Jahren dem Papiere anvertraut, aber sie sind beileibe nicht veraltet, denn sie haben durch alle Zeitalter gewirkt, und sie beginnen auch auf das unsrige wiederum zu wirken, sie werden erraten haben, mein Herr, dass ich vom Neuen Testamente spreche.

Ich habe dieses Buch nie ohne schwere Bedenken lesen können, und ich gestehe ganz offen, dass diese Bedenken sich bei mir mitunter bis zum Abscheu gesteigert haben. Die Leute nennen es euphemistisch die »gute« Botschaft für die Armen, die Schwachen, die Niedrigen, die Unbegabten: in Wahrheit bringt diese gute Botschaft eine sehr böse Botschaft für die Mächtigen, die Weisen, die Starken, die Reichen. Mein Widerwillen gegen dieses Buch geht so weit, dass bei manchen Zitaten daraus ich direkt an Executions-Kommandos der aussergewöhnlichen Kommissionen [d. i. die Tscheka] denken muss (N. B. der Leser bedenke, dass dieser Brief auf der Höhe des russischen Terrors geschrieben wurde). Ich habe nämlich die fatale Begabung, hinter all diesen zuckrigen Beteuerungen der Liebe, des Friedens und der Vergebung den faulen Atem des Neides, des Hasses und der Ohnmacht zu riechen, und an vielen Stellen sehe ich den Mob mit seinen niedrigen Stirnen und niedrigen Befürchtungen direkt vor mir – im Schweisse und unter dem Gewichte seiner hohen Ideale, die er den höher stehenden Menschen aufzwingen will und muss: und das auf das Gebot seines eigenen Gottes hin! Denken Sie nur an diesen christlichen Gott und wie er einst gegen die Reichen gedonnert und geflucht hat: »Wehe Euch Reichen, denn Ihr habt euren Trost dahin. Wehe Euch, die Ihr voll seid, denn Euch wird hungern. Wehe Euch, die Ihr hier lachet, denn Ihr werdet weinen und heulen!«[35]. Denken Sie nur daran, dass dieser selbe Jesus Christus nur Arme in sein Himmelreich hereinlassen wollte, dass er nicht reich genug war an Liebe, um im Reiche des Segens auch nur eine einzige kümmerliche Ausnahme zu dulden: »Ich aber sage Euch, es ist leichter, dass ein Kamel durch ein Nadelöhr gehe, denn dass ein Reicher in den Himmel komme.«[36].

Es kann darum nicht Wunder nehmen, wenn nach allem religiösen Proteste von zweitausend Jahren gegen die Rei-

---

35 Lukas 6,24–26
36 Matthäus 19,24

chen und Mächtigen schliesslich einige der Armen und als Muster gepriesenen kleinen Leute einmal anfangen, das in die Praxis zu übersetzen, was ihnen so andauernd und leidenschaftlich gepredigt wurde. Die heiligen Bolschewiki mögen vielleicht ihren heiligen Ursprung vergessen haben (und sich hierin von den alten Puritanern unterscheiden): aber es besteht kein Zweifel darüber, dass auch sie einen haben, und dass die Vorbilder der modernen Proletarier Russlands die Enterbten der alten römischen Provinz Judäa sind... Im übrigen haben nicht alle Bolschewiki diesen heiligen Ursprung vergessen: Herr Lunartscharski, der Soviet-Kultusminister – ein »wirklicher« Russe beiläufig gesagt – hat wenigstens eine Ahnung davon, dass sein Freund Lenin, der die Banken von Moskau schloss, eine gewisse Aehnlichkeit hat mit jenem göttlichen Kommunisten, der die Wechsler und Händler einst aus Jerusalems Tempel trieb; und dieses kultivierteste Mitglied der neuen Sekte erklärte ebenfalls erst vor kurzem, dass »Christus, falls er wiederum unter uns erschiene, sich sofort seiner Partei anschliessen würde«.

Das ist durchaus nicht unwahrscheinlich, und nicht nur wahrscheinlich, sondern sicher ist, dass er sich bei den Bolschewiki ausserordentlich wohl fühlen würde. Denn es würde ihn sicher erfreuen, dort wieder mit seinen eigenen Worten Bekanntschaft zu machen und dort seinem eigenen Agitations-Vocabularium zu begegnen, das allen Jenen, die noch nicht auf die Stufe der Guten und Frommen, der Gerechten und Niedrigen, der Armen und Schwachen gesunken sind, aufs tiefste zuwider sein muss. Denn er wird im Fleische sehen, das, was er wünschte und erhoffte und wofür er und die Seinen in ihren Tagen stritten: er wird die Bürger und die Kaufleute unserer Tage wie Gras unter der Hitze verwelken sehen, wie es prophezeit war von Jacobus, »dem Knechte Gottes«: »Die Sonne geht auf mit der Hitze, und das Gras verwelket, und die Blume fällt ab und seine schöne Gestalt verdirbt: also wird der Reiche mit seiner Habe verwelken!«[37]. Er wird entzückt sein über das Zittern, Heulen und Zähneklappern derjenigen, die einst nicht Bettler waren, aber dazu geworden sind unter der Herrschaft der Demokratie und des Proletariats und in Übereinstimmung mit jener alten Prophezeiung desselben Jacobus (V, 1–6): »Wohlan nun Ihr Reichen, weinet und heulet über Euer Elend, das über Euch kommen wird. Euer Reichtum ist verfaulet. Eure Kleider sind von Motten gefressen. Euer Gold und Silber ist verrostet, und ihr Rost wird gegen Euch zeugen und wird Euer Fleisch fressen, wie ein Feuer. Ihr habt Euch Schätze gesammelt an den letzten Tagen. Siehe der Arbeiter Lohn, die Euer Land bebaut haben und der ihnen vorenthalten ist, der schreiet, und das Rufen derer, die die Ernte einbrachten, ist gekommen vor die Ohren des Herrn Zebaoth. Ihr habt wohl gelebt auf Erden und Eure Wollust gehabt und Eure Herzen geweidet, als auf einem Schlachttag. Ihr habt verurteilt den Gerechten und ihn getötet!« Er wird weiterhin entzückt sein, wenn er vernimmt, dass seine modernen Jünger vom »sündigen« und »verdorbenen« Petrograd mit derselben Entrüstung sprechen, wie seine alten Apostel von der »grossen Hure von Babylon« und sein Gesicht wird aufleuchten in Genugtuung, wenn er die Kunde von dem Niedergang und der Auflösung dieses nordischen Roms erfährt. Und er wird am Ende noch Respekt vor seinem eigenen heiligen Buche bekommen, denn dieses Buch prophezeit sogar die heutige Absatzkrise, das kommende Elend der Kaufleute und Schiffsleute, deren Seehandel gestört ist und deren lange britische Gesichter in der Offenbarung Johannis XVIII, 11–18 prophetisch vorgeschaut worden sind: »Und die Kaufleute auf Erden werden weinen und leidtragen bei sich selbst, dass ihre Waren niemand mehr kaufen wird: die Ware des Goldes und Silbers und Edelgesteins, und die Perlen und Seiden und Purpur und Scharlach und allerlei Gefäss von Elfenbein und

---

[37] Jakobus 1,11

allerlei Gefäss vom köstlichen Holz und von Erz und von Eisen und von Marmor, und Salben und Weihrauch und Wein und Oel und Semmeln, und Weizen und Vieh und Schafe und Pferde und Wagen und Sklaven... Die Kaufleute solcher Ware, die von ihr sind reich geworden, werden von ferne stehen vor Furcht ihrer Qual, weinen und klagen und sagen: Wehe, wehe! Die grosse Stadt, die bekleidet war mit Seiden und Purpur und Scharlach und übergoldet mit Gold und Edelgestein und Perlen! Denn in einer Stunde ist verwüstet solcher Reichtum. Und alle Schiffsherren und Matrosen und alle, die von Seehandel leben, werden von ferne stehen und sprechen, da sie den Rauch von ihrem Brande sehen: Wer war gleich jener grossen Stadt? Und sie werden Staub auf ihre Häupter werfen und werden schreien und weinen und klagen und sprechen: Wehe, wehe! Die grosse Stadt, in welcher reich geworden sind alle, die da Schiffe im Meere halten. Denn in einer Stunde ist sie gerichtet! *Freue Dich über sie, Himmel und Ihr heiligen Apostel und Propheten, denn Gott hat Euer Urteil an ihr gerichtet!*«

Alles dieses ward von Juden geschrieben, die einst Christen geworden sind!

Sie werden jetzt ahnen, mein Herr, in welchem Irrtum die Kritiker des Ford'schen und anderer Blätter verfallen sind: sie glauben anscheinend, dass mein Antisemitismus dem ihren verwandt sei; sie glauben wahrscheinlich, dass auch der meine ausschliesslich nur gegen die Juden gerichtet war. Dies ist ganz und gar nicht der Fall: mein Antisemitismus macht durchaus nicht bei den Juden halt; er bezieht, und zwar mit Entschiedenheit, das Christentum in seine Gegnerschaft mit ein. Kein wahrer Christ hat irgendein Anrecht Antisemit zu sein: denn er ist ja selber ein Semit, nein, ein Uebersemit! Kein Christ hat ein Recht, die Juden ob ihrer revolutionären Neigungen anzuklagen, denn er ist ja selber der Jünger eines Gottes mit revolutionären Neigungen, nein, revolutionären Handlungen. Kein Christ hat ein Recht, die Juden wegen ihres Sozialismus oder Bolschewismus zu verurteilen, denn diese Juden sind einfach gute Christen und die, welche sie beschuldigen, sprechen – ob sie es wissen oder nicht – die Verdammung aus über ihren eigenen Gott und Glauben.

Auf der anderen Seite aber kann kein aufrichtiger Jude, und keiner, der nur ein wenig in der Geschichte seiner Rasse bewandert ist, es ableugnen, dass die ethisch-revolutionären Neigungen dieser Welt ihre Wurzeln haben in den Lehren unserer alten Propheten selber. Diese Propheten, die grossen wie die kleinen, waren sämtlich geschworene Feinde von Gesetz und Autorität; und unter diesen Feinden der bestehenden Ordnung waren Revolutionäre von solcher Kraft, von solchem Fanatismus, von solcher Furchtlosigkeit, dass sie Königen und Beamten inmitten eines gefährlichen Krieges widersprachen, dass sie Frieden und Uebergabe inmitten einer belagerten Stadt predigen konnten.[38] Ist dieser Geist der alten Propheten in den modernen Juden ganz erloschen? Um diese Frage zu beantworten, bitte ich Sie, dreitausend Jahre zu überschlagen und sich vom grauen Altertum in die schwarze Moderne, und vom belagerten Jerusalem in das blockierte Deutschland versetzen zu wollen. Und wenn Sie in diesem unglücklichen Lande angekommen sind, so fragen Sie sich, oder besser, fragen Sie die Deutschen, wer unter ihnen, und in einem Krieg auf Tod und Leben, Moral, Reue und Sinnesänderung gepredigt hat; wer unter Berufung auf den christlichen Apostel und Philosophen Kant das schwerste, in Feindesland verbreitetste Anklagebuch gegen Deutschland geschrieben hat?... Nein, der Geist der alten Propheten ist unter diesen modernen Juden noch heute lebendig und ebenso lebendig wie der Geist der Propheten ist bei ihnen der Geist der Apostel. Um diesen Apostelgeist zu konstatieren, versetzen Sie sich, bitte, nach Russland, betrachten sie seine verfallenen Häuser und seine verlassenen Häfen und

---

[38] Vgl.: Jeremia 38,2.

fragen Sie die Moskowiter, welches von ihren Völkern den proportional grössten Anteil zu den Revolutionären gestellt hat? Ihre Lippen werden sich öffnen, und Sie werden hören: die Juden; und während sie dieses sagen, werden ihre Fäuste sich ballen, und ihre Augen werden Blitze werfen. Denn die Russen sind bekanntlich gute Christen. Aber warum sollen diese guten Christen die besten anderen Christen hassen, jene Christen, die wirklich ausführen, was andere nur predigen; jene, die die Vorschriften des Evangeliums wörtlich befolgen, während andere sie umgehen; jene, die die dort empfohlene Revolution der Armen gegen die Reichen wirklich gemacht haben? Wahrhaftig: es ziemt sich nicht für Christen, diese Juden zu tadeln oder auch nur herabzusetzen.

Es ziemt sich nicht für christliche Söhne, ihren jüdischen Vätern zu fluchen: verglichen mit Christen sind und bleiben wir die Tories, bleiben wir die Konservativen, wie es ja schon durch die Existenz unserer Rasse schlagend bewiesen wird. Es ziemt sich nicht für jene, deren Vorfahren den Messias einst mit Freuden begrüssten und die heute einer anderen Erlösung so dringend bedürfen, gegen jene in die Schranken zu treten, die ihn immer geleugnet haben und die stets behaupteten, dass der wahre Messias dieser Welt noch erstehen müsste. Es war ja nur ein kleiner Teil unserer jüdischen Ahnen, der diesem ersten Messias gefolgt ist: es ist ja auch heute nur eine winzige Minorität unserer Rassebrüder, die seine Lehren tatsächlich ernst nehmen. Und mit diesen messianischen Juden von heute, das gebe ich zu, da müssen wir uns endlich einmal auseinandersetzen und sollten mit ihnen ebenso verfahren, wie einst unsere Ahnen; wir sollten sie zu bekehren versuchen und, wenn dieses, wie damals, nicht gelingt, so sollten wir uns von ihnen trennen, aber nicht mehr im Hasse, sondern mit dem offenen Eingeständnis, dass ihre Prinzipien nur eine Konsequenz, wenn auch eine Karikatur der unsrigen sind. Diese Trennung aber ist notwendig: denn die Nazarenischen Juden sind eine gefährliche Sekte, sie haben die Erfahrung einer geglückten Revolution in ihrem eigenen Blute; sie sind Mitglieder unserer eigenen, zähen, energischen, durch Leiden gestählten Rasse. Und sie sind heute, wie ich in meiner Vorrede sagte, ebenso »bereit wie ehedem ihren letzten Blutstropfen für die Realisation ihrer Visionen zu vergiessen«, und es mag ihnen darum wirklich noch einmal gelingen, die Schlacht für die Canaille und gegen die Schönheit – oder was davon in der Welt noch übrig ist – zu gewinnen.

In dieser Furcht hatte ich die Vorrede zu Mr. Pitt-Rivers' Buche geschrieben; diese Furcht war es, die mich, wie der *Dearborn Independent* sagt, »den Irrtum meines Volkes bekennen« ließ. Aber mit dem Bekenntnis unseres alten Irrtums hatte ich auch die Erkenntnis einer neuen Pflicht verbunden. Diese Pflicht besteht darin, die Welt ein zweites Mal zu erlösen, und zwar von den Konsequenzen unserer ersten Erlösung: von dem Triumphe des Proletariats, von dem Siege des Sklaventums, von dem Niedergang unserer Zivilisation. Habe ich recht gehabt, Vertrauen in unsere Rasse zu haben? Hatte ich recht mit meiner Prophezeiung, dass jene, die das Böse schaffen, auch das gute Gegengift einst beschaffen würden? Und hatte mein Freund Pitt-Rivers recht, als er die Hoffnung aussprach: »Nur die Juden werden imstande sein, uns von den Juden zu erlösen?« Das ist die grosse Frage, die nur die Zukunft beantworten kann.

Für die Gegenwart danke ich Ihnen ob der Gelegenheit zur Aussprache, die Sie mir durch Ihre Anfrage gegeben haben und erlaube Ihnen, von diesem erläuternden Briefe jeden privaten oder öffentlichen Gebrauch zu machen, den Sie für richtig halten.

Ihr sehr ergebener Oscar Levy

Mr. Gustave Wolf,[39]
Attorney & Counsellor,
Grand Rapids (Mich.)
216/217 Houseman Buildings,
U.S.A.

Kurze Zeit nach dieser Veröffentlichung wurde ich aus England ausgewiesen und verliess das Land am 25. Oktober 1921.

VI.

Es wird wohl kaum einen kontinentalen Leser geben, der nach der Lektüre des Vorhergehenden nicht zu der Meinung gekommen wäre, ich sei wegen meiner beiden Attacken auf das Christentum und wegen meiner Nietzsche-Propaganda aus England ausgewiesen worden; meine deutsche Nationalität hingegen, die als offizieller Grund angegeben wurde, wäre nur das Mäntelchen gewesen, unter dem das »Home Office« dieser Ausweisung eines lästigen Störenfrieds eine weniger sensationelle Form hätte geben wollen. Und doch wäre eine solche Annahme vielleicht nur das gewesen, was man in England »jumping to a conclusion« [voreilige Schlussfolgerung] benennt.

Ich selber habe zwar eine Zeitlang unter dem Eindruck gestanden, ich hätte die Ehre gehabt, um der von mir geleiteten Agitation willen ausgewiesen zu sein: aber reifliche und spätere Ueberlegung lassen mir meine Ansprüche auf die Märtyrerkrone des Nietzsche-Apostolats doch zweifelhaft erscheinen, und ich glaube heute – obwohl ich auch dessen noch nicht ganz sicher bin – dass es wirklich nicht die gottlosen und feurigen Segenssprüche des *Zarathustra*, sowie meine eigenen Kommentare dazu, sondern die kalten Paragraphen der »Alien Restriction (Amendment) Act von 1919, Sektion 10, Unterabteilung 1« waren, die gegen mich zeugten und gegen mich angewandt worden sind.

---

39 Gustave Wolf [1889–1960], französischer Rechtsanwalt.

Dieses Eingeständnis tut mir leid, denn es geht gegen etwas, das den Sterblichen am höchsten steht: gegen die eigene Eitelkeit und Einschätzung. Aber zu glauben, dass ein englisches Ministerium einen literarischen »squabble« (»Kabbelei«) – denn weiter war es ja nichts – ernst nehmen würde, das wäre von unserer Seite doch eine gewaltige Selbstverkennung gewesen. Zwischen Politikern und Literaten steht ja in der ganzen Welt – wie »gebildet« sich die Politiker, wie politisch sich die Literaten auch gebärden mögen – ein gewaltiger, durch nichts überbrückter Abgrund. Und zwar gähnt der Abgrund von seiten der Politik zur Literatur noch weiter wie jener von der Literatur zur Politik (wobei die Politiker nicht einmal so ganz unrecht haben). In England hat mir einmal jemand erzählt, dass er verschiedene hohe Beamte des Landes kenne, die weder Zeitungen hielten, noch Bücher läsen, noch Theater besuchten und die als Grund für ihre Ablehnung angaben, sie wollten sich nicht ihr Urteil trüben und ihren gesunden Menschenverstand durch Zeitungsgeschwätz verwirren lassen.

Nach meiner Ansicht beweist eine solche Ablehnung durchaus nichts für Unkultur: im Gegenteil, es kann ein Zeichen hoher Kultur sein, wenn man heute nichts mit der Literatur, oder der Kunst, oder mit dem Theater und ihren verschiedenen Betrieben zu tun haben will. Wozu Bücher oder Zeitschriften lesen, wenn sie doch nur die Weisheit von gestern bringen, und nichts Anderes bringen können, weil alle Leute nur das hören wollen, was sie schon wissen? Und wozu Priester anhören, die an ihren eigenen Gott und Geist nicht mehr glauben? Sind doch die Literaten selber im tiefsten Innern sehr unsicher über den Geist geworden und von der Minderwertigkeit ihrer eigenen Leistungen fest überzeugt: in einer Weihnachtsbetrachtung des dänischen Dichters Johannes V. Jensen[40] las ich neulich: »Deutschland schreitet rüstig vorwärts, aber die Literatur liegt darnieder. Das

---

40 Johannes V. Jensen [1873–1950] dänischer Schriftsteller, erhält 1944 den Literaturnobelpreis.

war aber immer so: die Literatur kommt immer hinterdrein.« Leute, die solche Ansicht von ihrem eigenen Gewerbe haben, können wirklich sich nicht wundern, wenn sich kein Mensch in verantwortlicher Stellung die Seelenruhe stören lässt durch ihren »literary output« (wie man in England bezeichnend sagt: »output«, das ist nämlich das bestimmte Quantum, z. B. Kohlen, das in einer gegebenen Frist zu Tage gefördert wird).

Dazu kam noch, dass unser »squabble« kein politischer, sondern »nur« ein religiöser war. Ueber die Wichtigkeit der religiösen Dinge, über den Zusammenhang der Religion mit der Politik und die Verknüpfung der Religionsgeschichte mit der Zeitgeschichte sind nämlich die Politiker ebenso unorientiert, wie die Literaten selber. »Religion muss sein: sie erhält die Ordnung im Staate«, denkt der Politiker; aber davon, dass sie auch die Unordnung erhält, ja verursachen kann und heute wirklich verursacht, davon hat er nur eine sehr unvollkommene Ahnung. Dass unsere Veröffentlichung eine wichtige Sache betraf und eine, die nicht ohne politische Folgen bleiben konnte: das wäre weder einem Minister, noch seinen Geheimräten oder Abteilungschefs je in den Sinn gekommen. Hätte ich den Mann, unter dessen Ministerium meine Ausweisung stattfand, um eine Audienz gebeten und ihn ersucht, mich in England zu belassen, da die von mir vertretenen Ideen nicht gleichgültig seien für das Wohl und Wehe seines Landes und anderer Länder: so hätte er, falls er milde gestimmt gewesen wäre, mich erstaunt und mitleidig angesehen und dem Christen-Apostel vielleicht dasselbe gesagt, was der gutmütige Landpfleger Porcius Festus einst dem Heidenapostel zurief: »Paule, Du rasest, das viele Studieren hat Dir den Kopf verwirrt.«[41] Aber ich glaube, er hätte sich kaum diese Mühe genommen, mir diese liebenswürdigen Worte zu sagen, denn er hätte mich überhaupt nicht empfangen. Von seiten der Politik genommen, waren wir ja gänzlich gleichgültige

---

41 Apostelgeschichte 26,24

Leute, weit gleichgültiger, wie einst den römischen Prokonsulen (die doch auch nur die Achseln zuckten) die ersten Christen gewesen waren, weit uninteressanter, weil ungefährlicher, wie die Kommunisten und Anarchisten, denn wir regten uns ja nur selber und durchaus nicht das Volk auf.

Es gibt aber, und gab immer in der Welt, eine Literatur, die nicht hinterdreinhinkt, sondern sehr bestimmt den Weg weist. Es ist – den Dichtern von heute ins Ohr gesagt – der Geist, der in unseren Tagen vorangeht und stets die Politik hinter sich zieht. Wer freilich den Geist nicht hat, der muss wie jener französische Politiker bekennen: »Je suis leur chef, il faut bien les suivre!« (»Ich bin ihr Führer, darum muss ich ihnen folgen.«)

Auch hatte ja meine Nietzsche-Ausgabe, wie ich oben schon erwähnte, nur in Aussenseiterkreisen Erfolg gehabt. Hätte es in der englischen Gesellschaft nur einen einzigen Mann, oder auch nur eine einzige Frau gegeben, die Nietzsche verstanden hätte, so wäre ich bei der aristokratischen Konstruktion dieser Gesellschaft, bei dem intimen Kontakte der massgebenden Kaste untereinander, niemals als Deutscher ausgewiesen worden: der Nationalhass hätte die Flagge gesenkt vor dem Apostel des ersten und vornehmsten guten Europäers. Aber es war eben niemand in der englischen Staatsbarke gewesen, der eine Ahnung davon hatte, dass es unziemend sei, die Polizei gegen jemanden in Bewegung zu setzen, der dem Lande die Lehren Friedrich Nietzsches übermittelt hatte. Der einzige Engländer, der etwas von Nietzsche verstand und gleichzeitig zur regierenden Kaste gehörte, war mein Freund Pitt-Rivers; aber dieser war als Militär-Attaché seines Schwiegervaters Lord Forster[42], der zum General-Gouverneur ernannt worden war, nach Australien gegangen. Er hatte von dort aus eine Reihe direkter Kabel an das Home Office gesandt und sie inständigst gebeten, von der

---

42 Henry William Forster [1866–1936], 1. Baron Forster of Lepe, 7. Gouvernor-General in Australien.

Ausweisung abzusehen, aber ohne damit Erfolg zu haben. Als ich ihn später einmal in Paris wiedersah, sagte er mir: »Ich habe unter ihrer Ausweisung gelitten, als ob sie mir selber passiert wäre.«

Ich stand also allein gegen das Ministerium, dessen andauernde Weigerung, meine Familie und mich in meinem langjährigen Heim zu lassen, in mir einen begreiflichen Unwillen auslöste. Denn die Besuche der »bobbies« in meinem Hause begannen sich jetzt zu häufen. Der Umgang mit der Polizei ist mir, wie alles Andere, nur eine Gewohnheitssache: aber sicherlich nicht leicht zu erlernen für jemanden, der erst nach dem 50. Jahre mit ihr Bekanntschaft gemacht hat. Hiermit will ich übrigens durchaus nichts gegen die englische Polizei gesagt haben. Diese ausführenden Organe des »Home Office« sind gegen mich, wie ich bestimmt weiß, nur sehr ungern vorgegangen. Die Polizisten und Detektive, die zu mir ins Haus kamen, machten z. T. recht verlegene Gesichter und viele von ihnen haben sich auch direkt entschuldigt und mir versichert, dass sie nur einen höheren Befehl auszuführen hätten. In der »Bow Street«, wo sich das »Alien Restriction Office« (»Fremdenbeschränkungbureau«) befand, sass über ein Jahr lang ein Inspektor, dem die Fremden-Kontrolle oblag und der sich trotz der Weisungen von oben, stets geweigert hatte, das Gesetz gegen mich anzuwenden. Erst als dieser humane Beamte durch einen anderen, schneidigeren ersetzt wurde, gelang es, den Befehl des Home Office zur Ausführung zu bringen. Und selbst dieser letztere Beamte – Inspektor Ward war sein Name – hat mit mir immer in geziemender Form gesprochen. Er hat mir gegenüber sogar geklagt, dass man ihm diesen Posten gegeben, »wo er in 14 Tagen mehr Tränen gesehen, als vorher in seinem ganzen Leben, und als er je in seiner Zukunft zu sehen wünsche«. In dem kleinen Glaskasten – einer mit Glasfenstern vom übrigen Bureau abgetrennten Zimmer, in dem er sass – wurde nämlich den Deutschen und anderen Ex-Enemies [ehemalige Feinde] eröffnet, dass sie Haus und Hof und Geschäft und Freunde verlassen müßten; dass man ihnen zum Ueberfluss noch Gut und Habe wegnähme, nein nur »beschlagnahmte, bis Deutschland alle Reparationen geleistet hätte«; und dass man sie »repatriierte«, wie der schöne Ausdruck für Beraubung und Verbannung hiess – repatriierte in das bankerotte Vaterland hinein, das sie bis auf den heutigen Tag noch nicht, oder ganz ungenügend, entschädigt hat!

Alle diese armen, braven, unschuldigen Leute sind sang- und klanglos davon gezogen: hinein in die Schande, in das Elend, in die Tränen, in den Wahnsinn, in den Selbstmord, und kein Wort des Protestes ist über ihre zerbissenen Lippen und an die deutsche oder englische Oeffentlichkeit gedrungen! Keiner von ihnen hat sich je gerächt, weil keiner von ihnen sich je rächen konnte. Sie alle hatten sich auf jenen da oben verlassen müssen, der einst in seinem heiligen Buche verkündigt hatte: »die Rache ist mein!«

Ich allein, der Jünger Nietzsches, konnte mich nicht auf jenen Herrn verlassen, der, wie alle guten Dinge, auch die Rache für sich monopolisiert hatte und schrieb darum, zur Supplementierung der göttlichen Gerechtigkeit, folgenden Abschiedsbrief an die englischen Zeitungen:

> Sehr werter Herr Herausgeber!
> Der Minister des Innern teilt mir mit, dass er nach Paragraph 10 der Alien Restriction Act von 1919, Section 10, Unterabteilung i, berechtigt sei, mich aus dem Lande zu weisen, in dem ich mit einer Unterbrechung beständig seit 1894 gelebt habe. Meine Frau[43], die ebenfalls deutsche Staatsbürgerin ist, wurde gleichfalls aufgefordert, England zu verlassen, während unsere 12jährige, hier geborene Tochter[44] als Englände-

---

43 Frieda Levy (geb. Brauer) [1882–1960], lebte nach dem Zweiten Weltkrieg und dem Tod Oscar Levys (am 13. Aug. 1946) in Wiesbaden.
44 Maud Rosenthal (geb. Levy) [*22.04.1909 in London], lebt in Oxford. Levy schreibt: »My daughter. My relief. ›I have something in common with the world.‹« [Autobiogr., Blatt 95]. Seit 21. Febr. 1947 verheiratet mit Albrecht (Albi) Rosenthal [1914–2004].

rin die Erlaubnis erhielt, zurückzubleiben. Der Minister gibt mir die Versicherung, dass mit dieser Massregel kein Vorwurf gegen meinen persönlichen Charakter erhoben würde.

Am Vorabend meiner erzwungenen Abreise nehme ich hiermit Gelegenheit allen jenen Freunden, die für mich, wenn auch ohne Erfolg, eingetreten sind, herzlich für ihre Bemühungen zu danken. Ich würde es fernerhin als eine Ehre betrachten, wenn jene Gelehrten und Schriftsteller, die meiner Tätigkeit hier und in Amerika irgendwelchen Nutzen, oder irgendeine Förderung verdanken, mir ihr wohlwollendes Andenken bewahren würden. Meine Feinde aber, denen ich anscheinend meine Ausweisung verdanke, möchte ich daran erinnern, dass das letzte Wort über die Nietzsche'sche Philosophie noch nicht gesprochen ist und dass selbst ihre Ablehnung mich persönlich keineswegs in dem stolzen Bewusstsein beirren würde, ihr erster Pionier in England und Amerika gewesen zu sein.
London, den 24, Sept. 1921.
Ergebenst und hochachtungsvoll
Oscar Levy
Herausgeber der englischen autorisierten
Nietzsche Uebersetzung

Der Brief hatte den unerwarteten Erfolg, die ganze englische öffentliche Meinung auf meine Seite zu bringen. Ich sage »unerwartet« und werde von jedem verstanden werden, der je mit der Oeffentlichkeit zu tun gehabt hat: noch niemand hat nämlich genau voraussagen können, wie eine Kundgebung auf die Presse und deren Leserpublikum wirken wird. In diesem Falle war der Erfolg um so unerwarteter, als ich ja, meiner Nationalität nach, zu den »Hunnen« und »Verbrechern« gehörte, ja der »sponsor« (»Parteigänger«) jenes »Überhunnen« und »Immoralisten« war, der den Weltkrieg veranlasst hatte und da ich zum Ueberflusse noch verstockt genug gewesen war, um mich ganz offen und nach dem verlorenen Krieg meiner Nietzsche-Gevatterschaft zu rühmen. Aber über diesen Erfolg selber konnte kein Zweifel entstehen, denn mein Brief wurde mit oder ohne Kommentar von sämtlichen siebzehn Zeitungen, an die ich ihn gesandt hatte, abgedruckt. In der Hauptstadt, wie in der Provinz, in den Klubs wie in den drawing-rooms, auf den konservativen wie liberalen Redaktionen, von der tiefblauen Tory-*Morning Post* bis zum rosaroten *Daily Herald* war man darüber einig, dass das Home Office einen Fehler begangen hätte. Selbst die antisemitischen Dioskuren Belloc und Chesterton erklärten die Massregel der Regierung für »both unwise and unenglish« und verteidigten mich in den Blättern und Belloc sogar in einem seiner Bücher. Der der Hochkirche angehörige Geistliche des Londoner Bloomsbury Districtes,[45] in dem ich zwei Jahrzehnte gewohnt hatte,[46] stattete mir einen Besuch ab und erlaubte mir, in den Zeitungen über die Visite offiziell Bericht zu erstatten. Besucher und Briefe kamen in grosser Anzahl. Als bekannt wurde, dass ich nicht nur meines langjährigen Heims, sondern auch unter dem Vertrag von Versailles meines Vermögens beraubt wurde – was damals kein unwahres Gerücht war –, haben sich die berühmtesten englischen Schriftsteller zusammengetan und mir eine Ehrengabe überreicht. Unter jenen, die sich selber und mich durch ihre Generosität ehrten, sind Namen gewesen wie H. G. Wells, Arnold Bennet[47], John Galsworthy, Bernard Shaw, Sir A. Conan Doyle, Sir Gilbert Parker[48], Hugh Walpole, Gilbert Murray[49], Anthony Hope Hawkins, Austin Harrison[50], Dr.

---

45 Hier im Bloomsbury District befand sich auch das *Café Vienna*, in dem Levy seinen *jour fixe* abhielt.
46 1 Talbot Mansions, Museum Street; dann 54 Russell Square, London.
47 Arnold Bennet [1867–1931], englischer naturalistischer Romancier. *Man From the North* (1898), *The Grand Babylon Hotel* (1902), *The Grim Smile of the Five Towns* (1907), *Clayhanger* (1910/16).
48 Gilbert Parker [1862–1932], englischer Schriftsteller. Autor von *The World in the Crucible* (1915).
49 Gilbert Murray [1866–1957], englischer Altertumswissenschaftler.
50 Austin Harrison [1873–1928], Hg. von ›The English Review‹ (1910–1923).

L. P. Jacks[51], der Herausgeber des *Hibbert Journal*, J. M. Keynes, der bekannte Nationalökonom, und Dean Inge[52], der »gloomy« [traurige] Dekan der St. Pauls Kathedrale, der von allen englischen Geistlichen wohl Nietzsche am nächsten steht (trotzdem er sich selber gegen diese Behauptung verwahren würde). Denn es war durchaus nicht Nietzsche, der mir ihre Unterstützung verschaffte: es war die Tatsache, dass einer der ihrigen, einer, der wie sie selber für den Geist stritt, von einer ungeistigen Behörde vergewaltigt worden war. Es war das für England so charakteristische nonconformistische Gewissen (obwohl die Mehrzahl jener Autoren gar nicht zu den Nonconformisten gehörte), das durch den Ausweisebefehl verletzt worden war; ein Gewissen, das in England immer für den Geist und für Ideen zu streiten bereit ist, und es auch dieses Mal war, trotzdem der Geist, den ich vertrat, sich gerade gegen dieses Gewissen richtete. Mit anderen Worten: der Apostel Nietzsches profitierte von denen, die er immer bekämpft hatte, und einem dezidierten Nicht-Christen wurde bewiesen, dass das Christentum noch heute seinen Wert hat.

Als ich auf dem Bahnhof der Victoria Station von den Freunden, die mich zur Bahn begleitet hatten, Abschied nahm, trat aus der Schar der Reporter und Photographen die »the expulsion of the German scho-

[3 Seiten Textverlust]

der Fuji ist: es war der heilige Berg der Deutschen, der Berg, den die Wartburg krönte, die wiederum ein grosses goldenes Kreuz krönte, das weit in die thüringischen Lande hinein erglänzte. Hier weilte einst Luther, der grosse Reformator Deutschlands; er, der die deutsche Stimme einst zur Geltung brachte in der

---

51 Lawrence Pearsall Jacks [1860–1955].
52 William Ralph Inge [1860–1964], Dekan der St. Paul's Cathedral in London. *England* (1926).

Welt gegen Rom und Römlinge, gegen Kaiser und Papst, gegen Tod und Teufel – so wenigstens hatten die Lehrer erzählt! Und alle diese Schüler und Schülerinnen wussten etwas von dem braven Manne, der hier den Deutschen die Bibel übersetzte, von dem Manne, der einen Willen hatte, der »nicht anders konnte« und der darum gegen alle anderen Willen sich durchsetzte und damit die Welt in seinen Bannkreis gezogen hatte. Vielleicht wusste er Rat, der alte knorrige Luther, dem auch einmal der alte deutsche Gott beigestanden gegen eine Welt von Widersachern und Verleumdern. Vielleicht lebte er noch, dieser alte Gott der, wie das Spichwort sagt, keinen Deutschen in der Not verlässt. Vielleicht! Vielleicht!

Es war Mittag, und ein in gelb-rote Landsknechtstracht gekleideter Trompeter trat auf die Zinnen der Burg und blies einen alten lutherischen Choral in die blühenden Täler. Aber das Tal gab kein Echo.

»Die Posaune des Protestantismus bläst heute vergeblich« sagte ein deutscher Begleiter. »Selbst in Deutschland weckt sie die Toten nicht mehr auf.«

»Aber alle die vielen Leute hier?« meinte ein Zweiter, »irgend ein Glaube, irgend eine Liebe, irgend eine Hoffnung muss doch noch in ihnen lebendig sein und sie hierher getrieben haben?«

»Die Hoffnung, der Glaube, die Liebe frommer Pilgersleute galten immer nur einer Illusion«, gab der deutsche Skeptiker zurück, »Luther ist tot, mausetot... Und nicht nur Luther ist tot, sondern auch seine Brüder, seine Sekundanten, Kopisten, Ausbeuter oder Verbesserer (wie Sie wollen) sind tot: der Zwingli und der Calvin. Und nicht nur Zwingli und Calvin sind tot, sondern auch ihre Söhne und ihre Enkel, die Kants und die Rousseaus und die Jeffersons. Alles tot... sogar der liebe Gott ist tot: Gott habe ihn selig!« fügte er hinzu.

»Nur einer ist nicht gestorben« wandte ich hier ein, »das ist der Geist des Protestantismus selber... er wird ewig leben. Hoffentlich!«

»Wie meinen Sie das?« fragten die anderen.

»Der Geist des Protestantismus: das ist der Protest gegen Ueberlebtes, gegen Alt- und Unwahr- und Ueberflüssiggewordenes; gegen Erstarrtes, Verkalktes, Vermoderndes, Verfaultes. Er ist so notwendig für das Leben wie die Luft. Und er wird hoffentlich niemals aussterben – «

»Ausgenommen in Deutschland«, erwiderte der deutsche Skeptiker. »Hier weckt man gerne die Toten auf, hier ehrt man die ältesten Werte, hier setzt man die vertrocknetsten Mumien kaltblütig auf's Pferd und gibt sie als frisch-fromm-fröhliche Husaren der Zukunft aus«.

»Ich teile Ihre Meinung nicht ganz«, erwiderte ich, »und ich glaube, Sie tun den Deutschen Unrecht. Ich meinerseits denke, dass Deutschland noch heute das Land des Protestes ist, heute genau so wie früher. Ich glaube, dass der Krieg, den es 1914 entfesselte – eine Tat, die ihm unter dem Moralgeheul des Auslandes und dem Niederbruchskandal des Inlandes heute noch als Schuld erscheint –, ebenfalls der Ausdruck des deutschen Protestes und Protestantismus war; ich glaube, dass der ewige Protest Deutschlands gegen die umliegende Welt und deren Werte gerade durch ihn, und noch in unseren Tagen, zum erneuten Ausdruck gekommen ist. Freilich war es nicht mehr jener alte Protest Deutschlands gegen Rom und seine Erben, von dem Dostojewski so richtig in einem seiner Bücher spricht, – ein Protest, der von der Invasion Italiens an bis zur Reform Luthers das Charakteristikum der deutschen und europäischen Geschichte gewesen ist... Es war vielmehr der Protest gegen sich selber und die vom Protestantismus geschaffenen Werte: Werte, die im Westen Europas und in Amerika mehr noch zum Siege gekommen waren, als in ihrem deutschen Ursprungslande! Werte, die aber auch Deutschland bedrohten, und die der deutsche Idealismus nur mit Schaudern triumphieren sah... Mit anderen Worten: der Protestantismus protestierte gegen den Protestantismus... Und er hat mit Erfolg protestiert, trotzdem, oder vielmehr weil Deutschland besiegt wurde... Die deutschen, die protestantischen Werte, die Werte, die Deutschland einst der Welt gegeben, und die Deutschland selber in ihrem Triumphe zu hassen begann: sie sind durch die deutsche Niederlage auch im Auslande zu Tode getroffen und werden nie wieder in ihrer alten Form und in ihrem alten Glanze aufleben können. Deutschland hat also den Krieg verloren und darum gerade gewonnen!«

»Sie sind ein sehr paradoxer Herr«, warf hier Einer ein.

»Sie sind der Erste, der den Deutschen noble Motive unterschiebt«, sagte der deutsche Skeptiker, »und so weit wie Sie gehen selbst die deutschen Unschuld-Propagandisten nicht. Ich meinerseits glaube, wir hatten dieselben Motive wie die anderen Menschen auch: Durst nach mehr Geltung und Macht. Die Sache ist aber schief gegangen und darum leugnen wir jetzt diese Motive; hätten wir gewonnen, wir würden uns ihrer ebenso rühmen wie einst Bismarck sich der gefälschten Depesche von Ems rühmte«.

»Schon ein Einzelner weiß mitunter nicht, aus welchen Motiven er gehandelt hat: wie kann ein ganzes Volk es wissen?« gab ich zurück.

»Mit solchen Sophistereien können Sie alles entschuldigen« sagte der Deutsche. »Aber, um auf Voriges zurückzukommen: das Ende Luthers und des Protestantismus geben sie doch zu?«

»Jawohl; das Ende Luthers und *seines* Protestantismus. Aber nicht das Ende des lutherischen Geistes. Und darum auch nicht das Ende des deutschen Protestes. Gott sei Dank nicht!«

»Wie meinen Sie das?«

»Ich meine, dass Luther beizeiten ein Nachfolger erstanden ist. Ein gewaltiger Nachfolger: ein Mann, weit gewaltiger als er selber war. Ein Protestant, der nicht nur gegen Luther und seinen Protestantismus, und gegen die protestantische Kultur und Unkultur von heute protestierte, sondern der neue Werte schuf, neue Ziele setzte, neue Zukunftsvisionen hatte. Ein Mann, der der zweitausendjährigen, öden, deutschen Negation gegen die römische Idee ein Ende machte und endlich der Herrin der alten Welt die Hand zur Versöhnung reichte: zur Versöhnung, zur Mitarbeit, zum Miterfolge, zum Schulter-an-Schulter-Kämpfen und -Siegen. Ein Protestant und ein Deutscher, der in sich das überwandt, was sein Volk bisher zum ›Odium generis humani‹, zum Knoten und Kannibalen der Weltgeschichte, gemacht hat: seine Protest-, Negations-, Zersetzungs- und Zerstörungswut – aus Religion, aus Pflicht, aus Moral, aus Idealismus. Ein Mann, der in sich das Deutschtum überwandt und dessen Protestantismus nicht mehr gegen das Leben protestierte, sondern für das Leben kämpfte; der das Leben befreite von dem Moral-Vampyr, und der die Welt befreite von dem Moral-Verbrechertum seines Volkes sowie seines ebenso gehassten Bruder-Volkes, seines einstigen Lehrer-Volkes, seines heutigen Schüler-Volkes: der jüdischen Rasse… Der erste edle Sohn des Protestantismus, ein Sohn, um deswegen dem Protestantismus gedankt werden wird in alle Ewigkeit, und nicht nur dem Protestantismus, sondern auch dem Christentum, und nicht nur dem Christentum, sondern auch der Mutterreligion des Christentums, dem Judentum«.

In diesem Augenblick trat der mittelalterlich gekleidete Trompeter wiederum auf die Zinnen der Wartburg und blies in das grünende Thüringen hinein den lutherischen Choral: »Nun danket alle Gott!«

»Von wem sprechen Sie eigentlich«, fragten die Anderen.

»Ich spreche von Friedrich Nietzsche«.

* * *

Der neue Nietzsche kam Weihnachten 1924/25 bei Allen & Unwin in England und in Amerika bei Macmillan & Co. heraus. Es war eigentlich nur eine grössere Bestellung von seiten des amerikanischen Verlags gewesen, der diesen Neudruck ermöglichte: in England und seinen Kolonien war die Nachfrage bisher noch eine sehr beschränkte gewesen. Mein Freund Orage hatte doch mehr recht gehabt, als ich glaubte: Nietzsche war zwar nicht tot, aber doch, wie man in England sagt, noch »under a cloud« (»unter einer Wolke«). Und dieses war die dritte Finsternis, die die Sonne Nietzsches in England verdunkelte: die erste beschattete seinen Namen bis 1893, also bis zu einer Zeit, wo schon Brandes'[53] Entdeckung das übrige Europa längst aufmerksam gemacht hatte; die zweite befiel die Insel, als die Tille'sche[54] erste Uebersetzung Nietzsche's ins Englische nach Erscheinen einzelner Bände durch den Bankrott des Verlages endigte [1895]; die dritte trat nach Vollendung meiner Uebersetzung durch die Kriegspropaganda der Entente ein und wurde fast vollständig gemacht durch die Niederlage Deutschlands, die im grossen Publikum als die Niederlage Nietzsches gedeutet wurde. Dass diese letzte Eklipse besonders schwer war, konnte allerdings niemanden Wunder nehmen, denn die entfesselte russische Revolution mit ihrer (scheinbar) irreligiösen Einstellung hatte sämtliche Priester und Professoren (die Laienpriester!) mobil gemacht, um die verlorenen und geängstigten Schäflein wieder in den alten Stall zurückzupredigen. So war es ja auch immer in der Geschichte gewesen: die lutherische Revolution hatte die katholische Reaktion entfesselt, und was zwischen den protestantischen und jesuitischen Mühlsteinen zerrieben wurde, das war die schöne allgemeine Renaissance gewesen. Die französische Revolution ihrerseits hatte die europäische Restauration heraufbeschworen, und was Jacobinern und Reaktionären zu Scherben ging, das war die edle Renaissance-Figur Napoleon gewesen. Auch die bolschewistische Revolution hat dem Christentum zunächst eine neue Spanne Lebens beschieden: und zwischen Bolschewisten und anderen Christen geriet der Re-

---

53 Georg Brandes [eigentl. Morris Cohen; 1842–1927], dänischer Literat, machte Friedrich Nietzsche 1888 europaweit bekannt. *Menschen und Werke* (1895). Levy besaß die erweiterte Ausgabe *Gestalten und Gedanken* (1903). Siehe auch den Text *Brandes, Mussolini und Nietzsche. Eine Erinnerung und ein Briefwechsel* in dieser Ausgabe.
54 Alexander Tille [1866–1912], Sozialdarwinist, Nietzsche-Herausgeber, Lektor in Glasgow.

naissance-Philosoph Friedrich in Gefahr, das Schicksal seines korsischen Ideals und Kameraden vom Schwerte zu teilen.

Nur dieses Mal war die Gefahr beschworen: oder schien sie nur beschworen? Dürfen wir uns heute schon mit dem Lorbeer schmücken, »rest upon our oars«, die Hände in den Schoss legen, und jener Vorsehung, die nichts voraussieht, das Weitere überlassen? »Vertraue auf Gott und halt Dein Pulver trocken!« Das war einst der Wahlspruch der alten Puritaner. »Vertraue Dir selbst und halte Dein Pulver trocken« so sollte der unsrige sein.

»Und Deine Tinte feucht«, so wäre noch hinzuzufügen. Denn die Tinte ist noch heute »ein ganz besonderer Saft«, oder sie kann es wenigstens sein…

In London war zur Zeit meiner Ausweisung besonders ein City-Blatt auf meine Seite getreten, der allsonntäglichst daselbst erscheinende *Observer*. Mit seinem, auch im Auslande rühmlichst bekannten J. L. Garvin[55] war ich in Fühlung geblieben, und an ihn wandte ich mich mit der Bitte, meine Neuausgabe selber besprechen zu dürfen. Mr. Garvin ging auf meinen Vorschlag ein, und zum ersten Male in meiner literarischen Karriere kam ich über Nietzsche in einer angesehenen englischen Zeitung zu Worte, mein am 15. Juni 1925 erschienenes Geleitwort im *Observer* lautete wie folgt:

Die Auferstehung Friedrich Nietzsches[56]
von Dr. Oscar Levy.

Es gibt, wie ich höre, eine Anzahl Engländer und Amerikaner, die ob des Neudrucks der gesammelten Werke Friedrich Nietzsches ihr Befremden ausgedrückt haben. Die Betreffenden gehören nicht etwa zu den verspäteten Opfern jener

---

55 James Louis Garvin [1868–1947], Herausgeber des *Observer* (von 1908 bis 1914).
56 Dieser Text ist dann in Deutsch veröffentlicht worden in: *Weltbühne*, 21. Jg. (1925) Nr. 21 v. 26. Mai 1925, S. 775–779. Die in […] ergänzten Textstellen stammen aus der vom Manuskript abweichenden Druckfassung.

Kriegspropaganda, die einem nur zu gläubigem Publikum einst erzählte, Nietzsche sei der intellektuelle Urheber der vier germanischen Kriegserklärungen von 1914 gewesen. Obwohl berühmte Autoren der englischen Sprache dieser These einst zum Opfer gefallen sind, so kann doch heute und mit Genugtuung festgestellt werden, dass nur noch wenige von ihnen glauben, der grosse Kritiker Deutschlands sei gleichzeitig Deutschlands Tyrtäus gewesen, und der grosse Prophet der »klassischen Aera grosser Kriege« könnte gleichzeitig als der Autor dieser von ihm prophezeiten Weltkriege anzusehen sein.

Nichtsdestoweniger muss ich zugeben, dass ich die Verwunderung dieser Herren – eine Verwunderung, die nicht frei von Missbehagen sein dürfte – nur zu gut verstehe. Denn diese Gegner Friedrich Nietzsches stehen vor einem zusammengebrochenen Europa, sie bemerken die Minderung seines Stolzes, wie seines Einflusses auf andere Kontinente, sie sehen dazu dieses selbe Europa bedroht von einer klug geleiteten Revolution, einer Revolution, die unserer Tradition und unserer kulturellen Werte spottet – und sie fragen sich gegenseitig, sie fragen auch uns, die Missionäre Nietzsches »in partibus fidelium«: »Was nützt uns ein Feuer in einem Prärie-Brand, Pulver in einer Explosion und ein revolutionärer Philosoph in einer Revolution? Nietzsche, wenn wir ihn richtig verstehen, war ein Mann ohne Religion, ohne Moral, ohne Patriotismus: wie kann dieser, der theoretische Oberpriester der Zerstörung, uns helfen, die Ruinen unseres halb zusammengebrochenen Kontinentes aufzubauen?«

Es lohnt sich der Mühe, auf diese drei Einwände einzugehen, und wir schulden es der Wahrheit sofort die Berechtigung des ersten Tadels zuzugeben: Nietzsche war in der Tat ohne Religion, oder genauer gesagt, ohne Christentum. Und nicht allein war er ohne Christentum, sondern er war geradezu ein Feind des Christentums. Ein weit bitterer, aber auch gefährlicherer Feind, wie jener andere grosse Gegner dieser Religion, Voltaire, welch letzterer ja nur das Aussenwerk des nazarenischen Glaubens, seine Dogmen und Zeremonien angegriffen hat. Nietzsche hingegen zielt dem Christentum ins Herz, er attackiert das christliche Ideal selber, er erklärt es für plebejisch und niedrigen Ursprungs, er weist diesen niedrigen Ursprung historisch nach und findet ihn unter den degenerierten Juden und revolutionären Sklaven des römischen Weltreiches. Nietzsche hat weiterhin nachgewiesen, dass dieses Ideal heute noch lebendig sei: es inspirierte, seiner Meinung nach, die Herzen aller Demokraten, aller Sozialisten und – Nietzsche hätte es zugegeben, wenn er noch unter uns wäre – auch der modernen Bolschewisten. Jawohl und in der Tat, und der Wahrheit die Ehre: Nietzsche war ohne Christentum.

Aber war er wirklich so bar jedes Christentums, als es den Anschein hat? Hier müssen wir Vorsicht walten lassen und dürfen unter keinen Umständen Nietzsche mit jener Sorte windiger (»happy-go-lucky«) Freidenker verwechseln, die es zu allen Zeiten und auch der unsrigen gibt und gegeben hat. Die Erinnerung an Nietzsches Herkunft – an die Familie, aus der er kam – sollte uns zur Vorsicht mahnen, zu einer Vorsicht, die um so mehr am Platze ist, als das letzte Jahrzehnt, in Europa wie Amerika, genug Gemeinheit und Verleumdung auf seinen Namen gehäuft hat. Nietzsche kam, wie bekannt, aus einer Theologenfamilie: er stammte von einer Rasse, deren Söhne nach einem Deutschen Bauernsprichworte –

»Pfarrerssöhne und Müllers Küh'
Geraten selten oder nie« –

häufig fehlgehen; die aber, wenn sie geraten, sowohl Deutschland wie England einige ihrer besten Söhne, – einen Lichtenberg, Lessing, Wieland, Matthew Arnold, Samuel Butler – geschenkt haben. Nietzsche war geradezu das Produkt einer theologischen Reinkultur: sein Vater wie seines Vaters Vater waren protestantische Pastoren, und der Vater seiner Mutter war ebenfalls protestantischer Geistlicher. »Wenn durch Uebung in einer ganzen Reihe von Geschlechtern die Moral gleichsam einmagaziniert worden ist – also die Feinheit, die Vorsicht, die Tapferkeit, die Billigkeit – so strahlt die Gesammtkraft dieser aufgehäuften Tugenden selbst noch in die Sphäre aus, wo die Rechtschaffenheit am seltensten ist – in die geistige Sphäre«[57], sagt Nietzsche in Aph. 440 des *Willen zur Macht*. Diese paar Worte sind nicht ohne Bedeutung, denn nicht allein werfen sie ein klares Licht auf Nietzsches eigene Psychologie, sondern sie sprechen ihn auch von dem Vorwurf frei, ein blinder Feind des Christentums gewesen zu sein. Nietzsche gibt hier klar und deutlich an, welch ungeheuren Dienst ein langes Gehorchen in dieser Religion der Welt geleistet hat: wir schulden dem Christentum unseren Sinn für intellektuelle Sauberkeit. Wahrhaftigkeit in Gewissensdingen hat zur Wahrhaftigkeit in wissenschaftlichen Sachen geführt, und die wissenschaftliche Wahrheitsliebe wiederum zur intellektuellen Wahrhaftigkeit à tout prix. Und gerade Nietzsches peinliche intellektuelle Sauberkeit – jene Sauberkeit, die selber christlichen Ursprungs ist – sie gerade ist es, die in Nietzsche gegen das Christentum und gegen die christliche Interpretation der Welt protestiert. Es war also beileibe kein leichtsinniges Heidentum, das mit der Religion billige Scherze treibt: es war im Gegenteil eine schwere intellektuelle Pflicht, eine Pflicht, die Nietzsche selber oft verflucht haben mag, die diesen Abkömmling braver Glaubensstreiter zum unerbittlichen, aber gleichzeitig zum ehrlichen und ritterlichen Gegner jenes selbigen Glaubens gemacht hat.

Soviel über Nietzsches mangelndes Christentum; dieser Anti-Christ war weiter nichts als ein fortgeschrittener, ein höherentwickelter Christ.

Der zweite Vorwurf, der Vorwurf, dass Nietzsche ohne Moral war, ist noch leichter zu widerlegen. Und dennoch –

---

57 Friedrich Nietzsche: Nachgelassene Fragmente, KSA 13, S. 420.

und trotz der Leichtigkeit der Widerlegung – müssen wir hier unseren Gegnern ein Geständnis machen, und es ist dieses: Nietzsche hat teilweise selber zu dem Missverständnis seiner Morallosigkeit beigetragen. Nietzsches Phraseologie leitet den Verfasser irre: er nennt sich nämlich selber immer und mit Trotz den »Immoralisten unter den Philosophen«. Es kann darum kaum Wunder nehmen, wenn Leser, die es eilig haben – und es gibt deren viele in unsrer Zeit – schliesslich der Meinung geworden sind, dass Nietzsche eine Art Moral-Anarchist war, ungefähr von der Sorte, wie sein Landsmann Max Stirner einer gewesen ist. Und doch lag Nietzsche nichts ferner als die Absicht der reinen Zerstörung. Gewiss, ein Zerstörer war er, und ein Zerbrecher alter Werte: aber nur insoweit, wie jeder Aufbauer ein Zerstörer und ein Ver- und Zerbrecher sein muss. Das alte Gesetz, die alten Tafeln, die Tafeln der Sklavenmoral, die er zerbrach: er hat sie zu ersetzen und ergänzen versucht durch andere Tafeln, durch andere Werte, durch Werte für Herren, für jene wenigen, die seiner Meinung nach, und seit der französischen Revolution immer mehr und mehr von dieser Erde verschwunden sind. Nietzsche ist darum nicht, wie man oft gesagt hat, ein Philosoph für »Kapitalisten« oder für »Individualisten«, auch nicht einer für die Könige, Lords und Gentlemen von heute: Nietzsche ist durchaus der Meinung, dass alle die heutigen Herren von der Sklavenmoral angesteckt sind, weil sie sich alle offen oder heimlich diesen Sklavenwerten gebeugt haben. Nietzsche weiß, dass die Aristokratie tot ist, oder so gut wie tot ist: er weiß aber von der Geschichte her, dass ein jeder Fortschritt aus aristokratischem Wesen stammt; und was er beabsichtigt ist darum die Schaffung einer neuen Aristokratie, einer neuen Fortschrittsmöglichkeit für die Menschheit. Und für diese neue Aristokratie, für die Aristokratie der Zukunft, hat er vom heiligen Berge seiner Einsamkeit neue Tafeln heruntergebracht, Tafeln mit Geboten, die ausserordentlich schwer und bindend sind und die dem neuen Aristokraten à la Nietzsche keineswegs gestatten werden, im Club-chair behaglich seine Beine von sich zu strecken. Nietzsche nämlich empfiehlt diesen neuen Aristokraten keineswegs den »inneren Frieden«, auch nicht »die reinen Freuden des Heims und der Familie«, er verspricht ihnen als Belohnung keineswegs jenes bekannte »englisch-engelhafte Krämerglück à la Spencer«. O nein: er legt diesen neuen Adeligen die schwersten Pflichten auf, er jagt sie hinauf auf die eisigen Höhen der Verantwortung, er bestimmt für ihr neues Wappen das schreckliche Motto »Lebe gefährlich!« Wer immer diesen Idealen nachzuleben bestrebt ist, wer immer auf Nietzsches Rat hin, »die Herde verläßt«, der setzt sich der Gefahr aus, eines Tages in der Wüste zu sein und wiederum nach den Fleischtöpfen der soeben verlassenen Herde zu schreien. Aber gerade so hat es Nietzsche gewollt: für sich selber, wie für seine Schüler und Apostel.

Der dritte und letzte Einwand gegen Nietzsche ist sein Mangel gerade an dem Gefühl, das bei Vielen von uns, und nicht den Schlechtesten unter uns, beinahe die Stelle der Religion eingenommen hat: sein Mangel an Begeisterung für das Vaterland. Dieser Einwand sollte allerdings nicht von Engländern erhoben werden, denn eben noch haben sie gehört, und auch geglaubt, dass Nietzsche eine Art teutonischer Uebermensch gewesen sei, derselbe, der einst Deutschland »über Alles« herzufallen empfohlen habe. Dahingegen ist der Vorwurf des mangelnden Patriotismus ganz berechtigt, wenn er, wie es auch geschieht, von deutscher Seite her kommt. Einer der hervorragendsten Mitglieder[58] der deutschen Nietzsche-Bewegung sagte mir erst kürzlich: »Mit Nietzsche muss Deutschland heute vorsichtig sein, und besonders seine Kritik unseres Charakters müssen wir entschieden ablehnen.« Das ist, von deutscher Seite kommend, ganz verständlich; ich

---

58 Vermutlich Max Oehler [1875–1945 (verschollen)], Archivar im Nietzsche-Archiv in Weimar, Vetter Franziska Nietzsches.

glaube übrigens kaum, dass Nietzsche ob dieser Ablehnung sehr ungehalten gewesen wäre. Er hatte nämlich mit den Deutschen als Volk nichts zu tun, sein Appell wie seine Lehre gilt nur für Einzelne. Und diese Einzelnen können sich unter allen Völkern befinden. Und wie er mit dem deutschen Volke nichts zu tun hat, so hat er auch mit den anderen Völkern Europas nichts zu schaffen. Denn Nietzsche der Philosoph war auch Nietzsche der Prophet und er hat klar vorausgesehen, wohin der Enthusiasmus dieser Völker einstmals führen würde. Nietzsche wurde – lange Jahre vor unserem Katzenjammer – zum »guten Europäer«[59] (das Wort stammt von ihm): er empfand [in *Ecce Homo*] direkten Abscheu vor unserer »Névrose nationale«, vor »dieser kulturwidrigsten Krankheit und Unvernunft, die es gibt«, und »die nur zur Verewigung der Kleinstaaterei und der daraus stammenden kleinen Politik führen kann.«[60] Und in *Völker und Vaterländer* (Aph. 18) [einer nachgelassenen Notiz] erklärt er: »Über alle diese nationalen Kriege, neuen ›Reiche‹ und was sonst im Vordergrund steht, sehe ich hinweg: was mich angeht – denn ich sehe es langsam und zögernd sich vorbereiten – das ist das Eine Europa. Bei allen umfänglicheren und tieferen Menschen dieses Jahrhunderts war es die eigentliche Gesammtarbeit ihrer Seele, jene neue Synthesis vorzubereiten und versuchsweise den Europäer der Zukunft vorwegzuneh-

---

59 Vgl.: Friedrich Nietzsche: *Die fröhliche Wissenschaft*, KSA 6, S. 601.
60 Friedrich Nietzsche: *Ecce Homo*. KSA 6, S. 360: »Die Deutschen haben endlich, als auf der Brücke zwischen zwei décadence-Jahrhunderten eine force majeure von Genie und Wille sichtbar wurde, stark genug, aus Europa eine Einheit, eine politische *und wirtschaftliche* Einheit, zum Zweck der Erdregierung zu schaffen, mit ihren ›Freiheits-Kriegen‹ Europa um den Sinn, um das Wunder von Sinn in der Existenz Napoleon's gebracht, – sie haben damit Alles, was kam, was heute da ist, auf dem Gewissen, *diese culturwidrigste* Krankheit und Unvernunft, die es giebt, den Nationalismus, diese *névrose nationale*, an der Europa krank ist, diese Verewigung der Kleinstaaterei Europa's, der *kleinen* Politik: sie haben Europa selbst um seinen Sinn, um seine *Vernunft* – sie haben es in eine Sackgasse gebracht.«

men: Nur in schwächeren Stunden, oder wenn sie alt wurden, fielen sie in die nationale Beschränktheit der Vaterländer zurück -, dann waren sie ›Patrioten‹. Ich denke an Menschen wie Napoleon, Goethe, Beethoven, Stendhal, Heinrich Heine[61], Schopenhauer... Dem aber, was in solchen Geistern als Bedürfnis nach neuen Einheit sich regt und gestaltet, steht eine große wirtschaftliche Tatsache erklärend zur Seite: die Kleinstaaten Europas, ich meine alle unsere jetzigen Staaten und Reiche müssen, bei dem unbedingten Drange des großen Verkehrs und Handels nach einer letzten Grenze, nach Verkehr und Welthandel in kurzer Zeit wirtschaftlich unhaltbar werden. Das Geld allein schon zwingt Europa, irgendwann sich zu einer Macht zusammenzuballen.«[62] (Dies war 1886 geschrieben: 32 Jahre vor der Balkanisierung Mitteleuropas, die natürlich die von Nietzsche vorausempfundene Handelskrisis aller Welt klar gemacht hat.)

So ist es mit Nietzsches Mangel an Patriotismus, wie es mit seinem Mangel an Religion und seinem Mangel an Moral ist: die höhere Vision, die höheren Werte – der höhere Patriotismus, die höhere Moralität, das höhere Christentum – verschlingen in ihm und durch ihn immer die alten, die niederen, die populären Werte. Und diese letzteren Werte greift er nur deswegen an, weil er sie vor seinen Augen verfallen sieht und weil er dringend die Notwendigkeit neuer Werte, neuer Ideen, neuer Zukunftsideale empfindet.

Nietzsche hat, und das vor allen anderen, auf's genaueste die kommende Verwirrung der Welt (nicht nur Europas) vorausempfunden, jenes Unglück, das kommen musste, wenn die Religion zerfällt und der Nihilismus triumphiert. Er hat erkannt, dass alles grosse politische Elend im Grunde genommen nur religiöses und moralisches Elend ist, und dass alles

---

61 Zu Heine siehe auch den Text *Nochmals Heine und Nietzsche* in dieser Ausgabe.
62 Vgl. Friedrich Nietzsche: Nachgelassene Fragmente, KSA 11, S. 583 f.

moralische Elend schließlich aus falschen oder veralteten Ideen entspringt. Er sah diese Ideen schon zu seiner Zeit an der Arbeit: er sah, wie sie über Klassen und Massen, Kirchen und Gemeinden, Monarchien und Republiken gleichmässig triumphierten. Nietzsche wäre auch nicht über den Erfolg, den dauernden Erfolg, der russischen Revolution erstaunt gewesen: er würde sich vielleicht gewundert haben, dass sie erst so spät eingetreten ist. Denn wir dürfen durchaus nicht denken, dass Nietzsche »nur ein Philosoph« gewesen sei: gewiss, er war ein Philosoph, aber keiner von der schottischen und deutschen Sorte, keiner von jener Sorte, der es geglückt ist, den Namen Philosoph zum Spottnamen zu machen. Nietzsche's Philosophie steht, im Gegensatz zu jener seiner sogenannten Kollegen, im intimsten Verhältnis zum Leben und ist darum bestimmt, auch auf die Politik Einfluss zu gewinnen. Vo[n] Nietzsche, und von Nietzsche allein stammt nämlich das Gegengift gegen den Bolschewismus. Und dieses Gegengift wirkt schon heute und wirkt unter unseren Augen. Es wirkt sogar unter den Vergifteten, unter den Sozialisten selber, und am promptesten grade unter den Hervorragendsten dieser Sozialisten. Signor Benito Mussolini, der italienische Premierminister, hat mich erst vor einigen Monaten und im persönlichen Gespräche[63] informiert, dass er »Nietzsche gegenüber in grosser geistiger Schuld« wäre, denn »das Studium seiner Bücher hatte ihn von seinem Sozialismus kuriert«*.

Andere Politiker, so steht zu hoffen, werden folgen. Es ist ihr höchstes Interesse, es ist das Interesse ihrer Länder, hier zu folgen. Denn eines Tages wird doch die Schlacht zwischen Orient und Occident kommen: der Orient wird den Vorteil haben, wiederum für seine alten Ideen zu kämpfen und wehe dem Westen, wenn er in diesen Titanenkampf ziehen sollte, ohne die neuen Ideen Friedrich Nietzsches!

* Siehe mein Interview mit Mussolini, das in der *New York Times* (*Sunday Magazine*) vom 9. Nov. 1924 veröffentlicht wurde.
63 Am Abend des 16. Juli 1924 im Palazzo Chigi in Rom.

Seit jene Zeilen geschrieben wurden, ist die russische Gefahr, die ich in meinem Briefe an das *New Age* vom 9. Januar 1920 vorausfühlte, noch akuter geworden, und zwar so akut, dass alle Länder sich von ihr gleichmässig bedroht fühlen. Allen voran England, das auf religiösem Gebiet zwar stets eine grobe, aber in der Politik noch immer eine sehr feine Witterung gehabt hat. Auf Englands Betreiben wurde der Pakt von Locarno geschlossen, der natürlich (trotz aller Beschwichtigungen von deutscher Seite) auch gegen Russland und seine Bedrohung des Westens gerichtet ist. Auch in England wird natürlich diese geheime Bestimmung offiziell abgeleugnet: aber dem englischen Unterstaatssekretär für die Kolonien Ormsby-Gore[64] entschlüpfte doch, zur Aufklärung selbst der Unaufgeklärtesten, am Tage nach dem Abschluss des Vertrages in einer öffentlicher Rede zu Manchester das Geständnis: »Der Pakt ist als ein Schutz christlicher Zivilisation gegen Russland gedacht!« Es handelt sich also wirklich um eine neue heilige Allianz, nur sitzt der Metternich dieses Mal an der Themse, und nicht an der Donau; nur sind es dieses Mal die Völker, und nicht mehr die Souveräne, die sich gegen die Revolution zusammenschliessen. Die Prognose aber, die man diesem neuen heiligen Pakte zu stellen gezwungen ist, kann nur die denkbar schlechteste sein: nicht dreissig Jahre, sondern keine dreissig Monate wird sich eine Allianz halten, die nicht mehr von mächtigen Souveränen, sondern von wankelmütigen Völkern abgeschlossen ist; die auf denselben Prinzipien errichtet ist, gegen die sie zu streiten vorgibt; die von denselben Prinzipien untergraben wird, gegen die sie sich zu verteidigen hat; und die nebenbei selbst an diese Prinzipien nicht mehr glaubt, sondern nur an ihre eigenen, selbstischen, grundverschiedenen, nationalen, materiellen Interessen.

Russland ist eine weit grössere Gefahr, als diese guten Leute und schlechten Christen glauben: aus dem einfachen Grunde,

---

[64] William George Arthur Ormsby-Gore [1885–1964], 4th Baron Harlich, Beamter im Kolonialministerium, Unterstützer des Zionismus.

weil in Russland die guten Christen und die bösen Leute am Ruder sind. Dass hier in Russland »die Kraft zu wollen seit langem zurückgelegt und aufgespeichert ist«, hat schon Nietzsche vorausgesehen, dass hier »der Wille – ungewiss als Wille der Verneinung oder Bejahung – in bedrohlicher Weise darauf wartet, ausgelöst zu werden«, das prophezeite der grosse Umwerter schon in *Jenseits von Gut und Böse*. »Nur innere Umstürze«, so meint er dort, »nur die Zersprengung des Reiches in kleine Körper und vor allem die Einführung des parlamentarischen Blödsinns, hinzugerechnet die Verpflichtung für jedermann zum Frühstück seine Zeitung zu lesen, könnte Europa von seiner grössten Gefahr entlasten.«[65] Europa ist von dieser grossen Gefahr nicht entlastet worden: der russische Wille ist als Verneinung und nicht als Bejahung ausgelöst worden, der parlamentarische Blödsinn ist ausgeschaltet geblieben, und der innere Umsturz hat Russlands äussere Bedrohlichkeit nicht vermindert sondern vermehrt. Eine der Hauptwünsche des Mannes, der mit dem Hammer philosophierte und mit dem Hammer die Weichlinge aufweckte, ist damit in Erfüllung gegangen: »Eine solche Zunahme der Bedrohlichkeit Russlands, dass Europa sich entschliessen müsste, gleichermassen bedrohlich zu werden, nämlich *Einen Willen zu bekommen* durch das Mittel einer neuen, über Europa herrschenden Kaste, einen langen furchtbaren eigenen Willen, der sich über Jahrtausende hin Ziele setzen könnte: – damit endlich die langgesponnene Komödie seiner Kleinstaaterei und ebenso seiner dynastischen, wie demokratischen Vielwollerei zu einem Abschluss käme.«[66]

Und mit einem der innigsten Wünsche von Nietzsche ging eine seiner merkwürdigsten Prophezeiung in Erfüllung: »Ein Denker, der die Zukunft Europa's auf seinem Gewissen hat, wird bei allen Entwürfen, welche er sich über diese Zukunft macht, mit den Juden rechnen, wie mit den Russen, als den zunächst

---

65 Vgl.: Friedrich Nietzsche: *Jenseits von Gut und Böse*, KSA 5, S. 139 f.
66 Ibid., S. 140.

sichersten und wahrscheinlichsten Faktoren im grossen Spiel und Kampf der Kräfte«.67

Wir Jünger Nietzsches müssen also den Russen und Juden des Ostens unseren aufrichtigen Dank abstatten für die Gefahr, die sie uns und Europa durch ihre Revolution und Asiens »Erweckung« gebracht haben.

De[m] »christlichen« konservativen Westen aber halten wir die Worte vor, die Disraeli einst im Parlamente seiner Tory-Partei zurief: »Sie sind konservativ, meine Herren! Ich bin es auch: nur bitte, sagen Sie mir zuerst, was Sie konservieren wollen!« Und über Disraeli hinaus fügen wir hinzu: »Einen christlichen Konservativismus gibt es nicht, denn einen revolutionären Konservativismus kann es so wenig geben, wie einen weissen Rappen.«

Der christliche Konservativismus, die christliche Reaktion, der schwarze Rappen, das ist das Zeichen, unter dem Russland ficht, das ist der Glaube, an den Russland auch glaubt. Ihr aber habt diesen Glauben nicht mehr, und wenn Ihr ihn dennoch zu haben vorgebt und heuchelt, so werdet Ihr, wie alle Heuchler, in Eurem Handeln gelähmt sein, und die wahrhaft Gläubigen werden der lügenhaft Frommen mit Leichtigkeit Herr werden. Karl Marx und sein Kommunismus werden über Carnegie und seinen Kapitalismus siegen, weil Karl Marx der ehrlich Frömmere und durchaus kein Heuchler ist. Karl Marx wird aber nicht über einen anderen Glauben siegen, der ebenfalls ehrlich und ebenfalls fromm ist und nicht mehr den Rückschritt auf die Provinz-Ideale von Galiläa bedeutet: und das ist der Glauben Friedrich Nietzsches.

Nietzsche contra Marx: habt Ihr verstanden, meine Herren Politiker?

---

67 Ibid. S. 193 f.

Nietzsche und Spitteler
[1925]

Die Literaturgeschichte wird sie einstmals gemeinsam nennen – als Dioskuren des ausgehenden neunzehnten Jahrhunderts, wie Goethe und Schiller die des beginnenden waren. Zwar waren sie nicht, wie Goethe und Schiller, persönlich miteinander bekannt. Aber sie hatten von einander gehört und einander gelesen. Sie haben auch einander geachtet. Nietzsche empfahl einst Spitteler an Avenarius als Mitarbeiter für seinen *Kunstwart*, und Spitteler besprach Nietzsches *Jenseits von Gut und Böse* in der Schweizer Zeitung *Der Bund*. Er besprach es mit Ehrfurcht, wenn auch nicht ohne Furcht: er warnte nämlich vor dem Dynamit, das dieses Buch enthielt. Andere Kritiker dachten natürlich, es wäre eben auch nur ein Buch, wie deren ihnen so viele auf den Schreibtisch flatterten. »Familiarity breeds contempt« [Vertrautheit stößt ab]: das gilt von Büchern noch mehr als von Menschen. Aber auch ohne dieses englische Sprichwort sind die Kritiker von damals entschuldigt: Gleiches wird eben nur von Gleichem erkannt. Und selbst da, wo es gefürchtet und verdammt wird, muß es zuerst erkannt und erraten worden sein. Die Ignoranz bekommt es allerdings fertig, sich auf eine Dynamitkiste zu setzen und ein harmloses »Ich weiß nicht, was soll es bedeuten« anzustimmen. Das ist Spitteler mit Nietzsche nicht passiert. Er war der einzige und erste Kritiker Europas, der Nietzsche erkannte und fürchtete. Auch Schiller hat Goethe erkannt – besser als alle anderen (Heine ausgenommen!). Aber er konnte ihm nur mit den Blicken, nicht mit den Schritten folgen. Er blieb gefesselt – an die Moral, an den Idealismus. Genau so wie Spitteler, wenn es auch bei diesem nicht der steifleinene Idealismus des »Chinesen von Königsberg« [Nietzsche über Kant] war. In Deutschland hat Spitteler, nun da ihn der Tod hinweggerafft, eine etwas süß-saure Presse gefunden. Ich gestehe, daß mir das Süße an den Nachrufen noch weniger gefällt, als das Saure. Spitteler arbeitete ja, genau wie Nietzsche, im Großen und am Großen: am Zukünftigen, am Heldischen, am Uebermenschen, von dem er ebenso wie Nietzsche eine Vision hatte, die er, ebenso wie Nietzsche, mit Hammerschlägen aus dem Marmor herauslocken wollte und mußte. Er war, ebenso wie Nietzsche, ein Poet im antiken Sinne des Wortes: ein Schöpfer, ein Bildner, ein Prometheus. Sein Jugendepos *Prometheus und Epimetheus*[1] – das geräuschlos bei seiner Veröffentlichung unter den Tisch fiel und dreißig Jahre brauchte, bis es wieder auf den Tisch kam, ist in mehr wie einer Hinsicht ein Schwesterprodukt des *Zarathustra*. Es ist in ähnlichem biblischen Stile geschrieben, obwohl es ein Jahr vor *Zarathustra* entstand. Es ist ein gigantisch-erhabenes Buch, das die Geschichte eines aus der Finsternis zum Lichte, aus der Masse zum Eigenleben, aber auch aus Gnade und Glück zum Einsamkeitsfluche emporstrebenden Helden schildert. Und das mit grausamer Wahrheit. Mit Wahrheit, die nur am eigenen, vom Schicksal blutig geschlagenen Leibe erfahren sein kann. Ein solches Werk sind wir heute noch nicht imstande zu kritisieren. Und darum hat alles Lob Spitteler gegenüber etwas Unaufrichtiges an sich. Es fehlt der Maßstab zu diesem Buch. Denn es fehlt uns noch die große Leidenschaft für sein Problem. Und alle Leidenschaft, die sich schon heute an dieses Buch herandrängt, ist ein Pathos ohne Distanz, ein Pathos ohne Distanzgefühl. Generationen werden erst vergehen müssen, ehe wir Bücher wie *Zarathustra* und *Prometheus* wirklich werden schätzen können. Und Kommentare werden erst geschrieben werden müssen, um das Verständnis uns zu erleichtern. Es steht sogar zu befürchten, daß man einst Lehrstühle für sie und über sie errichten wird, und daß dann zungenfertige Alexandriner diese großen Dichtungen, die größten der Moderne, kleinreden, kleinkauen und kleintüfteln werden. Das kann aber noch

---

[1] Erschienen 1881 in Aarau unter dem Pseudonym Carl Felix Tandem.

dreißig Jahre dauern. Und nach abermals dreißig Jahren dürften zukünftigen Primanern daraus Aufsatzthemata gestellt werden. Z. B.: »Ueber den letzten Menschen bei Zarathustra und seine moralische und symbolische Bedeutung«. Oder: »Was bedeuten in Spittelers Epos der Löwe und die Hündelein, und warum werden letztere von Prometheus erwürgt?« Wie gut, daß wir dann nicht mehr Primaner sind!

Nein: vielmehr als die süße Kritik über Spitteler gefällt mir die saure. Die sauren Kritiker der deutschen Blätter haben nämlich ihren guten Grund: Spitteler, so sagen sie, hat Deutschland in Zeiten der Not verraten. Und das, obwohl er ein Sohn, wenn nicht der deutschen Erde, so doch der deutschen Sprache war. Dem ist so, und dem ist auch nicht so. Der Verrat hatte nämlich seine guten Gründe. Es war ein Verrat aus reinen Motiven. Ein Verrat, der aus der Spittelerschen Weltanschauung, wie von selbst hervorging. Spitteler war einstmals Hörer von Jakob Burckhardt, des Baseler Professors, gewesen. Und dieser Burckhardt war, wie man weiß, ein großer Gegner des modernen Staates. Er war besonders ein Gegner des geistigen Vaters des preußischen Staates, ein Gegner des Philosophen Georg Friedrich Wilhelm Hegel. Wer Hegels Bedeutung für die Mitte des vergangenen Jahrhunderts (und weit darüber hinaus) kennt, der wird verstehen, daß dieser Kampf ein ungleicher, und daß dieser Hegel der Goliath und Burckhardt der David war. Der David wurde denn auch bis auf den heutigen Tag kaum als ernster Gegner von Hegel angesehen. Und doch ist er es gewesen. Burckhardt's besondere »Bête noire« war Hegels Geschichtsphilosophie. In der Einleitung seiner *Weltgeschichtlichen Betrachtungen* (Berlin 1905, S. 2 f.) greift er ihn sogar direkt an. »Hegel sagt«, so heißt es hier: »der einzige Gedanke, den die Philosophie mitbringt, sei der einfache Gedanke der Vernunft, der Gedanke, daß die Vernunft die Welt beherrsche, daß es auch in der Weltgeschichte vernünftig zugegangen sei, daß sie der vernünftige, notwendige Gang des Weltgeistes gewesen sei – was alles erst noch zu beweisen und nicht ›mitzubringen‹ war. Er spricht von dem ›von der ewigen Weisheit Bezweckten‹ und gibt seine Betrachtungen als eine Theodicee aus, vermöge der Erkenntnis des Affirmativen, in welchem das Negative (populär: das Böse) zu einem Untergeordneten und Ueberwundenen verschwindet; er entwickelt den Grundgedanken, die Weltgeschichte sei die Darstellung, wie der Geist zu dem Bewußtsein dessen komme, was er an sich bedeute; es soll eine Entwicklung zur Freiheit stattfinden, indem im Orient einer, dann bei den klassischen Völkern Wenige frei gewesen und die neuere Zeit Alle freimache. Auch die behutsam eingeleitete Lehre von der Perfektibilität, d. h. dem bekannten sogenannten Fortschritt findet sich bei ihm«.

Burckhardt, der die Zeiten des glorreichen Deutschen Reiches noch miterlebte, sah also, und nicht zu Unrecht, Hegel als den ersten Vater jener Juchhe-Stimmung an, die Crescendo von ihm bis zum letzten Hohenzollern anschwoll, und die schließlich jedem Schwarzseher empfahl, den Staub des Vaterlandes von seinen Füßen zu schütteln. Und auch über dieses Vaterland und den modernen Patriotismus hatte Burckhardt undeutsche, unpopuläre, unvulgäre Ansichten: »Vorurteile verkappen sich gerne mit der Maske des Patriotismus«, meinte er. Oder: »Der Patriotismus ist oft nur ein Hochmut gegenüber anderen Völkern und schon deswegen außerhalb des Pfades der Wahrheit; oft aber gar eine Parteisucht innerhalb des eigenen vaterländischen Kreises, ja, er besteht oft nur im Wehetun gegen Andere«. Und »Es ist des Höchsten nicht so viel über die Erde zerstreut, daß heute ein Volk sagen könnte ›Wir genügen uns vollständig‹ oder auch nur ›wir bevorzugen das Einheimische‹.«

Das »Gute«, die »Vernunft«, der »Fortschritt«, wie er angeblich in preußisch-deutschem Staate repräsentiert war, das war es also, wogegen dieser kluge Schweizer Professor seinen Protest erhob. Der Fortschritt dieses Staates, die Macht dieses Staates wurde ja erzielt auf Kosten der Persönlichkeit; und Persönlichkeit, wertvolle, zur Selbstentfaltung kommende Persönlichkeit, war diesem letzten der deutschen Humanisten

Alles. Gerade weil er die Persönlichkeit hochhielt, und weil er ihren großen Feind im modernen Staat erkannte, rettete er sich aus dieser alles zermalmenden Wurstmaschine in das Griechenland der Antike und in das Italien der Renaissance: in diesen kleinen Städten, wo es noch große Sondermenschen in Hülle und Fülle gab, war Burckhardt zu Hause; zu ihren Philosophen, die noch, vom Staate unbezahlt, nicht sein unbedingtes Lob zu singen brauchten, fühlte er sich am meisten hingezogen. Hegels Einfluß war laut und umfangreich und auf Jahrzehnte sich erstreckend. Aber auch der Einfluss des stillen Burckhardt war enorm – weniger quantitativ als qualitativ enorm. Er erstreckte sich z. B. auch auf Friedrich Nietzsche. Es unterliegt nämlich keinem Zweifel, daß Burckhardt auch diesen einstmals von der »Herrlichkeit des Reiches« zur Nüchternheit über das Reich bekehrt hat. Denn Nietzsche war einer der Wenigen, die der sonst unzugängliche Burckhardt eines vertrauten Umgangs würdigte. Und wie auf Nietzsche, so hat Burckhardt auch auf Spitteler gewirkt. Spittelers Anschauung, daß die Macht immer böse und daß Satan der Herr dieser Welt sei – eine Anschauung, von der sich Nietzsche allerdings freimachte – ist sicherlich Burckhardtischer Herkunft.

Und nun erklärte die machtvollste aller Wurstmaschinen im Sommer 1914 sämtlichen umliegenden Völkern den Krieg! Nein: sie ließ sich von ihnen »mitten im Frieden hinterrücks überfallen« – so lautete ja wohl die erste offizielle Version. Aber man schrie dabei Hurrah von Brieg bis Bremen, und von Konstanz bis Königsberg! Noch nie in aller Weltgeschichte hatte sich ein Volk mit so viel Vergnügen von seinen sämtlichen Nachbarn überfallen lassen...

Spitteler griff zur Feder und schrieb sein kleines Büchlein *Unser Schweizer Standpunkt*. Es gibt der Schweiz den Rat, im Kampfe neutral zu bleiben. Es hat auch sicherlich antideutsche Tendenz. Aber diese Tendenz geht in gerader Linie aus der philosophischen Vorkriegseinstellung des Verfassers hervor. Die Macht ist böse, und sie lügt noch dazu. Belgien wird überfallen, und nachher werden von Deutschland Dokumente veröffentlicht, die Belgiens Schuld beweisen und die den Ueberfall rechtfertigen sollen. Spitteler nennt das in seinem prachtvollen Deutsch: »den Dokumentenfischzug in den Taschen des zuckenden Opfers«. In seiner polemischen Schärfe ist und bleibt *Unser Schweizer Standpunkt* eine Schrift ersten Ranges. Man staunt über das Feuer dieses damals schon siebzigjährigen Recken. Man bewundert auch seinen Mut: die Schrift brachte ihn ja um sein ganzes Publikum. Und es war nicht etwa Mut aus Leichtsinn oder aus Dummheit: Spitteler wußte genau, was er tat. Nur in Deutschland, so sagte er in dieser Schrift, würde er gelesen: seine Leser in Frankreich könne er an einer Hand aufzählen, und Daumen und Zeigefinger dieser Hand könne er auch noch weglassen. Man sieht: wir sind zur Bewunderung gezwungen, auch wenn wir Spittelers Standpunkt nicht bewundern können.

Denn wir, die wir Deutschland kennen, wissen ja, daß die deutsche Macht nicht böse war, und überhaupt nicht böse sein kann. Wenigstens nicht im tiefen, ernsten, im moralinfreien, im machiavellistischen Sinne des Wortes. Wenn der Deutsche böse ist oder wird – und das ward er 1914 – so ist er immer böse aus einem höheren Grunde. Böse aus Idealismus, unmoralisch aus Moralität. Daher auch seine Größe im Bösen. Es ist eben Böses, das von seinem Gegenteil eingegeben ward, Böses, das vom Himmel und nicht von der Hölle inspiriert wurde. Aber in der wirklichen Hölle ist der Deutsche nicht zu Hause. Und gar mit S[einer] M[ajestät] dem Fürsten dieser Hölle steht er auf gespanntestem Fuße. Daher die große Ungeschicklichkeit der Deutschen im wirklich Bösen, in Allem, was zum politischen Machiavellismus gehört: in Propaganda, in Komplotten, in Fälschungen, in Bestechungen, in Verschwörungen. Auch zum Bösen gehört bekanntlich Talent – und noch mehr wie zum Guten. »N'est pas diable, qui veut«.

Es handelt sich eben bei dem Gegensatz von Spitteler zum Reich um zwei Idealismen. Das Reich hatte seinen Idealismus von Hegel, Spitteler seinen von Burckhardt bezogen. Hegel vergötterte den Staat, Burckhardt vergötterte die Persönlichkeit.

Nur unter feindlichen Brüdern konnte ein so harter Zwist entstehen, und, so setzen wir hinzu, nur unter deutschen feindlichen Brüdern. Denn die Deutschen sind und bleiben das Volk der Ideen; das Volk, in dem der Kampf um Ideen am leidenschaftlichsten ausgetragen wird. Spitteler sagte: »Bösewicht«, Deutschland antwortete: »Verräter«. Und sie hatten beide Recht. Und wo beide Gegner Recht haben, da ist immer hohe, echte und wahre Tragik.

Wer aus dem Duell David-Goliath als Sieger hervorgegangen ist, das wissen wir ja heute. Hegels Staat ward von 26 anderen Staaten aufs Haupt geschlagen, und das Dreigestirn Burckhardt, Spitteler und Nietzsche beginnt am Horizonte aufzusteigen. Von Vielen noch unbemerkt: die meisten Deutschen glauben noch immer an ihr Reich, das doch »nicht mehr von dieser Welt« ist, zum mindesten nicht mehr in dieser Welt die alte Weltgeltung beanspruchen kann.

Kann es Wunder nehmen? Kein Land kann ohne Ideen leben, aber Deutschland weniger noch als andere Länder: es geht sofort und unfehlbar zugrunde, wenn es sich von Ideen abwendet. Oder, wenn, wie in diesem Falle, es die neuen Ideen nicht rechtzeitig erkennt. Deutschland hat den einen seiner großen Söhne in die Wildnis und den anderen ins Irrenhaus geschickt. An dem Tage, an dem Nietzsche seinen *Zarathustra* schrieb und Spitteler seinen *Prometheus*; an dem Tage, an dem das große Schweigen diese beiden großen Bücher begrüßte und das laute Hämmern der Industrie die religiöse Sprache der Poesie übertönte – an jenem Tage waren die beiden Schlachten an der Marne verloren.

Nun ist das Unglück geschehen. Und wir blasen Trübsal.

Und doch ist noch kein Grund, Trübsal zu blasen. Freilich, wir müssen wieder ehrlich, wieder sauber, wieder wahrhaft werden. Und darum müssen wir zunächst jene falschen Propheten von uns stoßen, die schon jetzt wieder, wie in Vorkriegszeiten, mit ihren alten Opiaten zur Stelle sind und uns, ach! mit wie unreinem Gewissen, von neuem das reine Deutschtum empfehlen. Aber es gibt kein reines Deutschtum mehr, es gibt nur noch ein unreines. Ein Blick auf das Inland kann uns dieses lehren – selbst wenn wir dem Ausland keinerlei Glauben schenken wollen. Falls wir aber stark genug sind, um auch die Stimme des Auslands zu ertragen, so werden wir, außerhalb der Kreise englischer Pazifisten und italienischer Hotelportiers, noch heute das Wort »Verbrecher« in unseren Ohren erklingen hören. Und das trotz Propaganda, und vielleicht gerade wegen der Propaganda. Und doch gibt es ein Mittel, um diese Pest zu bekämpfen. Ich wenigstens kenne zwei Worte, die dem Entrüstungssabbath, der noch heute draußen tobt, ein Ende machen können. Zwei magische Worte, die wie Hahnenschrei die Gespenster der Verkennung und Unwissenheit auseinanderjagen und wieder einen neuen deutschen, nein europäischen, nein, einen Welten-Frühling verkünden könnten. Die beiden Propagandawörter heißen: »Nietzsche und Spitteler«. Freilich dürfen es nicht Worte bleiben.

Brandes, Mussolini und Nietzsche
Eine Erinnerung und ein Briefwechsel
[1927]

Der kürzlich im 86. Lebensjahr verstorbene große Kritiker Georg Brandes war einer jener Menschen, die geistig und persönlich überall zu Hause waren – nur nicht bei sich zu Hause selber. Dieser Mensch, der die Gedanken ganz Europas und Amerikas kannte, schätzte und oft richtiger einschätzte als die Eingeborenen selber: er ist in seinem eignen Lande stets ein Unanerkannter, ja ein Nurgeduldeter geblieben. Und das hierdurch gezeugte Gefühl der Vereinsamung und des Gemiedenseins, das bei Brandes mit den Jahren nicht etwa abnahm, sondern wuchs, hat ihn vielleicht über Dänemark hinaus- und dem Vaterlande Europa zugetrieben. Er liebte dieses größere Vaterland von ganzem Herzen und, zu seiner Ehre sei es gesagt, er blieb ihm auch treu, als der Weltkrieg alle Buchkosmopoliten wiederum in die alten Haine und Hürden zurückgetrieben hatte. Er allein blieb damals wirklich neutral – und seine Neutralität war nicht etwa die sentimentale eines Romain Rolland, sondern entstammte einer weit höhern Mentalität: einem gewissen Skeptizismus gegenüber allen Werten, für oder gegen welche die Beteiligten mit solch heiliger Inbrunst kämpften. Ein Montaigne, ein Erasmus, wenn sie noch gelebt hätten, sie würden sich vielleicht ebenso verhalten haben wie Georg Brandes von 1914 bis 1918. Und sein Freund Clemenceau, der bekanntlich kein Montaigne ist, hat es ihm auch sehr verübelt.

Der hier folgende Briefwechsel, der noch jungen Datums ist, wird einiges und, wie anzunehmen, überraschendes Licht auf den Grad der Vereinsamung und Vernachlässigung werfen, deren sich Brandes im Lande seiner Geburt und seines Aufenthalts erfreute oder besser gesagt »erärgerte«. Denn der bedeutende Mann war, wie alle seiner Art, empfindlich – und wenn er diese

Empfindlichkeit auch oft hinter einem witzigen Wort oder einer satirischen Maske verbarg: sie war darum doch nicht weniger vorhanden und hat ihrem Besitzer sicherlich bösere Stunden bereitet, als die Mitwelt annahm. Einige Worte zur Erklärung und Einleitung seien hier gestattet:

Im Jahre 1924 machte ich eine italienische Reise und hatte bei Benito Mussolini um eine Audienz nachgesucht. Ich hatte nämlich einige der Reden und Manifeste des italienischen Staatsmanns gelesen und war zu der Ansicht gekommen, daß seine Ideen von denen Friedrich Nietzsches beeinflußt sein müßten. Ich schrieb darum nach Rom, daß ich der Herausgeber der autorisierten englischen Nietzsche-Übersetzung wäre und als solcher mich gern über die Beziehungen Nietzsches zu der faschistischen Bewegung unterrichten möchte. Mein Brief wurde umgehend beantwortet, und meine Audienz bei Mussolini fand am 16. Juli 1924 im Palazzo Chigi[1] statt.

Ich hatte über diese meine Unterhaltung eine kleine Aufzeichnung gemacht, die den Titel: *Die geistige Basis des Faschismus*[2] trug und von Mussolini selber durchgesehen und gebilligt worden war. Da ich das Bestreben hatte, meiner Unterredung eine möglichst große Verbreitung zu geben, schrieb ich u. a. auch an Georg Brandes, den ich 1913 in London kennengelernt hatte. Brandes war damals in England gewesen – gerade zu der Zeit, wo der letzte, der 18. Band meiner Übersetzung herauskam – und war, da Nietzsche damals auf der Tagesordnung stand, von den Londoner Intellektuellen gebeten worden, über den deutschen Philosophen Vorträge zu halten. Man war um so begieriger, aus Brandes' Munde etwas über Nietzsche zu hören, weil »der Freund Georg« (wie Nietzsche ihn nannte) der erste Kritiker gewesen, der die Bedeutung des »Umwerters« erkannt und schon im Jahre 1888, d. h. zu einer Zeit, da Nietzsche sich noch der Aus-

---

1 Wohnort Benito Mussolinis in Rom, an der Piazza Colonna.
2 Erschienen am 25.11.1924 in *Der Morgen*, S. 3 f. unter dem Titel *Die philosophischen Grundlagen des Faschismus*.

zeichnung freuen konnte, über ihn Vorlesungen gehalten hatte.
Ich hatte meine Aufzeichnung über die Unterredung mit Mussolini schon in einer französischen und einer amerikanischen Zeitung bzw. Monatsschrift untergebracht und wünschte diese nunmehr auch in Skandinavien bekanntzugeben. Ich hatte einige Ursache, anzunehmen, daß Brandes meiner Bitte nicht unempfindlich gegenüberstehen würde: ich wußte, daß er im Grunde immer etwas von dem gewesen war, als den er einst Nietzsche charakterisiert hatte, nämlich: »ein radikaler Aristokrat« – was Nietzsche einst als »das beste Wort, das ich bisher über mich gehört habe« bezeichnet hat. Und zweitens hatten seine spätern Werke über Michelangelo, Julius Cäsar, Voltaire und Goethe mich belehrt, daß er von seiner ursprünglichen »liberalen« Art sich immer mehr entfernt hatte und dem Standpunkt Nietzsches in der Beurteilung der Menschen und Dinge nähergekommen war: Nicht die Waffen machen die Geschichte, sondern die großen Einzelnen... Mein dritter Grund war, daß ich ihn selber in meiner Aufzeichnung erwähnt hatte, und zwar in folgenden Zeilen:

> Als der Krieg beendet war, schrieb mir Georg Brandes einen Brief, in dem er sagte: »Jetzt wird die Revolution überall ausbrechen und vor allem in Italien, und zwar zuerst in Mailand.« Der Weise des Nordens hatte wie gewöhnlich recht mit seiner Prophezeiung: die Revolution brach wirklich in Italien aus, und wirklich zuerst in Mailand. Aber gerade diesmal fand die Revolution einen Mann, der sie nicht etwa unterdrückte, sondern zu dirigieren verstand. Dieser Mann war bis zum Krieg selber ein begeisterter Sozialist gewesen: aber er war ein Sozialist, der im Schweiße seines Angesichts aus dem Labyrinth des Sozialismus sich schließlich herausgearbeitet hatte; ein Mann, der zuerst den Sieg über seine ihm teure Weltanschauung erfechten mußte, bis er einen Sieg über die andern, über seine eignen verführten Brüder erringen konnte. Nur ein Saulus konnte je zu einem Pau-

lus werden: und nur ein bekehrter Sozialist zum ersten von Nietzsche beeinflußten Staatsmann.

Diese Aufzeichnung sandte ich dann nach Kopenhagen. Schon nach wenigen Tagen erhielt ich eine Antwort, welche bewies, daß Brandes für meine Haltung Mussolini gegenüber Verständnis hatte – eine Antwort, die aber gleichzeitig ein so grelles Licht auf die Vereinsamung des alten Recken im grauen Norden wirft, daß sie jetzt, nach seinem Tode, nicht mehr verschwiegen werden sollte, um so weniger, als Brandes bei Lebzeiten ihre Veröffentlichung nicht gewünscht hat.

Brandes' Brief an mich, in beinahe fehlerlosem Deutsch geschrieben, lautet wörtlich wie folgt:

Kopenhagen, 29. Sept. 24

Verehrter Herr Doctor!
Den interessanten Aufsatz über Mussolini hab ich Dänisch übersetzen lassen und habe den Artikel an das Blatt P o l i t i k e n eingesandt. Der Chefredakteur hat ihn ruhig in den Papierkorb gehen lassen; ich bitte Sie also, nicht auf eine Veröffentlichung in Skandinavien zu warten, sondern f r e i über den Artikel zu disponieren.

Ich wußte dies im voraus und mußte über Ihre Naivität e r s t a u n e n, daß Sie mir einen Einfluß hier zutrauen.

Erlauben Sie mir einen kleinen Kursus zu geben. Erstens haben Männer über 80 Jahren in ihren Geburtsländern keinen Einfluß. Zweitens hat – so viel ich weiß – nie ein dänisches Blatt irgend etwas Gutes über mich gesagt, oder sich nach mir gerichtet. P o l i t i k e n habe ich zwar selbst (vor 40 Jahren) g e g r ü n d e t, und im Ausland weiß man von dem Blatt nur, daß ich bisweilen darin schreibe. Indessen hat man in eben dem Blatt während des Krieges und nach dem Frieden sich geweigert, meine Artikel zu drucken; noch im vorigen Monat hat man sich dort geweigert, r e l i g i o n s - p h i -

losophische Artikel von mir anzunehmen. Außerhalb Politiken kann ich nichts schreiben, da alle anderen Blätter hier mich schimpfen. Nun ließ ich gewissenhaft Ihren Artikel übersetzen. Darin waren einige lobende Worte über mich – was schon sehr unklug war; ich wollte sie jedoch nicht ausmerzen, da sie für Ihre Rechnung dort standen. Aber ist es möglich, daß Sie unerfahren genug sind, um zu meinen, die Mitarbeiter für auswärtige Politik in einer hiesigen großen Zeitung würden dann nicht dafür sorgen, daß der Artikel nie das Tageslicht sähe? Ich werde hier nur als Reklame benutzt; sonst als höchlich genirend aufgefaßt, und, da ich gegen 83 alt bin, haben alle nordischen Zeitungen längst einen Nekrolog druckfertig liegen, und hoffen nur, das Papier bald loszuwerden.

Dies mein magerer Erfolg.

Ihr ganz ergebener Georg Brandes.

In Antwort auf diesen Brief sandte ich folgende Erwiderung:

Sehr werter und hochverehrter Herr Brandes!
Mit Erschütterung las ich Ihren Brief: ja ich gestehe offen, ich hatte die Naivität, anzunehmen, Sie wären in Ihrem Lande nicht mehr so isoliert wie früher. Ich kenne ein wenig Ihre Geschichte, die ja ein Kampf mit der europäischen Dummheit war – aber ich kenne auch Schopenhauer, der in seinen »Parerga« irgendwo sagt, daß Neid und Mißgunst gegen die Größe abzunehmen pflegten, wenn die Beneideten (und Gefürchteten!) ein höheres Alter erreicht hätten. Also auch das ist in Ihrem Falle nicht wahr geworden!

Glücklicherweise hatte ich den Schlag schon pariert, ehe er gekommen war. In Voraussicht des Boykotts, den Mussolini und seine Bewegung vom literarischen Europa erfährt; in Voraussicht dessen, was Ihnen in Dänemark passiert ist; in Voraussicht der Schwierigkeiten, die mir selber in England und Deutschland begegnet sind, habe ich nämlich vor acht

Tagen hier in Paris schon das »*corpus delicti*« bei der »New York Times«, die hier ein eignes Bureau hat, plaziert. Es ist per Kabel angenommen worden und wird demnächst erscheinen. Nun meine ich zwar nicht, daß diese Leute vorurteilsfreier seien als die Europäer, aber sie stehen den Dingen ferner, sehen ganz Europa als Theater, unsere Tragödie als Sensationsstück und Mussolini als seinen Hauptschauspieler an. *Tant mieux:* wenigstens für die Veröffentlichung des in Europa aus allen Redaktionen gejagten Artikels.

Ich schlage nur vor, als Nachspiel zu meinem Interview Ihren an mich gerichteten Brief in der »New York Times« zu veröffentlichen. Das würde 1. dem Interview eine bedeutende moralische Stoßkraft geben, denn ein Name wie der Ihrige ist, wie der Engländer sagt »one to conjure with« (was immer auch Ihre guten Landsleute dagegen einwenden mögen), 2. wird und muß es Ihnen eine Genugtuung sein, wenn einmal über Ihre tragische Isolierung in Ihrem Heimatlande etwas bekannt wird.

Natürlich werde ich – *cela va sans dire!* – nichts ohne Ihre Einwilligung veröffentlichen...

Seien sie versichert, verehrter Herr Brandes, daß Sie in mir einen Freund und Rächer haben werden. Nur möchte ich, daß Sie die Rache, die bekanntlich süß ist, selber genießen könnten. Deswegen möchte ich den Brief schon jetzt veröffentlichen und nicht etwa erst in Ihrem Nekrologe verwerten. Denn im Gegensatz zu den Zeitungen ist der meinige auf Sie noch nicht geschrieben, und wird es auch noch nicht werden. Schon deswegen nicht, weil er – nach der jugendlichen Verve Ihres Briefes zu urteilen – noch recht lange als unbenutztes Material in meinem Schreibtische liegen bleiben würde.

Ihrer freundlichen Antwort entgegensehend, verbleibe ich, in alter Verehrung und mit ergebenen Grüßen, Ihr Oscar Levy.

Paris, den 3. Okt. 1924.

Nach einigen Tagen erhielt ich aus Kopenhagen die folgende Zuschrift, bezeichnenderweise auf einer Postkarte:

Kopenhagen, den 6. Oktober 1924

Verehrter Herr Doktor!
Ich danke Ihnen bestens für Ihren freundlichen Brief, muß aber sehr bitten, sich nicht auf meine privaten Mitteilungen öffentlich zu berufen. Ich weiß, wie günstig Ihre Gesinnung mir gegenüber ist, aber Sie können augenscheinlich in der Entfernung nicht berechnen, wie schädlich es mir hier sein würde, käme anderwärts eine Mitteilung hervor, die ausgelegt würde, als ob ich mich persönlich über Landsleute beklagte. Es würde mir nicht nur nicht nützlich sein, sondern mir unendlich schaden. Ich bin hier nie Mitglied der Universität gewesen, nie gewöhnliches Mitglied der Gesellschaft der Wissenschaften, obwohl ich Ehrenmitglied eines Dutzend gerade solcher Gesellschaften bin, habe also hier nur eine Existenz durch vernünftiges Schweigen.
    Mit herzlichem Gruße
    Ihr Georg Brandes.

Ecce Homo
[Einleitung zur englischen Ausgabe]
[1927]

Es gibt jede Menge Menschen, die einen Hass gegen Genialität hegen. Aus irgendeinem Grund kommt ihnen Genialität geschmacklos, künstlich, theatralisch oder unmenschlich vor. Das werden sie natürlich leugnen und behaupten, dass sie, im Gegenteil, Genialität bewundern, weil sie die große Wohltäterin der Menschheit sei. Wenn sie Franzosen sind, werden sie erwähnen, dass sie beispielsweise Victor Hugo bewundern: War er etwa kein Genie, der Zeit seines Lebens geachtet und verehrt wurde? Aber sie mögen Victor Hugo, weil er als Genie ihnen ähnlich ist und von ihnen verstanden wird. Man frage sie jedoch nach Blake, Dostojewski oder Stendhal – und sie werden allmählich zögern, wenn sie denn ehrlich sind. Denn diese drei sind in gewisser Weise lästig, selbst eingefleischten Bewunderern von Genialität. Und dann erwähne man Nietzsche, nur um sie weiter auf die Probe zu stellen. Man wird feststellen, dass er von allen am meisten gehasst wird. Er geht allen auf die Nerven, er passt nirgendwohin. Was war er – ein Satiriker, ein Moralist, ein Dichter, ein Pamphletschreiber, ein Philosoph, oder, wie der brillante französische Autor Monsieur Amance[1] meint, ein Gott? Und wie lautete sein Glaubensbekenntnis? Wir würden es gerne herausfinden. Er war natürlich ein Konservativer, aber ein strengerer Konservativer als alle, die wir bisher gekannt haben. Er war außerdem ein Revolutionär, aber ein gründlicherer Revolutionär als alle wildesten Revolutionäre zusammengenom-

---

[1] Paul Amance, französischer Schriftsteller, Autor von *La Divinité de Frédéric Nietzsche. Germe d'une religion d'Europe* (1925, von Oscar Levy ins Deutsche übersetzt) sowie von *Tragédie de la Pureté* (1928).

men. Er hasste Liberale, doch mehr als sie jemals zuvor gehasst worden sind und sogar mehr als sie sich gegenseitig hassen. Er wollte die ganze Welt auf den Kopf stellen; er nahm sich tatsächlich eine Umwertung aller Werte vor. Zweifellos ist der Wahnsinn da nicht fern...

Zum Glück all dieser konsternierten Menschen geriet Nietzsche tatsächlich in den Wahnsinn... »Das war ja zu erwarten!«... »Wir haben es ja gleich gesagt.«

Und dennoch ist mit Nietzsches Wahnsinn wenig bewiesen, außer, dass Einsamkeit, Armut, Enttäuschung und Überarbeitung einen sehr empfindsamen Verstand schließlich überwältigen können. Das traurige Ende Nietzsches beweist außerdem, dass er (anders als viele andere Denker) seinem Credo entsprechend – sprich: kompromisslos – gelebt hat und seiner eigenen schönsten Maxime gefolgt ist, nämlich: »Lebe gefährlich!« Und hat er durch seinen eigenen Zusammenbruch nicht bewiesen, dass jedes große Leben an das Tragische grenzt, wie er immer behauptet hatte? Natürlich haben die Kritiker Recht: Er hätte der Katastrophe eventuell entgehen können, wenn er sich mit seinen frühen Büchern zufrieden gegeben hätte, die einigermaßen erfolgreich waren und selbst von seinen Gegnern heute als vernünftige und brauchbare Werke anerkannt werden. Die *Unzeitgemässen Betrachtungen*, die *Geburt der Tragödie* und die *Zukunft unserer Bildungsanstalten* sind nach Maßgabe dieser Kritiker noch recht vernünftig, sie gewähren »umfängliche Einsichten in das Wahre« und »man kann viel aus ihnen lernen«. Sie wurden geschrieben, als Nietzsche Professor in Basel war, in einer ruhigeren und gelasseneren Atmosphäre, die »Nietzsche niemals hätte aufgeben sollen«. Nun, hätte der Stolz diesen Mann nicht von seinem Beruf und seiner Umgebung fortgelockt, hätte er sich nicht willentlich von all seinen Freunden und Verwandten entfremdet, hätte er sich nicht in die Berge zurückgezogen, um den Halbgott zu mimen, sein Wahnsinn wäre niemals eingetreten: *si Napoléon fût resté lieutenant d'artillerie, il serait encore sur le trône de la France* [Wenn Napoleon Artillerieleutnant geblieben wäre, säße er noch auf dem Thron Frankreichs], wie Monsieur Joseph Prudhomme[2] meint. Nur befinden sich unsere Prudhommes leider in einer Zwickmühle. Wenn die früheren Bücher Nietzsches noch gesund sind, weshalb steckt so viel mehr Leben, Stil, *brio*, Leidenschaft, Vision und Psychologie in seinen späteren Büchern: in *Zarathustra, Jenseits von Gut und Böse, Die fröhliche Wissenschaft, Götzendämmerung*? Weshalb ist man auf der ganzen Welt der Ansicht, diese letzten Bücher stellten den wirklichen Nietzsche dar, den Nietzsche, der, losgelöst von den Fesseln der damaligen Vorurteile, es geschafft hatte, zu werden, wer er war? Weshalb ist der kranke Nietzsche so viel besser als der gesunde? Je näher Nietzsche seinem Wahnsinn rückte, desto besser schrieb er.

Das Buch, das in nächster Nähe zu seinem Wahnsinn geschrieben wurde, ist *Ecce Homo*.

Es wurde im Herbst 1888 verfasst, also am Rande seines endgültigen Zusammenbruchs, der sich Anfang 1889 ereignete. Das Buch ist gewiss ungewöhnlich, selbst für Nietzsche. Es weist zweifellos vielfache Spuren jener Euphorie auf, des scheinbaren Hochgefühls, das sehr häufig dem endgültigen Kollaps vorangeht, wie Mediziner meinen. Das Gift befindet sich bereits im Körper, aber es wirkt erst als Stimulus für die Verstandeskräfte. Deshalb ist *Ecce Homo* eines der besten Bücher Nietzsches. Es enthält viele wertvolle Einzelheiten über Dinge, die der Anti-Idealist Nietzsche stets für wichtiger hielt als den »Geist«, nämlich Essen, Trinken, klimatische Bedingungen, Sexualität, Beruf usw. Damit verleiht es klare Einsichten in seine eigene Persönlichkeit, wie sie nur von Nietzsche selbst haben gegeben werden können. Darüber hinaus gibt es, von einer letzten Anhöhe herab, einen Überblick über den Weg, den er ging, und zeigt den Reisenden, wie er mit elterlicher Fürsorge auf die großartigen Bücher zurückblickt, die er der Menschheit geschenkt hat. Es

---

[2] Romanfigur von Henri Bonaventure Monnier, die eine klassische Biedermeierfigur darstellt. *Prudhomme*, 3 Bde. (1857–1860).

rühmt sich seiner enormen Tat: der Entlarvung des Christentums, der Aburteilung dessen, was bisher als »Wahrheit« Geltung gehabt hatte, des großartigen Heilmittels der Umwertung aller Werte. Es zieht eine entscheidende und endgültige Trennlinie zwischen ihm und seinen deutschen Landsleuten, die er zu ihrem Angriff auf das unschuldige Europa inspiriert hatte, wie die Kriegspropagandisten uns erzählten.

Oberflächliche Kritiker haben es als das dünkelhafteste Buch der Weltliteratur bezeichnet, und dieser Tadel war zu erwarten. *Ecce Homo* enthält Kapitel, die betitelt sind mit »Warum ich so weise bin«, »Warum ich so klug bin«[3], »Warum ich so gute Bücher schreibe« und »Warum ich ein Schicksal bin«. In Wörterbüchern heißt es, Dünkelhaftigkeit sei eine launenhafte Selbstüberschätzung: Wie aber, wenn die Einschätzung nicht launenhaft, sondern gerechtfertigt ist? Nietzsche war in der Tat außerordentlich verständig, er schrieb tatsächlich ausgezeichnete Bücher: Bücher, die vierzig Jahre lang ihre Lebendigkeit bewahrt und sogar im Laufe der Zeit an Lebendigkeit gewonnen haben. Hinzu kommt, dass Nietzsche nicht verpflichtet war, den demütigen Christen zu mimen, der im Übrigen ebenfalls stolz ist, und sei es auch nur auf seine Demut. Es stand Nietzsche als dem Verfasser des *Antichristen* frei, dem Kapitalverbrechen des Stolzes zu frönen, und er empfand gewiss wie sein Mitheide Goethe:

»Nur die Lumpe sind bescheiden,
Brave freuen sich der Tat.«[4]

---

3 An dieser Stelle merkt Levy in der englischen Originalfassung dieses Vorworts in Klammern an, dass das deutsche Wort ›klug‹ nicht dieselbe ironische Bedeutung hat, wie das in der englischen Übersetzung des Ecce-Homo-Kapitels verwendete Wort ›clever‹. Diese Anmerkung wurde hier weggelassen, um Missverständnisse zu vermeiden.
4 Johann Wolfgang Goethe: *Rechenschaft*. In: ders.: Goethes Werke, Kleine Ausgabe (10 Bände). Leipzig (o. J.) ca. 1900, Band 1, S. 77.

Aber war Nietzsche auch ein Schicksal?

Dieser Teil der *Ecce Homo*-Weissagung hat sich noch nicht erfüllt. Doch selbst er wird sich vielleicht bewahrheiten.

Vor einigen Jahrzehnten glaubten die Menschen im Allgemeinen nicht an Schicksalhaftigkeit. Alles lief ganz reibungslos. Es gab keinen Grund, pessimistisch zu sein. Wir waren auf dem richtigen Weg. Zwar ging der Fortschritt zuweilen nur schleppend vor sich, doch langsam aber sicher kam man voran. Das tausendjährige Reich war noch nicht angebrochen, und womöglich war es gar nicht erstrebenswert, doch gab es eine deutliche geistige wie moralische Verbesserung der Menschheit und ihrer verschiedenen Klassen und Kulturen.

Dann brach der fürchterlichste und umfassendste Krieg der Geschichte unter all diesen guten und vertrauenswürdigen Menschen aus. Wer hätte sich das vorstellen können? Wie war das nur möglich? Welcher Dämon hatte sich der fortschrittlichen Menschheit bemächtigt?

Wie stand es nun mit unserem Fortschritt? Wie stand es mit unserer Kultur? Wie stand es mit unserer Philosophie? Wie stand es mit unserer Dichtkunst? Wie stand es mit unserer Moral – jener »Grundlage europäischer Überlegenheit in der Welt«?

Der Glaube an unsere Moral war stark erschüttert und zwar erstmals im Laufe einer zweitausendjährigen Geschichte.

Die alten Hexenmeister machten sich natürlich sofort daran, ihn wieder zu stützen, aber selbst sie glaubten kaum noch an ihren Glauben. Das Erwachen war zu abrupt gewesen. Wenn der Nationalismus, der Sozialismus und das Christentum, all jene alten moralischen Werte, gegen die Nietzsche angekämpft hat, zu nichts weiter geführt haben als zu unserem gegenwärtigen Chaos, dann kann etwas an ihnen nicht stimmen. Zumindest können wir uns nicht so ohne Weiteres auf sie verlassen wie ehedem. Das Glück als das Ziel der Menschheit muss anderswo zu finden sein; und vielleicht war Glück nicht einmal das rechte Ziel für die Menschheit.

Den Skeptikern, die durch Ereignisse erschüttert worden sind, stehen nach wie vor die Gläubigen gegenüber, die durch nichts erschüttert werden können, sondern die ihrerseits die Erde erschüttern. Unter uns gibt es ihrer mit Sicherheit schon viele, doch zahlreicher und noch gläubiger sind sie im Osten. Dort haben die Gläubigen sogar den Sieg davongetragen: Die Russische Revolution war der Sieg des Glaubens. Sie wissen es nicht und geben sogar vor, die Religion, die ihnen zum Sieg verholfen hat, zu verschmähen. Und doch ist sie der Hebel, der sie zur Macht erhoben hat, sie ist der Hebel, mit dem sie ganz Asien gegen Europa erheben. Der Nationalismus des Ostens entwickelt sich schleunig zu einem heiligen Nationalismus, der von einem moralischen Ideal beseelt ist und sich gegen das »ausbeutende Europa« richtet, einem Nationalismus, dessen Bannerträger sich eines Tages womöglich, wie die Juden im Altertum, als »auserwählt« betrachten werden, als das »Schwert des Herrn und Gideons«[5].

»Indien den Indern«, »China den Chinesen«, »Java den Javanesen«: So klingen die Schlachtrufe dieses erwachenden Ostens in unseren Ohren. Mit Sicherheit ist unsere Moral dort noch lebendig und sogar lebendiger als bei uns – jene Moral, die »Menschen aus ihrem tausendjährigen Schlaf erweckt« oder, um es weniger poetisch auszudrücken, sie zur Rebellion aufwiegelt. Und die Rebellen haben ihr Handwerk in Europa erlernt: Hier wurde ihnen beigebracht, westliche Ideen gegen westliche Regierungsgewalt zu richten. Europäische und amerikanische Universitäten, die ihre Türen vor dem Antichristen Nietzsche verschlossen, haben ihnen stattdessen christliche und demokratische Schlagworte beigebracht: Im gesamten Osten sind ihre vielen Schüler heute die Anführer von Aufständen für »Gleichheit«, »Freiheit«, »Selbstbestimmung« oder welche Grundsätze sie auch immer von den Lippen ihrer mitreißenden Lehrer oder Kommilitonen abgelesen haben mögen. Der Schlüssel zur Burg

---

5 siehe Richter 7,20.

des Christentums wurde von den Christen selbst ihren Gegnern übergeben: Im gesamten Verlauf der Weltgeschichte wurde noch nie eine christlichere, selbstlosere und in stärkerem Maße selbstzerstörerische Tat vollbracht.

Ex oriente tenebræ!

Gegen die dunkle Wolke, die vom Osten her droht, wird das Licht, das von Nietzsche ausgeht, Europa von Nutzen sein. Das Licht des griechischen Ideals, das von Nietzsche wieder angefacht wurde – ein Licht, das nach wie vor der Schwulst, der Rohheit und dem Mystizismus des Orients entgegengesetzt ist –, sollte die Feuersäule sein, die Europa aus seiner gegenwärtigen Wüste führt.

Wenn aber Europa zu blind ist, um dieses Licht zu erkennen, wird es einigen auf der ganzen Welt verstreuten aufgeklärten Menschen von Nutzen sein. So oder so, es wird sich »die Gewissens-Collision«[6], von der Nietzsche in diesem Buch spricht, gewiss ereignen.

Er ist ein Schicksal.
Er war kein Mensch, er war Dynamit.

Paris, Oktober 1926

Aus dem Englischen von Leila Kais

---

[6] Friedrich Nietzsche: *Ecce Homo*, KSA 6, S.365.

Offener Brief
an Frau Elisabeth Förster-Nietzsche
[11. Mai 1929]

Die Kenner wissen, daß der Schreiber dieses »Offenen Briefes« mehr als irgendein anderer befugt ist, Nietzsche gegen Nietzsches Schwester in Schutz zu nehmen. Dr. Oscar Levy hat Nietzsche ins Englische übertragen und seinem Werk in einem zwanzigjährigen Kampfe die anglo-amerikanische Welt erschlossen. Das *Tage-Buch* betrachtet es als eine Ehrensache, ihm das Wort zu geben, auch wo es seinen Standpunkt nicht vollkommen teilt.[1]

Sehr werte gnädige Frau!
Die römische *La Tribuna* vom 8. Mai veröffentlicht einen Brief, den Sie unter dem Datum des 24. April an den italienischen Botschafter zu Berlin gerichtet haben und in dem Sie Mussolini Ihren Glückwunsch zur endlichen Versöhnung des Heiligen Vaters mit dem Königreich Italien aussprechen. In diesem Briefe drücken Sie gleichzeitig Ihre Freude und Ihren Stolz darüber aus, daß »das Studium der Philosophie Ihres Bruders ein wenig die wunderbare Energie des Präsidenten beeinflußt habe« und ihn »zu einem jener glücklichen, mächtigen, triumphierenden, wunderbaren Männer gemacht habe, dank deren man sein Vertrauen zum Menschen bewahren könne«. (Ich zitiere nach dem italienischen Text.)

Sie wissen, gnädige Frau, daß ich Ihr Urteil über Mussolini teile (wenn ich es auch anders ausdrücken würde); daß ich ihn für einen Staatsmann halte, den auch ein Nicht-Italiener achten kann. Es ist Ihnen auch bekannt, daß ich als einer der ersten Jünger Nietzsches einen gewissen Zusammenhang zwischen den Ideen Ihres Bruders und Mussolinis erkannte; daß ich schon im Jahre 1924 nach Rom gegangen bin und Mussolini darüber befragt und von ihm eine bejahende Antwort erhalten habe. Mein,

---

1 Vorbemerkung der Redaktion von *Das Tage-Buch*.

diese Verbindung aufklärendes, von Mussolini selbst durchgesehenes Interview ist damals in deutschen, französischen, englischen und amerikanischen Zeitungen erschienen. Bei Gelegenheit eines späteren Besuches in Italien wurde mir dann berichtet, daß auf Mussolinis Veranlassung die Übersetzung Nietzsches, die bisher nur bruchstückweise erfolgt war, vollständig durchgeführt worden sei.

Ich verstehe also die Sympathie, die Sie für Mussolini empfinden, aber diese einleuchtende Sympathie wurde gerade bei mir durch jenes Ereignis getrübt, zu dem Sie ihm heute gratulieren: zu seiner Aussöhnung mit dem Papste. Nicht, daß ich darüber den Schmerz eines Liberalen des vorigen Jahrhunderts empfände: der Liberalismus ist ja selber ein Sprößling des Protestantismus, sein Kampf mit dem Papsttum war also ein Kampf zwischen christlichen Mächten, folglich etwas, was uns nichts angeht. Nicht, daß ich nicht wüßte, daß Mussolini als Politiker gehandelt und den Lateran-Vertrag abgeschlossen hat, um dem Umsturz einen neuen Damm entgegenzusetzen, um die Kraft der religiösen Erziehung auf die Mühle des Staates zu lenken, um diesem Staate selber die internationalen Beziehungen der Kirche zugute kommen zu lassen. Nicht daß ich nicht vollkommen davon überzeugt wäre, daß Mussolini in religiösen Dingen ein sehr aufgeklärter Mann ist; einer, der niemals die mit so viel Blut errungene Freiheit des Gewissens preisgeben würde: hat er doch, trotz Anerkennung des Katholizismus als Staatsreligion, in seinem Konkordat einen Paragraphen durchgesetzt, nach welchem Israeliten, Protestanten, Orthodoxe in der Ausübung ihrer Kulte nicht nur vom faschistischen Staate toleriert, sondern direkt zu ihm zugelassen werden.

Und dennoch, meine ich, kann ein echter Jünger Nietzsches gerade Mussolinis Versöhnung mit dem Papst niemals billigen. Der Katholizismus ist zwar, im Vergleich zum Protestantismus, eine staatserhaltende Religion, weil er das echte Christentum (das eine umstürzlerische Lehre für kleine Leute ist) mit fester Manipulation und durch hierarchische Organisation unterdrückt; aber jeder Katholizismus ist immer noch Christentum, also mit dem lebensfeindlichen, nazarenischen Ideal verbunden: er wird daher, bei passender Gelegenheit, sich auf diese Ideale besinnen und besinnen müssen, denn mit diesen Idealen und Werten fällt sein eigener Wert und seine eigene Macht. Ich glaube also nicht an einen dauernden Frieden zwischen dem Vatikan und Italien oder irgendeinem anderen Staate und habe schon vor einigen Jahren, bei Gelegenheit der Zentenar-Feier für den heiligen Franziskus, in einem an Mussolini persönlich gerichteten Briefe meinen Zweifel an der Heilsamkeit dieses Bündnisses ausgedrückt.

Doch das ist schließlich Mussolinis Sache und nicht die unsrige. Unsere Sache, gnädige Frau, ist, die Lehre Ihres Bruders rein zu halten und vor jedem Kompromiß selbst mit begabten Politikern zu schützen. Kompromisse mit Politikern, leider auch mit unbegabten, haben uns schon genug geschadet: ich erinnere Sie an jenes mit den Vorkriegs- und Weltkriegs-Politikern, denen einst die deutschen Nietzscheaner durch Stillschweigen oder Beifallklatschen dienstbar waren — ein nichtswürdiges Verhalten, das dem Auslande schließlich den wirksamen Propagandaschrei lieferte: »Nietzsche hat den Weltkrieg gemacht!« Wir Nietzscheaner brauchen uns nicht vor jeder Macht zu beugen und zu bücken; wir dürfen es auch nicht, selbst wenn wir wollten und uns die begreifliche Schwäche des Gerne-Mitmachens überkommt: *denn wir, und nur wir, sind die Träger des Zukunftsgeistes Europas, das nur durch uns und unsere Werte wieder zur Besinnung kommen kann.* Und darum: Kritik, wo Kritik gebührt; Glückwunsch, wo Glückwunsch am Platze ist. Nicht unseren Glückwunsch, sondern unser Beileid sollten wir einem Politiker gegenüber zum Ausdruck bringen, der Kompromisse und Konkordate mit dem Heiligen Vater abschließt! Für die echten Jünger unseres Meisters gibt es keine Verträge und kein Vertragen mit dem Christentum — *weder mit dem in seiner römischen, noch mit dem in seiner protestantischen, noch mit dem in seiner marxistischen Form!*

Mussolini selber hat vor Jahren einst das wichtige Wort gesprochen: »Die lateinische Kultur ist einst durch zwei Visionäre zugrunde gerichtet worden, die beide Hebräer waren: Jesus Christus und Karl Marx.« Ich für meine Person schätze *den* Mussolini, der dieses Wort gegen die beiden jüdischen Christen gesprochen, ich rücke ab von jenem, der jetzt einen Kompromiß mit einer Kirche schließt, die den einen dieser degenerierten Hebräer als Gott und König verehrt ...

Sie, gnädige Frau, haben anders gedacht, und Sie begeistern sich gerade für einen Mussolini, der heute mit Rom seinen Frieden macht: Sie, die Tochter einer langen Reihe ehrlicher Theologen, die einst das Evangelium Luthers lehrten; Sie, die Hüterin unsterblicher Werke, die sämtlich auf dem »Index Expurgatorius« des Papstes stehen; Sie, die Schwester des großen Protestanten, der den Namen »Protestant« (der von »protestieren« herkommt) von neuem zu Ehren gebracht hat... Ihr Geschlecht entschuldigt Sie, gnädige Frau — das ist aber das einzige, was ich zu Ihrer Entschuldigung weiß: ebenso aber weiß ich, daß es unentschuldbar für uns Männer wäre, wenn wir Sie nicht öffentlich desavouieren würden... Und so protestiere ich, mit Berufung auf den wahren Geist unserer Lehre, gegen diesen Ihren Botschaftsbrief: ich protestiere dagegen mit derselben Schärfe, mit der ich einstmals, und *vor* dem Kriege, gegen die Ausmünzung von Nietzsches Lehre zugunsten Bismarcks und seines Reiches, zugunsten Wilhelms und seiner Konsorten protestiert habe. Mag meine Stimme heute, wie damals, wirkungslos verhallen; mag das Megalophon des Archivs sie nochmals, wie ehedem, übertönen; erhoben soll und muß sie werden, auf daß die Zukunft entscheide, wer das echte Kind des Geistes Friedrich Nietzsches war: seine anpassungsfreudige Priesterin in Weimar oder sein entrüsteter Apostel »in partibus infidelium«.

Beausoleil (Alpes maritimes), 11. Mai 29.
Oscar Levy

Also sprach Zarathustra[1]
[Einleitung zur englischen Taschenbuchausgabe]
[1932]

I

Die Taschenbuchausgabe von *Also sprach Zarathustra* stellt für England und die englischsprachige Welt eine dringend benötigte Veröffentlichung dar. Auf dem europäischen Festland hat Friedrich Nietzsche im Laufe der Nachkriegsjahre stets an Bekanntheit gewonnen. Während die meisten Götter und Halbgötter des neunzehnten Jahrhunderts verblasst und in Vergessenheit geraten sind, entkommt er, der große Kritiker seines Zeitalters (und aller vorhergehenden Zeitalter), allmählich den Verleumdungen und Falschauslegungen und erlangt Lob und Anerkennung. Die Bücher und Artikel, die im Laufe der vergangenen zehn Jahre in Frankreich und Deutschland über ihn veröffentlicht worden sind, sind schier unzählbar. In Italien hat ein begnadeter Staatsmann[2] sich öffentlich als sein Bewunderer ausgegeben, eine vollständige Übersetzung seiner Werke veranlasst und erst vor wenigen Tagen bekannt, dass er die Freidenkerei Renans nicht mehr ertragen könne, aber niemals müde werde, eines der Bücher Nietzsches zu lesen. Im revolutionären Russland standen Nietzsches Werke sogar auf dem Index verbotener Bücher, und zwar mit allem Recht, wie wir ohne Weiteres zugeben müssen – die sowjetischen Herrscher sind für ihren Verstand zu bewun-

---

1 Friedrich Nietzsche: Thus spake Zarathustra. A Book for All and None. Translated by Thomas Common. Revised by Oscar Levy and John L. Beevers. London 1932. With an introduction by Dr. Oscar Levy. [Beevers, ein englischer Schriftsteller [1911–1975], ist auch bekannt unter dem Pseudonym John Clayton.]
2 Gemeint ist Benito Mussolini [dieser Hinweis ist der in Zürich lebenden Nietzsche-Forscherin Uschi Nussbaumer-Benz zu verdanken: Dies.: Oscar

dern. Sie kennen wenigstens ihre Feinde, wohingegen andere, die der Heimat näher sind, ihre Freunde links liegen lassen. Denn in den angelsächsischen Ländern dauern die Vorurteile gegen »den Mann, der den Krieg gemacht hat«, noch an. Doch selbst dort sind die Wasser, die von den Gedanken Nietzsches noch unberührt geblieben sind, nicht mehr so still, wie sie es noch vor jenem entscheidenden Jahr 1914 waren. Der Krieg, der Europa mit Sicherheit großen Schaden zugefügt hat, hat zumindest ein Gutes bewirkt, das uns möglicherweise vor noch größerem Leid bewahren wird: Er hat eine lahme und lethargische Welt aufgerüttelt und all die selbstgefälligen Denker, denen in Zion, seinen Vorlesungssälen und politischen Versammlungen so erbärmlich behaglich zumute war, auf die Probe gestellt. Zion [hier: Ort absoluter Gewißheit] ist heute zutiefst aufgewühlt, und die heranwachsende Generation stellt seinen hochmütigen Philosophen heikle Fragen – Fragen, die ihre Würde gefährden und ihnen auf den Magen schlagen, die aufgeworfen werden und nicht leicht zu beantworten sind. »Wie kommt es«, fragen diese wissbegierigen Jugendlichen die weisen Männer von Zion, »dass eure politischen, eure wirtschaftlichen und eure religiösen Ideen auf ganzer Linie gescheitert sind? Wie kommt es, dass ihr, unsere Väter, uns eine Welt voller Dunkelheit und Verzweiflung hinterlassen habt, eine Welt ohne Glauben, ohne Visionen, ohne einen Leitstern? Es muss an euren Werten irgendetwas nicht gestimmt haben, liebe Eltern, und zwar ganz entschieden: Lasst uns herausfinden, wie und wo ihr vom Weg abgekommen seid – aber schämt euch, dass wir als eure Kinder den Ausweg aus den Wirren finden müssen, die ihr uns hinterlassen, aus dieser Wüste, in die ihr die Unschuldigen geführt habt.«

Also spricht die Jugend, dieselbe Jugend, die seit unvordenklichen Zeiten respektlos gewesen ist, die aber niemals mehr Grund zur Respektlosigkeit gehabt hat, als in unserer Zeit.

Levys nietzscheanische Visionen. In: Jüdischer Nietzscheanismus, Band 36, Berlin 1997, S. 188–208].

Doch bislang schenkt diese Jugend, allen voran die ›Fortschrittlichen‹ unter ihr, dem großen Sittenlehrer keine Beachtung, der sich gegen ihre Väter und Großväter erhoben und sie aufgefordert hatte, ihren Irrweg zu verlassen, der darauf hingewiesen hatte, wo ihre falschen Werte hinführen würden und der ihnen noch vor dem großen Krieg seine ›Umwertung aller Werte‹ vorgeschlagen, nein, donnernd entgegengeschleudert hatte. Diese schwerhörigen Zeitgenossen schadeten sich selbst, indem sie auf ihrem althergebrachten und altehrwürdigen Pfad blieben. Ihre verunsicherten Kinder werden gut daran tun, etwas über den Denker zu erfahren, den ihre Väter falsch verstanden und daher ablehnten. Deshalb mag ein kurzer Überblick über die Philosophie Nietzsches im Rahmen dieses Vorworts zu seinem großartigsten Buch angebracht sein.

Gerade über den Begriff ›Philosophie‹ bleibt vorab jedoch noch etwas anzumerken: Es steht zu befürchten, dass allein dieser Begriff einige Leser davon abhalten könnte, sich Friedrich Nietzsche zu nähern. Lassen Sie mich sogleich, und zwar aus eigener Erfahrung, sagen, dass sich unter denen, die sich sträuben und jeglicher Philosophie aus dem Weg gehen, einige befinden mögen, die Nietzsche als Leser und Schüler sehr geschätzt hätte. Er war selbst mit der Philosophie seiner Zeit unzufrieden, und seither hat sich die Philosophie von ihrem Grundsatz her, mit Bezug auf jenen ethischen Aspekt, mit dem Nietzsche sich am stärksten auseinandersetzte, nicht geändert. Nietzsches Hass auf das gegenwärtige Verständnis von ›gut und böse‹ wurde ihm natürlich von den Gelehrten und Professoren, die in diesem wichtigen Bereich des menschlichen Geistes das Heft in der Hand hielten, vergolten. Sie blicken bis auf den heutigen Tag mit Argwohn auf den Aufrührer, der in ihr ehrbares Geschäft eingedrungen ist und einen Großteil des wertvollen Porzellans zerschmettert hat, den diese Mandarins der Moral seit grauer Vorzeit einlagern. Die Schulen, Akademien und Universitäten auf der ganzen Welt sind Nietzsches Ideen noch heute noch feindlich gesonnen, und wo das nicht der Fall ist (weil die Zeit sie gelehrt hat, vorsichtig zu sein), zollen sie ihm nur widerwillig Lippendienst. Schlimmer als von den Schulen wurde und wird er von den Nichtgelehrten, den Freidenkern, Reformern, Rationalisten und anderen ›Progressiven‹ aufgenommen, die den alten Gott und seine Kirche leugnen, aber für den alten Geist, die alte Moral dieses Gottes und seiner Kirche kämpfen. In England hatten sie Nietzsche über lange Zeit in Verruf gebracht, indem sie behaupteten, er habe den Verstand verloren, und zwar nicht erst nach der Veröffentlichung seiner Bücher, sondern noch während er die wichtigsten seiner Werke schrieb. Als dieser Einwand seine Wirkung verloren hatte und die Meldung über den ›verrückten‹ Philosophen ihre große Runde um die Welt machte, änderten sie ihre Taktik und gaben der Öffentlichkeit zu verstehen, Nietzsche sei womöglich in Ordnung gewesen, aber seine Gedanken seien durch seine ungestümen englischen Anhänger falsch ausgelegt und entstellt worden. »Ein jeder Messias reitet auf dem Rücken von Eseln in sein Königreich«, so hieß es mit Blick auf die Anhänger und Übersetzer Nietzsches, ungeachtet der Tatsache, dass Nietzsche und sein Königreich ohne diese Esel unbekannt geblieben wären, und dass Nietzsches Königreich auch trotz dieser Esel noch nicht gebührlich gekannt und geachtet wird. Der berühmte Esel von Jerusalem wusste nicht, wen er auf dem Rücken trug, und bis auf den heutigen Tag sind sämtliche Esel der Welt nicht in der Lage, einen Messias als solchen zu erkennen, geschweige denn, ihm Rückhalt und Unterstützung zu gewähren.

Diese frühen Tage der Schlacht – eine gewaltige Schlacht, die viel wichtiger und glücklicherweise verheißungsvoller war als alle Schlachten des Weltkrieges zusammengenommen – sind endlich vorüber. Der Verruf, in den das Wort ›Philosophie‹ geraten ist, ist hingegen noch nicht verflogen. Die intelligenten Leser halten die Philosophie für einen Geheimkodex, den nur die Eingeweihten verstehen, oder zu verstehen vorgeben. Die aufgeschlossenen Laien sehen einen Philosophen als einen Mann von Stand, der aus dieser Welt in die Wolken geflüchtet ist oder als einen, dessen langsames Gemüt von seinem offensichtlichen Wahnsinn nicht berührt wird. Nun hat gerade Nietzsche diesem Begriff eine neue Bedeutung verliehen, wobei er in Wirklichkeit seine alte Bedeutung wieder freigelegt hat. Er hat diesem ehrbaren Beruf den ihm gebührenden Respekt, der ihm in der Antike gezollt worden war, aber inzwischen verloren ging, zurückerobert. »Wie man mit dem Hammer philosophiert«,[3] so lautet der Titel eines seiner Bücher. Hier wurde der stockende Füllfederhalter erstmals durch jene viel gewichtigere Waffe ersetzt, einen Hammer, unter dessen Schlägen das Gestein altehrwürdiger Tafeln in Stücke zerbrechen sollte.

Es besteht also für die Verächter dessen, was bislang ›Philosophie‹ hieß, keine Veranlassung, den Denker beiseite zu schieben, der selbst die Philosophie verachtete. Zwar setzte seit unvordenklichen Zeiten ein jeder echte Philosoph mit einem Unbehagen in Verbindung mit der Philosophie seiner jeweiligen Zeit an, aber das Unbehagen Nietzsches ging tiefer als dasjenige irgendeiner seiner Vorläufer, so berühmt sie auch gewesen sein mögen. Nietzsches Abneigung gegen die zeitgenössische und die meisten antiken Denkweisen – Protagoras, Empedokles, Spinoza und Goethe galten ihm als Ausnahmen – grenzte an Missachtung, sein Unbehagen an offenen Aufruhr, denn in seinem letzten Buch schrieb er, dass vor ihm »Alles auf dem Kopfe stand«[4] und dass mit seiner Philosophie ein neues Zeitalter anbrechen werde. Viele Menschen, und zwar nicht die schlechtesten unserer Zeit, argwöhnen allmählich, dass heutzutage *tatsächlich* alles auf dem Kopf steht, dass eine teuflische Macht unsere besten Absichten untergräbt und dass der Menschheit wieder eine neue Denkweise oder Religion offenbart werden muss. Mögen diejenigen, die so empfinden und denken, diejenigen, die argwöhnen, dass mit dem bisherigen Begriff von ›Wahrheit‹ etwas von Grund auf nicht stimmt, sich Nietzsche

---

3   Friedrich Nietzsche: Götzendämmerung, KSA 6, S. 55.
4   Friedrich Nietzsche: Ecce Homo, KSA 6, S. 354.

unbefangen und vorurteilslos nähern. Denen, die dem ›Gut und Böse‹ unserer Vorfahren skeptisch gegenüberstehen, mag sich seine ›Philosophie‹ (trotz der Bezeichnung) als neue Botschaft der Hoffnung, der Gesundheit und des Glücks erweisen.

II

Worin bestand also Nietzsches Botschaft?

»Was mich abgrenzt, was mich bei Seite stellt gegen den ganzen Rest der Menschheit, das ist, die christliche Moral *entdeckt* zu haben.«[5] ... »Niemand noch hat die *christliche* Moral als *unter* sich gefühlt: dazu gehörte eine Höhe, ein Fernblick, eine bisher ganz unerhörte psychologische Tiefe und Abgründlichkeit. Die christliche Moral war bisher die Circe aller Denker, – sie standen in ihrem Dienst. Wer ist vor mir eingestiegen in die Höhlen, aus denen der Gifthauch dieser Art von Ideal – *der Weltverleumdung!* – emporquillt? Wer hat auch nur zu ahnen gewagt, *dass* es Höhlen sind? Wer war überhaupt vor mir unter den Philosophen *Psycholog* und nicht vielmehr dessen Gegensatz ›höherer Schwindler‹, ›Idealist‹?«[6] ... Daher gilt, »meine Wahrheit ist *furchtbar*: denn man hiess bisher die *Lüge* Wahrheit. *Umwerthung aller Werthe:* das ist meine Formel für einen Akt höchster Selbstbesinnung der Menschheit, der in mir Fleisch und Genie geworden ist. Mein Loos will, dass ich der erste anständige Mensch sein muss, dass ich mich gegen die Verlogenheit von Jahrtausenden im Gegensatz weiss.«[7] ... »Ich kenne mein Loos. Es wird sich einmal an meinen Namen die Erinnerung an etwas Ungeheures anknüpfen, – an eine Krisis, wie es keine auf Erden gab, an die tiefste Gewissens-Collision, an eine Entscheidung heraufbeschworen *gegen* Alles, was bis dahin

---

5 Ibid., S. 371.
6 Ibid., S. 370 f.
7 Ibid., S. 365 f.

geglaubt, gefordert, geheiligt worden war. Ich bin kein Mensch, ich bin Dynamit.«[8] ...

Mit diesen erhabenen und leidenschaftlichen Worten beschreibt Nietzsche selbst im *Ecce Homo*, seinem letzten Buch, seine Stellung im Verhältnis zu anderen Denkern und erklärt, inwiefern er sich von ihnen unterscheidet. Wie sie deutlich machen, steht er ganz und gar für sich, denn er übertrifft sozusagen die Freidenkerei an Freiheit des Denkens, indem er ihr ein neues Ziel gibt und den Glauben von einer ganz unerwarteten Richtung her angreift. Nietzsche prangert die Dogmen, Wunder, Fälschungen oder Widersprüche des Christentums nicht an, wie Voltaire, sondern stellt das christliche Ideal an sich in Frage; er fragt nach seinen Auswirkungen auf das Weltgeschehen, und er kommt zu dem Schluss, dass es dem Leben abträglich ist und es sogar gefährdet. Auch hat Nietzsche nichts mit den modernen Kritikern des Christentums zu schaffen: Er stellt die christliche Einstellung der Spielfiguren auf dem Schachbrett der Welt nicht in Frage, wie ein Kriegsdienstverweigerer. Er macht sich nicht darüber lustig, dass sie ihren Idealen nicht entsprechen, wie ein nonkonformistischer Kritiker. Er distanziert sich gänzlich von diesen Idealen, er hält das ganze Spiel für abscheulich, und folglich verwirft er sämtliche Spielregeln. Diese Spielregeln – die Dogmen, die Wunder, die Fälschungen – könnten noch so betrügerisch sein; alle Mächte, alle Religionen, alle Regierungen dieser Welt haben die [nach Ovid] ›pia fraus‹ [frommer Betrug] gekannt und kennen sie noch, und sie haben mit Lügen gearbeitet und arbeiten noch heute damit; es fragt sich nur, zu welchem Zweck sie lügen und gelogen haben und ob der Zweck gut oder schlecht, hoch oder nieder, erhaben oder verächtlich, heilig oder unheilig war. Der Zweck, zu dem das Christentum lügt, ist unheilig, weil er das Leben zugrunde richtet, allem voran jedes große Leben. Sein Ideal, seine Norm, seine Standpunkte, seine Werte sind zu verurteilen, weil es die Werte kleiner, kranker,

---

8 Ibid., S. 365.

unzufriedener und niedergedrückter Menschen sind, die möchten, dass ihresgleichen unter Ausschluss aller anderen freieren, gesünderen und glücklicheren Wesen, unter Ausschluss der Jugend, Schönheit, Macht und Intelligenz erhalten bleibe. ...
»Selig sind, die da geistlich arm sind; denn ihrer ist das Himmelreich.«[9]

Woher kamen aber diese Werte? Wo, wann und weshalb kam diese ›fons et origo malorum‹ auf?

Die Fragen nach dem ›Wann‹ und ›Wo‹ lassen sich unschwer beantworten: Die Quelle dieser Werte fing vor über zweitausend Jahren im entfernten Palästina an, ihr trübes Wasser zu vergießen, und zwar unter dem Volk, das die Welt stärker beeinflusst hat als jedes andere – Juden.

Der Schreiber dieses Vorwortes gehört selbst diesem Volk an und hat daher das Vorrecht, seine Meinung mit Bezug auf die aufgeworfene und beantwortete Frage frei zu äußern, denn er läuft nicht Gefahr, irrtümlich für einen gemeinen Antisemiten gehalten zu werden – eine Gefahr, der Nietzsche selbst zeitlebens nicht entkommen konnte. Darüber hinaus sollte der Bekehrung eines Juden zu den Ansichten Nietzsches zweifellos eine gewisse Bedeutung beigemessen werden, sogar seitens der Nichtjuden: Schließlich sind wir ein Volk, das sich nicht anstandslos bekehren lässt, wir nehmen weder Messiasse ohne weiteres an, noch sind wir darauf erpicht, einen Standpunkt voreilig aufzugeben, den wir unter Gefahr, Elend und Missachtung über den Verlauf von nunmehr etwa zweitausend Jahren erfolgreich verteidigt haben.

Nietzsche sagt dazu Folgendes:

»Die Juden – ein Volk ›geboren zur Sklaverei‹, wie Tacitus und die ganze antike Welt sagt, ›das auserwählte Volk unter den Völkern‹, wie sie selbst sagen und glauben – die Juden haben jenes Wunderstück von Umkehrung der Werthe zu Stande gebracht, Dank welchem das Leben auf der Erde für ein Paar Jahr-

---

9 Matthäus 5,3.

tausende einen neuen und gefährlichen Reiz erhalten hat: – ihre Propheten haben ›reich‹ ›gottlos‹ ›böse‹ ›gewaltthätig‹ ›sinnlich‹ in Eins geschmolzen und zum ersten Male das Wort ›Welt‹ zum Schandwort gemünzt. In dieser Umkehrung der Werthe (zu der es gehört, das Wort für ›Arm‹ als synonym mit ›Heilig‹ und ›Freund‹ zu brauchen) liegt die Bedeutung des jüdischen Volks: mit ihm beginnt der *Sklaven-Aufstand in der Moral*.«[10]

Die Frage, weshalb dieser Sklavenaufstand stattgefunden hat, ist weniger leicht zu beantworten, aber Nietzsche gibt folgende plausible Erklärung:

»Ursprünglich, vor allem in der Zeit des Königthums, stand auch Israel zu allen Dingen in der *richtigen*, das heisst der natürlichen Beziehung. Sein Javeh war der Ausdruck des Macht-Bewusstseins, der Freude an sich, der Hoffnung auf sich: in ihm erwartete man Sieg und Heil, mit ihm vertraute man der Natur, dass sie giebt, was das Volk nöthig hat – vor allem Regen. Javeh ist der Gott Israels und *folglich* Gott der Gerechtigkeit: die Logik jedes Volks, das in Macht ist und ein gutes Gewissen davon hat. […] Dieser Zustand der Ding<e> blieb noch lange das Ideal, auch als er auf eine traurige Weise abgethan war: die Anarchie im Innern, der Assyrer von aussen. Aber das Volk hielt als höchste Wünschbarkeit jene Vision eines Königs fest, der ein guter Soldat und ein strenger Richter ist: vor allem jener typische Prophet (das heisst Kritiker und Satyriker des Augenblicks) Jesaia. – Aber jede Hoffnung blieb unerfüllt. Der alte Gott *konnte* nichts mehr von dem, was er ehemals konnte. Man hätte ihn fahren lassen sollen. Was geschah? Man *veränderte* seinen Begriff, – man *entnatürlichte* seinen Begriff: um diesen Preis hielt man ihn fest. – Javeh der Gott der ›Gerechtigkeit‹, – *nicht mehr* eine Einheit mit Israel, ein Ausdruck des Volks-Selbstgefühls: nur noch ein Gott unter Bedingungen … Sein Begriff wird ein Werkzeug in den Händen priesterlicher Agitatoren, welche alles Glück nunmehr als Lohn, alles Unglück als Strafe für Ungehorsam gegen Gott, für

---

10 Friedrich Nietzsche: Jenseits von Gut und Böse, KSA 5, S.117.

›Sünde‹, interpretieren: jene verlogenste Interpretations-Manier einer angeblich ›sittlichen Weltordnung‹, mit der, ein für alle Mal, der Naturbegriff ›Ursache‹ und ›Wirkung‹ auf den Kopf gestellt ist. Wenn man erst, mit Lohn und Strafe, die natürliche Causalität aus der Welt geschafft hat, bedarf man einer *widernatürlichen* Causalität: der ganze Rest von Unnatur folgt nunmehr. Ein Gott, der *fordert* – an Stelle eines Gottes, der hilft, der Rath schafft, der im Grunde das Wort ist für jede glückliche Inspiration des Muths und des Selbstvertrauens. ... Die *Moral*, nicht mehr der Ausdruck der Lebens- und Wachsthums-Bedingungen eines Volk‹s›, nicht mehr sein unterster Instinkt des Lebens, sondern abstrakt geworden, Gegensatz zum Leben geworden«.[11]

Aus diesem zutiefst falschen Boden, aus dem geschlagenen Israel, aus einem Acker, auf dem die natürlichen Werte auf den Kopf gestellt worden waren, wuchs das Christentum, und es schürte die Krankheit Israels noch an und trieb die jüdische Einstellung zum Leben auf die Spitze. Das ›heilige Volk‹, das mit der ihm eigenen Gründlichkeit und Nachhaltigkeit die Quellen des Lebens vergiftet hatte und alles ›Mächtige‹ für ›unheilig‹, ›sündig‹, ›gottlos‹ hielt, brachte eine noch heiligere, hinfälligere, wahnsinnigere, ›reinere‹ Rasse hervor – ›un pure trouve toujours un plus pure qui l'épure‹ [ein Reiner findet immer noch einen Reineren, der ihn reinigt], heißt es in Frankreich. Das sind die Christen. »Der Fall ist ersten Rangs: die kleine aufständische Bewegung, die auf den Namen des Jesus von Nazareth getauft wird, ist der jüdische Instinkt *noch einmal*, – anders gesagt, der Priester-Instinkt, der den Priester als Realität nicht mehr verträgt, die Erfindung einer noch *abgezogneren* Daseinsform, einer noch *unrealeren* Vision der Welt, als sie die Organisation der Kirche bedingt. Das Christenthum *verneint* die Kirche«.[12]

Dieser Aufstand war erfolgreich, obwohl sein oberster Anstifter am Kreuz starb. Seine Aufwiegelung richtete sich gegen die

---

11 Friedrich Nietzsche: Antichrist, KSA 6, S.193 f.
12 Ibid., S.197.

Kirche in Israel, wie auch gegen die Mächtigen und Wohlhabenden, die bereits von den Propheten vor Christus dazu angehalten worden waren, den Armen, Schwachen und Niedergeschlagenen gegenüber gütig zu sein. Aber diese Propheten hatten zumindest gepredigt, man solle die Könige und Priester – diejenigen, die genug hatten, um die Armen teilhaben zu lassen – ›lieben‹, wohingegen Christus und seine Apostel den Wohlhabenden und Mächtigen unter Androhung der Verdammnis in dieser und in der jenseitigen Welt die Liebe als Pflicht auferlegten. Christi Himmelreich, aus dem wohlhabende Sünder unerbittlich ausgeschlossen wurden – »Es ist leichter, dass ein Kamel durch ein Nadelöhr gehe, als dass ein Reicher dorthin komme«[13] – war ein exklusives Jagdrevier für die Armen. Sie vergnügten sich dort aufs Äußerste, und trösteten sich vor allem mit dem Gedanken an das Drohwort, das auf ihren ehemaligen Widersachern lastete, die unten so gut gespeist und vorher so fröhlich gelacht hatten: »Wehe euch Reichen! Denn ihr werdet hungern. Weh euch, die ihr jetzt lacht! Denn ihr werdet weinen und klagen«[14]. Das ist nun, abgesehen vom Brimborium, christliche ›Liebe‹, denn alles auf dieser Welt ist relativ; nicht nur Raum und Zeit, sondern auch unsere moralischen Werte sind keineswegs absolut und hängen vielmehr vom Wesen und Gesichtspunkt ihres Beurteilers oder Betrachters ab.

Die Gleichstellung von Arm und Reich, von Niederen und Mächtigen, von Ungebildeten und Gelehrten – mehr noch: ihre Höherstellung gegenüber den Reichen, Gelehrten und Mächtigen: In diesem christlichen Gewand hat die jüdische Moral die Welt erobert. Von den dunklen Katakomben aus, in denen sie sich versteckt hielt, unterwanderte sie nach und nach die erhabene römische Welt. Dann holte sie weiter aus. Denn es gab noch andere ethische Gesinnungen, die dem Leben nicht abträglich waren und keinen bösen Blick auf die Welt richteten,

---

13 Matthäus 19,24.
14 Lukas 6,24–26.

die gegen das Missratene und Unbedeutende in der Welt keine unangebrachte Nachsicht übten. Die alten Indianer mit ihrem Gesetz des Manu, die Zivilisationen Roms und Griechenlands, des siegreichen Islam und der italienischen Renaissance sind dafür hervorragende Beispiele. Das waren wohltätige Zivilisationen, die unsere Welt nicht ärmer gemacht, sondern sie bereichert haben. Sie wurden von den Wenigen regiert, die die ›Viel-zu-Vielen‹ im Zaum hielten. Weder Athen, noch Rom, noch Granada, noch Florenz mussten in Elendsvierteln oder Randsiedlungen um Stimmen werben. Die ›vox populi‹ rief damals ebenso wie heute nach ›panis et circenses‹, aber es gab auch eine ›vox domini‹, eine Stimme der Herrenmoral, die antworten und die Sprachen der Massen durch Wort und Tat verwirren konnte, wie ›Zarathustra‹. »Wer vom Pöbel ist, der will umsonst leben; wir Anderen aber, denen das Leben sich gab, – wir sinnen immer darüber, *was* wir am besten *dagegen* geben!«[15]

Aber diese Herrenmoral wurde durch den Aufstand Israels und seiner Vasallen, denen es gelang, sich auf den Sitzen der Mächtigen niederzulassen, zum Schweigen gebracht: Judäa hat Rom besiegt, und den Kaisern folgten die Päpste. Zwar gab Rom nicht wortlos auf; die Sklaven errangen ihre Siege nicht auf gerader Linie. Nicht nur unter den Arabern in Spanien oder im Italien der Renaissance, sondern auch unter Louis XIV. und Napoleon I. in Frankreich traten hohe Werte noch einmal die Herrschaft an, entfesselten aber sogleich einen Gegenschlag seitens der mächtigen Missgestalt der Massenreligion. Die aristokratische Bewegung der Renaissance wurde schließlich durch die deutsche Reformation erstickt, und die übrigen Bewegungen erlagen dem Gegenstück der Reformation – der Französischen Revolution und den anschließenden so genannten ›Befreiungskriegen‹ gegen den korsischen ›Tyrannen‹. Die Juden haben sich über die Jahrhunderte hinweg stets in allem durchgesetzt. Insbesondere das neunzehnte Jahrhundert, das Jahrhundert

---

15 Friedrich Nietzsche: Also sprach Zarathustra, KSA 4, S. 250.

Nietzsches, hat ihren Sieg bekräftigt, denn im Zuge der Französischen Revolution wurde das Christentum nicht mehr bewusst und offen gelebt; es verlor seine ursprüngliche biblische Form (die ihm etwa in der deutschen Reformation und im Aufstand der Puritaner noch eignete) und erschien hinter einer politischen Maske: Die Rechte der Vielen wurden zu Menschen- und sogar zu Frauenrechten erklärt, das Christentum wurde säkularisiert und hieß fortan ›Demokratie‹. Sie war und blieb der vorherrschende Glaube des neunzehnten Jahrhunderts. Vergeblich gingen ein paar kluge Köpfe dagegen an – sie wurden überwältigt und mussten sich fügen, denn sie hatten die religiöse Bindung ihrer Gegner nicht bedacht: Es war ihnen entgangen, dass Gott höchstpersönlich der Bannerträger der Volksbataillone war. Sie übersahen, dass die Gleichheit aller vor Gott schließlich zur Gleichheit aller vor dem Pöbel geführt hatte. Sie waren sich nicht dessen bewusst, dass sie selbst einen Gott anbeteten, der ein Anführer des Pöbels gewesen und als solcher durch die Obrigkeit gekreuzigt worden war. Sein Evangelium, seine gute Botschaft, bedeutete nicht nur Demokratie, die Gleichstellung aller Männer und Frauen, sondern Sozialismus, die Höherstellung der Armen und Niederen. Zu Recht erklärte Nietzsche, der Sozialismus sei nichts anderes als das Evangelium in einer neuen Aufmachung. Denn dieses Evangelium ist »die Nachricht, daß den Niedrigen und Armen ein Zugang zum Glück offen steht, – daß man nichts zu thun hat als sich von der Institution, der Tradition, der Bevormundung der oberen Stände loszumachen: insofern ist die Heraufkunft des Christenthums nichts weiter als die *typische Socialisten-Lehre*. Eigenthum, Erwerb, Vaterland, Stand und Rang, Tribunale, Polizei, Staat, Kirche, Unterricht, Kunst, Militärwesen: Alles ebenso viele Verhinderungen des Glücks, Irrthümer, Verstrickungen, Teufelswerke, denen das Evangelium das Gericht ankündigt [...] Im Hintergrunde der Aufruhr, die Explosion eines aufgestauten Widerwillens gegen die ›Herren‹, der Instinkt dafür, wie viel Glück nach so langem Drucke schon im Frei-sich-fühlen liegen könnte ... Meistens ein Symptom davon, daß die unteren Schichten zu menschenfreundlich behandelt worden sind, daß sie ein ihnen verbotenes Glück bereits auf der Zunge schmecken ... Nicht der Hunger erzeugt Revolutionen, sondern daß das Volk en mangeant Appetit bekommen hat«.[16]

Nietzsches Diagnose unserer Krankheit ist in der Tat fürchterlich. Wir gehen, Jahrhundert um Jahrhundert, dem Untergang entgegen. Das Heilmittel für einen so hoffnungslosen Fall geistiger Verwirrung ist dementsprechend kühn. Nietzsche fordert, wie das Evangelium, eine μετάνοια, eine ›Umkehr des Herzens‹ – aber eine Umkehr, die nicht zum alten Gesetz und zur Buße zurückführt, sondern nach vorn, einem neuen Gesetz und einem neuen Scharfsinn entgegen. Nietzsches Formel für diese neue μετάνοια lautet ›Umwertung aller Werte‹.

III

Es besteht kein Zweifel: Diese neue Botschaft bedeutete eine Revolution des Denkens, wie sie die Welt nie zuvor gesehen hatte. Zu Recht hat Nietzsche die Einzigartigkeit seiner Tat in der Geschichte der Philosophie betont. Die Umwertung aller Werte verlangt nichts Geringeres als einen Sturz des alten Fürstenpaars ›Gut und Böse‹; sie fordert seine Verbannung in diejenigen Klassen, aus denen es stammt; sie befiehlt die Wiedereinsetzung einer nobleren, noch älteren und doch ganz und gar modernen Dynastie. Der Thron, von dem aus die moralische Welt regiert wird, bleibt also keinen Augenblick lang unbesetzt: Es wird sich herausstellen, dass Nietzsches Umwertung lediglich eine Umschmelzung und Neuprägung der Begriffe ›gut und böse‹ bedeutet und nicht, wie einige voreilige Kritiker angenommen haben, eine Widerrufung jeglicher Moral, noch bedeutet sie eine Nivellierung von gut und böse, wie sie der Ni-

---

16 Friedrich Nietzsche: Nachgelassene Fragmente, KSA 13, S. 178 f.

hilist, der Pyrrhonist, der Relativist und der Verzweifelte (denn hinter einem Großteil des modernen Gedankenguts steckt die Verzweiflung) vorschlagen. Nietzsche riss nicht nur nieder, sondern baute auch auf. Er verlieh dem Edlen und dem Gemeinen, dem Schönen und dem Hässlichen, dem Freien und dem Gefesselten eine neue Auslegung: Er stellte die Moral auf eine neue und aristokratische Grundlage, denn er hatte erkannt, dass der alte und demokratische Sockel sich auflöste und mit ihm nahezu das ganze Universum, das darauf ruhte, zugrunde ging. ... Doch war Nietzsche im Recht?

Wer der Diagnose seines Arztes noch misstraut, sollte tunlichst einen Blick auf die Welt werfen, die ihn umgibt: Wenn er die Augen nicht verschließt (diese Voraussetzung ist unabdingbar), wird ihm die Erklärung für die stetig zunehmende Aktualität Nietzsches nicht verborgen bleiben. ›Aktualität‹ ist allerdings ein schwaches Wort, dem Zeitungsjargon entnommen. Eher sollte von ›Schicksalhaftigkeit‹ die Rede sein, denn es ist das Schicksal, dass offenbar an seiner Seite kämpft und dafür Zeugnis ablegt, dass dieser Poet und Prophet Vergangenheit, Gegenwart und Zukunft gleichermaßen recht und billig eingeschätzt hat. Ich würde noch einen Schritt weiter gehen und behaupten, dass nur derjenige in der Lage sein wird, den Weg für eine bessere Zukunft zu ebnen, der die Gegenwart zu ergründen vermag, und diese Gegenwart – unsere, nicht die Gegenwart Nietzsches – erschließt sich nur dem, der mit dem Denken Nietzsches vertraut ist und damit den Schlüssel zur Enträtselung unserer geheimnisvollen und bestürzenden Wirren in Händen hält.

Weshalb dieser Schlüssel so dringend benötigt wird, lässt sich mühelos feststellen: Wie ausgeführt, brandmarke Nietzsche die Demokratie nicht als politische Bewegung, sondern prangerte ihre religiösen Wurzeln an. Die Politiker, die bislang gegen dieses Glaubensbekenntnis unserer Epoche angekämpft haben, kannten sich in aller Regel mit religiösen Angelegenheiten nicht aus. Um aber den Grund unseres Unglücks zu begreifen, ist eine Kenntnis der Religion und ihrer Lehre, der Theologie, unabdingbar. Aber auch das genügt noch nicht. Diese Kenntnis der Theologie muss einhergehen mit einer gründlichen Skepsis im Hinblick auf ihre Schlussfolgerungen. Soweit Politiker bislang überhaupt mit der Theologie vertraut gewesen sind, wurde ihr Wissen von der Philosophie gespeist. Jede Philosophie ist aber bis auf den heutigen Tag mit theologischem Gedankengut behaftet gewesen, so dass sich die Religion erneut in die Politik eingeschlichen und sie gründlich verdorben hat. Nietzsche selbst pflegte zu sagen, Philosophen seien verkappte Theologen. Erst seine eigene Philosophie entlarvt die Religion und den ihr innewohnenden Idealismus und Messianismus und stellt uns damit ein gewaltiges Leuchtfeuer für die dunklen Probleme unserer heutigen Zeit zur Verfügung.

Wie steht Nietzsche also zur heutigen Politik? Und, vor allen Dingen, welche Ideen verbergen sich hinter dieser Politik? Dass es Ideen gibt, die sich dahinter verbergen, wird allenfalls der Zyniker oder Sozialist leugnen, der unsere Welt allein aus dem Spiel materieller Interessen erklärt. Die Vorsichtigeren werden der Geschichte lauschen, die lehrt, dass materielle Interessen allein die Menschheit niemals bis in ihre Grundfesten aufgewühlt haben. Der Funken, der das Herz des Menschen entflammt, entspringt stets dem Denken, das den Treibstoff und das Feuer für seine Taten liefert, obgleich es den Akteuren der jeweiligen Gegenwart nicht bewusst ist. Was ist also der Treibstoff? Wie lauten unsere heutigen Ideen?

Um sie zu erforschen, müssen wir wiederum ihre Quellen aufsuchen. Die antike Welt wurde, wie ausgeführt, vom jüdischen Denken eingenommen. Ihre ›fons et origo malorum‹ (oder ›bonorum‹, wie die Religiösen es nennen würden) lag in jener verhängnisvollen Ecke zwischen Asien und Afrika: Palästina. Die moderne ›fons‹ wurde allerdings ins Herz Europas verlegt, und dieses Herz ist zugleich sein Kopf geworden, und das ist selbst in den Augen der gewöhnlichen Psychologie kein lauterer Segen. Die jüdischen Werte wurden von jener christlichen Nation aufgenommen, die aus Erfahrung nicht lernt, sondern jede Idee ihrer logischen Schlussfolgerung zuführt und die mit einer Vorliebe für Methodik und Organisation ihr Ziel mit ›deutscher Gründlichkeit‹ im Denken und im Handeln verfolgt. Hier in Deutschland wurde das Christentum wieder ernst genommen, nachdem es selbst am Sitz seiner Mutterkirche besiegt worden war. Hier fand eine Wiederbelebung jüdisch-christlicher Grundsätze statt, die in der Folge selbst die Autorität jener Mutterkirche in Rom wieder festigte. Aber die deutsche Reformation, die von jenem abergläubischen Mönch namens Luther angeführt wurde, belebte nicht nur den Katholizismus aufs Neue. Sie ergriff darüber hinaus die ganze Welt. Sie brachte selbst jenen Ungläubigen christliche Werte bei, die von der Religion Sinais und Golgathas noch nie gehört hatten. Die Juden hatten als Erfinder unserer Ethik mit ihrem Christentum die antike Welt besiegt und angeführt. Die Deutschen, ihre treuen Gehilfen, eroberten und beeinflussten mit ihrer Reformation die moderne Welt in allen fünf Kontinenten. Deutsche Theologie und Philosophie sind das ganze Menschengeschlecht betreffende Angelegenheiten, ebenso wie in den Tagen Heines, der diese Feststellung schon hundert Jahre zuvor gemacht hat.

Das theologische Zeitalter Luthers ging vorüber, aber die Deutschen, die ebenso hartnäckig waren wie ihre Vorbilder, hatten nie die Absicht, die Köpfe der Menschheit aus ihrem Griff zu lösen. Als die Theologie nicht mehr zeitgemäß war und das Zeitalter der Aufklärung über unseren Kontinent hereinbrach, legten die Deutschen die Theologengewänder ab, zogen sich die Philosophenrobe über, gaben sich als ›Freidenker‹ und ›Aufklärer‹ und schmuggelten mit Hilfe ihrer Begabung für schwer verständliche Beweisführung und subtile Dialektik das alte Erbe aus dem Heiligen Land erneut nach Europa. Und da alles Heilige ein Gefäß, jeder Inhalt eine bestimmte Form benötigt, mussten die deutschen Philosophen, deren Vorgänger die Kirche von Rom verlassen hatten, eine eigene Kirche gründen, eine Kirche ohne Papst, versteht sich, aber eine, die das Gewissen der Gläubigen wieder dem Christentum zuführen sollte, wie die frühere Kirche es getan hatte. Diese Kirche fanden sie in ihrem Staat. Dieser Staat war, anders als die Mutterkirche, nicht mehr katholisch, sprich: allumfassend und universal. Das konnte er auch nicht sein, denn er war national und zwar mit Notwendigkeit und sogar Ausschließlichkeit, denn leuchtete das Licht der Reformation, die Sonne des neuen Tages, nicht zuerst auf Deutschland, auf das auserwählte Volk, das, ganz wie seine Vorkämpfer, eine besondere moralische Mission in dieser Welt zu erfüllen hatte? Die Väter der deutschen Kirche ließen niemals aus den Augen, dass ihr Staat keine gewöhnliche politische Körperschaft war, dass er sich von solchen Körperschaften dadurch unterschied, dass er eine ›Seele‹ besaß und sich in der Vergangenheit, Gegenwart und Zukunft durch seine sittliche Überlegenheit über andere, weniger begünstigte Nationen auszeichnete.

Bei diesen Vätern der deutschen Kirche beziehungsweise des Kirchenstaates oder ›Reichs‹ – das Wort stammt aus dem Evangelium, wo mit ›Reich‹ das ›Himmelreich‹ gemeint ist – handelte es sich um die deutschen Philosophen Kant, Fichte und Hegel. Sie haben natürlich auch andere Länder beeinflusst, aber in ihrem Vaterland haben sie einen besonderen Eindruck hinterlassen. Der erste unter ihnen, Immanuel Kant, war noch ein universeller Geist und befasste sich nicht übermäßig mit dem Himmelreich, dem ›Reich‹ also, jenem Staat, der die christliche Moral auf Erden etablieren sollte. Aber gerade dieser Kant, dem Wesen nach ein puritanischer Schotte, ist der Schul- und Zuchtmeister, dessen Dienste der preußische Staat später geschickt und erfolgreich für sich in Anspruch nahm. Es war Kant, der Erfinder des ›kategorischen Imperativs‹, der die Unterdrückung der Eigenliebe gelehrt, jegliches Streben nach Glück zur Sünde erklärt und nur diejenigen Handlungen für moralisch bedenkenlos befunden hat, die kein Vergnügen bereiteten und ›schwer im Magen lagen‹. Es war Kant, der den Deutschen eingebläut hat, Tag und Nacht zu arbeiten, ihre ›radikal böse Natur‹ zu überwinden und ihre ›verdammte Pflicht und

Schuldigkeit‹, wie es im Volksmund heißt, gegenüber König, Staat, Land, Gesellschaft, Nächsten, Arm und Reich gleichermaßen zu erfüllen und zu erbringen. Diese moralische Unterwerfung des deutschen Geistes wirkte sich erst später aus, als ein großes politisches Ereignis das Land bis in seine Wurzeln, die seit eh und je mystisch und fanatisch veranlagt gewesen waren, aufwühlte. Napoleon war auf der Bildfläche erschienen, und sein Versuch, Europa zu einen, wurde von einem Philosophen vereitelt, der als neuer Peter von Amiens seine Landsleute zu einem moralischen Kreuzzug gegen den Ungläubigen aufrief und sie in der Stunde der Niederlage daran gemahnte, dass sie, und nur sie, eine heilige Mission in dieser Welt zu erfüllen hätten. Die Deutschen waren nach Meinung dieses jüdischen Tyrtaeus' teutonischer Abstammung »die Eingeweihten [...] und die Begeisterten des göttlichen Weltplans«[17]. Sie waren dazu ausersehen, eine Moral auf Erden zu etablieren, *die so hoch, so rein, so edel war, wie sie die Welt noch nicht gesehen hatte*. Nach Fichte – so lautete der Name dieses Philosophen – war den Deutschen das »grössere Geschick zu Theil geworden«,[18] die Menschheit neu zu schaffen, das »bunte und verworrene Gemisch der sinnlichen und geistigen Antriebe«[19] durch den »Geist allein, rein und ausgezogen von allen sinnlichen Antrieben«[20] zu ersetzen und »das Reich des Geistes und der Vernunft zu begründen«.[21]

Es blieb jedoch dem dritten deutschen Philosophen überlassen, der höchste Stellvertreter und Vater ihres Kirchenstaates zu werden. Mit ihm verwandelt sich Heiligkeit in Fleisch und Blut, der Himmel steigt zur Erde herab, Sittlichkeit bleibt nicht länger bloßer Schein. All das erfüllt sich und soll sich weiterhin

---

17 Johann Gottlieb Fichte: Reden an die deutsche Nation. In: Johann Gottlieb Fichtes sämtliche Werke. Band 1-8, Berlin: 1845/1846, Band 7, S. 496.
18 Ibid.
19 Ibid.
20 Ibid.
21 Ibid.

erfüllen in Hegels »göttlichem Staat«,[22] welcher der *Stellvertreter Gottes auf Erden* ist und die »Idee der Sittlichkeit«[23] verkörpert. Der vollkommene Stellvertreter Gottes ist der preußische Staat mit seiner protestantischen Monarchie. Er ist nach Ansicht des dritten Vaters der deutschen Kirche die Verwirklichung des »Weltgeistes«[24] ... Auf die Knie, Giauren!

Hegel und sein ›göttlicher Staat‹ fanden in Otto von Bismarck einen politischen Anhänger, der den Geist des preußisch-protestantischen Philosophen in ganz Deutschland verbreitete und der ›Idee der Sittlichkeit‹ in seinem neuen Reich Gestalt verlieh. Allerdings gab dieser nie zu, wie sehr er Hegel verpflichtet war und glaubte sich Zeit seines Lebens unabhängig von aller Philosophie – er, der nichtsdestotrotz vom Hegelschen Geist durchdrungen war und sein Möglichstes tat, ihm in seinem Reich eine konkrete Form zu geben. Das ›praktische Christentum‹, wie Bismarck seine soziale Gesetzgebung nannte, ist bekannt, denn es besteht noch heute und wurde teilweise von anderen, weniger sozialen, weniger sittlichen und weniger auserwählten Nationen nachgeahmt. Weniger bekannt ist die aufrichtige christliche Frömmigkeit seines Gründers – eine andersartige Frömmigkeit, die zweifellos nonkonformistisch ist, die aber weltliche Mittel ausschließlich zu einem heiligen Zweck einsetzte und Deutschland durch drei erfolgreiche Kriege einte. Diese ruhmreichen Ereignisse überzeugten die Deutschen aufs Neue davon, dass ›Gott mit ihnen‹ und ihren Soldaten (diese trugen während des gesamten Krieges die Worte ›Gott mit uns‹ auf ihren Koppelschlössern) sei, dass die Moral sich auszahle und die Bürger des ›göttlichen Staates‹ lediglich ihre Aufgabe erfüllten

---

22 siehe Georg Wilhelm Friedrich Hegel: Grundlinien der Philosophie des Rechts. In: ders.: Werke. Auf der Grundlage der Werke von 1832–1845 neu edierte Ausgabe, Frankfurt am Main 1979, Band 2, S. 383: »Der Staat ist göttlicher Wille als gegenwärtiger, sich zur wirklichen Gestalt und *Organisation einer Welt entfaltender* Geist.«
23 Ibid., S. 453.
24 Ibid., S. 505.

und entsprechend der Vorsehung handelten, der ihr Bismarck so unerschütterlich vertraut und die er so häufig angerufen hatte.

Im Jahr 1914 machten die »Eingeweihten und Begeisterten des göttlichen Weltplans«[25] einen neuen Zug und sandten innerhalb einer Woche vier Kriegserklärungen an die benachbarten Völker. Die Welt war vor den Kopf gestoßen, aber mehr noch als die Politiker waren die Denker beunruhigt. Sie hatten zu Deutschland aufgeblickt, hatten von Deutschland gelernt, hielten Deutschland für »das zivilisierteste Land Europas« (G. B. Shaw), hatten Deutschland zu ihrer »geistigen Heimat« (Lord Haldane[26]) erklärt. Vor allem hatten die Sozialisten der ganzen Welt ihren Blick mit besonderer Bewunderung nach Deutschland gerichtet, ebenso wie die Künstler einer anderen Epoche, der Renaissance, sich nach Italien ausgerichtet hatten. Es galt, einen Sündenbock zu finden, und er wurde in Nietzsche gesehen. Er war natürlich der Falsche, der einzige unschuldige Deutsche, der Eine, der sich gegen das ›Reich‹, seine moralische Mission und seinen heiligen Militarismus erhoben hatte, aber von seinen Prinzen, Professoren und Bürgern nicht gehört wurde. Was allerdings an diesem verkehrten Angriff stimmte, war die ihm zugrunde liegende Annahme, dass diese gewaltige Bewegung auf irgendwelchen Ideen beruhen und ein so theoretisch veranlagtes Volk wie die Deutschen von etwas anderem angetrieben sein musste, als von rein materiellen Beweggründen, bloßer Machtgier oder Herrschaftsgelüsten. Dabei handelte es sich aber nicht um den heidnischen Geist Nietzsches und seiner Anhänger. Vielmehr war es der alte christliche Geist Kants und seiner Gefolgsleute, der im Jahr 1914 zur Geltung kam und sie veranlasste, eine neue Ära einzuläuten, wie schon im Jahr 1517 – eine Ära, die sie nicht nur begründeten, sondern unter der sie auch selbst am stärksten zu leiden hatten.

25 Johann Gottlieb Fichte: Reden an die deutsche Nation, a.a.O., S. 496.
26 Lord Richard Burdon Haldane [1856–1928], britischer Lord-Chancellor 1912–1915.

Der Angriff des deutschen Volkes auf seine Nachbarstaaten war keine rein politische Angelegenheit, sondern fußte auf einer komplizierten Theologie. Er war nicht das Ergebnis seines ›Materialismus'‹, sondern seines ›Idealismus'‹. Er entsprang nicht seiner verbrecherischen, sondern seiner sittlichen Haltung. Sie führten ihre messianische Vision eines ›göttlichen Staates‹, eines ›Reichs‹ oder Himmelreichs seiner logischen Schlussfolgerung zu, denn jede Vision verlangt nach ihrer Verwirklichung auf Erden, und jedem Geistesblitz folgt in dieser Welt der Donner einer Handlung. Diejenigen christlichen Nationen, die das Licht der deutschen Philosophie bewunderten, hätten den Donner oder die donnernden Kanonen des Weltkriegs nicht beklagen sollen. Es waren gleichermaßen *ihr* Blitz und *ihre* Aufklärung, wie die der Deutschen, welche die Katastrophe von 1914–18 herbeiführte, die unseren Erdball bis in seine Grundfesten erschüttert hat und für die allein Deutschland verantwortlich gemacht wurde.

An dieser Stelle wird darauf hingewiesen, dass diese Zeilen nicht zur Verteidigung Deutschlands geschrieben werden: Ein Anhänger Nietzsches gehört keinem Land an und hat kein Recht, ein Land zu verteidigen, am allerwenigsten dasjenige, in dem er geboren wurde. Diese Zeilen werden nicht geschrieben, um die Deutschen zu verteidigen, sondern um sie zu erklären. Es ist Unwissenheit, der die Intoleranz moderner Nationen entspringt – Nationen, die weder sich selbst noch andere verstehen. Es ist offensichtlich, dass die Welt die Deutschen nicht versteht, aber die Deutschen, die keineswegs die anderen besser verstehen, sind sich selbst ebenso ein Rätsel, wie der übrigen Welt. Denn die meisten religiösen, sittlichen oder idealistischen Ideen in Deutschland, wie auch anderswo, sind unbewusst und deshalb doppelt gefährlich. Eine Krankheit, die man kennt, kann man bekämpfen und abwenden, wohingegen unbekannte Erreger im Organismus ungehindert ihr Unwesen treiben und ein Gemeinwesen nach dem anderen anstecken können.

IV

»Die deutsche Philosophie ist eine [...] das ganze Menschengeschlecht betreffende Angelegenheit«.[27] So war es früher, und so ist es auch heute, vor unseren Augen. Es waren die durchdringenden Gedanken Nietzsches, die es uns erlaubt haben, durch den wirtschaftlichen und politischen Schleier hindurch die tiefer liegenden Gründe des Krieges zu erkennen. Und wiederum ist es der skeptische Blick Nietzsches, der es uns ermöglicht, die dunklen Probleme der Nachkriegsereignisse zu durchschauen. Denn der Zusammenhang zwischen deutschem Denken und Handeln konnte zu keiner Zeit besser beobachtet werden als heute.

Hier rückt Hegel wieder ins Blickfeld, aber nicht der Hegel des ›göttlichen Staates‹, sondern der Verkünder der ›Idee der Sittlichkeit‹. Während die Theorie des ›göttlichen Staates‹ von dem preußischen Junker Bismarck aufgegriffen wurde, fand die ›Idee der Sittlichkeit‹ in dem deutschen Juden Karl Marx ihren Mäzen. Marx wurde zum Vater der materiellen Geschichtsauffassung. Er stellte Hegels Botschaft auf den Kopf: Bei ihm entsprang die Wirklichkeit nicht der Idee, wie bei Hegel, sondern die Wirklichkeit brachte die Ideen hervor. Wirtschaftliche Macht ging nach Marx der politischen Macht in jedem Fall voraus. Die jeweils Mächtigen schufen die Werte und Ideen ihrer Zeit. Die Geschichte war für Marx also nichts weiter als ein Krieg zwischen den Begüterten und den Mittellosen. Es war nicht Hegels ›Weltgeist‹, sondern Marx' Klassenkampf, um den sich alles drehte.

Dass in der Theorie Marx' ein Körnchen Wahrheit steckt, wird niemand bestreiten. Dass sie aber von Anfang bis Ende wahr sei, wird durch tausenderlei Beispiele widerlegt, die ihr zuwiderliefen. Vor allem wird sie gerade durch den Erfolg des

---

27 Heinrich Heine: Zur Geschichte der Religion und Philosophie in Deutschland, a.a.O., S. 305.

Christentums und des Sozialismus' entkräftet, in denen Ideen, religiöse Ideen zumal, sich als unabdingbare Voraussetzung für den Sieg der Sache erwiesen haben – ein Sieg, den keine andere Macht ihren Gläubigen hätte ermöglichen können. Ideen sind stärker als Gold und Waffen, denn sie machen sich letztlich das Gold und die Waffen zunutze und entscheiden die Schlacht.

Marx war also ein Hegelianer ›à rebours‹: Er setzte nicht nur den Geist seines Herrn in die Tat um, er brachte auch sein himmlisches Reich aus Wolkenkuckucksheim auf die Erde herab. »[W]as wirklich ist, das ist vernünftig«, hieß es bei Hegel, und »[w]as vernünftig ist, das ist wirklich«[28] – oder sollte es sein! fügte Karl Marx hinzu. Was sein sollte, ist vor allem die Verwirklichung des Geistes, die Fleischwerdung der ›Idee der Sittlichkeit‹, die Hegel für den Hauptzweck seines ›göttlichen Staates‹ gehalten hatte. Die ›Idee der Sittlichkeit‹ war aber nichts anderes als die christliche Idee, die sich ganz und gar nicht in den Königreichen und Republiken Europas verwirklicht sah, wie Marx mit Recht erkannte. Litten die Armen nicht immer noch allenthalben? Wurden die Schwachen nicht durch die Mächtigen ausgebeutet? Wurden die Ungebildeten nicht von den Weisen und Schriftgelehrten unwissend gehalten? Und versprach das Christentum nicht gerade und ausschließlich ihnen die Erde? Und, dass die Letzten die Ersten sein würden? Und, dass sie das Salz der Erde seien? Und, dass sie über die Reichen richten würden? Hinfort mit den Reichen! »Die Sonne geht auf mit ihrer Hitze, und das Gras verwelkt, und die Blume fällt ab, und ihre schöne Gestalt verdirbt: so wird auch der Reiche dahinwelken in dem, was er unternimmt.«[29] So sprach Jakobus, der »Knecht Gottes«[30]; und Karl Marx, der Knecht desselben

---

28 Georg Wilhelm Friedrich Hegel: Enzyklopädie der philosophischen Wissenschaften im Grundrisse. In: ders.: Werke. Auf der Grundlage der Werke von 1832-1845, neuedierte Ausgabe, Frankfurt am Main 1979, Band 8, S. 47.
29 Jakobus 1,11.
30 Jakobus 1,1.

Gottes, sprach es ihm nach, als er im Jahr 1847 sein *Kommunistisches Manifest* niederschrieb.

Nur wusste er es selbst nicht. Seine Anhänger erklärten sogar, Religion sei ›Opium für das Volk‹. Auch Marx, der von seinem Opium stärker betäubt war als irgendein anderer, hielt sich für einen Freidenker. Er, der Enkel eines Rabbiners, hatte keine Ahnung, wie sehr er von der Botschaft der Propheten und Apostel seines Volkes durchdrungen war. Er ahnte so wenig von seiner religiösen Inspiration, wie seine deutschen Landsleute vom Himmelreich, das auf Erden zu errichten sie, die von Gott Auserwählten, das messianische Volk, berufen waren. Und alle übrigen Völker hatten ähnliche Glaubensvorstellungen: Allesamt wohnte ihnen der Geist der Kreuzzüge, des Mystizismus', des Irrationalismus' inne. Wir leben nicht in einem Zeitalter der Ungläubigen, wie einige Kritiker annehmen, sondern in einem Zeitalter der Gläubigen, und zwar der erbötigsten Gläubigen aller Zeiten!

Marx propagierte also die Diktatur des Proletariats, auf dass das Wort Christi Fleisch werde. Das geschah zu einem Zeitpunkt, zu dem Hegels ›göttlicher Staat‹ im Begriff war, im Weltkrieg zu unterliegen. Der verhängnisvolle und zweigesichtige Einfluss dieses Philosophen, die enge Beziehung zwischen deutschem Denken und deutschem Handeln, kann zu keinem Zeitpunkt deutlicher beobachtet werden, als in jener schicksalhaften Stunde im Jahr 1917, als Ludendorff, der Verfechter des ›göttlichen Staats‹, Lenin mit der Sprengladung der ›Idee der Sittlichkeit‹ und einem besonderen Reisepass von der Schweiz geradewegs durch das Krieg führende Deutschland nach Russland schleuste. Dem ›göttlichen Staat‹ war im Angesicht des Unheils natürlich jedes Mittel zur Erhaltung seiner selbst recht, und seine Advokaten bedienten sich in der Stunde der Not ihres linken Flügels, der Revolutionäre, die Hegel verstoßen hätte. Sie waren zwar nur seine illegitimen Kinder, aber sie machten ihre Sache nichtsdestotrotz gut, und besser noch, als es manch Deutschem recht war: Sie verschafften der ›Idee der Sittlichkeit‹

Geltung, sie gründeten ihr ›Reich‹, sie errichteten die christliche Republik der Bauern, der Arbeiter, der Enteigneten und aller übrigen Niedergedrückten.

Alle Feinde der modernen Sowjets aber sprechen ihnen das Christentum ab, und auch sie selbst bestreiten jedweden Bezug zum christlichen Glauben. Auch darin dürfen wir uns jedoch nicht von Äußerlichkeiten blenden lassen. Sowohl die Russen als auch die Deutschen haben eine ausgesprochen religiöse Grundhaltung, die von Gegnern und Befürwortern nicht als solche erkannt wird. Vielmehr erscheint der Marxismus in den Augen seiner Skeptiker und Anhänger gleichermaßen als eine moderne gesellschafts- und wirtschaftsbezogene Wissenschaft. Die bloße Tatsache jedoch, dass diese fade Wissenschaft und ihr noch faderes Handbuch, *Das Kapital*, auf die Massen eine so gewaltige Wirkung gehabt hat, sollte zumindest die Skeptiker bedenklich stimmen und sie dieser scheinbar nüchternen Botschaft gegenüber aufmerken lassen. Hinter dieser Botschaft steckt ein aberwitziger Wahn, nämlich das Salz und der Pfeffer unserer Religion. Das Evangelium des heiligen Marx ist nicht so neu, wie seine Schafe annehmen. Sein tausendjähriges Reich wurde etwa zweitausend Jahre zuvor bereits in jenem anderen Evangelium des heiligen Markus angekündigt. Dort wurde es von Christus als sein Königreich avisiert. Angekündigt wird es auch in der Offenbarung (Kapitel 21), wo eine neue, gerechte Herrschaft prophezeit wird, ein »neues Jerusalem«, ein »neuer Himmel auf Erden«, wo »der Tod nicht mehr sein [wird], noch Leid noch Geschrei noch Schmerz«, aber allen Ungläubigen und Sündern, allen Feinden derer, denen das Himmelreich versprochen wurde, soll es verschlossen bleiben. Karl Marx hatte den Dschungel der Philosophie Hegels durchschritten und das verborgene Heiligtum in ihrer Mitte entdeckt. Er war auf den alten Glauben, das alte Königreich, das alte verheißene Land gestoßen. Sein Sozialismus ist nichts weiter als eine Aktualisierung der messianischen Vision. Damit ist er eine alte christliche Häresie, die schon hundertmal von der Kirche missbilligt worden war und von allen, die kirchengeschichtlich bewandert sind, mühelos wiedererkannt wird. Nur diejenigen, die nicht ahnen, wie aufrührerisch diese Häresie in der Vergangenheit gewirkt hat, halten sie für ›originell‹ und ›fortschrittlich‹. Der Glaube Marx' ist nicht revolutionär, sondern reaktionär.

Die modernen christlichen Freidenker haben Gott und die Kirche über Bord geworfen, aber Christus und das Christentum ist ihnen geblieben, wie just der Eifer oder gar Ingrimm ihres Atheismus' verrät. Ein erregter Atheismus macht sich immer verdächtig. Ein freier Geist geht mit einem Schulterzucken über den Glauben hinweg, aber ein gefesselter Geist bekämpft ihn mit Schaum vor dem Mund. Ihre Lippen mögen Gotteslästerungen äußern, ihre Fäuste mögen Heiligenbilder zerschlagen, ihre Füße mögen auf dem heiligen Boden der Kirchen tanzen, aber kein Psychologe, der diesen Namen verdient, ließe sich von solchem Überschwang täuschen oder gewährte diesen Amokläufern des Atheismus' Zutritt zum seligen Garten der Weisheit und der Skepsis Nietzsches. Diese heiligen Radaubrüder haben in jenem Garten nichts zu suchen, und er ist im Übrigen gut abgeschirmt und wurde vom Meister eigenhändig mit Sorgfalt eingezäunt. Im Grunde sind sie lediglich Feinde der Kirche, aber keineswegs Feinde Christi. Und, nebenbei bemerkt, sind sie nicht alle ihrer heiligen Herkunft und ihrer himmlischen Verstrickung gegenüber ahnungslos. Der sowjetische Bildungsminister M. Lunatscharski erklärte zur Blütezeit der Revolution selbst: »Wenn Christus wieder unter uns weilte, würde Er nicht zögern, unserer bolschewistischen Partei beizutreten.«

Und Leo Trotzkij, der Abstammung nach ein Jude und der Seele nach ein Christ, schrieb 1918 folgende aufschlussreiche Anmerkung über sein eigenes vermeintlich atheistisches Glaubensbekenntnis: »Die Priester aller Religionen können über ein Paradies im Jenseits schwärmen; wir halten dagegen, dass wir der Menschheit ein wirkliches Paradies in dieser Welt errichten möchten. Wir dürfen unser großes Ideal keine Sekunde lang aus den Augen verlieren. Es ist das erhabenste aller Ideale, denen die Menschheit sich jemals sehnsüchtig zugewandt hat. Was die alten religiösen Lehren, was die Botschaft Christi angeht: Dem edelsten und schönsten Teil seiner Bergpredigt wird in unserer sozialen Botschaft Gestalt verliehen.«[31]

Lunatscharski und Leo Trotzkij liegen richtig: Das Christentum hat noch einmal die Dämme der Kirche durchbrochen. Der Messias und Sein Evangelium sind in Russland auferstanden. Seine eigene Revolution, die an einem anderen Ort und zu einer anderen Zeit stattfinden sollte, schlug fehl. Dank der Juden und Römer fand ›le bon sansculotte‹ (wie der französische Revolutionär Camille Desmoulins ihn nannte) ein schmerzliches Ende am Kreuz auf Golgatha. Aber seine Botschaft lebt seither fort und tröstet die Schwachen, die Kranken, die Dürftigen, die Niedergedrückten und die Armen im Geiste und in der Geldbörse. Vergeblich haben sowohl Kirche als auch Staat versucht, sie samt ihren lästigen Anhängern zu unterdrücken. Das Feuer ist immer und immer wieder aus der glimmenden Asche hervorgebrochen. Zu keinem Zeitpunkt hat es jedoch so gelodert wie heute, da der Geist Christi ein ganzes mächtiges Imperium, das sich zwischen den zwei wichtigsten Kontinenten erstreckt, in Flammen gesetzt hat und den Millionen von Menschen seine ›gute Botschaft‹ bringt, die nur allzu erpicht darauf waren, sie zu empfangen. Und war es in ihren Ohren nicht tatsächlich eine gute Botschaft, die Christus und sein oberster Apostel verbreiteten, als sie sagten, »nicht viele Weise nach dem Fleisch, nicht viele Mächtige, nicht viele Angesehene sind berufen«, sondern nur die Proletarier, denn »was töricht ist vor der Welt, das hat Gott erwählt, damit er die Weisen zuschanden mache; und was schwach ist vor der Welt, das hat Gott erwählt, damit er zuschanden mache, was stark ist; und das Geringe vor der Welt und das Verachtete hat Gott erwählt, das, was nichts ist, damit er zunichte mache, was etwas ist«[32]? Und ist nicht alles, »was etwas ist«, all das, »was

---

31 Leo Trotzki: Auf zum Kampf gegen den Hunger, Moskau 1918. S. 55.
32 1. Korinther 1,26–28.

hoch ist bei den Menschen, [...] ein Greuel vor Gott«[33] und Seinem Sohn und Messias? Hat dieser Messias etwa nicht in Hasstiraden die Reichen verdammt und Rettung ausschließlich durch die Armen und für die Armen versprochen? Und setzte Er nicht eigenhändig seine Worte in die Tat um, als Er in den Tempel ging, um »auszutreiben die Verkäufer und Käufer im Tempel; und die Tische der Geldwechsler«[34] umzustoßen, genauso, wie es jeder beliebige moderne Apostel der ›Idee der Sittlichkeit‹ in Russland praktizierte? »Christus ist auferstanden!« Mit diesen Worten ging ein russischer Zar an einem Ostertag aus seinem Schloss und umarmte den Wächter an seinem Tor, wie es bei seinen imperialen Amtsvorgängern Brauch war. Dieser Soldat war allerdings, wie es der Zufall wollte, ein Jude, und er gab zur Antwort: »Keineswegs, Eure Majestät!« Das geschah vor langer Zeit. Heute könnte weder ein Zar im Himmel noch ein Jude auf Erden leugnen, dass Christus tatsächlich in Russland auferstanden ist und dass Marx sein Prophet im Denken und Lenin sein Prophet im Handeln gewesen ist.

Aber weder Marx noch Lenin waren sich der Heiligkeit ihrer Botschaft bewusst. Die Theologie ist heutzutage nicht die Stärke unserer Politiker, Revolutionäre und Intellektuellen. Aber eigentlich ist sie doch ihre Stärke, und ihre Schwäche ist die Philosophie, nämlich ein Mangel an »moralinfreier«[35] Philosophie – Philosophie, die kein Opium für den Verstand ist. Nietzsche hätte diese benebelten Freidenker als ›verkappte Christen‹ bezeichnet. Er hätte ihr wissenschaftliches Gewand und ihren idealistischen Schafspelz, mit dem sie auf ihren Straßen und in ihren Versammlungen flanieren, durchschaut. Aber sie sind auch keine echten Wölfe im Schafspelz. Ein Wolf ist nicht annähernd

---

33 Lukas 16,15.
34 Markus 11,15.
35 Friedrich Nietzsche: Antichrist, KSA 6, S. 170: »*Nicht* Zufriedenheit, sondern mehr Macht; *nicht* Friede überhaupt, sondern mehr Krieg; *nicht* Tugend, sondern Tüchtigkeit (Tugend im Renaissance-Stile, virtù, moralinfreie Tugend).«

so blutrünstig und zieht sich in der Regel vom Kampf zurück, sobald sein Hunger gestillt ist. Nur der Gläubige im Schafspelz wird wölfischer als jeder Wolf. Der Kreuzritter für ›Recht‹, ›Vernunft‹, ›Gerechtigkeit‹ und ›Armut‹ wird niemals satt. Der christliche Ketzer wird zum aufrichtigen Staatsmann, zum tugendhaften Robespierre, der drei Achtel der Franzosen umbringen will, um die übrigen fünf Achtel glücklich zu machen, zum sittlichen Lenin, der den Staat samt jeder Unterdrückung des Menschen abschaffen will, indem er zunächst alle Menschen in seinem eigenen Staat unterdrückt und zwar mit demselben Mittel, das bereits Christus für nötig hielt, um sein Himmelreich herbeizuführen: »Ihr sollt nicht meinen, daß ich gekommen bin, Frieden zu bringen auf die Erde. Ich bin nicht gekommen, Frieden zu bringen, sondern das Schwert«.[36]

Nietzsche ist nicht mehr unter uns, und es lässt sich nicht sagen, ob er seinerseits den Messias oder nur das Christentum – die große Mutter der Demokratie und des Sozialismus' – für die gewaltigen Ereignisse im Osten verantwortlich gemacht hätte. Der Ehrlichkeit halber müssen wir sogar festhalten, dass Christus von Nietzsche mit Samthandschuhen angefasst wurde: In seinem *Antichristen* leugnet unser Philosoph die vielen groben Aussprüche des Galiläers und schreibt sie späteren Auslegungen und Verleumdungen seitens seiner übereifrigen Jünger zu. Aber das spielt keine Rolle, denn der Philosoph, der sämtliche Revolutionen – die deutsche Reformation, den puritanischen Aufstand, die Französische Revolution – christlichen Werten zugeschrieben hat, hätte nicht gezögert, in der jüngsten *brigandage philosophique* (so H. Taine), derjenigen des modernen Russland und Asien, die allerdings (und das hatte Taine übersehen), ebenso wie die übrigen, eine ›brigandage religieux‹ war, dieselben Werte am Werk zu sehen. All jenen aber, die einen für die Menschheit weniger abträglichen und für die Zivilisation verheißungsvolleren Glauben annehmen würden, bietet Nietz-

---

[36] Matthäus 10,24.

sche zu ihrem Wohl neue Werte und neue Tafeln, und zwar in seinem schöpferischsten und geistreichsten Buch: *Also sprach Zarathustra*.

V

Also sprach Zarathustra wurde von Nietzsche selbst als sein größtes Werk betrachtet. Stolz schreibt er dazu im *Ecce Homo*: »Dieses Werk steht durchaus für sich. Lassen wir die Dichter bei Seite: es ist vielleicht überhaupt nie Etwas aus einem gleichen Überfluss von Kraft heraus gethan worden. Mein Begriff ›dionysisch‹ wurde hier *höchste That*; an ihr gemessen erscheint der ganze Rest von menschlichem Thun als arm und bedingt. Dass ein Goethe, ein Shakespeare nicht einen Augenblick in dieser ungeheuren Leidenschaft und Höhe zu athmen wissen würde, dass Dante, gegen Zarathustra gehalten, bloss ein Gläubiger ist und nicht Einer, der die Wahrheit erst *schafft*, ein *weltregierender* Geist, ein Schicksal –, dass die Dichter des Veda Priester sind und nicht einmal würdig, die Schuhsohlen eines Zarathustra zu lösen, das ist Alles das Wenigste und giebt keinen Begriff von der Distanz, von der *azurnen* Einsamkeit, in der dies Werk lebt. Zarathustra hat ein ewiges Recht zu sagen: ›ich schliesse Kreise um mich und heilige Grenzen; immer Wenigere steigen mit mir auf immer höhere Berge, – ich baue ein Gebirge aus immer heiligeren Bergen.‹ Man rechne den Geist und die Güte aller grossen Seelen in Eins: alle zusammen wären nicht im Stande, Eine Rede Zarathustras hervorzubringen«.[37]

Der Verfasser dieses Vorworts muss an dieser Stelle gestehen, dass er lange Zeit Nietzsches Meinung über das Werk, das er für sein ›Opus Magnum‹ hielt, nicht teilte. Über Jahre hinweg erschienen ihm die kritischen Arbeiten Nietzsches, seine Analysen vergangener Epochen, seine Entlarvung des Idealismus',

---

37 Friedrich Nietzsche: Ecce Homo, KSA 6, S. 343.

sein Vortasten bis ins Innerste unserer Seelen, seine Psychologie der Religionen *(nicht, ob eine Religion wahr ist, sondern wem durch ihre Erfindung gedient war)* bei weitem bedeutsamer als die dunklen Dithyramben des *Zarathustra*, von denen ihm noch heute einige ein Rätsel sind. Erst im Laufe der Zeit konnte er Geschmack an jenem Lehrer finden, der im Alter von dreißig Jahren seine Heimat verließ und zehn Jahre in den Bergen zubrachte, um seines Geistes und seiner Einsamkeit zu genießen. Dann wurde dieser Lehrer, nach seinen eigenen Worten, seiner Weisheit überdrüssig. »[W]ie die Biene, die des Honigs zu viel gesammelt hat«[38], bedurfte er der Hände, die sich ausstreckten, um sie ihm abzunehmen. Aber es waren nur wenige zur Stelle, um sie entgegenzunehmen, als das »Buch für Alle und Keinen« erschien, wie Nietzsche es prophetisch auf der Titelseite nannte. Selbst fünfzig Jahre nach seiner Veröffentlichung ist niemand, nicht einmal der leidenschaftlichste Anhänger Nietzsches, ganz im Reinen mit diesem Buch, das in der Geschichte der Literatur vergeblich seinesgleichen sucht.

Also sprach Zarathustra steht auf zwei mächtigen Säulen: der Vorstellung vom Übermenschen und derjenigen von der Ewigen Wiederkehr des Gleichen, von denen einige Kritiker behaupten, sie schlössen einander aus. Wenn ein neues Geschlecht von Aristokraten vonnöten ist, aus dem der Übermensch, jener neue Messias, hervorgehen soll, zu welchem Zweck sollte er dann aufs Neue im Morast der Viel-zu-Vielen untergehen, die dieser neuen Lehre Nietzsches nach ebenfalls mit Gewissheit wiederkehren werden, so lautet ihr Einwand. Denn alles wird wiederkommen, in derselben Reihe und Folge: Ich werde noch tausend Mal das Vergnügen haben, dieses Vorwort zu verfassen, und Sie, lieber Leser, werden noch tausend Mal das Vergnügen (oder das Missvergnügen) haben, es zu lesen. Diese Ewige Wiederkehr des Gleichen ist der Grundgedanke des Zarathustra. Nach den Worten unseres Autors ist sie die höchste jemals denkbare

---

38 Friedrich Nietzsche: Also sprach Zarathustra, KSA 4, S. 11.

Form des Jasagens zum Leben. Er stellte sie dem Pessimismus und der Verneinung des Willens bei Schopenhauer und Wagner entgegen. Er hielt sie für außerordentlich lehrreich. Er war davon überzeugt, dass dieser Gedanke den Menschen entweder zermalmen oder zeugen, die Schwächlinge und diejenigen mit bösem Blick zermalmen und die Jasagenden und Heiteren aufrichten werde, so dass sie nach nichts mehr verlangen würden als nach dieser letzten ewigen Bestätigung und Besiegelung.

Der Gedanke an sich ist nicht neu; schon in der Antike kannten ihn sowohl die Stoiker als auch die Pythagoreer. In der Neuzeit wird er von Heine (in einer Ergänzung zum Kapitel 20 seiner *Reise von München nach Genua*, die in den alten Ausgaben nicht veröffentlicht worden ist) wie auch in Dostojewskis *Brüder Karamasov* (im Kapitel »Ivans Albtraum«) erwähnt. Unabhängig von Nietzsche wurde der Gedanke von Monsieur Blanqui in seinem *L'Éternité par les Astres*, 1872[39], und von Dr. Gustave Le Bon[40] in seinem Werk *L'Homme et les Sociétés*, 1881, entwickelt. Bei alledem darf aber nicht außer Acht gelassen werden, dass Nietzsche sich von all diesen Gelehrten und Dichtern dadurch unterschied, dass er als Erster einer rein wissenschaftlichen Hypothese eine tief greifende moralische Bedeutung beimaß und sie als Mittel zur Veredelung des Menschen betrachtete. Dennoch ist die Ewige Wiederkehr noch immer, selbst unter den leidenschaftlichen Anhängern des Philosophen, umstritten. Aber selbst ihre Skeptiker, zu denen auch der Verfasser dieses Textes sich zählt, sind unweigerlich beeindruckt von den Umständen, unter denen sie aus der Wiege gehoben wurde, nämlich in den Wäldern am Ufer des Silvaplana Sees, an einer Raststelle unweit von Surlei, neben einem riesigen Felsen, der wie eine Pyramide in die Höhe ragt. Nietzsche warf diesen Gedanken auf ein Blatt hin und fügte hinzu »6000 Fuß Jenseits von Mensch

---

39 Auch Nietzsche kannte dieses Buch [siehe Friedrich Nietzsche: Nachgelassene Fragmente, KSA 10, S. 560].
40 Gustave le Bon [1841–1931], französischer Philosoph. *Psychologie der Massen* (dt. 1938). Levy besaß sein *Les Incertitudes de l'heure présente* (1923).

und Zeit«.[41] Die Eingebungen einsamer Denker in Bergen und Wüsten haben seit jeher einen gewaltigen Eindruck auf die Menschheit gemacht, die nicht selten den Wahrheitsgehalt dieser Funken der Einsamkeit anerkennen musste. Manchmal dauerte es hundert Jahre, ehe der Donner vernommen wurde, der den Blitzen eines erleuchteten Geistes folgte. Vorzeiten war es die Stimme Gottes, die zu den Auserwählten sprach. Das war natürlich eine Fehldeutung unwissender und allzu bescheidener Gottesfürchtiger. Aber weshalb sollte die Quelle des Vorstellungsvermögens in unserem Zeitalter der Mechanik und Statistik gänzlich versiegt sein? Ist dieses mechanische Zeitalter nicht an sich schon eine ehrfurchtgebietende Wüste, die ebenso gewaltige Visionen hervorrufen kann, wie sie ehedem unter dem Eindruck tiefen Leidens am Horizont Palästinas und Ägyptens geschaut wurden? Ist es ausgeschlossen, dass es auch heute Poeten im griechischen Sinne des Wortes – abgeleitet von ποιετυ – also Gestalter und Schöpfer einer neuen Welt gebe? Ist den heutigen Propheten die Stimme ›Gottes‹ verwehrt, so dass sie von der Hauptquelle aller Inspiration abgeschnitten wären? Erfreulicherweise nicht. Und Nietzsche selbst sagte Folgendes über seine Arbeitsweise, seine besondere Art des Schaffens und der Inspiration: »Hat Jemand, Ende des neunzehnten Jahrhunderts, einen deutlichen Begriff davon, was Dichter starker Zeitalter *Inspiration* nannten? Im andren Falle will ich's beschreiben. – Mit dem geringsten Rest von Aberglauben in sich würde man in der That die Vorstellung, bloss Incarnation, bloss Mundstück, bloss Medium übermächtiger Gewalten zu sein, kaum abzuweisen wissen. Der Begriff Offenbarung, in dem Sinn, dass plötzlich, mit unsäglicher Sicherheit und Feinheit, Etwas *sichtbar*, hörbar wird, Etwas, das Einen im Tiefsten erschüttert und umwirft, beschreibt einfach den Thatbestand. Man hört, man sucht nicht; man nimmt, man fragt nicht, wer da giebt; wie ein Blitz leuchtet ein Gedanke auf, mit Nothwendigkeit, in der Form ohne Zö-

---

41 Friedrich Nietzsche: Ecce Homo, KSA 6, S. 335.

gern, – ich habe nie eine Wahl gehabt. Eine Entzückung, deren ungeheure Spannung sich mitunter in einen Thränenstrom auslöst, bei der der Schritt unwillkürlich bald stürmt, bald langsam wird; ein vollkommnes Ausser-sich-sein mit dem distinktesten Bewusstsein einer Unzahl feiner Schauder und Überrieselungen bis in die Fusszehen; eine Glückstiefe, in der das Schmerzlichste und Düsterste nicht als Gegensatz wirkt, sondern als bedingt, als herausgefordert, sondern als eine *nothwendige* Farbe innerhalb eines solchen Lichtüberflusses; ein Instinkt rhythmischer Verhältnisse, der weite Räume von Formen überspannt – die Länge, das Bedürfnis nach einem weitgespannten Rhythmus ist beinahe das Maass für die Gewalt der Inspiration, eine Art Ausgleich gegen deren Druck und Spannung... Alles geschieht im höchsten Grade unfreiwillig, aber wie in einem Sturme von Freiheits-Gefühl, von Unbedingtsein, von Macht, von Göttlichkeit... Die Unfreiwilligkeit des Bildes, des Gleichnisses ist das Merkwürdigste; man hat keinen Begriff mehr, was Bild, was Gleichniss ist, Alles bietet sich als der nächste, der richtigste, der einfachste Ausdruck. Es scheint wirklich, um an ein Wort Zarathustra's zu erinnern, als ob die Dinge selber herankämen und sich zum Gleichnisse anböten [...]. Dies ist *meine* Erfahrung von Inspiration; ich zweifle nicht, dass man Jahrtausende zurückgehn muss, um Jemanden zu finden, der mir sagen darf ›es ist auch die meine‹.«[42]

Wenn es jemals einen inspirierten Geist gab, der mit dem Denken stärkerer Epochen verwandt war, dann mit Sicherheit derjenige Friedrich Nietzsches. Selbst wenn wir seinen Blitzen im Augenblick noch nicht folgen können, sollten wir doch auf sie achten. Und diejenigen unter ihnen, die wir aufnehmen können, die unseren dunklen Pfad erleuchten und auf ein neues Ziel weisen, auf eine neue Vision, eine mögliche Erhöhung der Menschheit, sollten wir mit offenen Armen empfangen.

Also sprach Zarathustra birgt eine neue Vision. Die alte Vision ist tot, und mit ihr erlosch auch der Pfad, der zu ihr führte –

---

42 Ibid., S. 339 f.

die alte Weisheit. Sämtliche alten Tafeln sind zerbrochen, und selbst über ihre Scherben wird noch gestritten. Sämtliche alten Tugenden werden beargwöhnt, und man führt sogar die Laster großspurig gegen sie ins Feld. Aber bei aller Unsicherheit, bei allem Spott, bei aller Impertinenz setzt man sich nach wie vor mit der alten Verblendung zur Ruhe. Ein Jeder fällt weiterhin Urteile über Andere und Anderes und zweifelt nicht einen Augenblick an seiner Kenntnis von Gut und Böse: »Diese Schläferei störte ich auf, als ich lehrte: was gut und böse ist, *das weiss noch Niemand:* – es sei denn der Schaffende! – Das aber ist Der, welcher des Menschen Ziel schafft und der Erde ihren Sinn giebt und ihre Zukunft: Dieser erst *schafft* es, *dass* Etwas gut und böse ist. Und ich hiess sie ihre alten Lehr-Stühle umwerfen, und wo nur jener alte Dünkel gesessen hatte; ich hiess sie lachen über ihre grossen Tugend-Meister und Heiligen und Dichter und Welt-Erlöser. … […] Wahrlich, gleich Busspredigern und Narrn schrie ich Zorn und Zeter über all ihr Grosses und Kleines –, dass ihr Bestes so gar klein ist! Dass ihr Bösestes so gar klein ist! – also lachte ich.«[43]

Nietzsche verlachte all jene, die sich bisher als Führer der Menschheit aufgespielt haben. Die Menschheit hatte sich in Nietzsches Augen nicht auf die Vielen auszurichten, sondern auf die Wenigen, nicht auf die Herde, sondern auf die Hirten, nicht auf den Menschen, sondern auf den Übermenschen. Die alten Tafeln waren für die Herde geschrieben worden, und sie äußerten die Bedürfnisse der Herde: Sie forderten Nächstenliebe, die vom Nächsten zu erwidern sei. Für die Herde mögen sie weiterhin Geltung haben, für alle anderen aber verwirft Nietzsche die Nächstenliebe und rät zur Fernstenliebe, die aus einer anderen und größeren Liebe gespeist wird: »Also heischt es meine grosse Liebe zu den Fernsten: *schone deinen Nächsten nicht!*«[44] Die Nächsten ahnen noch nichts von der Gefahr, die sie laufen.

---

43 Friedrich Nietzsche: Also sprach Zarathustra, KSA 4, S. 246 f.
44 Ibid., S. 249.

Sie entspringt ihren alten Tafeln: »Ich gehe durch diess Volk und halte die Augen offen: sie sind kleiner geworden und werden immer kleiner: – *das aber macht ihre Lehre von Glück und Tugend.*«[45] Zarathustra rät seinen Jüngern deshalb, diese gefährliche Lehre zu überwinden, und wo ihnen die Liebe zum Nächsten unüberwindlich ist, rät er ihnen, zuerst an sich selbst zu denken, sich selbst zu lieben. Das stellt er sich keineswegs einfach vor, wie heute allgemein angenommen wird. Wie wenige Menschen auf dieser Erde lieben sich tatsächlich, wie selten sind jene wahren und großen Egotisten, die wirkliche Anstrengungen unternehmen, um sich zu erhöhen und aufzuklären? Aber nur diese Handvoll Menschen, die der Grube der Nächstenliebe entgangen sind und ihre Kräfte zugunsten ihres eigenen geistigen Wohlergehens eingesetzt haben, werden zu Anhängern Nietzsches ernannt. Vielleicht gelingt es ihnen sogar, die übrigen – die Nächsten, die Brüder, die Guten und Gerechten – zu retten. Sie retten sie vielleicht vor sich selbst und den Folgen ihrer eigenen Gedanken, denn »was für Schaden auch die Bösen thun mögen: der Schaden der Guten ist der schädlichste Schaden!«[46] Stellen ihr ›Richtig und Falsch‹, ihr ›Gut und Böse‹, ihre Liebe und ihr Hass nicht eine andauernde Gefahr für die Welt dar? »Haltet euer Auge rein von ihrem Für und Wider! Da giebt es viel Recht, viel Unrecht: wer da zusieht, wird zornig. […][D]arum geht weg in die Wälder und legt euer Schwert schlafen! Geht *eure* Wege! Und lasst Volk und Völker die ihren gehn! – dunkle Wege wahrlich, auf denen auch nicht Eine Hoffnung mehr wetterleuchtet! Mag da der Krämer herrschen, wo Alles, was noch glänzt – Krämer-Gold ist! Es ist die Zeit der Könige nicht mehr: was sich heute Volk heisst, verdient keine Könige."[47]

Die Könige sind mit ihrem Volk verkümmert. Als die zwei Könige Zarathustra in seiner Wildnis aufsuchten und einen beladenen Esel vor sich hertrieben, konnte der Weise nur mit dem

---

45 Ibid., S. 213.
46 Ibid., S. 266.
47 Ibid., S. 262 f.

Kopf schütteln und sich halblaut sagen: »Seltsam! Seltsam! Wie reimt sich Das zusammen? Zwei Könige sehe ich – und nur Einen Esel!«[48] Mit dem Volk ist auch die Aristokratie verkommen. Diejenigen, die das Volk zu sich hinauf heben sollten, haben sich auf seine Stufe herab begeben. Wir sind alle gleich geworden: reich oder arm, erhaben oder elend, heutzutage gehören wir alle in denselben Topf, der sich nur nach außen hin noch von anderen unterscheidet, innerlich aber nicht. »Darum, oh meine Brüder, bedarf es eines *neuen Adels*, der allem Pöbel und allem Gewalt-Herrischen Widersacher ist und auf neue Tafeln neu das Wort schreibt ›edel‹.«[49] Darum sollst du deinen Nächsten nicht mehr lieben. Darum musst du das Land verlassen, in dem deine Nächsten wohnen. Du musst das Land deiner Väter verlassen und Segel setzen, ins Land deiner Kinder. »Oh meine Brüder, nicht zurück soll euer Adel schauen, sondern *hinaus!* Vertriebene sollt ihr sein aus allen Vater- und Urväterländern! Euer Kinder Land sollt ihr lieben: diese Liebe sei euer neuer Adel, – das unentdeckte, im fernsten Meere! Nach ihm heisse ich eure Segel suchen und suchen! An euren Kindern sollt ihr *gut machen*, dass ihr eurer Väter Kinder seid: alles Vergangene sollt ihr *so* erlösen! Diese neue Tafel stelle ich über euch!«[50]

Also sprach Zarathustra, aber die Guten und Gerechten hörten nicht auf ihn. Sie trieben ihren Erlöser in seine Wildnis zurück, und als der gütige Mann unter der Last seiner Botschaft und der allseitigen Unempfänglichkeit zusammenbrach, triumphierten sie: »Bitte sehr, es besteht kein Grund, auf ihn zu achten. Schließlich war er wahnsinnig.« Aber der Wahnsinnige war noch immer scharfsinnig genug, sein eigenes Schicksal vorherzusehen: »Oh meine Brüder, wer ein Erstling ist, der wird immer geopfert. Nun aber sind wir Erstlinge.«[51] Nachdem sein wunderbares Buch ohne Echo verhallte, nachdem niemand reli-

---

48 Ibid., S. 304.
49 Ibid., S. 254.
50 Ibid., S. 255.

giös genug war, die Frömmigkeit dieses Nachfahren einer langen Reihe protestantischer Pastoren zu erkennen, dieses Erben all ihrer Weisheit, ihrer Güte, ihrer Aufrichtigkeit und ihrer Moral, musste er selbst zur Feder greifen und die einzige Kritik verfassen, die seiner großartigen Dichtung würdig ist. Festgehalten ist sie im denkwürdigen Kapitel »Ausser Dienst«[52], in dem ein alter Papst, der letzte aller Päpste, Zarathustra in seiner Gebirgshöhle aufsucht. Zarathustra begrüßt diesen alten Mann und ehrwürdigen Kirchenvater, und ergreift freundlich seine schöne und lange Hand, »die Hand eines Solchen, der immer Segen ausgetheilt hat.«[53] Sie unterhalten sich lange und freundschaftlich über den alten Glauben und den alten Gott. In Zarathustra ist der Papst einem Ebenbürtigen begegnet; ihm offenbart er viele jener Geheimnisse, die er als guter Diener Gottes bei seinem Herrn gesehen hat, mancherlei, »was sein Herr sich selbst verbirgt.«[54] Zarathustra hört diesen vertraulichen Berichten mit großem Interesse zu und offenbart dem Papst seine eigene Abneigung gegen diesen Gott und die Gründe dafür: seine Unredlichkeit, sein falscher Blick, seine Rachsucht und seine »Priester-Art«, auch sprach er nie deutlich. Alles missriet diesem Gott, und er zürnte und tobte darob gegen seine eigenen Gläubigen, weil sie »ihn schlecht verstünden!«[55] Zarathustra missbilligt all das und vergleicht einen solchen Gott mit einem Töpfer, »der nicht ausgelernt hatte« und dafür »Rache an seinen Töpfen und Geschöpfen nahm«.[56] Dieses Gebaren nennt er »eine Sünde wider den *guten Geschmack*« und gibt zu verstehen, dass es »auch in der Frömmigkeit guten Geschmack«[57] geben sollte. Mit anderen Worten: Selbst Götter sollten sich auch wie Götter benehmen.

---

51 Ibid., S. 250.
52 Ibid., S. 321.
53 Ibid., S. 322 f.
54 Ibid., S. 323.
55 Ibid., S. 324.
56 Ibid., S. 324.
57 Ibid., S. 324.

Als der Papst erfährt, dass Zarathustra den Glauben verweigert, weil er das Göttliche zu hoch achtet und weil der alte Gott eine Beleidigung für seine Frömmigkeit gewesen ist, äußert er sein Erstaunen: »Was höre ich! [...] oh Zarathustra, du bist frömmer als du glaubst, mit einem solchen Unglauben! *Irgend ein Gott in dir bekehrte dich zu deiner Gottlosigkeit.* [...] In deiner Nähe, ob du schon der Gottloseste sein willst, wittere ich einen heimlichen Weih- und Wohlgeruch von langen Segnungen: mir wird wohl und wehe dabei. Lass mich deinen Gast sein, oh Zarathustra, für eine einzige Nacht! Nirgends auf Erden wird es mir jetzt wohler als bei dir!«[58]

Wir können des alten Papstes Auffassung, Zarathustra sei der »Frömmste[...] aller Derer, die nicht an Gott glauben«[59] getrost als letztgültige Wahrheit über unseren Denker übernehmen und vielleicht hinzufügen, dass seine Frömmigkeit den Grundstein für seinen Unglauben gelegt hat: Nietzsche war zu ehrlich, zu gütig, zu erhaben und empfand zuviel Mitleid mit der alten Heiligkeit, dem alten Mitleid, der alten Moral, dem alten Gott. Seine Überwindung des Christentums lässt sich aber nicht ohne die lange Linie seiner frommen Vorfahren denken: »Irgend ein Gott in dir bekehrte dich zu deiner Gottlosigkeit«,[60] sagt der ehrwürdige Papst in seiner tiefen Einsicht, und hebt Nietzsche damit von allen anderen Widerständlern ab, die gegen den Glauben und die Tradition zu Felde ziehen. Nietzsche gehört nicht zu ihnen. Er ist ein Widerständler von oben, nicht von unten, von innerhalb, nicht von außerhalb. Er selbst gehört eher der Kaste der erhabenen Priesterschaft an als derjenigen der unwissenden Laien. Daher rührt sein Verständnis für den alten Papst, und daher rührt des Papstes Anerkennung dieses Verständnisses.

---

58 Ibid., S. 325; Hervorhebung von O. L.
59 Ibid., S. 322.
60 Ibid., S. 325.

»On n'est jamais trahi que par les siens« [man wird immer nur von den Seinen verraten], so heißt es in Frankreich. Erst ein gläubiger Jude, der heilige Paulus, konnte das Judentum auf die Spitze treiben und es von innen heraus besiegen. Erst ein guter Christ, Nietzsche, konnte das Christentum bis zur letzten Konsequenz durchleben und es dann mit seinen eigenen Waffen schlagen. Mit folgendem Unterschied: Paulus hatte das Judentum in der Tat betrogen und zu einer Weltreligion degradiert, wohingegen Nietzsche den Glauben seiner Väter gerettet und verfeinert hat, so dass heute selbst Christen ihr Urteil über ihn allmählich überdenken. Ein bekannter Anhänger dieser Konfession wiederholte einst den Stoßseufzer des alten Papstes, indem er sagte: »Es tut mir leid, dass dieser Mann mit unserem Glauben nicht zufrieden war. Das spricht wahrlich gegen unseren Glauben.« Ein anderer christlicher Kritiker und kirchlicher Würdenträger, Canon Wilkinson, bedauert im *Glasgow Herald* vom 23. Mai 1931 ebenfalls, dass »der Materialismus (?) einen solchen Propheten haben sollte« und »dass der Unglaube eine so großartige Seele, einen so unermesslichen Geist und eine Vorstellungskraft, die so voller Anmut und Schönheit ist, gefangen nehmen konnte.« Aber derselbe Kritiker besteht darauf, dass »Nietzsche mit Scharlatanerie und Spiegelfechterei« nichts zu schaffen habe und daher »seine Wahrhaftigkeit einen Berührungspunkt mit dem Christentum darstellt.«

Wenn auch Christen Nietzsche allmählich mit eher wohlwollenden Augen begegnen, weisen seine Anhänger jeden Versuch, mit dem alten Glauben Kompromisse einzugehen, verärgert zurück. »Lasst uns Nietzsche nicht wieder in den alten Stall zurückführen«, antworten sie, »und lasst uns ihn nicht den alten Gläubigen schmackhaft machen, indem wir ihn als ›fortschrittlichen Christen‹ reinwaschen.« Er hat sich in seiner Entwicklung von allem fortbewegt, was jemals christlich genannt wurde: Nicht nur ist seine Botschaft eine ganz andere als die von Jesus gepredigte, sondern sie richtete sich auch an ein ganz anderes Publikum. Jesus, der Prediger der kleinen Leute, feuerte die

Vielen an und rührte sie auf, weil er ihnen zweifellos in vielerlei Hinsicht glich, wohingegen Nietzsche seine Weisheit den Wenigen überbrachte und sich stets vor den Vielen scheute, denn die Gefahr war groß, dass sie seinen Garten betreten und beschmutzen würden. »Jeglich Wort gehört nicht in jedes Maul«[61], pflegte er zu sagen, und er fuhr fort: »Diesen Menschen von Heute will ich nicht *Licht* sein, nicht Licht heissen. *Die* – will ich blenden: Blitz meiner Weisheit! Stich ihnen die Augen aus!«[62] ... Auf diese Weise protestieren unsere Neo-Heiden und zitieren dabei Nietzsche. Und sie tun es mit Recht, denn sie wollen mit dem christlichen Ideal, jenes Ideal, das von den Viel-zu-Vielen ausgeht und ihren Zwecken dient, ebenso wenig zu schaffen haben, wie ihr Meister. Dennoch sollte gerade die Kraft, mit der Nietzsche dieses Ideal der Vergangenheit zurückweist und die Intensität, mit der er der Zukunft seine eigenen Werte aufprägt, sie aufmerken lassen und ihnen die Quelle seiner Freidenkerei ins Bewusstsein rufen: Nicht der Stoff, wohl aber die Sprache des Zarathustra greift ein altes Vorbild auf und gemahnt uns an nichts Geringeres als die erhabene Ausdrucksweise der Heiligen Schrift. Der Glaube wird hier mit seinen eigenen Zwangsmitteln angegriffen: der Stil des Zarathustra gleicht demjenigen der Bibel. Nicht nur die Ausdrucksweise in *Also sprach Zarathustra* erinnert an die Heilige Schrift. Wie in der Bibel, wendet sich auch hier ein inspirierter Lehrer an die Welt, einer, der, wie die Propheten von Alters her, eine Botschaft zu überbringen hat: die Botschaft vom Übermenschen und von der Ewigen Wiederkehr. Wie seine Vorbilder aus der Heiligen Schrift, hat er sich diese Botschaft nicht durch Nachdenken und bewusste Willensanstrengungen angeeignet. Er hat sie sich nicht durch Studium und Lektüre erarbeitet. Sie ist über ihn hereingebrochen und hat ihn überwältigt. Er lehnte sie anfangs sogar ab. Der Pastorensohn Nietzsche ist ebenso abgeneigt, das, was seine

---

61 Friedrich Nietzsche: Nachgelassene Fragmente, KSA 11, S. 371.
62 Friedrich Nietzsche: Also sprach Zarathustra, KSA 4, S. 360.

›inneren Stimmen‹ ihm sagen, Fremden zu übermitteln, wie der Priestersohn Jeremia zögert, die Gebote des Herrn Zebaoth zu befolgen. Und als Nietzsches Botschaft endlich, trotz all dieser Hindernisse, dem widerstrebenden Mund entfährt, klingt sie in den Ohren derer, die mit den alten Gesängen und Geschichten vertraut sind, merkwürdig, wie auch die Worte Jeremias und Jesu sich für diejenigen fremd anhörten, die zuvor anderen Rednern und Lehrern zugehört hatten: »Und es begab sich, als Jesus diese Rede vollendet hatte, daß sich das Volk entsetzte über seine Lehre; denn er lehrte sie mit Vollmacht und nicht wie ihre Schriftgelehrten«[63].

Nicht wie unsere Schriftgelehrten, nicht wie unsere Professoren, nicht wie unsere Stückeschreiber, nicht wie unsere Schriftsteller – das ist auch der Eindruck, den ein unvoreingenommener Leser schon nach dem ersten Blick auf *Zarathustra* gewinnt. Es gibt Seinesgleichen weder bei den Griechen, noch bei den Römern oder Indern. Kein noch so wohlgeratener heidnischer Mund hat jemals eine so wortgewandte und gewaltige Weisheit geäußert. Trotz, oder gerade wegen seiner Religionslosigkeit ist dieses Buch von einer religiösen Gehobenheit umgeben. Es führt den Leser weit weg von stickiger Kirchenluft, hinauf, in die scharfen Winde hoher Gipfel. Hier weitet sich seine Brust, und sein Herz lacht mit jedem Atemzug, und zwar mit gutem Grund: Seine Inspirationen entstammen einem inspirierten Buch, das der Bibel an Heiligkeit nicht nachsteht, aber wesentlich moderner und weniger verwirrend ist. Dieses Buch steht für manchen von uns sogar an der Bibel Statt, und es bringt nach und nach weitere Bücher und Schriften hervor, wie sein Vorbild aus alter Zeit, das Buch der Bücher. Es verwundert daher nicht, dass kluge Leser innerhalb oder außerhalb ihrer Kirche schon seit jeher für *Also sprach Zarathustra* Anerkennung empfunden und die sonderbare Tiefe dieses Buches stärker wahrgenommen haben als die so genannten Freidenker, die sich so schnell

---

63 Matthäus 7,28 f.

begeistern lassen für die kraftvolle Satire Nietzsches und seine unheimliche Fähigkeit, die Sprüche des Evangeliums zu parodieren. Von Theologen verfasste Bücher über Nietzsche sind heute keine Seltenheit, ganz im Gegensatz zu entsprechenden Büchern von Laien. Solche Bücher sind auf dem europäischen Festland, in England und in Amerika erschienen. Die Autoren sind nicht allesamt bloße ›defensores fidei‹, die sich verpflichtet fühlen, ihre Herde vor dem Versucher zu warnen. Nicht wenige unter ihnen sprechen von einer Mission, die Nietzsche dem Christentum gegenüber erfüllt hat, und es besteht sogar die leise Gefahr, dass der Antichrist eines Tages kanonisiert und als Heiliger und Pfeiler der Kirche angesehen werden könnte. Es obliegt den wahren Anhängern Nietzsches, die Menschheit davor zu warnen, irgendeinen Kompromiss mit all dem einzugehen, was er angegriffen, verurteilt und in Stücke gerissen hat. Aber es wäre falsch, Gleichgesinnte aus den Reihen der Kirchen, die ihrer Religion entwachsen und mit ihren alten Überzeugungen unzufrieden sind, die aber ohne Glauben und Grundsätze weder leben können noch wollen, nicht anzuerkennen. Nietzsche stellt selbst mit einigem Stolz fest, dass er von Seite des Christentums keine Fatalitäten erlebt habe und »die ernstesten Christen« ihm »immer gewogen gewesen«[64] seien. Auch gesteht er in seinen Briefen allenthalben großmütig ein, dass er einigen Juden zu Dank verpflichtet ist, die ihn als erste verstanden und Erhebliches geleistet haben, um seine außerordentliche Lehre in die Welt hinauszutragen.

---

64 Friedrich Nietzsche: Ecce Homo, KSA 6, S. 275.

VI

Ich werde mich an dieser Stelle nicht einer persönlichen Anmerkung enthalten, wenn es auch eine eitle Anmerkung sein mag, mit der dieses Vorwort abschließen soll. Gleichwohl ist es nicht Eitelkeit, die mich veranlasst, hier zu schreiben, dass Nietzsche ohne meine ununterbrochenen Bemühungen über dreißig aufeinander folgende Jahre hinweg der angelsächsischen Welt fremd und infolgedessen auch in Asien, Afrika, Amerika und Australien unbekannt geblieben wäre. Es ist keine ›Eitelkeit‹, denn Eitelkeit dreht sich um Kleinigkeiten. Eher schon darf es ›Stolz‹ heißen, denn Stolz entwickelt sich aus dem Bewusstsein einer großen und schwierigen Tat. Kompetente Beobachter werden bestätigen, dass es niemals ein Land gab, das sich für die Gedanken Nietzsches schwerer erobern ließ als das Vorkriegs-England. Und England musste als erstes erobert werden, da es, damals wie heute, das geistige Zentrum der englischsprachigen Welt ist. Man hat mich vor meinem Unterfangen gewarnt. Mir wurde gesagt, ich kenne die Engländer nicht und unterschätze die Dickköpfigkeit »unserer Insulaner«. Meine Freunde riefen mir ins Gedächtnis, dass dieses Volk sich in seinen tiefsten Empfindungen getroffen wähnen würde – Empfindungen, die es wesentlich stärker hegt, als irgendeine Nation auf dem europäischen Festland. Denn während in Deutschland die Philosophie noch immer den Himmel verdunkelt und in Frankreich die Literatur die Geister fesselt, ist in England nach wie vor jedes Urteil über Andere und Anderes vom unverblümten und unbehinderten Christentum sowie von unverstellter und unverdorbener christlicher Moral durchdrungen. Weder die Protestanten noch die Katholiken im Ausland kennen ihre Bibel, fuhren meine Ermahner fort, und gegen Kritik an Jesus als Menschen oder an seiner Ethik haben sie wenig einzuwenden. Hingegen verehrt England seit den Tagen der Puritaner die Heilige Schrift in besonderem Maße, und ein Angriff wie derjenige Nietzsches wäre hierzulande weit schmerzlicher, weil er besser verstanden werden würde.

England ist nicht Europa, mahnten meine Freunde mich weiter: Nirgendwo auf dem europäischen Festland gibt es eine Arbeiterpartei, die sich ihrer christlichen Wurzeln noch bewusst ist, und Nietzsche wird daher hierzulande von den Sozialisten als Feind der Armen und Niedrigen zurückgewiesen werden, während die Konservativen ihm als Störenfried des Staates und der Kirche die kalte Schulter zeigen werden. »Und träfe diese doppelte Kritik etwa nicht zu? Bekanntlich sagte er von sich selbst, er sei kein Mensch, sondern Dynamit.[65] Weshalb führst du Dynamit in ein friedliches Land ein, und wie, glaubst du, wird das Land dem Einfuhrhändler begegnen?«

Meine Freunde hatten einerseits Recht, andererseits auch nicht. Sie täuschten sich, was die Antwort der Engländer anging. Die Engländer haben im gesellschaftlichen Umgang, in politischen Auseinandersetzungen und in akademischen Konfrontationen eine sehr wirksame Antwort auf alle bedenklichen Aussagen parat: Sie tun so, als hätten sie sie überhört. Ausländer tun gut daran, sich zu merken, dass keine Antwort die englische Antwort auf alle wichtigen Fragen und Themen ist. Aus diesem Grund erfuhr Nietzsche keinerlei Reaktion, als er erstmals nach England kam. Man begegnete ihm mit Stillschweigen. Für die wenigen Bände, die zunächst übersetzt wurden, fand sich kein Markt, und die Firma, die dieses Unterfangen gewagt hatte, ging einfach bankrott.[66] Ich war nicht der Herausgeber jener Übersetzung, und ich hatte auch keine Ahnung, wie es mit ihr zugegangen war. Das konnte ich auch nicht, denn, soweit ich weiß, wurde in keinem anderen europäischen Land die Übersetzung der Werke Nietzsches mit solcher Frostigkeit aufgenommen. Das Schweigen – diese gespenstische englische Antwort – umfing zehn Jahre lang den Namen dessen, der auf dem europäischen Festland nach und nach schon viele Geister

---

65 Ibid., S. 365.
66 Es handelt sich hier um den englischen Verlag Henry & Co., der 1897 die geplante Gesamtausgabe der Werke Nietzsches einstellte.

beeinflusste, von denen die meisten allerdings den Viel-zu-Vielen angehörten, die Nietzsche selbst in weiser Voraussicht bereits verurteilt hatte. Dann kam eine Übersetzung eines meiner Bücher nach England. Der deutsche Titel dieses Buches, *Das Neunzehnte Jahrhundert* [1904], wurde umgemünzt in *The Revival of Aristocracy* [›Die Wiederbelebung der Aristokratie‹ – d. Übers. – , erschienen bei Probsthain & Co., London 1906], und das Buch wurde, nachdem es in Deutschland beinahe übersehen worden war, in England mit einer geballten Ladung bestürzter Kritik aufgenommen. G. K. Chesterton war dabei federführend (*Daily News* vom 01.06.1906), aber er erkannte immerhin »die Aufrichtigkeit dieser *Verfechtung der Aristokratie*« an, »eine Aufrichtigkeit, die dem Aristokraten gemeinhin ganz und gar fehlt«, wohingegen andere Kritiker in ihr nichts als »eine Verzerrung gewisser bruchstückhafter kritischer Wahrheiten« sahen, die zum Zweck hat, »einen literarischen Aufreißer hervorzubringen«[67]. Dieses Buch hat mit Sicherheit keinen meiner Kritiker auf Nietzsche aufmerksam gemacht, aber die verblüffende Art und Weise, in der es aufgenommen wurde, öffnete zumindest mir die Augen, was die Zustände in England anging. Erstmals wurde mir bewusst, dass Europa, trotz der immer schnelleren Kommunikationsmöglichkeiten, geistig in streng voneinander abgegrenzte Bereiche aufgespaltet war. Dieser Eindruck wurde im Laufe der Jahre noch verstärkt und bestätigt, so dass ich zu dem Schluss komme, dass nur unbedeutende Gedanken und alltägliche Ideen unverzüglich von einem Land ins andere übermittelt werden.

Diese unerwartete Erfahrung veranlasste mich erstmals, über den Versuch einer neuen und fachkundigen Übersetzung der Werke Nietzsches nachzudenken. Ich hätte mich vor dieser Aufgabe gern gedrückt. Es gab andere, die besser dazu geeignet

---

67 J. A. Hobson in: *Daily Chronicle* v. 06.06.1906.

waren, sie zu übernehmen, als ich. Ich war ein literarischer Außenseiter, von Berufs wegen ein Arzt für kranke Menschen, nicht für kränkelnde Zeitalter. Gab es in den berühmten Universitäten Englands keinen einheimischen Dekan oder deutschen Dozenten, der für die neue Art des Denkens der angemessene Träger gewesen wäre? Wie sehr ich auch den dunklen Horizont mit meinen Augen erforschte oder die Wüste der Veröffentlichungen abhorchte – niemand trat hervor oder erhob seine Stimme zugunsten Nietzsches. Selbst die Literaten, die für Ibsen oder Tolstoj eingetreten waren, gingen dem ›Antichristen‹ und seinem dionysischen Gelächter über ihre eigenen Götzen aus dem Weg, und zwar zu Recht. Wie erwähnt, rieten mir nicht wenige von meinem Vorhaben ab, aber die meisten konnten über meine Begeisterung nur den Kopf schütteln.

Für manche Menschen gibt es jedoch so etwas, wie ein Schicksal. Man kann dem Schicksal nicht ausweichen. Einer Aufgabe muss man sich stellen, ganz egal, wie wenig sie einem behagt oder wie ungeeignet man für sie ist. Und ungeeignet war ich in der Tat, denn es fand sich in mir keine Spur jener Unverfrorenheit, die man braucht, um ein so fremdes Denken zu propagieren, und im Übrigen konnte ich in einer Sprache, die schließlich nicht die meine war, weder angemessen sprechen noch schreiben. Als Moses mit dem ägyptischen Pharao reden musste, kann ihm diese Pflicht nicht schwerer erschienen sein, als mir, der ich mich mit den Engländern auseinandersetzen musste. Zum ersten Mal verstand ich meinen Stammvater: Der Hüter der Herde Jethros ist für alle Zeiten das Vorbild all derer, die dazu neigen, an sich zu zweifeln, denen es aber schließlich gelingt, ihre Scheu, ihr mangelndes Selbstvertrauen, ihr inneres Hadern zu überwinden. Wie er gezögert hatte, wie er versucht hatte zu entkommen, wie er sich hinter der Langsamkeit seiner Rede versteckt hatte, wie er auf seine eigene Nichtigkeit verwies (»Wer bin ich, dass ich zum Pharao gehe[...]?«[68]) – mit dem

---

68 2. Mose 3,11.

einzigen Ergebnis, dass der Herr über seine Widerwilligkeit und Hartnäckigkeit desto ärgerlicher wurde. Der Herr war – Moses konnte das in seinem abergläubischen Zeitalter noch nicht wissen – Moses' eigene innere Stimme, der er trotz all der Gefahren und Unannehmlichkeiten, die sich daraus ergeben würden, gehorchen musste. Und auch trotz all der Gefahren und Unannehmlichkeiten, denen dadurch womöglich auch Andere ausgesetzt würden, und zwar waren das in meinem Fall die Menschen, für die ich Sympathie empfand, unter denen ich friedlich gelebt hatte und die mir bis auf den heutigen Tag kein Leid zugefügt haben.

»Ist die Religion, der diese Menschen anhängen, die Religion, die wir ihnen gebracht haben, noch immer ein Segen für sie?« Diese Frage flüsterte mir meine innere Stimme immer und immer wieder zu. Ich hätte sie so gern mit Ja beantwortet, wie jener große englische Staatsmann es schon vor mir getan hatte: Benjamin Disraeli. Ich hatte sein großartigstes Buch gelesen, *Tancred or the New Crusade*[69], und es hatte mir zugesagt. Ich habe selbst durch eine Übersetzung dazu beigetragen, seine Bekanntheit im Ausland und unter Menschen, die des Englischen nicht mächtig waren, zu steigern. Ich kannte seine Behauptung, *das Christentum ist Judentum für die Massen, aber es ist gleichwohl Judentum*, und ich stimmte ihr zu. Ich kannte seinen Rassenstolz, seinen mystischen Glauben an unsere Botschaft, seine Freude an den drei großen Männern Israels, die die Welt weit stärker beeinflusst haben, als sonst irgendjemand: *Der Gesetzgeber der Zeit des Pharao, dessen Gesetze noch heute befolgt werden, der Monarch, dessen Herrschaft seit dreitausend Jahren nicht mehr währt, dessen Weisheit aber unter allen Völkern der Erde sprichwörtlich geworden ist, der Lehrer, dessen Lehren das zivilisierte Europa gestaltet haben – der größte aller Gesetzgeber, der größte aller Verwalter und der größte aller Reformer. ...* Mir waren seine Mahnungen geläufig, die besagten, das Unglück

---

69 Benjamin Disraeli: Tancred or the New Crusade. London 1847.

Europas und der ganzen Welt rühre daher, dass man von den semitischen Grundsätzen abgekommen sei, und dass nur die Rückkehr zu diesen ewigen Werten, zu den Tafeln des Sinai und des Kalvarienbergs das abwenden konnte, was er prophetisch den *drohenden Schiffbruch der Zivilisation* nannte. Das Glaubensbekenntnis Disraelis war fraglos wunderbar. Es war auch ein aufrichtiges Glaubensbekenntnis, das ihn schließlich dazu veranlasste, auszurufen: *Söhne Israels, wenn ihr euch ins Gedächtnis zurückruft, dass ihr das Christentum geschaffen habt, könnt ihr den Christen vielleicht sogar ihre Autodafés vergeben.* Was mich angeht, ich hätte den Christen auf jeden Fall ihre Autodafés vergeben, und so viele Pogrome, wie ihnen beliebt hätte; aber wie könnte uns selbst vergeben werden, dass wir ein solches Christentum geschaffen hatten? Ich konnte Disraelis Glauben nicht teilen – ich hatte Nietzsche gelesen, und, mehr noch, ich hatte ihn verstanden: Ich spürte die Schuld unserer Schöpfung, ich fühlte die Verantwortung für diese Botschaft und ihre Unmöglichkeit. Die unmittelbaren Auswirkungen dieser Werte sprangen mir ins Gesicht – die Zerstörung allen erhabenen, schönen, vernünftigen und heiteren Lebens. Ich gewahrte diesen Mangel an Heiterkeit und Schönheit in seiner schlimmsten Form um mich herum – in England. »Geh nun hin und sprich zu diesem Volk«, befahl mir meine innere Stimme. »Wer bin ich, dass ich zum Pharao gehe?«, antwortete mein feiges Ich.

Ich bezwang den Feigling und leitete die Übersetzung der Werke Nietzsches in die Wege. Es war nicht einfach, denn ich musste Übersetzer finden, denen ich Nietzsche erklären, und einen Verleger, den ich natürlich finanzieren musste, denn »mit Nietzsche war kein Geld zu verdienen«, und es fand sich niemand, der sich ein zweites Mal an einen ungenießbaren und unverkäuflichen ausländischen Philosophen wagen wollte. Aber verglichen mit den stummen Schutzwällen englischer Vorurteile, die natürlich ihren tapferen Verteidigern ganz und gar nicht als Vorurteile erschienen, sondern als ›Recht‹, ›Gerechtigkeit‹, ›Tugend‹, ›Liebe‹ und alles, was im Leben und Gebaren ansehnlich, anständig und angebracht ist, waren das unbedeutende Hürden, die sich mühelos überwinden ließen. Man hatte mich gewarnt, dass der Angriff schwierig zu begegnen sein würde, und meine Freunde, die mir zur Vorsicht geraten hatten, behielten Recht. Aber wo ein Wille ist, ist auch ein Weg, wenn auch, wie in meinem Fall, ein krummer. Ich kann noch heute nicht ohne Gewissensbisse daran zurückdenken, wie krumm mein Weg tatsächlich gewesen ist. Scharlatanerie und Schein können in herrlichen Gewändern und Garderoben unbehelligt die Paläste der Mächtigen und Studierten betreten, wohingegen Wahrheit und Ehrlichkeit als heimliche Bettelmägde am Hintereingang warten und selbst dort noch den Türsteher bestechen müssen, um auf den Türstufen sitzen zu dürfen. Die Mittel, derer ich mich bediente, um Nietzsche in England einzuführen, waren zuweilen falsch und unmoralisch, aber der Zweck war gut und konnte mich die Bestechung der Zeitungsverleger, die Nietzsche nicht ohne Werbeanzeigen erwähnen wollten, und die Gesellschaft der Intellektuellen, mit denen ich mich um meiner Sache willen abgeben musste, vergessen lassen. Aber an dem Tag, an dem der letzte der insgesamt achtzehn Bände meiner Ausgabe, das Inhaltsverzeichnis zur englischen Übersetzung der Werke Nietzsches, das Tageslicht erblickte, dachte ich nicht mehr an all diese schäbigen Mittel. Es war ein schöner Tag im Juni des Jahres 1913, wenn ich mich recht entsinne, und ich ging im Hyde Park spazieren, indem ich ihn vom einen Ende zum anderen durchschritt und mich fühlte, wie ein glücklicher Held nach einem siegreichen Feldzug. Nach einer zwanzigjährigen Catilinischen[70] Existenz, umgeben von einer Einsamkeit, die lediglich durch einige wenige höhnische oder bedauernde Freunde unterbrochen wurde, ist eine solch offensichtliche Freude über den Erfolg einer bloßen Übersetzung zu vergeben. Oder sogar nachzuvollziehen, denn ich hatte wirklich einen Sieg errungen, meine Ausgabe reichte weit über die britischen Inseln hinaus:

---

70 Umschreibung für ›verschwörerisch‹.

Ich hatte Nietzsche in fünf Kontinenten bekannt gemacht. Zwar war es kein Sieg, der mit Schießpulver und Gewehren errungen worden wäre, aber gleichwohl war er bedeutender als die Siege von Sedan[71] oder Balaklava[72]. Und dieser große Sieg wurde in einer Zeit kleinlicher Politik, trivialer Interessen, allgemeiner Depression und allseitiger Schwarzseherei errungen.

Ein Jahr später fand meine Selbstzufriedenheit ein Ende, und mein eigener Sieg verkehrte sich in eine Niederlage. Die armselige Politik und die trivialen Interessen der Zeit versetzten der Heiterkeit Friedrich Nietzsches und der Hochstimmung seines Anhängers einen Schlag. Der Krieg des Jahres 1914 brach aus, und das christliche Volk Englands musste dem christlichen Volk Deutschlands den Krieg erklären. Da sie im christlichen Glauben und Blut verwandt waren und ihr eigenes Ideal der Brüderlichkeit überwinden und übertönen mussten, waren die Briten gezwungen, ihre Feinde zu verteufeln und in den schlimmsten Farben darzustellen, ihre gesamte Ahnenreihe auf der Jagd nach einem moralischen Makel und ihre gesamte Literatur auf der Suche nach einem Antichristen zu durchforsten, der ihre tugendhaften Vettern, ihre Geschäftspartner im Bund der »beiden weißen Nationen« dazu verführt haben mochte, vom Pfad der Moral und Rechtschaffenheit abzukommen. Aber nicht im praktisch veranlagten England, sondern im philosophisch ausgerichteten Schottland wurde der Antichrist aufgestöbert und schließlich in die Enge getrieben. Eines Morgens, im ersten Monat des Krieges, fand ich auf meinem Schreibtisch eine Ausgabe des *Scotsman* (15.08.1914), in der ein Brief gegen Nietzsche abgedruckt war. Der von Walter Shaw verfasste Artikel trug den Titel: *The Philosophical Basis of German Militarism*, und jemand hatte auf den Zeitungsrand die Worte hingekritzelt: »*Sie* haben dieses Gift nach England gebracht.« Man hatte den Antichri-

---

71 1870 Entscheidungsschlacht im Deutsch-Französischen Krieg.
72 1853 Sieg Großbritanniens und Frankreichs gegen Rußland im Krimkrieg.

Also sprach Zarathustra 217

sten, den Autor des Harmageddon, gefunden. Es war derselbe Philosoph, der die Tugenden des ›Kriegers‹[73] gepriesen, der »mit dem Hammer«[74] gedacht, der sich selbst schamlos als »den ersten Immoralisten unter den Philosophen«[75] bezeichnet hatte. ... ›Habemus confitentum reum.‹ ... Die Engländer reagieren in politischen Angelegenheiten, beziehungsweise in allem, was ihrer Politik nützen kann, schnell, also griffen sie diesen schottischen Aufschrei auf, und nur wenige Tage später erschien im Schaufenster eines Buchgeschäfts in Piccadilly – Messrs. Sotheran & Co. – meine Nietzsche-Ausgabe mit folgendem Werbespruch: »The Euro-Nietzschean War. Read the Devil in order to fight him the better.«[76] Und seit damals, bis zu dem Tag, an dem diese Zeilen niedergeschrieben worden sind, ist die angelsächsische Welt niemals den Gedanken ganz losgeworden, der Erfinder des Übermenschen sei auch der Überdeutsche und der Erfinder des Weltkriegs mit all seinen Folgen.

Alles Weitere ist rasch erzählt, und da es nur mich selbst und mein eigenes Missgeschick betrifft, soll es auch in aller Kürze berichtet werden. Im Jahr 1918 wurde der Krieg von den gemäßigten Mächten verloren, und im Jahr 1919 ›brach‹ der Versailler Frieden ›aus‹. Im britischen Parlament wurden Gesetze zur Beschlagnahmung sämtlicher feindlicher Güter, zur Ausweisung aller feindlichen Bürger und zum Verbot jeglicher Rückkehr in das Land, in dem sie sich zuvor aufgehalten hatten, erlassen. Ich war einer von ihnen, denn ich hatte nie die britische Staatsangehörigkeit angenommen. Mir lag ausschließlich der Kampf der ›Kultur gegen die Barbarei‹ am Herzen; der Kampf ›Nation ge-

---

73 Vgl.: Friedrich Nietzsche: Götzendämmerung, KSA 6, S. 140: »Der freie Mensch ist *Krieger*.«
74 Friedrich Nietzsche: Ecce Homo, KSA 6, S. 354.
75 Friedrich Nietzsche: Ecce Homo, KSA 6, S. 319: »Ich bin der erste Immoralist«.
76 Etwa: »Der Euro-Nietzscheanische Krieg. Lesen Sie des Teufels Schriften, um ihn desto besser bekämpfen zu können.«

gen Nation‹ interessierte mich nicht, zumal ich wusste, dass er, unabhängig davon, wie er ausging, lediglich zu einer Steigerung der Barbarei führen würde. Es wäre mir nicht in den Sinn gekommen, meine Staatsangehörigkeit zu wechseln, ebenso wenig, wie es mir eingefallen wäre, meine Religion zu wechseln. Vom Standpunkt eines Nietzsche-Anhängers aus unterscheidet sich ein Jude so wenig von einem Heiden, wie ein Deutscher von einem Briten oder von irgendeinem anderen Europäer, denn sie sind alle durch den Fleischwolf der Demokratie gedreht worden. Aber ein demokratisches Zeitalter achtet naturgemäß nicht auf die feinen Unterschiede, und so kam es, dass ich eines Tages, nach dem Verlesen zahlreicher Paragraphen, von der britischen Regierung aufgefordert wurde, das Land zu verlassen, in dem ich zwanzig Jahre lang gelebt hatte. Ich protestierte, aber mir wurde gesagt, nur diejenigen Deutschen, die »für den britischen Handel von eindeutigem Nutzen« seien, dürften bleiben – Ach! Ich hatte lediglich einige neue, aber reichlich sonderbare und fragwürdige Ideen eingeführt! Möglicherweise hatte das britische Innenministerium mich aufgrund eben dieser Ideen ausgewiesen, vielleicht gerade, weil ich der Apostel des Überdeutschen war. So dachte ich damals, aber heute bin ich mir dessen keineswegs mehr sicher. Sicher scheint allerdings, dass meine Übersetzung der Werke Nietzsches mich nicht vor dem Schicksal des durchschnittlichen Deutschen bewahrt hat. Sie schlug gewiss nicht zu meinen Gunsten zu Buche und wurde mir möglicherweise sogar zu meinen Ungunsten ausgelegt…
Am 25. Oktober 1921 verließ ich England.

Als das Schiff dampfend aus dem Hafen von Dover fuhr, sah sich die ›persona non grata‹ noch einmal um, um einen letzten Blick auf die steilen Klippen zu werfen, die hier jäh, wie ein Verbannungskommando, im Meer enden. Hinter ihnen lagen die grünen Hügel, zu denen der Geächtete am liebsten Zuflucht genommen hatte, um sich zu erholen, wenn die große Stadt weiter nördlich sich wieder einmal mit ihrer Selbstgerechtigkeit panzerte und für neue Ideen und Visionen unzugänglich blieb.

Oft lief er in nackter Verzweiflung in diesen Wiesen umher und trug sich bestenfalls mit einer leisen Hoffnung, diese hochmütige Hauptstadt, die mit ihrem Handel viel zu beschäftigt war, um einem ›Schlaukopf‹ zuzuhören, die viel zu angestrengt die Welt regierte, um selbst auf neue Regierungsrichtlinien und eine neue Autorität zu achten, eines Tages doch erobern zu können. Aber das scheinbar Unmögliche war Wirklichkeit geworden: Aus dem Tosen der Millionen von Menschen war Nietzsches Stimme deutlich zu hören. Dass diese Vielen ihn verdammten, war ein gutes Zeichen, und Nietzsche wäre damit einverstanden gewesen. Jetzt konnte die britische Regierung den Leib seines Apostels austreiben, aber nicht den Geist, den er an diese Küsten gebracht und weit über sie hinaus verbreitet hatte…

Um die englischsprachigen Länder noch einmal an diesen Geist zu erinnern, wurde dieses Vorwort verfasst und die Taschenbuchausgabe von *Also sprach Zarathustra* veröffentlicht. Der Untertitel des Buches, »Ein Buch für Alle und Keinen«, weist darauf hin, dass es an eine Elite gerichtet ist und sich womöglich zu einer beliebigen Zeit in einem Land keine solche Auslese finden mag, oder allenfalls eine geringe, aber es ist auch ›an Alle‹ gerichtet, denn diese Minderheit ist vielleicht in allen Ländern verstreut, und sie wird sich zuletzt ihrer Pflicht stellen und zum Wohl aller Übrigen Einfluss auf sie nehmen. Dem englischen *Zarathustra* kommt eine besondere Aufgabe zu, die sich nicht nur auf die englischsprachigen Länder beschränkt. Dieses Buch hat diejenigen Teile Asiens erreicht, in denen, was die europäischen Fremdsprachen betrifft, nur Englisch gesprochen oder verstanden wird, und dazu ist es auch bestimmt. Der Glaube, den die Europäer in die Länder des ehrwürdigen asiatischen Kontinents eingeführt haben, wird dort bedauerlicherweise verfälscht und heute sogar gegen seine frommen Sendboten gerichtet: Der indische ›Heilige‹ Gandhi stellt das Evangelium allem anderen voran und hat Schulen eingerichtet, in denen die ›Bergpredigt‹ unterrichtet wird. Offenbar hat er damit beachtlichen Erfolg, denn kürzlich wurde bei einer Durchsuchung anlässlich eines Aufstands bei fünfundzwanzig Prozent seiner Anhänger das Neue Testament gefunden.[77] Das ist also der ›Geist‹, den England neben der ›Materie‹ – etwa der Baumwolle – nach Indien exportiert. Es verwundert nicht, dass die Inder höherer Kaste und Abstammung sich gegen beides auflehnen und sich an ihre Zollbehörden wenden, um Schutz vor diesen ›Gütern‹ wie auch vor der ›Guten Botschaft‹ zu suchen. Mögen die Inder, Chinesen und Japaner, die heute zu Recht über Europa und den arroganten europäischen Anspruch auf eine höherwertige Kultur empört sind, sich *Also sprach Zarathustra* zuwenden, und mögen sie ein wenig der Achtung, die Europa letztlich, trotz seines gegenwärtigen Verfalls und Elends, doch gebührt, wieder gewinnen. ... ›Fuimus Troes, fuit magna gloria Teucrorum.‹ [Einst gab es Trojer, und ihres Ruhmes Schimmer strahlte weit.][78] ... Mögen sowohl sie als auch die Europäer von seiner Weisheit profitieren, denn nachdem die Europäer Asien ihren Glauben ›für Alle‹ aufgezwungen haben, müssen und werden sie diesen großen Kontinent wieder versöhnlich stimmen mit dem neuen Evangelium Nietzsches, das gerichtet ist

AN DIE WENIGEN

Juni 1931

Aus dem Englischen von Leila Kais

---

77 Vgl.: *The New Statesman* v. 29. Oktober 1927.
78 Vergil, Aeneis II, 325.

Nietzsches Schwester †
[1935]

Frau Elisabeth Förster-Nietzsche ist in ihrem 89. Lebensjahr gestorben.

Die kleine, rotbäckige, kurzsichtige Elisabeth: das war der grosse, weltumfassende, zukunftdurchleuchtende und zukunfterschaffende Friedrich Nietzsche, übersetzt ins Deutsche, Lokale, Kleinbürgerliche, Hausfrauliche.

Wenn sie in dem holzgetäfelten, mit einem Napoleonischen »N« geschmückten Empfangszimmer der Villa »Silberblick« auf dem Sofa sass und von ihrem grossen Bruder, von Richard Wagner und Triebschen, von Basel und Burckhardt, von Cosima und der Meysenbug erzählte, so konnte sie plötzlich dem begeisterten Zuhörer über die Schulter gucken, einen festen Punkt hinter ihm ins Auge fassen, um schliesslich ihren Bericht mit einem Seufzer zu unterbrechen: »Der Karl hat schon wieder einmal die Türklinke nicht geputzt«.

Das Hausfrauliche an ihr war eigentlich noch ihr sympathischster Zug. Auch ihre Treue zu ihrem verstorbenen Mann, *Bernhard Förster*, war sympathisch. Sie war mit ihm und seiner Begleitung von Schwindlern, Abenteurern und Berliner Asphaltpflanzen nach Paraguay gezogen, wo eine judenreine, von echt deutschem Geist getränkte Kolonie gegründet werden sollte. Die Sache endete, wie es ihr Bruder vorausgesagt hatte: für sie mit dem Verlust ihres Vermögens und für ihn mit einem Pistolenschuss. Aber die brave kleine Frau verübelte ihm nichts. In ihrem Innern hielt sie ihn wohl bis zuletzt für ein verkanntes Genie. Einem Besucher, dem sie ihr Herz öffnete, erzählte sie einst: »Merkwürdig, Alles spricht von meinem Bruder und keiner von meinem Manne!«

Die Priesterin des Weimar-Archivs hat sich nicht nur in ihrem Bernhard geirrt. Sie hatte, wie so viele Angehörige ihres Volkes, das Genie für das Falsche, ein Misstrauen gegen das Schlichte und Einfache. Um ihr Vertrauen zu Gewinnen, brauchte man nur unecht zu sein: ein Neugieriger, ein Einfältiger, ein Komödiant.

Gerade dieser Instinkt für das Falsche und die Falschen erklärt die Rolle, die Nietzsches Schwester im alten, im neuen, wie im neuesten Deutschland gespielt hat. Man kann nicht behaupten, sie wäre immer mit dem schmutzigen Strome geschwommen. Sie ist gar nicht geschwommen, sie hat sich nur treiben lassen und das mit bestem Gewissen – denn sie war selber Strom und überströmendes Deutschtum. So hat ihr die Gleichschaltung der Lehre Nietzsches mit den Ansichten der jeweiligen Machthaber niemals irgendwelche intellektuellen Beschwerden verursacht. Der Uebermensch, den die Menschheit nach langer Arbeit und Selbstzucht einst hervorbringen sollte; die Herrscherkaste, die aus den Besten Europas einst gezüchtet und nach gefahrvollem Kampf an die Spitze kommen sollte: sie waren der lebhaften Frau schon zu Lebzeiten erschienen und wurden, wenn sie nach Weimar in das Archiv kamen, mit dem Platz rechts von ihr auf dem Sofa geehrt. Dort sah man in Vorkriegszeiten deutsche Prinzen und Prinzessinnen – Greiz, Schleiz, Zerbst, Bückeburg und Gerolstein – kurz, in Ermangelung eines neuen Adels, den alten, der nach Friedrich Nietzsche »in der Kulturgeschichte Europas fehlt, wegen Syphilis und Alkoholismus«.

Ob die grosse Verwechslungs- und Verwandlungskünstlerin je Wilhelm II. bei sich gesehen hat, ist nicht bekannt geworden: sicherlich hätte der Lohengrin-Imperator glänzend in dies Milieu gepasst und wäre von ihr unter Hofknicksen auf ein besonderes Sofa geleitet worden. Begeistert tappte die blinde Pythia des Nietzsche-Kultus mit ihm in den Weltkrieg und lieferte als geistige Munition und für billigen Preis in die Schützengräben einen zeitgemässen *Zarathustra*, in den einige missverstandene belliköse [kriegerische] Aussprüche des grossen Unzeitgemässen zur Einleitung abgedruckt waren.

Dann aber kamen böse Jahre für das Archiv. Die Leitung der Weimarer Kultstätte hatte all ihr Geld in Kriegsanleihen gesteckt und 1921 war man »vis-à-vis de rien«. Elisabeth, an Wohlleben gewöhnt, hätte die richtige Inflationsnot kennen gelernt, wäre nicht das Papier, auf dem Nietzsches eherne Worte gedruckt waren, wertbeständiger geblieben als die Anleihen des deutschen Reiches. Die verständisvolle Schwester nämlich hat mit ihrem Genie »à rebours« auf Houston Stewart Chamberlain gesetzt, der Deutschland eine neue Religion verheissen hatte, und nicht auf ihren Bruder, der alle Welt einst vor dem Reiche gewarnt und den Deutschen prophezeit hatte: »Ihr habt keine Zukunft!«

In Erfüllung dieser trüben Kunde kam dann auch der trübe Strom wieder an die Oberfläche, und der Flussgott, der ihm zurief, sollte die von Chamberlain erträumte Religion bringen. Elisabeth atmete auf: sie hatte, wie früher ihre Aristokraten, jetzt ihren Uebermenschen. Er [Hitler] wurde ins Nietzsche-Archiv eingeladen und die Fama berichtet, man habe ihm gleich zwei Sofas zur Verfügung gestellt. Ausserdem aber, und dies ist historisch, erhielt er von der Schwester einen Stock Nietzsches zum Geschenk, mit dem er stolz in Ilm-Athen [Weimar] herumspaziert ist. Zum Andenken an den Besuch wurde er dann neben der Klinger-Büste vorne im Empfangszimmer des Archivs photographiert, wie er grimmig und trotzig nach dem bescheiden in die äusserste Ecke des Zimmers gerückten Nietzsche-Kopfe blickt, als wollte er sagen: »Ein lebendiger Hitler ist mehr wert als ein toter Löwe«.

Von Förster bis Hitler hat sich Elisabeth in allen Männern geirrt, mit denen sie in Berührung gekommen war. Den grössten Irrtum hat sie gegen ihren eigenen Bruder begangen: Sie hat dessen »Umwertung aller Werte« einfach in die »Wertung aller Umwerte« umgefälscht. Dank ihr existieren heute in Deutschland Nietzsche-Bücher, die nationalsozialistisch adaptiert sind; dank ihr erscheint heute der holprige Stil von Hitlers »Mein Kampf« auf derselben Druckseite mit Nietzsches dionysischer

Prosa. Dank ihr werden heute im Walde germanische Ehen gefeiert, bei denen heiserschreiende junge Leute ums Feuer tanzen, während ihre Priester Zarathustras Verse zitieren. Eine der von Nietzsche beeinflussten Germanensekten hat sogar eine Ausgabe des »Antichrist« herausgebracht, die in den kultischen Veranstaltungen als Bibel-Ersatz verwandt wird, und so die neuen Heiden um die letzte Dosis des ihnen so nötigen Christentums bringt.

So hat diese brave Gattin und gute Hausfrau viel Böses gestiftet, nur weil sie, à la *Emma Bovary*, über sich hinauswollte. Sie, die bei grösster Anspruchslosigkeit eine Egeria für den schwerkämpfenden und einsam leidenden Bruder hätte werden können, ward zur Messalina, die seine esoterische Lehre auf Strassen und Gassen getragen und dort stumpfen Plebejern prostituiert hat.

Defensor Fidei[1]

---

[1] Pseudonym für Oscar Levy seit Sommer 1933.

Von Nietzsche zu Nazi
[1936]

Immer mehr rückt Friedrich Nietzsche in den Mittelpunkt der geistigen Schlacht, die, verborgen hinter der lauten Front materieller Interessen, sich leise, aber nicht minder heftig, vor den Augen der Eingeweihten abspielt. Von allen Seiten wird der Philosoph heute reklamiert und von den einen in den Himmel erhoben, von den anderen in die Hölle gestossen, von den dritten im Fegefeuer ge- oder erläutert.

Zu den Erläuterern gehört z. B. der Privatdozent der Berner Universität Dr. D. Gawronsky[1]. In seinem Buche *Friedrich Nietzsche und das Dritte Reich* (Bern 1935) behandelt das erste Kapitel Nietzsches Doppelnatur. Hier werden all die Widersprüche aufgezeigt, die sich in Nietzsches Lehre finden; hier wird ihm ein ständiges Umfallen von einem Extrem ins andere, ja das Wohlgefallen an diesem Schaukel-Denken nachgewiesen. Nietzsche, der die anti-arische Religion des Christentums als Tschandala-Glauben gebrandmarkt hatte, sei auf der andern Seite christlicher gewesen als irgendein Christ. Er, der den Krieg, die Macht, die Härte, die Grausamkeit, die »blonde Bestie« verherrlicht habe, bekämpfe in anderen Aphorismen mit äusserster Schärfe alle politischen und wirtschaftlichen Machtgelüste; er verhöhne den Staat als »kältestes aller Ungeheuer« und vergesse dabei ganz, wie notwendig die harte Staatsstruktur und der stumme Gehorsam für den Krieg seien. »Kann man sich wundern«, so meint unser Autor, »dass sich überzeugte Humanisten und radikale Nationalsozialisten auf Nietzsche be-

---

1 Dimitri Gawronsky [1883–1948], russischer Emigrant, 1917 Sekretär von Kerenski [1881–1970], ab 1919 Freund u. Schüler von Ernst Cassirer [1873–1945].

rufen?« Aber das Rätsel, so meint der Autor weiter, wäre leicht zu lösen, wenn man Nietzsche als typischen *Romantiker* auffasse, wie es der Baseler Professor Karl Joel[2] schon früher in einem bekannten Buche getan hätte. Noch mehr gehöre Nietzsche in die Reihe der grossen deutschen *Mystiker*, die in demselben Atem »die Vernichtung aller Individualität«, wie »die titanische Vergottung des Menschen« predigten. Hier, in der *irrationalen* Mystik, sei überhaupt die Wurzel des geistigen Deutschlands zu suchen: zu ihr bekenne sich Tauler, Luther, Jakob Boehme, Angelus Silesius – ja die ganze deutsche Philosophie von Fichte, Schelling, Hegel, Schopenhauer mit ihren Epigonen Spengler, Kayserling, Klages. Auf denselben Nenner zu bringen sei auch Nietzsche: seine Widersprüche erklärten sich aus dieser seiner Herkunft, aus seiner Verwandtschaft mit der deutschen Volksseele, die immer zwischen Menschlichkeit und Titanenwahn einhertaumele und schliesslich das Dritte Reich hervorgebracht habe, dessen »Anbruch die zivilisierte Welt in ein an Entsetzen grenzendes Befremden versetzt habe«.

Wir haben hier die Quintessenz dieses Buches – hoffentlich ohne Karikatur – wiedergegeben, weil es sich um das typische Buch eines Nietzsche-Forschers handelt, eines Gelehrten, der in die Kathedrale einer Philosophie eingedrungen ist, die nicht für Andächtige seiner Art bestimmt ist. Der Nietzsche-Forscher ist nämlich in einem Punkt dem Nietzsche-Laien ähnlich: er nimmt jedes Wort Nietzsches »au pied de la lettre«, er versteht keine »innuendos« und »sous-entendus«; er weiss nicht zwischen den Zeilen zu lesen. Bemerkungen über »Krieg«, »Grausamkeit«, »Macht«, »Härte«, »Freiheit«, »Barbarei« werden im landläufigsten Sinne aufgefasst, ohne zu bedenken, dass Nietzsches Lehre nicht nur alle Werte, sondern damit auch alle Worte umgemünzt hat. So geht man naiv mit dem alten Dictionnaire an eine neue Sprache und findet sie nebelhaft, widerspruchsvoll,

---

2 Karl Joël [1864–1934], Philosoph in Basel. *Nietzsche und die Romantik* (1905).

ja an Verrücktheit grenzend. Man hat vielleicht den besten Willen zu lernen, aber aller guter Wille führt nur zu Missverständnissen. Denn hier muss es einmal gesagt werden, dass Nietzsche nicht, wie etwa Chemie, Mechanik und Bakteriologie, erlernt werden kann und dass Schule, Fleiss, Gewissenhaftigkeit hier nicht zu sicherem Erfolge führen. In Nietzsches Philosophie handelt es sich um die Vision eines neuen Menschen und »man hat sie oder hat sie nicht«. Wenn man sie aber nicht hat, und trotzdem schriftstellern will, so ist man übel dran: wenn man die Kathedrale nicht von innen überschauen, und die harmonische Farbenpracht ihrer hochstrebenden Fenster bewundern kann, so hat es keinen Zweck, diese stumpfen Glasscheiben von aussen mit kalter Feder zu beschreiben und auch ob ihrer Unverständlichkeit und mangelnden Leuchtkraft zu beklagen ... Es spricht dazu aus diesem Buche Gawronskys – und das ist vielleicht das Beste an ihm – ein verhaltener Hass gegen Nietzsche, den der Verfasser gar zu gern als Sprachrohr seines Volkes betrachten und dem Deutschtum von heute, mit all seinen Verstiegenheiten, in die Schuhe schieben möchte. Auch eine nicht gewöhnliche Kunst der Verdrehung und Verdächtigung, wie sie geschickte Advokaten besitzen und von métier's wegen auch besitzen müssen. Aber ein Gelehrter, »double d'un avocat«, bleibt immer noch ein Gelehrter, d. h. er gehört zu jener Sorte Menschen, von denen Nietzsche immer sagte: »die verstanden bisher am wenigsten von mir«. Die kongeniale Nietzsche-Blindheit gerade jener Kreise, denen Nietzsche von Beruf aus angehörte, hat eben zur Katastrophe geführt, in die Europa geraten ist: mangels der Leitung echter Nietzsche-Forscher haben sich forsche Nietzsche-Fälscher dieser Philosophie bemächtigt, und sie – die »Armen an Geist« – treiben jetzt die »Kalten am Geist«, die Schriftgelehrten, zum Bildungstempel heraus: Das Schicksal, das heute Universitäten und Universitätslehrern, und nicht nur deutschen, zu Teil wird, ist somit nicht ganz unverdient!

Aber Nietzsches Kollegen sind nicht die einzig Schuldigen: »Demnächst, wenn – vielleicht endgültig – alles versäumt ist, was Nietzsche zur Verwirklichung des Europäischen Problems erheischte, wird man sich eines Tages bestürzt gegenüber dem Rätsel befinden: Unbeachtet wie irgendein Eckensteher blieb der Philosoph, zu dem die abendländischen Staatsmänner hätten pilgern sollen wie die Griechen zum Orakel von Delphi. Gespendet ist uns die Erleuchtung eines der luzidesten Geister aller Zeiten, der mit magischer Kraft das Chaos durchdrang. Aber wir leben daran vorbei.«

Also lautet ein Satz aus einem Buche eines bisher mir unbekannten Autors: *Alfred Rosenthal*[3]*; Nietzsches Europäisches Rasse-Problem* (Leiden 1935). Dieses Buch ist ein einziger, tief gefühlter Schmerzensschrei nach einem Europa, das endlich einmal einig werden und sich nach Nietzsches Wunsch zur Herrin der Erde machen möchte. Zu diesem Zwecke sei die Schaffung einer neuen Herrenkaste nötig, die durch strenge Auslese und harte Schulung aus allen Völkern und Rassen des heutigen Europas herangebildet werden müsse. Auch dies war Nietzsches Vorschlag: nur ward er vor 50 Jahren gemacht. Dazwischen hat es 1914 und 1933 gegeben: den Weltkrieg und die sogenannte deutsche Revolution, die seine, Nietzsches, Gedanken durchkreuzt haben. Unser Autor sieht es wohl: eine grosse Bangigkeit durchzieht sein interessantes Buch. Besonders Deutschland, an dem er nach wie vor zu hängen scheint, macht ihm Sorge. Rosenthal sieht im Dritten Reiche den Triumph Wagners über Nietzsche: den Triumph des Theatralischen, Ueberwürzten, Verkrampften über das Schlichte, Echte und Gesunde. Er meint: »Schwerlich hat Nietzsche, der zur Anähnlichung der Europäer mahnt, damit gerechnet, dass Wagners Werk demnächst einmal den Ausgangspunkt bilden könnte zu einer völkisch-religiösen Bewegung, die germanischen Götterkult und nordische Blutreinheit kombinierend, eine Bresche in den letzten Römerbau zu legen sucht und sich dadurch von der abendländischen Ge-

---

3 Alfred Rosenthal von Grotthus [geb. 1875], deutscher Autor.

fühlswelt trennt. Gewiss: auch Nietzsche ersehnte den neuen Gott. Aber keine Lokalgrösse mit Nibelungenprägung. Nach seiner ganzen, dem Geistigen zugewandten Einstellung musste er einen solchen Vorstoss gegen das Christentum missbilligen, wie er ja auch den Religionsstifter Wagner noch weniger gelten lässt als den Dichterkomponisten.« Und dann weiter:
»Nietzsche hält das Wagnertum, diese die Nerven verderbende Dekadenz, für ›unfähig zum organischen Gestalten‹, zum Stil überhaupt ... Auffallend ist die muntere Leichtigkeit, mit der Menschen, die kaum jemals für Glaubensfragen Interesse gezeigt haben, gruppenweise dem Christentum Lebewohl sagen und sich in einen anderen religiösen Unterschlupf dislozieren lassen. Nun darf man nicht annehmen, dass hier das ›deutsche Volk‹ in die Erscheinung tritt! Das Rührend-Ehrwürdige dessen, was man ›Volksseele‹ nennt, ist schwer vernehmbar. Wer genauer aufmerkt, hört nur den feinen Unterton – wie leises Schluchzen.«

Das ist stark empfunden und deswegen auch gut ausgedrückt; es ist auch richtig gesehen, aber weniger gut gehört. Denn die deutsche Volksseele, die »Rührend-Ehrwürdige«, hat nie einen feinen, sondern stets einen groben Unterton gehabt, und nicht ihr leises, sondern ihr lautes Schluchzen, Sehnen und Hoffen ging immer nach einem nationalen Messias, der die Herrlichkeit des alten Reiches wiederherstellen sollte. Der Kampf, den Nietzsche und andere grosse Ausnahme-Deutsche zu führen hatten, ging gerade *gegen* diese ehrgeizige, aufgeblasene, auf andere Völker neidische Volksseele, die so gerne auch grosse Politik machen und gerade auf diesem, ihr versagten Gebiet der Welt ihre Ebenbürtigkeit beweisen wollte. Hierzu benötigte das Volk des Zweifels, der »vielfachen Seele«, der Minderwertigkeitsgefühle, natürlich der Klammer einer nationalen Mystik, und diese hat es merkwürdigerweise oder natürlicherweise einem anderen Volk entlehnt, das ihm in der Geschichte am ähnlichsten und in der Gegenwart am unangenehmsten ist: dem jüdischen Volke. Rassenreinheit ist eine altjüdische Idee: sie ist die Konsequenz der Idee vom »auserwählten Volke«, das die neuesten Gesetze der Nazis schon in den ältesten Tagen durchführte. Die jüdischen Vorbilder von Hitler und Streicher heissen Esra und Nehemia: sie haben in biblischen Zeiten schon gegen Rassenschande geeifert und bei der Rückkehr aus der babylonischen Gefangenschaft einst alle Volljuden von ihren »arischen« Weibern mitsamt ihren Kindern getrennt, wie es geschrieben steht im Buche Esra Kap. 9 und 10 und Nehemia Kap. 13, 23 bis 30. Auch hier also folgt Deutschland seinem alten Prinzip der Kultur-Sabotage: »Germany puts the clock back«‹ und das, mit seiner bekannten Gründlichkeit, gleich um 2 500 Jahre. Oder zumindest um 2 000 Jahre, denn auch in der deutschen Geschichte haben die heutigen Machthaber ihre reaktionären Vorgänger gehabt. Seit Luther und Fichte hat sich auch das deutsche Volk stets als »Urvolk«, als das »auserwählte« betrachtet und, wie das alte Israel sich beständig gegen Rom auflehnte und seine Kultur unterminierte, so hat auch sein Brudervolk stets gegen Europa und seine geistige Einheit konspiriert und rebelliert und wo immer möglich Schleichwege zur originellen Narrheit oder auch Rückwege zur abgestandensten Barbarei eingeschlagen. Nach vielen missglückten, oder halb geglückten Ansätzen ist ihm das heute endlich gelungen, zu seiner, keineswegs ganz angenehmen, Ueberraschung, aus der Rosenthal sogar ein leises Schluchzen herausgehört haben will ...

Und hier können wir auch diesem sympathischen, ehrlichen, im besten Sinne des Wortes undeutschen Autor den Vorwurf nicht ersparen: er selber hängt noch zu sehr an der Nabelschnur des alten Deutschlands mit seiner schluchzenden Volksseele. Er selbst schluchzt und völkelt mitunter, wie Oswald Spengler, der die deutsche Volksseele doch in ziemlicher Reinkultur vertritt und der im Unterton seiner Bücher das Preussentum verherrlicht, ebenso wie Rosenthal. Gewiss: Spengler wie Rosenthal berufen sich auf Friedrich den Grossen, sie schätzen am Preussentum die Härte gegen sich selbst und wünschen dem Preussengeist eine Auferstehung auch ausserhalb Deutschlands: aber weiss man denn im heutigen Deutschland immer noch nicht, dass das Preussentum seit 1914 und seit 1933 in der Welt unmöglich geworden ist? Unmöglich, weil es damit dem westlichen Kulturkreis den Rücken kehrte – ganz im Gegensatz zum gepriesenen Preussenkönig, der Voltaire an seinen Hof berief, französische Verse machte und schliesslich »nicht mehr über Sklaven herrschen« wollte? Hat Nietzsche je das Preussentum verherrlicht? Er hat es als kulturfeindliche Macht gefürchtet und es mitten im Siegestaumel nach 1871 Europa als »vis consili expers« (als Kraft ohne Verstand) denunziert: als Härte, als Wildheit, als Grausamkeit, als »stachlicher Igel« der »sua ruit mole«, der durch seine eigene unintelligente Schwere zugrunde geht, was ja auch 1918 glücklich passiert ist... Aber die Spengler und Rosenthal scheinen an dem Experiment noch nicht genug zu haben: sie fürchten zwar beide Hitler, aber verherrlichen das Preussentum, die Wurzel des Hitlerismus, ruhig weiter... Rosenthal z. B. protestiert in seiner Einleitung gegen das Versailler Friedensdiktat und tadelt die Staatsmänner der Siegervölker, weil sie das Werk des Philosophen, »der den europäischen Kulturboden umzupflügen bestimmt war«, ausser acht gelassen hätten... Ja, was hat denn Preussen-Deutschland und sein Generalstab, was haben Wilhelm II. und Bethmann-Hollweg von dem grossen Umwerter gewusst, damals, als sie in einer Woche drei Kriegserklärungen an die umliegenden Völker ausschickten? Der Prophet wurde durchaus nicht im eigenen Lande gehört, und das ist nichts Neues: neu ist, dass dieses eigene Land nunmehr die anderen für die mangelnde Ehrung verantwortlich macht. Das Volk, zumindesten die Führer des Volkes, an das er sich zuerst gewandt, in dessen Sprache er schrieb, nein, donnerte, hätten Ihn doch zuerst hören und verstehen müssen, und der junge Nietzsche hatte auch jahrelang gehofft, die Seinen aus den wüsten Vaterlands-Saturnalien zu einer neuen europäischen Adelsgesinnung bekehren zu können. Bald allerdings hat er einsehen müssen, wohin das Reich und die Reise ging: nämlich zurück nach Berlin und, wie wir erfuhren, zu jenen Augusttagen von 1914, da die deutsche Sozialdemokratie einstimmig die

Kriegskredite bewilligte und der gekrönte Lohengrin mit der gepanzerten Faust auf den Tisch schlug und in die historischen Worte ausbrach: »Jetzt aber wollen wir sie dreschen.«

So tut es einem in der Seele weh, unseren Autor in der Gesellschaft eines Spengler zu sehen: Rosenthal ist der tiefere, einsichtigere, gesittetere, weltmännischere von den beiden. Er weiss z. B., ebenso wie Nietzsche, was eine Kirche ist und tadelt Spengler ob seines Missverständnisses, das er dem »letzten Römerbau« entgegenbringe: so nämlich, und mit Recht, bezeichnet Nietzsche die Christenheit. Spengler, als Angehöriger einer Ketzernation, ist schon darum mit Hitler näher verwandt, als er heute wahr haben will: das Plebejertum der Vorfahren, die sich gegen den letzten Römerbau heute, wie damals, auflehnten, steckt beiden tief im Blute und verleitet z. B. Spengler zu seinen kindlichen Redensarten über das Judentum, die unteren Stände und den »Mob in der Priesterschaft, der den Proletariern verwandt« sei (siehe Spenglers »Jahre der Entscheidung«). Aber kann es wundernehmen? Erinnern wir uns an diese Worte:

»Die ›modernen Ideen‹ (der ›Plebejismus des Geistes‹) gehören zu dem Bauernaufstand des Nordens gegen den kälteren, zweideutigeren, misstrauischeren Geist den Südens, der sich in der christlichen Kirche sein grösstes Denkmal gebaut bat. Vergessen wir es zuletzt nicht, was eine Kirche ist, und zwar im Gegensatz zu jedem ›Staate‹: Eine Kirche ist vor allen Dingen ein Herrschaftsgebilde, das den geistigeren Menschen den obersten Rang sichert und an die Macht der Geistigkeit soweit glaubt, um sich alle gröberen Gewaltmittel zu verbieten, – damit allein ist die Kirche unter allen Umständen eine vornehmere Institution als der Staat.«

So sagt Nietzsche in der »Fröhlichen Wissenschaft«. Die frech-frei-fröhliche Wissenschaft der Rosenberg, Bergmann[4],

---

4 Ernst Bergmann [1881–1945], nationalsozialistischer deutscher Philosoph, Zusammenarbeit mit Wilhelm Hauer. Autor von *Die 25 Thesen der Deutschreligion* (1933) sowie von *Die natürliche Geistlehre* (1934).

Hauer[5], Kerrl[6] und anderer Kerle hat natürlich keinerlei Ehrfurcht vor Geist, Verstand und Vornehmheit und schafft eine 2000jährige Universal-Kirche einfach ab, ganz wie sie Gesangvereine, Gewerkschaften, Stahlhelmer und den bierseligen Kösener S.C. auflöst. Diese patriotischen Stammtischler behandeln heute den religiösen Menschen als minderwertigen Typus, dem man mit Schupo und Gestapo den Glauben der Propheten, Psalmisten und Apostel austreiben und zu den Dogmen der eigenen, im Arier-Deutsch herausgestammelten Religion bekehren müsste. Und dazu berufen sich diese Unter-Christen, die theologischen Dilettanten, noch auf den Ueber-Christen Nietzsche, der stolz war, aus einer Pastorenfamilie zu stammen, der den Priestern aller Bekenntnisse sich verwandt fühlte und diese *um seinetwegen geehrt, zumindest geschont wissen wollte.* Dem Erneuerer des Glaubens, den die Christenheit, und nicht nur diese, sich noch einmal zur Ehre anrechnen wird, gerade wegen seiner ehrlichen Angriffe, treten heute die Saboteure nicht nur des Glaubens, sondern auch der Kultur zur Seite und spielen *frère et cochon* mit ihm, dem königlichen Einsiedler, der seine Jünger gerade vor den *Fliegen des Marktplatzes* gewarnt und stets befürchtet hatte, dass auch in seine »Gärten die Schweine und Schwärmer brechen«[7]!

Der begabte Autor von Nietzsches »Europäisches Rasseproblem« ist – in Parenthese gesprochen – nicht der einzige Deutsche, der trotz Exils nicht von seinem Vaterlande loskommen kann. Sie nahmen es alle, wie der heimkehrende Heine im Wintermärchen »an den Sohlen, an den Füßen«[8] mit, trotz des Schmutzes des Fürstentums Bückeburg, der ihnen dabei an den

---

5 Jakob Wilhelm Conrad Hauer [1881–1962], deutscher Indologe und Begründer der Deutschen Glaubensbewegung. Anhänger des Nationalsozialismus.
6 Hans Kerrl [1887–1941], nationalsozialistischer Politiker, preußischer Justizminister (1934), förderte die Deutschen Christen.
7 Friedrich Nietzsche: Also sprach Zarathustra, KSA 4, S. 237.
8 Heinrich Heine: Deutschland – ein Wintermärchen. Caput XIX.

Füssen kleben blieb. Auch sie, die Intelligenzia, führt, wie die anderen Emigranten, gerne jenes »bei uns« im Munde, das ihnen von den heutigen Franzosen bekanntlich den Spitznamen *les chez-nous* eingetragen hat. Auch sie wissen nicht: *chez nous* – das ist Bückeburg und die deutsche Provinz, aus der die Nazis stammen; das ist auch die deutsche Politik, die aus der Philosophie stammt und seit Hegel den Staat als Repräsentanten Gottes auf Erden ansieht. Aber es gibt auch ein anderes, abseitiges, edleres Deutschland, das nie das Knie vor dem finsteren Staats-Baal beugte: es ist ein sehr kleines, sehr stilles, sehr gefährdetes, oft in Exil, Wahnsinn und Verzweiflung getriebenes Deutschland, das in der Politik nie eine Spur hinterliess, weil seine Gedanken, in den Worten des Propheten, »so hoch« über den Köpfen der Vaterlands-Deutschen waren, »wie der Himmel ist über der Erde«. Auf dieses, aber nur auf dieses, soll sich die heutige Emigration berufen, denn mit diesem können sie auch der übrigen Welt aus Chaos und Dunkel den Weg zum Lichte und zu einer neuen Hoffnung weisen. Als im Jahre 413 v. Chr. die grosse, von Alcibiades angeratene Expedition gegen Syrakus scheiterte, gerieten Tausende von Athenern in grausame Gefangenschaft und mussten in heissen Steinbrüchen für ihre Sieger Sklavenarbeit tun – ausgenommen jene, die Verse von Sophokles und Aeschylus rezitieren konnten: sie wurden von reichen bildungsdurstigen Sizilianern zu Erziehern ihrer Kinder erwählt und wegen ihrer Herkunft aus dem geistigen Athen nicht nur geduldet, sondern hoch geehrt. Auch Deutschland hat, neben seinem Sodom mit dem Pulver und Schwefelgestank, auch heute noch sein Athen der höchsten Bildungswerte und die Aeschylus und Sophokles, die das Schicksal der Vertriebenen mildern könnten, heissen »bei uns«: Heine und Nietzsche ...

In einem seiner Aphorismen machte sich Nietzsche einstmals über das deutsche »und« lustig, das in naiver Ignoranz heterogene Werte aneinander zu koppeln pflegte. »[D]ie Deutschen«, so meinte er einmal, »sagen Goethe und Schiller, – ich fürchte sie sagen ›Schiller und Goethe‹« Sie sagen auch »Schopenhauer und Hartmann«[9], fügte er hinzu. Um die Jahrhundertwende sagte man: »Nietzsche und Chamberlain«. Rosenthal sagt: »Nietzsche und Spengler.« Es, kommt aber noch besser. »Nietzsche und Hitler« heisst es in einem dritten Buch, das den Titel trägt: *Friedrich Nietzsche und die deutsche Zukunft* (Leipzig 1935). Aus rein praktischen Gründen sei aller Welt angeraten, dieses Buch zu kaufen: schon als Kuriosität wird sein Druckpapier wertbeständiger bleiben, als sämtliche deutsche Staatspapiere von heute und ehedem. Vorne, vor dem Titelblatt, befindet sich nämlich eine Photographie, die Adolf Hitler in trotziger Andacht vor der Klinger-Büste im Nietzsche-Archiv darstellt. Zu den Tempelhütern des Archivs gehört der Verfasser: es ist *Richard Oehler*[10], der leibliche Vetter Nietzsches, der hier den Päan des neuen Deutschlands singt und Hitler als das Schwert (oder Richtbeil?) des Zarathustra-Gedankens begrüsst. Begrüssen wird dieses Buch, neben dem staatsfrommen und zwangsgläubigen Deutschland, auch das ungläubige und deutschfeindliche Ausland, unter anderen der Doktor Gawronsky: liefert doch Oehlers Buch Wasser auf seine Mühle, bringt es doch den Beweis für seine, Gawronskys, These, dass Nietzsche *auch* nur ein Germane gewesen sei und mit gutem Gewissen in die hölzerne Kiste mit der Aufschrift »Deutschtum – Vorsicht!« verpackt werden könne. Herzlichst willkommen heissen wird die Oehlersche Veröffentlichung auch der ehemalige Führer der englischen Liberalen, Sir Herbert Samuel[11], der am 20. März 1935 im englischen Parlamente auf die Unruhe Europas hinwies und für diese nicht nur Deutschland, sondern auch Nietzsches Philosophie verantwortlich machte, ohne einen

---

9 Friedrich Nietzsche: Götzendämmerung, KSA 6, S. 122. – Gemeint ist: Eduard von Hartmann [1843–1906], deutscher Philosoph, ursprünglich Offizier.
10 Richard Oehler [1878–1948], Vetter Friedrich Nietzsches.
11 Sir Herbert Samuel [1870–1963], erster britischer Hochkommissar in Palästina.

Widerspruch der andächtig lauschenden M[embers of] P[arliament] zu erfahren. Wie erfrischend für diesen Parlamentarier, einen der wenigen, der allgemeinen Ideen nicht abhold ist, seine irrige Meinung über Nietzsche aus deutschem Munde bestätigt und Oehler verkünden zu hören: *Wir erleben das Erstaunliche, dass die Sehnsucht der grossen Einzelnen – Luther, Schiller, Goethe, Nietzsche – in die Tat umgesetzt wird. Wir sehen den Einzelnen, den Führer ... Wie vom Blitz, vom erlösenden Blitzstrahl, sind wir getroffen. Das Licht der Zukunft ist angezündet. Alles, alles ist wie umgewandelt.. Friedrich Nietzsche, der letzte grosse deutsche Sehnsüchtige, ist der beste Wegbereiter des neuen Geschehens.*

»Weimar locuta est«: es hat den Verkünder der neuen Tafeln, der sich einst vor dem Nationalismus, Sozialismus, Antisemitismus bekreuzigte, zum Schutzpatron eines Reiches erhoben, das gerade auf diesen alten Werten begründet zu sein vorgibt, und das auf tausend Jahre hinaus.

Nietzsche selber aber, der Verkünder der ewigen Wiederkehr, was würde er sagen, wenn er, noch vor Ablauf des »ungeheuren Weltenjahres«, wiederkehrte und heute, wie einstmals im Weltkrieg, seinen Namen in aller Welt Munde finden würde: von den Deutschen verherrlicht, von den anderen *gerade deswegen* verachtet? Vielleicht dieses: »Bringt mich nach Binswangers[12] Klinik zurück: mir ist meine kleine Maison da Santé lieber als das grosse Irrenhaus da draussen!«

[Defensor Fidei]

---

12 Otto Ludwig Binswanger [1852–1929], ab 1882 Leiter der Nervenklinik in Jena, behandelte Friedrich Nietzsche 1890–1891.

Nochmals Heine und Nietzsche
[1937]

I.

Stephan Lackners[1] Parallele ›zwischen Heine und Nietzsche‹ (in Nr. 49 des Neuen Tage-Buchs) – eine Parallel-Psychologie, die an Plutarchs Parallel-Biographien erinnert – ist, wie man in Frankreich sagt, *une trouvaille*, ein glücklicher Fund, eine Entdeckung. Es ist nämlich richtig, dass Heine Nietzsche »vorempfunden« hat, wie man scherzhaft vom Plagiat zu sagen pflegt. Aber Nietzsche war darum kein Plagiator. Der Titel von Lackners Aufsatz »Der gelbe Fleck in Nietzsches Philosophie«, sicherlich humoristisch gemeint, könnte sorglose Leser in die Irre führen.

Nietzsche, der Heine nur als Sprachkünstler preist, hat ihn sicher nicht genau genug gekannt. Es passiert vielen Selbst-Denkern, dass sie ihre Vorfahren übersehen. Nietzsche hätte noch einen anderen Vorfahren, ebenfalls einen Semiten, beinahe übersehen: aber eines Tages hat er ihn doch, zu seiner grossen Freude und Ueberraschung, noch entdeckt. Einer Freude, die er in einem enthusiastischen Brief an Overbeck (30.7.1881) kundgibt, und der in den Worten gipfelt: »Meine Einsamkeit [...] ist wenigstens jetzt eine Zweisamkeit«[2] geworden. Sein neuer, so stürmisch begrüsster Freund hiess: Baruch Spinoza.

---

1 Stephan Lackner (Pseudonym für Ernst Morgenroth) [1910–2000], Schriftsteller und Mäzen, Freund des Malers Max Beckmann [1884–1950] und des Essayisten Walter Benjamin [1892–1940].
2 Friedrich Nietzsche an Franz Overbeck. Brief vom 30. Juli 1881. In: Friedrich Nietzsche: KSB, Bd. 6, S. 111.

Nietzsche hat sicherlich ernstlich geglaubt, er sei der erste Psychologe, oder Pathologe, des Christentums: der Entdecker der jüdischen Sklavenmoral, der Diagnostiker der zweitausendjährigen Nazarener-Pest. Er war nur der Zweite: der Erste war einer von jener Rasse, die sich bekanntlich »überall vordrängt«. Aber Nietzsche war darum nicht weniger originell: ein blosser Nachempfinder hätte es nie zu diesem durchaus persönlichen, schnellen, hämmernden, donnernden Stil gebracht. Und zu diesem olympischen Gelächter über die abgetanenen Werte, die Heine nur mit ironischen Mundwinkeln aufs Eis legt. Nietzsche ist selbst dann noch originell, wenn sein Stil sich bis zu dem des Alten Testaments steigert: die alten ehernen Worte umkleiden bei ihm dennoch neue, ja gegenteilige Gedanken. Der Protestant aus dem Pfarrershause stand eben der Bibel noch näher, als der freidenkende Sohn des lieblichen Rheinlandes. Es ist auch noch – und das soll beileibe kein Tadel sein! – etwas von dem Barbaren und Bärenhäuter in Nietzsche, etwas von dem wilden Blut, das selbst das Taufwasser des heiligen Bonifazius nicht hat verdünnen können: in Heine dagegen finden wir noch den Salon mit seinen tödlichen Bonmots, die lange Bekanntschaft mit der ewigen Dummheit, den Witz, die Schärfe, das »Ueber-den-Dingen-Schweben« eines tausendjährigen Kulturvolkes, dessen Beste – nach Nietzsche – »sich eben eine Freiheit des Geistes gestatten können, die jüngeren Rassen noch lange verwehrt sein dürfte«. Weder Heine noch Nietzsche fühlen sich als »völkisch«: der eine war entdeutscht, der andere entjudet, – aber beide hatten in Hellas eine neue Heimat gefunden. Beide erfassten den Dionysoskult in seinem tieferen Sinne: sie sahen in ihm, allen Gelehrten und selbst Goethe zum Trotze, das Fest der überströmenden Gesundheit. Als Krankheit aber, als »aus dem Niltal mitgebrachte Plage«, die nachher in christlich-verstärkter Form die ganze Welt durchseuchte, haben beide das Judentum und Christentum aufgefasst und in Frage gestellt und nicht nur das! Lackner findet sogar eine Parallele zur ewigen Wiederkehr bei Heine: er hätte noch eine andere Stelle aus seinen Werken

anführen können, in der direkt von dieser Vision gesprochen wird: sie befindet sich in der *Reise von München nach Genua*, Kap. 20, ist aber nicht in den älteren Ausgaben zu finden.
Auch die deutsche Philosophie – Lackners Parallele übersieht sie – wird von beiden richtig eingeschätzt und gehörig zugerichtet: diese »verkappten Christen«, dieses »Tübinger Stift«, diese »Theologen im Philosophen-Mantel« à la Kant, der »Chinese von Königsberg«, den Heine so köstlich verspottet, oder Gottlieb Fichte, der notabene ein Nazi »avant la lettre« und schon Nietzsche ein Dorn im Auge war. Dieser schlägt ihnen in roter Wut mit seinem Thor-Hammer auf die heiligen Schädel; Heine lässt sie mit fröhlicher Bosheit über seine scharfe Klinge springen. Aber auf diesem Gebiet ist Heine dem Nietzsche über; in seiner »Geschichte der Religion und Philosophie in Deutschland« weist er prophetisch auf die Katastrophe hin, die die losgelassenen Kantianer und Fichteaner einst in Europa anrichten würden; er ermahnt die Franzosen, die sich entwaffnen wollten, zur Vorsicht und Weisheit und deutet auch hier auf Hellas, dessen Göttin der Weisheit, Pallas Athene, einen Helm auf dem Kopfe und in der Hand fest umklammert eine Lanze trüge.
Ueber Hegel, den ärgsten Missetäter, haben übrigens beide geschwiegen: wenigstens über das, was er angerichtet, wenn auch, wie Wilhelm II., »nicht gewollt« hat. Von Hegel nämlich stammt rechts der »göttliche Staat«[3] ab, der nach ihm die Verkörperung der »Idee der Sittlichkeit«[4] ist. Der göttliche Staat, durch Bismarck realisiert, schickte 1914 in einer Woche vier Kriegserklärungen an die umliegenden Völker. Die »moralische Idee« aber inspirierte den Karl Marx, den Links-Hegelianer, der gewissermassen der Logiker der Hegelei geworden ist. So haben

---

3 Vgl.: Georg Wilhelm Friedrich Hegel: Grundlinien der Philosophie des Rechts. In: ders.: Werke. Auf der Grundlage der Werke von 1832-1845 neu edierte Ausgabe, Frankfurt am Main 1979. Band 2, Seite 383: »Der Staat ist göttlicher Wille als gegenwärtiger, sich zur wirklichen Gestalt und *Organisation einer Welt entfaltender* Geist.«
4 Ibid., S. 453.

die »verkappten Christen«, die Idealisten, die Blauäugigen, die Luftschiffer unter den Philosophen mehr Unheil angerichtet, als sämtliche Schwerverbrecher sämtlicher Zuchthäuser sämtlicher Kontinente zusammengenommen. Und *die Deutschen waren immer Idealisten*[5], wie Nietzsche meinte.

II.

Aber wie kommt es, – und hier beginnt mein Einwand gegen den originellen Artikel, – dass Lackner diese »Bekehrung«, diese »Sinnesänderung«, dieses Herauswachsen aus der religiösen Tradition bei Heine und Nietzsche nicht ernst nimmt und gar für eine Selbsttäuschung hält?

Beide, sagt Lackner, kamen übereinstimmend zu der – man muss schon sagen Wahnvorstellung, sich selbst als undekadente Hellenen von ihren Zeitgenossen zu unterscheiden. Beider Abneigung artete schliesslich ins Persönliche aus: zu einem Literatur-Duell gegen Personen, die ihrem eigenen Naturell gerade in den bekämpften Eigenschaften nahe verwandt waren. Heine schrieb ein Buch gegen den Juden Börne; Nietzsche wetterte gegen den ›decadént‹ Wagner. Und Heine, von uns aus betrachtet, war doch weiss Gott so jüdisch wie Börne – und Nietzsche mindestens so dekadent wie Wagner.

Also Nietzsches Kampf gegen Wagner und Heines gegen Börne wäre einfach ein »Literatur-Duell« gewesen und gar eines aus persönlicher Abneigung? Gewissermassen ein Kampf zwischen feindlichen Brüdern, die einander missverstehen, die aber gerade, als Brüder, sich desto besser verwunden können?

Aber nein: nur der eine Teil in den beiden Paaren hat den andern missverstanden, und zwar der Wagner den Nietzsche und Börne den Heine: Gewiss: Heine wie Nietzsche waren Dekadente: aber beiden ward die Kraft und das Glück zuteil,

---

5 Vgl.: Friedrich Nietzsche: Ecce Homo, KSA 6, S. 359: »Ohne Zweifel, die Deutschen sind Idealisten.«

sich dieser Krankheit (die heute ärger als je wütet) bewusst und gesund zu werden. Heine hat einst mit Vergnügen den Namen »Romantique défroqué« akzeptiert, und Nietzsche sagte: *Sowohl ich wie Wagner sind Kinder unserer Zeit und darum Dekadente: aber ich weiss, dass ich einer bin und Wagner nicht!* Beide, Nietzsche wie Heine, hatten eben ihr Damaskus erlebt, es war ihnen »wie Schuppen von den Augen gefallen«: beide sprangen aus dem Krankenbett ans Fenster, in die Sonne, in den Süden, ins freiwillige Exil. Aber sie wollten den »Weg ins Freie« auch anderen zeigen und darum mussten sie die Vorkämpfer des Siechtums, der Romantik in die Schranken fordern. Und sie haben gründliche Arbeit getan: gerade weil sie die Krankheit am eigenen Leibe erfahren und beinahe daran zu Grunde gegangen wären, mussten sie auch über die Krankheit, ihre Symptome, über die falschen Heilmittel und die unwissenden Aerzte, am besten Bescheid wissen … Nein: Heine war nicht so jüdisch wie Börne (es sei denn, es ginge nach »Blut«, wie die Nazis es wollen, und nicht nach Geist), und Nietzsche nicht so krank wie Wagner (obwohl er schliesslich zusammenbrach, während Wagner bis ans Ende seines Lebens »gesund« blieb). Heine hasste auch Börne nicht – wie kann der Gesunde den Kranken hassen? – er bekämpfte in ihm, wie Nietzsche in Wagner, die Weltanschauung. Nietzsche hat sogar Wagner bis zum Ende geliebt: »Ich weiss nicht, was Andre mit Wagner erlebt haben«, heisst es im Ecce Homo, »aber über den Himmel unserer Freundschaft ist nie ein Wölkchen gezogen.«[6]

Literatur-Duell? O nein: ein Kampf auf Leben und Tod zwischen blauem Himmel und finsterem Norden, zwischen Lebensbejahung und Lebensverneinung, zwischen der »aus dem Niltal mitgeschleppten Plage« und dem Hellas des Dionysos, dem »das Sein so heilig ist, um selbst ein Ungeheures von Leid zu ertragen«[7].

---

6 Vgl.: Ibid., S. 288.
7 Vgl.: Friedrich Nietzsche: Nachgelassene Fragmente, KSA 13, S. 266.

Ein »Ungeheures von Leid« ist denn auch beiden Dionysiern zuteil geworden: der eine hat es in seiner Matratzengruft noch besingen, der andere in Binswangers Klinik nur noch bestammeln können. Lackner sieht hier – echt christlich! – nur Schuld und Sühne: *Nietzsche hat übertriebenen Wert darauf gelegt,* sagt unser Autor, *auf eigenen Füssen zu stehen ... In seinen späteren Jahren wurde er ein lebendiges Paradoxon, eine titanische Mimose. An seinem übersteigerten Individualismus, an seiner Total-Isolierung, ist er dann zu Grunde gegangen.*

Wäre Lackner mehr Hellene als Christ, so hätte er Nietzsche nicht der Todsünde des Stolzes beschuldigt – *so ungefähr sagt es der Pfarrer auch!* – es wäre ihm vielmehr die Sage von Prometheus eingefallen, der für die Menschen das Licht vom Himmel stahl und der *dafür* von Zeus an den Kaukasus-Felsen geschmiedet wurde, allwo ihm ein Geier täglich die Leber ausfrass.

Die Geier von heute heissen Nazis. Sie haben Vogelhirne, ganz wie ihre Professoren und Literaten: sie stellten die Statue des grossen Europäers in ihr lokales Walhalla und sie warfen die Bücher des ersten Hellenen auf ihren teutonischen Scheiterhaufen. Aber wer weiss, wer mehr zu bedauern ist: der Heine, dem sie am Lorbeer nagen, oder der Nietzsche, den sie mit ihrer Liebe plagen! ...

In einem Artikel – »Von Nietzsche zu Nazi« betitelt, der am 8. Februar 1936 im *Neuen Tage-Buch* erschien – habe ich einmal das Wort an die deutschen Emigranten gerichtet: an sie, die so gar nicht von zu Hause, von der knorrigen Eiche und der guten Zentralheizung loskommen können, die im Ausland immer bedauernde Vergleiche mit dem *Bei uns* ziehen müssen, was ihnen bei den witzigen Franzosen die Etikette *les chez-nous* zugezogen hätte. Ich wollte, zur Linderung des Heimwehs, ihnen etwas Trost spenden und wies die Vaterlandslosen darauf hin, dass gerade sie ein Vaterland hätten, auf das sie stolz sein könnten: ein Klein-Deutschland der Zahl nach, ein Gross-Deutschland an Geist und Kraft, und eines, das im Gegensatz zum politischen, sogar eine Zukunft habe:

»Denn es gibt auch ein anderes, abseitiges, edleres Deutschland«, – hiess es daselbst – »das nie das Knie vor dem finsteren Staats-Baal beugte: es ist ein sehr kleines, sehr stilles, sehr gefährdetes, oft in Exil, Wahnsinn und Verzweiflung getriebenes Deutschland, das in der Politik nie eine Spur hinterliess, weil seine Gedanken, in den Worten des Propheten, ›so hoch‹ über den Köpfen der Vaterlands-Deutschen schwebten, ›wie der Himmel ist über der Erde‹. Auf dieses, aber nur auf dieses, sollte sich die heutige Emigration berufen, denn mit diesem könnte sie auch der übrigen Welt aus Chaos und Dunkel den Weg zum Lichte und zu neuer Hoffnung weisen. Als im Jahre 413 v. Chr. die grosse, von Alcibiades angeratene Expedition gegen Syrakus scheiterte, gerieten Tausende von Athenern in grausame Gefangenschaft und mussten in heissen Steinbrüchen für ihre Sieger Sklavenarbeit tun – ausgenommen jene, die Verse von Aeschylos und Sophokles rezitieren konnten: sie wurden von reichen, bildungsdurstigen Sizilianern zu Erziehern ihrer Kinder erwählt und wegen ihrer Herkunft aus dem geistigen Athen nicht nur geduldet, sondern hochgeschätzt. Auch Deutschland hat, neben seinem Sodom mit dem Pulver- und Schwefelgestank, selbst heute noch sein Athen der höchsten Bildungswerte, und die Aeschylos und Sophokles, die das Schicksal der Vertriebenen mildern könnten, heissen ›bei uns‹: Heine und Nietzsche.«

[Defensor Fidei]

›De Nietzsche à Hitler‹
[1937]

Da erscheint im Pariser Verlag *Fasquelle* das Buch eines französischen Autors M. P. Nicolas[1], das den Titel trägt: *De Nietzsche à Hitler*. Man kann nicht nachdrücklich genug darauf hinweisen. Es ist ein Strafgericht. Ein Strafgericht gegen die Wächter des Geistes. Sie haben versagt. Und nicht nur versagt: sie haben verraten. Die Frage, die der Verfasser sich vorlegte, lautet: »Wie war es möglich, dass die europäische Zivilisation von Nietzsche bis auf Hitler herunterkommen konnte?« Seine Antwort ist: *La trahison des clercs* – also der Verrat der Gelehrten, der Prominenten, der Intellektuellen, der Philosophen: leider alles Worte, die im Deutschen einen ironischen Beigeschmack haben. Der Verrat der »clercs« hat das Unglück angerichtet.

Die Erkenntnis ist nicht neu. Schon vor einem Jahrzehnt etwa erschien ein Buch mit diesem Titel. Es hatte Julien Benda[2] zum Autor, der, wie Eingeweihte wissen, nicht »le premier venu« ist. Ein Autor, der seine Basis hat, seine Prinzipien, seine Bewertungen. Ein Autor, der auch sein Publikum hat, diesseits und jenseits des Ozeans: denn sein Buch ist zwar nie [erst 1978] ins Deutsche übersetzt worden, aber ins Englische. Von Benda also stammt diese kluge Anklage gegen das geistige Europa; er war es, der diesen vorzüglichen Titel erfunden hat. Sein Buch ist lesenswert geblieben und macht dem Titel Ehre. Es hat nur den einen Fehler, dass der Ankläger in einem Punkt selbst mitschuldig ist. Er selbst hat nämlich Friedrich Nietzsche verraten.

---

1 Paul Marius Nicolas, französischer Philosoph, mit Levy befreundet.
2 Julien Benda [1867–1956], französischer Politologe. *La Fin de l'éternel* (Paris 1928).

»Quis custodiet custodes?«»Wer bewacht die Wächter?« fragte einst der lateinische Dichter. Und wer kritisiert die Kritiker? M. P. Nicolas hat sich dieser Aufgabe unterzogen. Er hat in seinem Buche einen der ersten Kritiker unserer Zeit kritisiert. Nicht ohne die Feder vor ihm zu senken: der Autor von »De Nietzsche à Hitler« weiss, wen er vor sich hat. Benda steht über seiner Zeit, die von geistigen Werten nichts mehr wissen will, – einer Zeit, da ein Volk von Denkern und Dichtern, wie seine Schmeichler einst sagten, zu einem Volke von Schippern und Turnern geworden ist, wie seine Feinde heute frohlocken. Benda verteidigt – und mit stahlharter Feder – eine Tradition von dreitausend Jahren. Diese Tradition ist die vom Sinai-Berge und Golgatha-Hügel: verklärt, vergeistigt, geadelt durch die Kultur von Hellas, durch die Lehre des göttlichen Plato. »Man soll stolz auf seine Feinde sein können« – das war ein Ausspruch Nietzsches. Nicolas ist zweifellos stolz auf Benda.

Er geht ihm trotzdem mit spitzem Florett auf den Leib und am Schlusse des Buches ist der Nachweis erbracht, dass Benda seinen unsterblichen Kollegen verleugnet, verfälscht und dann verworfen hat. Er ist selber schuld daran, wenn er in der Nietzsche-Sache Schulter an Schulter mit einem Charles Maurras steht, mit einem clerc also, für den »Wahrheit gleich Vaterland« ist – ganz wie anderswo. Oder mit Leon Daudét, der Nietzsche den »Alpiniste Boche« und den »grimmigen Syphilitiker von Sils Maria« nennt. Oder mit André Suarez[3], der Nietzsche eines Grössenwahns beschuldigt, »der die Menschheit erniedrigt habe« und ihn für einen »armseligen Pg. [Parteigenossen]« hält, der »unter den Händen seiner Krankenwärter wimmert« ... Es tut einem in der Seele weh, einen Autor von Gewicht in solcher Gesellschaft zu sehen, – mais tu l'as voulu, Julien Benda! ...

---

3 André Suarez (eigentlich: Isaak-Félix Suarès) [1868–1948], französischer Schriftsteller, befreundet mit Paul Valéry [1871–1945], Paul Claudel [1868–1955] und Romain Rolland [1866–1944]; Totalitarismuskritiker. *Le voyage du condottiere* (1910/32), *Vues sur l'Europe* (1939).

In seinen Büchern steht es geschrieben: Nietzsche *et* Maurras; Nietzsche *et* Barrès[4]; Nietzsche *et* Sorel. Das »und« hat schon manchen Kritiker verraten, meint Nicolas. Und der Franzose Nicolas führt für Nietzsche die Klinge. Vielleicht – es steht zu hoffen – hilft sein Buch mit, den Franzosen das Schicksal der Deutschen zu ersparen. Es attackiert, wo es zu attackieren gilt; es verteidigt, da die Verteidigung noch an der Zeit ist. Es hat nicht, wie die deutschen »clercs«, erst abgewartet, bis es für beides zu spät war. »Als Nietzsches ›Ecce Homo‹ 1908 erschien«, so meinte einer der hervorragendsten Köpfe der Emigration,[5] »da hielt ich seine Behauptung, die Deutschen hätten alle Verbrechen gegen die Kultur auf dem Gewissen, für übertrieben; heute weiss ich, er hat wahrgesprochen.« Das Unglück macht hellsichtig: à quelque chose malheur est bon! Und Nicolas greift gut an: seine Kriegsmittel entstammen dem Arsenal der Religion. Sein Buch ist das Buch eines freidenkenden, aber darum nicht unfrommen Mannes.

Der Autor erkennt genau, was man niemals in Deutschland begriff, wer Friedrich Nietzsche eigentlich gewesen war. Er ist für ihn natürlich kein Nazi-Philosoph, der dem sturen Staatsmechanismus etwas Geistiges einpumpen soll. Aber er ist für ihn auch kein Skeptiker, kein Anarchist, kein blinder Zerstörer, der seine Bombe gegen unsere Religion wirft und eine Tradition von dreitausend Jahren in die Luft sprengen will. Dieser Nietzsche, der stets stolz auf seine priesterliche Herkunft war, der die Kirche für eine höhere Organisation als den Staat hielt, der in seiner Biographie freudig hervorhebt, er habe »von christlicher Seite nie Unangenehmes erfahren« und »die echten Christen seien ihm stets gewogen« gewesen: er war kein gewöhnlicher Revolu-

---

4 Maurice Barrès [1862–1923], nationalistischer Schriftsteller, Mitglied der »Action française« (seit 1906), Herausgeber der Zeitschrift *La Cocarde; Le culte du moi* (1888/91), *Le roman de l'energie nationale* (1897/1902).
5 Vermutlich Heinrich Mann [1871–1950], mit dem Oscar Levy befreundet war. *Henri Quatre* (1934/37).

tionär, kein illuminierter Heiland; er steht jenseits des Pelotons und des Richtbeils, mit dem man seine Freunde und Kameraden umbringt. Er steht auch jenseits der im *Zarathustra* denunzierten »Mob- und Tyrannenherrschaft«[6], die sich heute unter dem Namen »Führer-Auslese« gerne als den von ihr ersehnten neuen Adel ausgibt. Selbst wo Nietzsche zerstört, tut er es nicht für eine Staats-, sondern für eine Sinnesänderung, für etwas, was im Neuen Testament »Metanoia« [Buße, Umkehr] genannt wird. Aber selbst dieser Zerstörungstrieb war religiöser Herkunft, und er war sich dieser Herkunft bewusst. Nicolas führt mit Recht die berühmte Stelle aus der *Fröhlichen Wissenschaft* an, wo Nietzsche den Ursprung seines, unseres, Wahrheitstriebes blosslegt. Es sei das christliche Gewissen selber, so meint er, das ihn gezüchtet habe: ein Gewissen, das im Beichtstuhl und in der Selbstprüfung entstanden sei, sich schliesslich zum wissenschaftlichen Gewissen verfeinert habe und von hier aus, in einigen Köpfen aus guten, ehrlichen, besonders sittlichen Geschlechtern, zur intellektuellen Sauberkeit um jeden Preis... Es ist also das Christentum selber, das hier seine letzte Konsequenz gegen sich selber zieht – in und durch Nietzsche, dessen Werk darum keinen echten Traditionsbruch mit der alten Lehre sondern nur ihre Fortsetzung, Belebung, Erfüllung und Entwicklung zur Blüte und Frucht bedeutet. In weiser Erkenntnis dieser wichtigen Entdeckung nennt darum Nicolas den Zarathustra mit seinem »Gott ist tot!« nicht etwa einen Atheisten sondern geradezu einen Ueberchristen, einen »Sur-Chretién« (das Wort stammt vom Autor). Ja, er sieht in ihm ein religiöses Genie, wie es die Welt kaum vor ihm gesehen, und selbst seine Fehler – Nicolas rechnet hierzu das Dogma von der »Ewigen Wiederkehr« – sind nur die notwendigen Schatten im Bilde eines Religions-Stifters.

---

6 Vgl.: Friedrich Nietzsche: Also sprach Zarathustra, KSA 4, S. 254: »Darum, oh meine Brüder, bedarf es eines neuen Adels, der allem Pöbel und allem Gewalt-Herrischen Widersacher ist und auf neue Tafeln neu das Wort schreibt ›edel‹.«

III.

Das sind warme und verständige Worte – die kalten und ablehnenden unseres Autors gelten der »complète imposture hitlérienne et l'injure qu'elle est pour la pensée de Nietzsche«. An Nietzsche haben sich, wie alle Welt weiss, die Nazis herangemacht: die schielende Lüge an die strahlende Wahrheitsliebe, die Unterchristen (»Sous-Chretiéns«) an den Ueberchristen, die Ketzer an den Heiligen. Denn billigerweise erklärt Nicolas die Nazis für Ketzer, für Abtrünnige vom Christentum. Sie haben einen seiner mächtigsten Pfeiler umgeworfen: seine Universalität, seine Bestimmung für alle Völker, für *Juden und Heiden*, wie es im Neuen Testament heisst. Dass ein Hitler in seinem Buche dem katholischen Geist den Vorwurf macht, er sei nicht genügend national, muss darum den besonderen Unwillen eines katholischen Autors erregen. *Wüsste der Führer, dass das griechische Wort ›Katholicos‹ allumfassend, das heisst universell, bedeutet, so wäre er über das Absurde seiner Bemerkung bis zum Verstummen unterrichtet...* Auch dass Hitler katholischen Priestern den Vorwurf mache, die Religion sei ihnen wichtiger als der Staat, sei nicht im Sinne Nietzsches, der im Gegenteil der Kirche immer tadelnd nachsagte, sie gebe dem Staate zu viel Spielraum.

Nazi-Deutschlands Kampf gegen seine Juden erregt natürlich den besonderen Unwillen unseres frommen Freidenkers, der seinen Meister durch grobe Fälschungen und freche Unterschlagungen in dieser Sache bis zur vollkommenen Entstellung beleidigt sieht. Das Kapitel *Racisme* ist darum eines der lesenswertesten dieses Buches: der Autor macht hier den Nazis den Vorwurf, sie stünden mit ihrer »Auserwählten-Volk«-Idee den alten Israeliten viel näher als ihren modernen und mittelalterlichen Nachkommen, und zum Beweise hierfür – und mit gewissem Behagen – führt Nicolas das Wort eines englischen Nietzsche-Forschers [Beevers] an, der der Hitlerbewegung gleich im Anfang den Vorwurf der »Jewish Heresy« gemacht habe ... Die

Juden der Diaspora hingegen, so zitiert er Nietzsche weiter, seien immer Kulturmenschen geblieben; sie hätten – und unter den schwierigsten Verhältnissen – stets Europa gegen Asien verteidigt; dank ihnen sei das Band zwischen uns und Hellas nie abgerissen, und überall seien sie für eine klare und vernünftige Weltauslegung gegen Mythos und Dunkelmännerei eingetreten... Ihre Austreibung aus Deutschland, so meint unser Autor, könne Deutschland darum nur schaden, denn – auch hier zitiert er mit »Gusto« ein Nietzsche-Wort: *Ueberall wo sie Einfluss gewannen, benutzten sie ihn, um das Volk wieder zur Raison zu bringen ...*

Ausgenommen in Deutschland, können wir heute hinzufügen. Wo die »Gäste« dem »Wirtsvolk« zu ähnlich geworden waren, um ihm noch so viel nützen zu können wie einst.

IV.

Als die Demokratie beweisen wollte, dass sie unmöglich geworden, gebar sie den Adolf Hitler. Mag dieser immerhin seine Mutter und seinen Vater verleugnen: er ist und bleibt ein Kind Rousseaus und der Französischen Revolution. Nicht nur die Werte seiner Partei, sondern auch ihre Worte – Nationalismus, Sozialismus – entstammen dieser Revolution, minus des Antisemitismus, der »homemade« und teutonischer Zusatz ist. Leon Blum, der mit Benda die christliche und humane Weltanschauung teilt, wies schon in einer seiner ersten Reden darauf hin, dass ohne diese angeblich verderbliche Revolution die Naziführer nie nach oben gekommen wären, und dass diese ja selbst ihre Bewegung stolz als »völkische« bezeichnet hatten. Aber auch das Christentum, das die Partei heute als jüdische Befleckung ablehnt, hat seinen Anteil an dem Erfolge dieser »Kinder des Volkes«: hat nicht der Stifter dieser Religion selber einst voraus-

---

7 Lukas 13,30.

gesagt, dass »die Letzten die Ersten sein werden«[7]?
Doch muss der Jünger Nietzsches, der unbestechliche Wächter des Geistes, noch das Christentum und die von ihm abstammende Revolution in Schutz nehmen, falls diese von unten, von der Ungeistigkeit und Ahnungslosigkeit, angegriffen werden. »Les extremes se touchent« d. i. zu den Ueberchristen gesellen sich heute die Unterchristen und wollen mit ihnen »frère et cochon« spielen. Aber sie werden abgewiesen nach Art des enttäuschten Freidenkers bei Chamfort. Als dieser sah, dass die Sansculotten auch Voltaire zitierten und dazu Priester mordeten und mit geschnitzten Chorstühlen Kaminfeuer machten, da rief er in Entrüstung aus: *Diese Halunken werden mich noch in die Messe zurückjagen!*

M. Nicolas ist nicht in die Messe, sondern in eine Buchhandlung gegangen. Er wollte seiner Pflicht als »clerc« genügen und hat sich dort Hitlers *Mein Kampf* gekauft.

Adolf Hitler hat sich oft in seinen Reden beklagt, dass Deutschland vom Ausland nicht verstanden werde; aber dieses Ausland versteht Deutschland nur zu gut und zwar dank Hitler selber. Auch seine Bibel nämlich enthält eine Offenbarung und eine viel deutlichere als jene, die Moses einst aus dem brennenden Dornbusch zuteil wurde. Ihr Verkünder hält ja mit seiner Meinung durchaus nicht hinter dem Busche, sondern klärt seine Gemeinde deutsch und deutlich darüber auf, was sie im Falle seines Sieges zu erwarten hätte. Es braucht also nur einiger Zitate aus *Mein Kampf*, um auch die Ungläubigsten zu bekehren und zwar so gründlich, dass sie nicht nur an ihr Seelen- sondern auch an ihr Körperheil denken. Auch Nicolas verzeichnet – mit Kapitel- und Versangabe – zahlreiche Kernsprüche des deutschen Salomo: »ad usum Europae«, das dank der Verbreitung der französischen Sprache davon profitieren dürfte. Aber im allgemeinen ist unser Autor Hitler wenig gram; er nimmt ihn sogar gegen seine Propagandisten in Schutz und meint, der Führer selber halte sich nicht für die Verkörperung des Nietzsche-Ideals. Nicolas glaubt sogar, Hitler habe Nietzsche nicht einmal gelesen. Es komme, ihm zufolge, ja weniger darauf an, was ein grosser Denker gesagt hätte, als wie seine Ideen aus einem anderen Munde wiedergegeben würden! Das war, so meint Nicolas, schon immer die Art der Politiker – der »goujats de l'Humanité«, wie Renan sie einst genannt hat; sie kümmern sich wenig um intellektuelle Redlichkeit; sie sind Advokaten und Verräter mit gutem Gewissen. Viel schlimmer als diese politischen Dialektiker seien die literarischen Wortverdreher: die »sous-goujats«, die ihnen Handlangerdienste leisteten. Ohne deren *bewussten* Verrat wäre eine Verwechslung Hitlers, des Heiligen der grossen Masse, mit Nietzsche, dem Führer der wenigen Einsamen, nie möglich gewesen. Hier überschätzt aber Nicolas anscheinend die deutsche Geistigkeit, die nie – wie die französische – die Zucht einer guten Schule kannte, und die mit ihrer *unbewussten* Verlogenheit und ihrem von Luther stammenden »credo qui absurdum« der europäischen Kultur schon die schwersten Wunden geschlagen hat. Ein Alfred Rosenberg, ein Richard Oehler glauben an das, was sie schreiben, und dieser Glaube macht sie selig und die anderen fröhlich – bis zum nächsten Augenöffner!

Das Buch, das übrigens im Dritten Reich sofort verboten wurde, schliesst mit den folgenden Worten: *Welche Schande wäre es, wenn die Heilsbotschaft eines Nietzsche an der Verlogenheit der Umwelt scheiterte; wenn der Unzeitgemässeste aller Denker mit den schlimmsten Zeiterscheinungen von heute weiter in Verbindung bliebe!*

Der Marschall Lyautey[8] hat zu der französischen Uebersetzung von *Mein Kampf* bekanntlich eine Vorrede geschrieben, die nur aus einer einzigen Zeile besteht: *Jeder Franzose sollte dieses Buch lesen!* Auch diese Kritik hatte kürzer sein und einfach Lyautey kopieren können: »Jeder Europäer sollte dieses Buch lesen, – und nicht nur jeder Europäer!«

---

8 Louis Herbert Gonzalve Lyautey [1854–1934], Marschall von Frankreich.

Nietzsche-Feier in Nizza
[1937]

Am 18. Februar 1933 haben sie in Frankreich das »Centre Universitaire Méditerranéen« gegründet. *Wir benötigen eine Politik des Geistes, wie wir eine des Goldes, des Getreides und des Petroleums schon haben, – und die Nation, die als erste diese Politik begreift und sie gebührend und energisch befolgt, würde sich grossen Ruhm und besonderen Einfluss in der Welt erwerben*, heisst es im Prospektus.

Der *genius loci*, so heisst es weiter, *ist besonders geeignet*. Ist nicht alle Kultur vom Mittelmeer ausgegangen? Hat das Klima, die Sonne, das glatte Meer so gar nichts mit der Heiterkeit des Geistes zu tun, die schliesslich in Werke der Freude, der Dankbarkeit, des Verständnisses anderer ausströmt? »Die Araber Spaniens, die Troubadours der Provence, – zwei Lichtpunkte!«[1] Und weiter: »Diese Verbindung von Troubadour, Ritter und Freigeist unterscheidet die frühe und wunderbare Kultur der Provence von allen, zweideutigeren Andern.«[2] Und dann: »Es ist der provencalische Geist, der heidnisch blieb, d. h. nicht germanisiert wurde: dem man die Vergeistigung der Geschlechtsliebe verdankt.«[3] Diese drei Sätze stehen allerdings nicht im Prospektus: sie stammen von dem modernen Troubadour der Provence und des Mittelmeers: Friedrich Nietzsche. Und hier ist etwas Neues: die Franzosen haben erkannt, dass ihr »foyer de

---

1 Vgl.: Friedrich Nietzsche: Nachgelassene Fragmente, KSA 11, S. 122.
2 Vgl.: Friedrich Nietzsche: Ecce Homo, KSA 6, S. 333 f.: »Die Lieder des Prinzen Vogelfrei, zum besten Theil in Sicilien gedichtet, erinnern ganz ausdrücklich an den provençalischen Begriff der ›gaya scienza‹, an jene Einheit von Sänger, Ritter und Freigeist, mit der sich jene wunderbare Frühkultur der Provençalen gegen alle zweideutigen Culturen abhebt«.
3 Vgl.: Friedrich Nietzsche: Nachgelassene Fragmente, KSA 11, S. 449.

Oscar Levy (hintere Reihe, 2. v. re.) mit Heinrich Mann (re.), August 1936 bei Nizza

haute culture *absolument internationale*« unter das Patronat des überdeutschen Philosophen gestellt werden müsse.

Am 1. März war Einweihung in Nizza, und Scharen strömten in das weisse, sonnenumstrahlte »Palais du Centre«, Promenade des Anglais, 65. Das grosse Amphitheater war dicht besetzt von Angehörigen allen Alters, vieler Nationen. Auffallend war die Beteiligung von Geistlichen, von denen mindestens zehn sogar im Ornat erschienen waren.

Der Vortragende war Prof. Edouard Spenlé[4], Rektor der Universität Dijon. Es bestand Gefahr, dass der bekannte Germanist zu sehr die lokale Bedeutung Nietzsches betonen würde, denn der grosse Umwerter hat es ja an Lob des Klimas, der Freiheit, der kosmopolitischen Gesellschaft Nizzas nicht fehlen lassen. Aber die Klippe wurde glücklich umschifft, und nach kurzem Hinweis auf den Aufstieg ins »Maurennest« Eze, wo Nietzsches schönster Teil des Zarathustra, »Von alten und neuen Tafeln«, entstand, ging Spenlé sofort in medias res.

Dieser Mittelpunkt des Vortrags war unzweifelhaft die indirekte Kritik der Nazi-Kultur. Nicht mit einer Silbe zwar wurde das Wort »Nazi« oder »Hitler« oder Rasse oder andere Schlagworte des modernen Deutschland erwähnt: aber sozusagen hintenherum erfuhr es die tüchtigste, und, was wichtiger, die geistige Abfuhr. Wiederholt ward betont, dass es sich in Europa nicht um den alten Nationalismus oder den alten Inter-Nationalismus handeln könne, sondern um einen neuen »sur nationalisme«. Auch das Christentum wurde nicht direkt erwähnt, aber von den Lippen des Vortragenden fiel doch mehrmals, mit Bezug auf Nietzsche, das Wort »Hyper-Chrétien«... Der Abfall Nietzsches von Wagner, von der Romantik, vom nordischen Geist, –

---

4 Jean-Édouard Spenlé aus dem Elsaß, Germanist in Strasbourg, Rektor der Universität Dijon (1937), verteidigt Nietzsche gegen nationalsozialistische Vereinnahmungen; Autor von *La pensée a la monde de Luther à Nietzsche* (1934, deutsch 1949), sowie von *Nietzsche et le Problème europèen* (1943).

seine Bewunderung für die hellenische Mittelmeerwelt, für die französischen Moralisten La Rochefoucauld, Vauvenargues, Chamfort, Pascal, ja, für die französischen Schriftsteller seiner Tage: alles das ward unterstrichen und schien von einem sehr aufnahmebereiten Publikum sogar verstanden zu werden. Wiederholt unterbrach lauter Beifall die geistreiche, verständige und auch bis in den äussersten Winkel verständliche Rede. Von Edouard Spenlé kommt auch die Idee, in der Halle des Universitäts-Palastes ein Relief-Bild, ein »medaillon« Friedrich Nietzsches anzubringen. Es entstammt dem Meissel des Bildhauers Tarnowsky[5] und wurde unmittelbar nach der Vorlesung unter der Beteiligung der Zuhörer enthüllt. Unter dieser kosmopolitischen Zuhörerschaft fehlten natürlich die Deutschen, die weder Visum noch Geld nach Frankreich erhalten. Das angeblich unter Nietzsches Geist stehende Deutschtum hat es ja schliesslich so weit gebracht, dass es mit keiner anderen Nation mehr geistigen Umgang pflegen *kann!* Nur einige Emigranten repräsentierten in Nizza das Volk, dem der grosse und freiwillige Emigrant, der Flüchtling aus dem »Flachland Europas«[6] (wie er Deutschland nannte) ebenfalls entstammte ... Nietzsche schrieb einst an seine Mutter: *Ich bin Psychologe genug, um zu wissen, dass in fünfzig Jahren ein Glanz von Respekt den Namen Deines Sohnes umstrahlen wird.* Die fünfzig Jahre sind um, und Frankreich, auf das Nietzsche immer gehofft, zeigt Europa den Weg zu den neuen Werten, die Deutschland nach Kräften verschüttet und verfälscht.

Defensor Fidei

---

5 Michel de Tarnowsky, [1870–1946], franz. Bildhauer.
6 Vgl.: Friedrich Nietzsche: Ecce Homo, KSA 6, S. 301.

Ein Nazi contra Nietzsche
[1937]

Einem englischen Richter, durch die vielen vor ihm geleisteten Meineide zum Zyniker geworden, entschlüpften einst bei einer unerwartet aufklärenden Zeugen-Aussage die verwunderten Worte: »Truth will come out *even* in the witness-box.«[1] An diesen Ausspruch wird der an Deutschlands geistiges Niveau gewöhnte Ausländer erinnert bei der Lektüre eines schon vor längerer Zeit erschienenen Buches, das ein Prunkstück der Nazi-Propaganda geradezu zertrümmert: »Was? Die Wahrheit kann selbst in Nazi-Deutschland gedruckt werden?«

Curt von Westernhagen[2] heisst der Autor dieses Buches und sein Titel: *Nietzsche, Juden, Antijuden!* (Weimar 1937).

Eine Einschränkung dieses Lobes ist am Platze. Der Verfasser ist ein durchaus gutgläubiger und überzeugter Anhänger der braunen Lehre: nur ist er ein intellektueller Pg. [Parteigenosse], und einer, der die »contradictio in adjecto« dieser Wortverbindung mehr als gewöhnlich ausgleicht. Es ist gerade sein Intellekt, der ihn, wenigstens oberflächlich gesehen, als »frondeur« erscheinen lässt. Beiläufig bemerkt sieht man hier, dass dieser Intellekt bei den Nazis mit Recht verpönt ist: er züchtet nämlich eine gewisse Sauberkeit, eine gewisse Wissenschaftlichkeit, eine gewisse Wahrheitsliebe, die wie der Mistral[3] die philosophischen

---

1 Etwa: »Die Wahrheit kommt heraus – *selbst* im Zeugenstand.«
2 Curt von Westernhagen, [1893–1982], Zahnarzt, nationalsozialistischer Schriftsteller, Wagner-Forscher.
3 Vgl. das gleichnamige Gedicht von Friedrich Nietzsche: »Jagen wir die Himmels-Trüber,/Welten-Schwärzer, Wolken-Schieber,/Hellen wir das Himmelreich!/Brausen wir ... oh aller freien/Geister Geist, mit dir zu Zweien – Braust mein Glück dem Sturme gleich.« [Die Fröhliche Wissenschaft, KSA 3, S. 651].

Münchhausiaden des Dritten Reiches vom Himmel weg über alle Berge blasen kann. Westernhagen hat nämlich Nietzsche gelesen, und er hat erkannt, dass man ihn zu Unrecht als Vorkämpfer der Nazi-Ideen hinstelle. Schlimmer als das: man habe geradezu den Bock zum Gärtner gemacht. Denn Nietzsche sei nicht nur kein Feind der Juden, sondern, wie der Autor meint, der geschickteste Anwalt, den sie je gehabt hätten. Verwundert steht Westernhagen vor dem Werke des Philosophen. Noch mehr verwundert ist er über das, was seine Nazi-Koreligionäre aus diesem Werke gemacht haben.

Sein Büchlein ist darum eine Warnung vor dem grossen Umwerter. Dieser Nietzsche stehe mit Herz und Kopf auf Seiten des Judentums gegen das Deutschtum (S. 73). Sein Hauptangriff ginge gegen das Christentum, das er als degeneriertes Judentum auffasse. In seinem Nachlasse stünden die Worte: »Wenn erst das Christentum vernichtet ist, wird man den Juden gerecht werden, selbst als Urhebern des Christentums«[4]. Nietzsche bediene sich in seinem Kampfe gegen das Christentum nur gelegentlich einer antisemitischen Maske. Es gehöre zu seinen Kriegslisten, dass er, der Freund aller Juden, der Feind aller Judenfeinde, es in diesem Falle nicht verschmähe, auf die antisemitischen Instinkte zu rechnen. »Er kannte Umfang und Tiefe der judengegnerischen Bewegung in Deutschland: wie, wenn es ihm gelänge, diese Stimmung vom Judentum ab und gegen das Christentum zu lenken? Wäre dann nicht das Christentum vernichtet und das Judentum gerettet?« (S. 60.)

Aber noch viel Schlimmeres wirft Westernhagen Nietzsche vor: er habe von den Rassetheorien des modernen Europas nichts wissen wollen. Er habe gesagt, nur Leute aus »Horneo und Borneo« könnten in diesem Völkermischmasch von Rasse sprechen. Eine reine Rasse, d. h. ein Adel, ist man nicht; eine reine Rasse, eine höhere Klasse, wird man. Als Beispiel einer solchen nicht reinen, sondern reingewordenen Rasse sähe Nietz-

---

4 Friedrich Nietzsche: Nachgelassene Fragmente, KSA 11, S. 72.

sche z. B. die alten Griechen an. Er betrachtet also, so klagt Westernhagen, – im Gegensatz zu den Nazis, – *die Erbanlage nicht als feste Grösse*. Adel sei die Gewöhnung ganzer Geschlechter, die ins Blut und schliesslich ins Gemüt übergegangen sei. Mit dem Eifer des Gläubigen bekämpft unser Autor diese Theorie von der Auflösung der Rasse *zu Gunsten der Unrasse*, – wobei als Unrasse natürlich alle nichtdeutschen Völker bezeichnet werden, nicht zu vergessen jene Deutschen, die Zweifel in die neue Nazi-Offenbarung setzen.

Aber Westernhagen hat vollkommen recht, wenn er Nietzsche geradezu als den Saboteur »avant la lettre« dieser Nazi-Theorie hinstellt. Diese zieht es bekanntlich vor, sich aus dem Handgelenk als Adel anzusprechen: mit der Fixigkeit eines Weinpantschers, der auf einen Rachenputzer einfach die Etikette *Liebfrauenmilch* klebt. So leicht aber ist es, nach Nietzsche, nicht. Rasse hat man nicht, wie Butterbrote beim Automaten »while you wait«. Man muss im Gegenteil recht lange warten, und wenn man sie bekommt, so ist das noch nicht einmal eigenes Verdienst. »Für das, was einer ist, haben seine Eltern die Kosten bezahlt.« Nietzsche leitet aus dieser Quelle, aus den fürchterlichen Kosten der Eltern, die Ueberlegenheit der jüdischen Rasse im heutigen Europa ab: »Ihr in langer Leidensschule von Geschlecht zu Geschlecht angehäuftes Geist- und Willens-Kapital *muss* darum in einem Neid und Hass erregenden Masse zum Uebergewicht kommen«[5]. Eben darum, meint Nietzsche, wohnten dem jüdischen Blute Fähigkeiten inne, die als Ingredienz einer zukünftigen, für die Weltgeschichte verantwortlichen Herrscherkaste unentbehrlich sein dürften.

Besonders für Deutsche hielt Nietzsche den Zuschuss jüdischen Blutes für dringend geboten und jede ängstliche Abschnürung für ein Zeichen der Schwäche und Minderwertigkeit. Was er von der Rein- und Heiligsprechung dieser Minderwertigen, was er von der Selbst-Befriedigung und Selbst-Kanonisierung

---

5 Vgl.: Friedrich Nietzsche: Menschliches, Allzumenschliches I, KSA 2, S. 310.

des deutschen Volkes gehalten haben würde, geht aus dem Briefe an seine Schwester (14.3.1885) hervor: »Zum Enthusiasmus für ›deutsches Wesen‹ habe ich es freilich noch wenig gebracht: noch weniger aber zum Wunsche, diese herrliche Rasse gar rein zu halten, im Gegenteil, im Gegenteil!«[6]

Mit diesen Ansichten, das ist ganz sicher, wäre Nietzsche also heute im Konzentrations-Lager oder in der Emigrations-Misere. Nur war er klüger als die deutschen Emigranten von heute: er hatte die Nazis mit ihrem unreinen Rasseschwindel schon aus dem damaligen Deutschland herausgerochen und sich beizeiten aus dem Staube und Schmutze in den helleren und heiteren Süden gerettet. »Il faut méditerraniser les idées.« [Man muß die Ideen ›mittelmeersch‹ machen, sie also ›mediterranisieren‹.]

II:

Gewissenhaft zitiert Westernhagen im genauen Wortlaut sämtliche anerkennenden Zeugnisse Nietzsches für die Juden als *Zeitgenossen* (nicht etwa *als Religionsstifter!*), – sie sind zahllos, – und vorwurfsvoll hat dieser ehrliche Nazi die Blicke dabei gerichtet auf die Fälscher, die den grossen Feind des Deutschtums als dessen Schutzpatron ausgerufen haben. Hier einige Proben dieser Zeugnisse, die der Autor, mit tiefem Bedauern über die Verirrung Nietzsches, aber mit noch grösserem über die Verwirrung der Nazis, in seinem Buche abdruckt:

»In den dunkelsten Zeiten des Mittelalters, als sich die asiatische Wolkenschicht schwer über Europa gelagert hatte, waren es jüdische Freidenker, Gelehrte und Aerzte, welche das Banner der Aufklärung und der geistigen Unabhängigkeit unter dem härtesten persönlichen Zwange festhielten und Europa gegen Asien verteidigten; ihren Bemühungen ist es nicht am wenigsten

---

[6] Friedrich Nietzsches Brief an Franziska u. Elsisabeth Nietzsche v. 14.3.1885, KSB, Bd. 7, S. 23.

Oscar Levy 1943 in Oxford (Boars Hill, White Rock)

zu danken, dass eine natürliche, vernunftgemässere und jedenfalls unmythische Erklärung der Welt endlich wieder zum Siege kommen könnte und dass der Ring der Kultur, welcher uns jetzt mit der Aufklärung des griechisch-römischen Altertums verknüpft, ungebrochen blieb. Wenn das Christentum alles getan hat um den Okzident zu orientalisieren, hat das Judentum wesentlich mit dabei geholfen, ihn immer wieder zu okzidentalisieren: was in einem bestimmten Sinne so viel heisst, als Europas Aufgabe und Geschichte zu einer Fortsetzung der griechischen zu machen.«[7]

»Europa ist geradezu in Hinsicht auf Logisierung, auf reinlichere Kopfgewohnheiten den Juden nicht wenig Dank schuldig; voran die Deutschen, als eine beklagenswert déraisonnable Rasse, der man auch heute immer noch zuerst ›den Kopf zu waschen‹ hat. Ueberall wo Juden zu Einfluss gekommen sind, haben sie feiner zu scheiden, schärfer zu folgern, heller und sauberer zu schreiben gelehrt.«[8]

»Welche Wohltat ist ein Jude unter Deutschen! Wieviel Stumpfheit, wie flächsern der Kopf, wie blau das Auge; der Mangel an esprit in Gesicht, Wort und Haltung; das faule Sich-Strecken, das deutsche Erholungsbedurfnis, das nicht aus Ueberarbeitung, sondern aus der widrigen Neigung und Ueberreizung durch Alcoholica kommt.«[9]

»Die Juden sind in unbedingtem Sinne gescheut: einem Juden zu begegnen ist eine Wohltat, gesetzt, dass man unter Deutschen lebt. Ihre Gescheutheit hindert sie, auf unsere Weise närrisch zu sein, z. B. national. Sie sind selber ein Antidoton (Gegenmittel) gegen diese letzte Krankheit der europäischen Vernunft. Sie sind ehemals zu gut geimpft, – ein wenig blutig selbst, – um der ›Rabies Nationalis‹ (nationalen Tollwut) zu verfallen.«[10]

---

7 Vgl.: Friedrich Nietzsche: Menschliches, Allzumenschliches I, KSA 2, S. 310f.
8 Vgl.: Friedrich Nietzsche: Die fröhliche Wissenschaft, KSA 3, S. 584f.
9 Vgl.: Friedrich Nietzsche: Nachgelassene Fragmente, KSA 13, S. 456.
10 Vgl.: Ibid., S. 532.

»Dagegen die Deutschen mit ihrem kindlichen Gemüt, welches ahnt... Man muss beinahe Jude sein, um als Deutscher nicht zu ahnen.«[11]

»Unter Ausländern kann man hören, dass die Juden noch nicht das Unangenehmste sind, was aus Deutschland zu ihnen komme.«[12]

»Der Himmel erbarme sich des europäischen Verstandes, wenn man den jüdischen Verstand davon abziehen wollte.«[13]

»Nicht nur die unritterliche Behandlung, sondern schon das Milieu hat genügt, um die Juden ihrer vornehmen Eigenschaften zu berauben: es ergibt sich, dass der Jude Preussens eine herabgebrachte und verkümmerte Art von Jude sein muss... Diese Entartung der Juden hängt mit einem falschen Klima und der Nachbarschaft mit unschönen und gedrückten Slawen, Ungarn und Deutschen zusammen: unter Portugiesen und Mauren bewahrt sieh die höhere Rasse der Juden.«[14]

III.

Als wichtigen, ja sicheren Beweis für die Judenfreundschaft und Deutschen-Verachtung Nietzsches sieht dann Westernhagen das Verhalten der Juden *selber* an: *Sie haben*, meint er, *niemals Wagner seinen Antisemitismus vergeben und ihn nicht vergessen bis ins zweite und dritte Geschlecht... Hat man dagegen je gehört, dass die Juden an Nietzsches christlichem Antisemitismus Anstoss genommen haben? Im Gegenteil! Antichristlicher Antisemitismus, – das ist die einzige Art der Judengegnerschaft, die jüdischen Ohren angenehm und lieblich klingt.*

---

11 Vgl.: Friedrich Nietzsche: Nachgelassene Fragmente, KSA 12, S. 485.
12 Friedrich Nietzsche: Nachgelassene Fragmente, KSA 9, S. 42.
13 Friedrich Nietzsche an seine Mutter, Franziska Nietzsche (geb.: Oehler) [1826–1897]. Brief vom 19. Sept. 1886, KSB 7, S. 249.
14 Vgl.: Friedrich Nietzsche: Nachgelassene Fragmente, KSA 11, S. 568.

In der Tat, es ist eine unzweifelhafte Wahrheit, dass die Juden im grossen und ganzen Nietzsche nichts verübelt haben. Was man ihnen zum Vorwurf machen kann, ist die bedenkliche Tatsache, dass sie ihn überhört haben: sie hätten durch ihn sich über das deutsche Milieu unterrichten können und wären nicht so unjüdisch-gedankenlos in die Nazi-Falle gegangen. Jedoch ob Semit, ob Arier:
»Den Teufel spürt das Völkchen nie, Und wenn er sie am Kragen hätte.«[15]

Von allen Juden der Welt waren die Deutschlands die assimiliertesten. An was sie sich assimiliert hatten, darüber hätten sie sich bei Nietzsche unterrichten können. Er hatte es gut mit ihnen gemeint: er hatte ihnen den Weg ins Freie gezeigt. Getreu seinem (und Goethes) Grundsatz, dass auch der Teufel, das Böse, seinen Wert habe, hatte er ihnen den Nutzen des Antisemitismus enthüllt: er *solle die Juden antreiben, sich höhere Ziele zu setzen und das Aufgehen in nationale Staaten zu niedrig zu finden.* Aber er hatte tauben Ohren gepredigt, Ohren, die mit Berliner Wachs und Witz verstopft waren. Der grosse Spinoza hatte einst eine Berufung an die Heidelberger Universität abgelehnt, weil er befürchtete, er könne dort nicht unbeanstandet lehren: seine späteren Rassebrüder haben sich zu derlei Aemtern gedrängt, ungeachtet der schlechten Atmosphäre, die schon zu Bismarcks und Wilhelms Zeiten auf Deutschlands Hochschulen herrschte und die schliesslich als letzte Konsequenz die Hitlerei gebären *musste.*

Nein, Volk bleibt Volk: es will essen, lieben und schlafen. Aber einzelne Juden – und es kommt bei jedem Volke auf die einzelnen an – haben doch Nietzsche gehört: sie haben ihn ja auch entdeckt. Wer weiss, ob Nietzsches erste Ausgaben (wie Schopenhauers »Wille«) nicht längst eingestampft und nie wieder aufgelegt wären, ohne den Dänen Georg Brandes, der als

---

15 Johann Wolfgang Goethe: Faust. In: Werke. Hamburger Ausgabe in 14 Bänden, Hamburg 1948 ff. Band 3, Szene in Auerbachs Keller.

erster in Kopenhagen über ihn Vorlesungen hielt? Denn es gehörte einst Mut dazu, Nietzsche öffentlich zu loben und zu verkünden: hatte er doch alle Werte der Vorkriegszeit angegriffen: das Christentum, den Nationalismus, den Sozialismus – Werte, die bezeichnenderweise heute mehr als je im Schwange sind und von denen zwei sogar in den Namen der herrschenden deutschen Partei übergingen. Damals war es geradezu Tollkühnheit, sich zu diesem echten Revolutionär zu bekennen; Nietzsche schreibt mit Recht: »Brandes gehört zu den internationalen Juden, die einen wahren Teufelsmut im Leibe haben.«[16] Auch in Deutschland waren es zuerst Juden, die sich seiner annahmen: Leo Berg[17], Maximilian Harden, Georg Simmel. Nietzsche hat es klar gesehen: *Ohne Juden gibt es keine Unsterblichkeit: sie sind nicht umsonst ewig.* Ohne Juden wäre Nietzsche auch nicht aus seinem deutschen Sprachgebiet herausgekommen, denn die Literatur des zweiten Reiches war im Ausland wenig angesehen, – und nicht nur bei Brandes, der, wie Nietzsche lobend hervorhebt, in seinem Falle »den Widerwillen gegen alles Deutsche überwunden hätte«. Nietzsche war aber noch mehr als durch seine Nationalität durch seine Originalität kompromittiert: es gehörte ein weiterer Todesmut dazu, diese Lehre im Ausland zu verbreiten, und die zahlreichen deutschen Lektoren an fremden Universitäten haben sich demnach gehütet, durch dieses »heisse Eisen« sich die Karriere zu verderben. So waren es wiederum vielfach Juden, die hier in die Bresche springen mussten. Verhältnismässig leicht noch gelang die Einführung in das katholische, von Nietzsche so hoch gepriesene Frankreich, wo die Uebersetzung schon in den neunziger Jahren Erfolg hatte; ungleich schwieriger war die in das von Nietzsche mit Spott übergossene, dazu halb imperialistisch, halb calvinistisch durch-

---

16 Friedrich Nietzsche an Carl Fuchs [1838–1922] vom 26. Aug. 1888, KSB 8, S. 399.
17 Leo Berg [1862–1908], deutscher Literaturwissenschaftler. Autor von *Der Übermensch in der modernen Literatur* (1901) sowie *Essays* (1908).

tränkte England: in dieser Weltsprache, auf die es gerade ankam, missglückte die erste Uebersetzung vollkommen, und erst der zweiten, nach einem Jahrzehnt unternommenen, gelang es, den unterirdischen Widerstand sämtlicher massgebender Kreise des konservativen Albions zu brechen. Auf den Titelblättern dieser achtzehnbändigen Ausgabe aber stehen Namen des prähistorischen Adels, wie Cohen, Levy, Samuel[18], – nicht zu vergessen Miss Helen Zimmern[19], die noch den gesunden Nietzsche persönlich kannte und von ihm einst als Uebersetzerin ausgewählt worden war.[20]

IV.

Wenn Westernhagen also diese vorwiegend jüdische Anwaltschaft als Beweis für seine These ansieht, so hat er noch mehr recht als er selber glaubt, und als er im heutigen, auch geistig autarkisierten Deutschland überhaupt wissen *kann*. Nur hat er unrecht, anzunehmen, dass die jüdischen Vermittler es aus Hass gegen das Christentum getan hätten, denn diese wussten sehr genau, dass ursprünglich das Judentum auch dafür verantwortlich ist und haben Nietzsches These von der Sklavenmoral oder Heines von der *aus dem Niltal mitgeschleppten Plage*, die das Christentum noch akzentuierte, restlos gebilligt. Diese Juden wussten und wissen, dass es sich beim Christentum um ihre un-

---

18 Horace Barnett Samuel, Übersetzer der *Genealogie der Moral*.
19 Helen Zimmern [1846–1934], deutsch-englische Schriftstellerin und Übersetzerin Friedrich Nietzsches. Er lobte ihren »Teufels-Mut«. Sie lebte in Italien. Levy schreibt über die ihm Geistesverwandte : »It is likewise the fault of Miss Zimmern herself, or rather that of her birth and her subsequent wandering in Europe. Miss Zimmern during all her life has been frequently moving from one country to the other, and that may have been the reason that no country took a particular interest in her.« (The Observer, v. 12. Sept. 1926).
20 Friedrich Nietzsche an Helen Zimmern, erschienen in: *Das Neue Tage-Buch* vom 19. September 1936.

getreue Tochter, aber immerhin um eine Tochter handelte, und wenn sie es nicht wussten, so konnten sie aus ihren modernen Erfahrungen die Lehre ziehen, dass es noch weit schlimmere Abarten ihrer Religion gibt, als das immerhin nicht national verkrampfte und verhärtete Christentum. Gewiss: sie schickten es in die Wüste, aber so wie Abraham die Hagar verabschiedet, auf dem Bilde jenes italienischen Malers: segnend und nicht fluchend. Aber sie kehrten darum nicht zu der alten Sarah ihrer hässlichen Sklavenmoral zurück: sie haben ihr Angesicht der Sonne von Hellas zugewendet, getreu ihrer von Nietzsche bemerkten und schon mittelalterlichen Tradition, Europa nicht ganz zu orientalisieren oder zu bestialisieren und die Verbindung mit dem Lande Homers und Thucydides' nicht vollkommen von Kultur-Rüpeln, nordischen wie anderen, zerstören zu lassen.

Europa hat diese Juden verkannt; es waren ja immer nur wenige, die dazu oft sogar ihrer eigenen Rasse unverstanden blieben, wie z. B. Heinrich Heine. Es hat auch dem hochbegabten Georg Brandes Unrecht getan und nie begriffen, dass ihn gerade die hellenische Gesinnungsgemeinschaft zum Entdecker und Apostel Nietzsches gemacht hatte. Seine dänischen Landsleute sahen in ihm nur den skeptischen, *alles zersetzenden Semiten*: sie haben auch sicherlich nicht die sarkastische Antwort des gequälten und vernachlässigten Kultur-Missionärs verstanden: *Aber ich bin doch der einzige Nicht-Jude in Dänemark!* ... Die Juden haben eben mehr Schule gemacht als ihnen heute lieb und angenehm ist: denn auch die heutigen nationalen Werte sind im Grunde nicht heidnische: auch sie entstammen dem Volke, das einst der Welt den einig-einzigen Gott verkündete und sich als dessen Botschafter vor allen Völkern auserwählt dünkte. Der einig-einzige Gott allerdings ging im Laufe der Jahrtausende der von ihnen bekehrten Nachwelt verloren: der jüdische Dünkel der Auserwähltheit aber ist ihr geblieben und am stärksten infizierte er das theologische Volk Europas: die Deutschen.

Die Deutschen brauchen, falls sie es nicht wissen, sich nur bei den Juden zu erkundigen, was dieser Dünkel kostet. Halb scheinen sie sich übrigens der Gefahr bewusst zu sein, denn sie versuchten, sich ihres Jüdischen Stammbaumes zu entledigen und Nietzsche auf den Schild von Nazi-Deutschland zu erheben. Es wird ihnen nichts nützen! Westernhagens Buch, obwohl der *Völkische Beobachter* vom 27.7.1936 es *als Verzerrung und Fälschung eines geistigen Vorgängers* brandmarkt, beweist, dass die Nietzsche-Schlacht auch im Inneren so gut wie verloren ist. Im Auslande aber sind die umliegenden Höhen längst von jener Rasse besetzt, mit der man, laut Nietzsche, sich hätte verständigen müssen, falls man eine Revolution in religiösem Erneuerungsstil inszenieren wollte. Jetzt ist es zu spät dazu, und die schwerbewaffneten und schwerbefussten Haken-Kreuzfahrer können sich nur noch mit den vertonten Versen des leichtbeschwingten Nicht-Ariers Jacques Offenbach trösten:

« Nous sommes les Carabinieri, Nous venons toujours trop tard! » [Wir sind die Carabinieri, wir kommen immer zu spät!]

[Defensor Fidei]

Anhang

Oscar Levy, 1894 in Hamburg

›*I don't fit*‹ oder
Oscar Levys europäische Nietzsche-Lektion

von Steffen Dietzsch und Leila Kais

Oscar Levy gehört zu den großen Vergessenen in der ersten Generation der europäischen Nietzscheforschung – er ist, wie fast alle die anderen, jüdischer Herkunft – also wie Georg Brandes, Theodor Lessing, Salomo Friedlaender [›*Mynona*‹], Felix Hausdorff [›*Paul Mongré*‹], Raoul Richter[1], Max Brahn, Karl Joël oder Georg Simmel. Und deren aller Schicksal – gebrochene, beziehungsweise randständige akademische Karrieren, Exil oder gewaltsamer Tod – teilt auch der lebenslange Exilant Oscar Levy. Hierin liegen einige der Gründe, warum er in Deutschland der weitgehend Unbekannteste dieser Gruppe geblieben ist. Er gehört zu denen, wie sich eine prophetische Stimme schon 1908 vernehmen ließ, »die man heute kaum kennt und von denen man vielleicht erst in fünfzig oder hundert Jahren sprechen wird«, auf denen aber »ruht wie auf starken, einsam-trotzigen Säulen das Dach der künftigen höheren Kultur.«[2]

Eine der seltenen Würdigungen – freilich auch immer noch aus dem Exil – war auch in einem Vortrag der ›Gruppe Unabhängiger Deutscher Autoren‹, vom 11. September 1945 in London zu hören: »Oscar Levys Tat [die englische Nietzsche-Edition], diese einzigartige, schwierige und wichtige, gehört zu den bewunderungswürdigsten, dankenswertesten Diensten, die

---

1 Vgl. Steffen Dietzsch: ›*Die Philosophie fängt an, wo der Respekt aufhört*‹. Raoul Richters' fröhliche Skepsis, in: Weimarer Beiträge, Jg. 49 (2003), H. 2, S. 219–241.
2 Kurt Walter Goldschmidt: Die Entwicklung nach unten. Ein kritisches Capriccio, in: Der Osten (Breslau), März 1908, S. 65 f.

Intellektuelle am Werk geistiger Schöpfer, am Genius selbst geleistet haben.«[3] Aber inzwischen gilt als ausgemacht: «In the pantheon of forgotten contributors to British cultural life in the first half of the twentieth century, none is more worthy of being retrieved than Oscar Levy.«[4]

I. ›Von Hinterpommern ins Vordertreffen‹[5]

... so wollte Oscar Levy seine nie gedruckte Autobiographie überschrieben wissen. Dazwischen liegt das Abenteuer eines Visionärs, dem zeitlebens mehr an seinem eigenen Kopf gelegen war als an seinen eigenen Füßen, auf denen sein Vater ihn stehen sehen wollte[6]:

Am 28. März 1867 kommt Oscar Levy als erstes Kind eines vermögenden Versicherungskaufmanns etwa 35 Kilometer südöstlich von Stettin, im pommerschen Stargard zur Welt. Sein Geburtshaus, Markt 4, ist eines der stattlichsten Häuser am Platz. Rückblickend beschreibt Levy sich als einen verträumten Jungen – eine Eigenschaft, die seiner zarten, aber ambitionierten Mutter einiges Kopfzerbrechen macht. Die frühen Kindheitserinnerungen, die ihm im Alter von 75 Jahren in den Sinn kommen, kreisen um Erlebnisse im Zusammenhang mit seiner jüdischen Herkunft und seiner differenzierten und doch selbstbewußten Haltung ihr gegenüber. Seinen orthodoxen Onkel brüskiert der Zehnjährige einmal mit der Frage, weshalb

---

3   Kurt Hiller: Zwischen Timesdemokrat und Nietzschepapst, in: ders.: Radioaktiv. Reden 1914–1964, Wiesbaden 1966, S. 150.
4   Dan Stone: An ›Entirely Tactless Nietzschean Jew‹. Oscar Levy's Critique of Western Civilization, in: Journal of Contemporary History [London], Vol. 36 (2001), S. 271. Vgl. zu Oscar Levy vor allem auch: Albi Rosenthal: Obiter Scripta. Essays, Lectures, Articles, Interviews, Oxford/Lanham (Maryland, USA) 2000, S. 379–282, 386 u. 399–409.
5   Oscar Levy: Autobiogr., Bl. 273.
6   Vgl.: Ibid., Bl. 63.

Oscar Levy als Einjähriger

die Beschneidung notwendig sei, da doch der Mensch dem vollkommenen Bilde Gottes entspreche. Sein Vater, der »Riese von Hinterpommern«[7], entgegnet solchen verschmitzten Fragen mit einem Lächeln. Indessen weiß er seinen Sohn doch zu räsonieren, wenn dieser bei den regelmäßigen Besuchen in der Synagoge den Siddur nicht mitliest.

Allein, es fruchtet wenig. Die Zerstreutheit begleitet den feinsinnigen Knaben durch seine gesamte, nie enden wollende Schulzeit, die er als drakonisch und freudlos erlebt. »Schaffe Eisen ins Blut!«[8], lautet das patriotische Axiom seines Gymnasi-

---

7 Ibid., Bl. 7.
8 Ibid., Bl. 12.

aldirektors in Stargard. Aber Levys Blut bleibt so sinnenfreudig, wie es ist: Es kommt weder bei der Morgenandacht noch bei den unregelmäßigen griechischen Verben in Wallung, sondern allein bei »games, girls and – grub!«[9]

Daran ändert sich auch nichts, als Levy später, auf Anraten seiner Mutter, die eine große Achtung vor Ärzten verspürt, im ungeliebten Berlin das Studium der Medizin aufnimmt: Auf den ersten Tag in der Anatomie folgen drei Tage der Übelkeit und des unfreiwilligen Fastens. Wie Jona, der dem Gottesbefehl entfliehen wollte, bricht Levy nach sechs Monaten in die entgegengesetzte Richtung auf und wird in Freiburg im Breisgau Soldat der 5. Badischen Infanterie. »Am I a Prussian?«[10], fragt er sich, weil er den Torgauer Parademarsch liebt, aber der Anflug von Preußentum läßt bei dem schalen Geruch in den Baracken bald nach. Trotzdem erlangt er nach sechs Monaten die »Knöpfe«[11] – eine Beförderung, die es ihm erlaubt, im darauffolgenden Halbjahr als medizinischer Offizier zu dienen. In der Studentenverbindung *Albingia*, der er dann als einer von wenigen seiner Konfession beitritt, erhält Levy, dank seines von keinem der übrigen Studenten geteilten politischen Interesses, den Spitznamen »Berliner Tageblatt«[12]. Seine Studentenzeit ist angefüllt mit siegreichen Fechtduellen, ruhmlosen Trinkmensuren und zähem Pauken. Bei aller Abneigung gegen den Arztberuf besteht Levy sein medizinisches Examen zuletzt mit fliegenden Fahnen.

---

9 Ibid., Bl. 21.
10 Ibid., Bl. 25.
11 Ibid., Bl. 25. – An der Form der Ärmelaufschläge sowie der Farbe und der Gestalt der Knöpfe, Borten, Schleifen, Tressen und Stickereien war das jeweilige Regiment zu erkennen.
12 Ibid., Bl. 34.

II. ›Der Ocean steht offen‹[13]

Kurz nachdem Levy an der Medizinischen Fakultät zu Freiburg im Breisgau promoviert wurde, 1891 – *Über Knochenabscesse* –, verläßt er das wilhelminische Deutschland, u. a., weil er, wie er einmal einem Freund erklärte, »never known a nation so brutally chauvinistic«[14]. Schon Nietzsche selber hatte für sich und seinesgleichen einen solchen Weggang unter den gegebenen politischen Auspizien dort als nahezu unausweichlich gesehen: »Es scheint mir immer mehr dass ... Man treibt uns Deutsche aus dem Vaterlande, die wir nicht flach und nicht gutmüthig genug sind ... um an dieser märkischen Junker-Vaterländerei mitzuhelfen und in ihre Haß schnaubende Verdummungs-Parole ›Deutschland Deutschland über Alles‹ einzustimmen.«[15]

Oscar Levy wird als Schiffschirurg von der Reederei HAPAG auf der *Russia* angeheuert. Mit den Jahren seines Umherwanderns fängt auch sein Dasein zwischen den Stühlen an, das sich bei dem Sohn liberaler deutsch-jüdischer Eltern schon ehedem abgezeichnet hatte. Als er auf seiner ersten Kreuzfahrt einer jüdischen Emigrantin, die seit zwei Wochen nichts gegessen hatte, mit dem Hinweis, dass er selbst Jude sei und dass die Rabbiner in Ausnahmefällen sogar am Versöhnungstag[16] die Nahrungsaufnahme gestatteten, eine koschere Hühnersuppe anbietet, wird er von ihr »Jesus Christ« geheißen und brüsk heimgeleuchtet.[17]

Seine Reise führt ihn zunächst von Cuxhaven nach New York. Von der Anzahl der jüdischen Passagiere an Deck schließt

---

13 Oscar Levy: Aus dem Exil. Verse eines Entkommenen. London 1907, S. 3.
14 Oscar Levy an George Chatterton-Hill, v. 30. Nov. 1913. Unveröff. Brief im Besitz von Maud Rosenthal geb. Levy, (Oxford).
15 Friedrich Nietzsche: Notizheft N VII 2, in: KGW, IX. Abt., hg. v. Marie-Luise Haase u. Michael Kohlenbach, Bd. 2, Berlin/N.Y. 2001, S. 61.
16 Hebr.: Jom Kippur; jüdischer Buß- und Sühnetag, wird am 10. Tischri (zwischen Mitte Sept. und Mitte Okt.) als letzter der zehn Bußtage mit strengem Fasten, Sabbatruhe und ununterbrochenem Gebet begangen.
17 Vgl.: Oscar Levy: Autobiogr., Bl. 35.

Levy auf das jeweilige Wetter. Je stärker der Seegang, desto mehr Fahrgäste kommen aus den Kajüten: »They pray and vomit!«[18] Levy besucht Kanada, dann Hamburg, reist auf der *Wieland* erneut nach New York und wird dann auf der *Kriemhild* angeheuert, die ihn über die ägyptische Hafenstadt Port Said nach Ostasien bringt: Singapur, Hongkong, Tokio und Kanton. Unterwegs verfasst Levy seine ersten gedruckten Texte: die *Reisebriefe*[19]. Die Fahrt dehnt sich zur Langeweile aus, und Levy ärgert sich über die Hochnäsigkeit der Hamburger Kaufleute an Bord, die zwar mit Plaisir die Dienste der japanischen Freudenmädchen in Anspruch nehmen, sich aber zu gut sind, mit einem japanischen Medizinerkollegen Levys am Tisch zu sitzen. Als er auf der Rückfahrt an Malaria erkrankt, treten der erste Offizier und der oberste Ingenieur an sein Bett, der eine mit einer Kaiserreichsfahne in der Hand, der andere mit einigen Stahlgewichten. Oscar Levy begreift rasch; die Aussicht, als Leichnam in das deutsche Schwarzweißrot eingewickelt auf den Meeresgrund zu sinken, kuriert ihn.

Nach Deutschland zurückgekehrt, druckt sein jüdischer Verleger Levys Reisebriefe unter dem deutschen Pseudonym Oscar Lenz. Levy ahnt nicht, dass es einen namhaften Afrikaforscher dieses Namens gibt, der nach der ersten niederschmetternden Rezension des Buches von dem Namensmissbrauch erfährt und sich öffentlich dagegen verwahrt. Als das Buch einige Wochen danach im *Neuen Wiener Tageblatt* lobend rezensiert wird, hält der Geschädigte sich hingegen geflissentlich zurück: »Genus impossibile scriptorum«[20], kommentiert Levy enttäuscht. Kurz darauf macht er trotzdem in Wien mit Arthur Schnitzler die Bekanntschaft eines weiteren Angehörigen der *genus scriptorum* und erhält von ihm ein Exemplar seines kürzlich veröffentlichten Buches *Anatol* (1888), dessen Duktus ihm aber missfällt. »The

---

18 Ibid., Bl. 35.
19 Verleger: Hugo Steinitz, Berlin.
20 Oscar Levy: Autobiogr., Bl. 41.

writers think him a good doctor, the doctors a good writer«[21], weiß Levy den Wiener Spott zu zitieren.

III. Die Emigration: »Disobedience was my luck«

Zu dieser Zeit stirbt Levys Mutter nach Jahren der Krankheit im Alter von 52 Jahren. Sie wird von der Familie in Stargard beigesetzt. Levy zieht nach Paris um, in die Rue de Provence Nr. 2, und durchlebt eine Zeit großer Niedergeschlagenheit. Die nervöse Geschäftigkeit der teilnahmslosen Straßen und die distanzierte klassische Architektur der Häuser leisten ihm keinen Beistand. Von dem Scheitern seiner ersten schriftstellerischen Versuche ernüchtert, nimmt Levy sich das medizinische Examen vor, das ihm die Ausübung seines Berufs in Frankreich möglich machen soll. Um Erfahrung zu sammeln, arbeitet er als Assistenzarzt bei Dr. Bilhaud, einem orthopädischen Chirurgen in der Avenue de l'Opéra, von dem er sich allerdings mit Ekel abwendet, als er sieht, wie die Patienten unter den teuer bezahlten, aber unfähigen Händen dieses »Henkers«[22] sterben. Obwohl Levy den entzückten Sekretär der medizinischen Akademie mit japanischen Kuriositäten besticht, wird ihm als Deutschem die Zulassung zum Examen verweigert.

Levy packt die Koffer, verlässt »la ville lumière«[23] und bricht nach London auf, mit schlechtem Gewissen allerdings, weil er im Begriff steht, dem dreifachen Rat seines geliebten Vaters – *Bleibe im Lande und nähre dich redlich. Schuster, bleib bei deinen Leisten. Heirate innerhalb deiner Volkszugehörigkeit.*[24] – zuwiderzuhandeln. »This disobedience was my luck«[25], muss

---

21 Ibid., Bl. 41.
22 Vgl.: Ibid., Bl. 44: »A quack in surgery, which is the worst quack in medicine, became an executioner.«
23 Ibid., Bl. 43.
24 Vgl.: Ibid., Bl. 45.
25 Ibid., Bl. 45.

er später feststellen. Aber vorerst lernt er England von seiner unangenehmsten Seite her kennen: Es ist das Jahr 1894; ein Jahr vor der Affäre um Oscar Wilde, die »Saturnalia of the moral canaille«[26]. Trotzdem, und auch trotz der »worst cuisine of the globe«[27] und der Blasiertheit der englischen Sitten, fühlt Levy sich annähernd zu Hause: »I feel the incubus of Antisemitism taken from me!«[28]

Ein Jahr später erhält Levy nach bestandenem Examen seine britische Approbation[29], und wieder reist er: nach Island und nach Rom. 1897 besucht er einen internationalen medizinischen Kongress in Moskau. Da sein Reisepass bei der Abfertigung in London mit einem »jüdischen Vermerk« versehen worden war, wird er ihm von einem russischen Beamten in der Hoffnung auf eine angemessene Schmiergeldzahlung abgenommen. Levy zeigt sich von dieser Sitte unbeeindruckt und setzt seine Reise kurzerhand ohne Pass fort. Der konsternierte Zöllner weiß sich daraufhin nicht zu helfen; er kapituliert und veranlasst, dass der Reisepass Levy innerhalb von 24 Stunden in seinem Moskauer Hotel ausgehändigt wird. In jenen Tagen erfährt Levy, dass, für einen Russen, »[a] man without a passport is a man without a soul«[30]. Vorerst also war seine »Seele« gerettet; einige Jahre später sollte er sie für immer verlieren, ohne sie selbst jemals wirklich zu vermissen.

---

26 Ibid., Bl. 48.
27 Ibid., Bl. 48 f.
28 Ibid., Bl. 49.
29 Levy erhält die LRCP (License of the Royal College of Physicians) sowie die MRCS (Membership of the Royal College of Surgeons). Vgl.: Oscar Levy: Autobiogr., Bl. 49.
30 Oscar Levy: Autobiogr., Bl. 55.

IV. Levy entdeckt Nietzsche

Nach London zurückgekehrt, praktiziert Levy als Arzt am deutschen Theater. Zur äußersten Belustigung des Ensembles verordnet er eines Tages einer vor Trunkenheit ohnmächtigen Schauspielerin nichtsahnend ein Gläschen Champagner zur Belebung. Er betreut nur diese Handvoll Patienten, zieht sich in seiner Einsamkeit oft in den Lesesaal des *British Museum* zurück und verlebt hin und wieder einen Abend im bohèmien *Vienna Café*, wo er vermutlich auch noch deutschen Flüchtlingen aus dem revolutionären Jahr 1848 begegnet. Nach einem solchen Abend hat Levy sein »Damaskus-Erlebnis«: Auf seinem Nachhauseweg überfällt ihn, der von der Hegelschen Fortschrittsidee geprägt worden war, der achtlose Gedanke, dass der Übergang vom Monotheismus zum Polytheismus kein Fortschreiten gewesen sei.[31] Schönheit erscheint ihm mit einem Mal höher und menschlicher als Moral. »But then the Jews were wrong?«[32] Dieser Gedanke klammert sich in ihm fest und wächst.

Wenig später empfängt er in seinem Behandlungszimmer eine amerikanische Schauspielerin, die ihm ein Buch empfiehlt. »Its author was Friedrich Nietzsche of whom I had not heard a word previously. […] But my curiosity was once awakened, and I go across to the British Museum and ask for Nietzsche's *Jenseits von Gut und Böse*. I see the light, and I have never lost it since. Here was tolerance and understanding out of strength.«[33] Da fangen die langen Jahre der Beobachtung, des Daseins zwischen

---

31 Diesem Gedanken verleiht Levy etwa dreißig Jahre später Ausdruck in seinem Essay *The Spirit of Israel* (In: The Review of Nations. Genf, März 1927), wo er auf S. 96 feststellt, dass die polytheistischen Nationen «too, no doubt, thought themselves ›chosen‹, but only on account of their material strength and not on account of their moral superiority. When a people vanquished, it was no more chosen […]. Universal religious tolerance was thus a characteristic feature of their [Roman] Empire.«
32 Ibid., Bl. 53.
33 Ibid., Bl. 59.

den verfeindeten Fronten, der Zugehörigkeit zu verschiedenen Welten und des anhaltenden Auszugs aus ihnen an, sich in Levy zu einem Buch[34] zusammenzusetzen, das im Jahr 1904 erscheint. Während er noch vor dieser Veröffentlichung her geht, wie Johannes der Täufer vor seinem Vetter, bricht er nach Italien auf, wo ihn noch einmal ein namenloser Kummer befällt. In Neapel bittet er einen Kutscher, sein Pferd nicht über Gebühr zu peitschen. »Non é Christiano«, entgegnet der Kutscher mit einem Wink auf das Pferd. »Neither am I«, liegt es Levy auf der Zunge.[35] In Rom setzt er sich auf eine Stunde zu einem Mönch, eine Kerze in der Hand, und lässt sich doch nicht bekehren. Er besucht Papst Leo XIII. – »a corpse in white«[36] – und reist, einen päpstlichen Ablass im Wert von 15 Lire in der Tasche, nach Florenz weiter, wo seine Stimmung sich allmählich hebt. Später fährt er, zum Stolz seines Vaters, im Auftrag einer Berliner Zeitung (des *Lokal-Anzeiger*) in die nordenglische Stadt Hull, um einen skandinavischen Kapitän zu treffen, der die Überreste einer Nordpol-Expedition entdeckt haben will.[37] Dann noch einmal Italien: In Verona entstehen Levys erste Gedichte.[38] In Venedig logiert er im Hôtel Vittoria, in dem einst Goethe sein Quartier aufschlug. Stets trägt er sein Buch im Kopfe bei sich, und es wiegt schwer.

Levy ist 37 Jahre alt, als es erscheint. Zu seiner großen Enttäuschung lehnt sein Vater es ab und nennt seinen Sohn einen »Phantast«[39]. Levy kehrt nach London zurück, wo ihn erneut die Einsamkeit beschleicht. Er erträgt sie nicht und macht sich

---

34 Oscar Levy: Das neunzehnte Jahrhundert. Dresden 1904. (Auf englisch erschienen im Jahr 1906 unter dem Titel *The Revival of Aristocracy*). Das Buch wurde besprochen in der *Kölnischen Volkszeitung*, dem *Neuen Wiener Tageblatt* und der *Neuen Deutschen Rundschau*.
35 Vgl.: Ibid., Bl. 64.
36 Ibid., Bl. 60.
37 Der schwedische Abenteurer André Solomon machte sich 1897 mit einem Ballon zum Nordpol auf, kam aber nie an.
38 Etwa fünf Jahre später erscheint eine Gedichtanthologie Oscar Levys: Aus dem Exil. Verse eines Entkommenen, a. a. O.
39 Oscar Levy: Autobiogr., Bl. 67.

wieder auf den Weg in den Süden. Er hält sich in Turin auf, der Stadt Nietzsches, aber seine Niedergeschlagenheit lässt nicht von ihm ab. Dann, es ist das Jahr 1905, stirbt sein Vater.

V. ›Still alone in that terrible desert: London.‹[40]

Oscar Levys Vater hinterlässt jedem seiner Kinder eine beträchtliche Geldsumme, und Levy, der sich auf dem Parkett der Aktienbörsen zu bewegen lernt, weiß sich dieses flüchtige Mittel zur Unabhängigkeit dank seines politischen Gespürs selbst über die Nachkriegszeit hinweg zu erhalten. Seine Unabhängigkeit und seine ansehnliche Statur hat Levy von seinem Vater, nicht aber dessen robuste Gesundheit. Levy steht allein, und seine eigene Stimme wird ihm zum Lärm: Selbst während der Veröffentlichung seines Buches, *Das Neunzehnte Jahrhundert*, ist er niedergeschlagen und erschöpft. An Weihnachten 1906 erreichen seine Einsamkeit und Bedrücktheit einen Tiefpunkt, an dem das Schlimmste möglich scheint. Erst nach über einem Jahr, »when sitting on top of a bus [...] and passing through Piccadilly in 1908, the veil over my brain – my depression – was lifted, and I had recovered.«[41] Zu dieser Zeit nimmt Levy die Übersetzung zweier Romane[42] des britischen Premierministers und Romanciers Benjamin Disraeli in Angriff. Und in seinem Vorwort zu einem dieser Bücher lacht Levy und schreibt über dieses klirrende Lachen, das zu hören ist, wenn der Mensch langsam zerbricht: »Und dann dieser Witz, dieser echt jüdische unter Tränen lächelnde Witz über die ernstesten Dinge der Welt – das war doch ein sicheres Zeichen eines bodenlosen Leichtsinnes,

---

40 Ibid., Bl. 90.
41 Ibid., Bl. 86.
42 Lord Beaconsfield (Benjamin Disraeli): Contarini Fleming. Berlin 1909. Aus dem Englischen übersetzt und mit einem Vorwort von Oscar Levy. Sowie: Benjamin Disraeli: Tancred oder Der neue Kreuzzug. Aus dem Englischen übersetzt von Oscar Levy: Berlin 1936.

eines Leichtsinns, der zur Not in der Literatur, aber nie in der Politik, allwo es sich um die höchsten Güter der Menschheit handelt, geduldet werden könne. Ach! Weiss man noch immer nicht, woher der Witz des modernen Juden, der zu ihrem alttestamentarischen Pathos während des Mittelalters als etwas ganz Neues hinzukam, stammt? Ahnt man noch immer nicht, dass er aus dem Gegenteil des Leichtsinns stammt? Weiss man noch immer nicht, dass der Witz des modernen Juden ernsten, erhabenen, heiligen Ursprungs ist, dass er – direkt von seinem Gotte Jehovah stammt! Welch einen grässlichen Witz hat dieser Jehovah gemacht, da er sein Volk zum Schöpfer einer alle Welt umfassenden Kultur bestellte und dann nachher alle Welt ihrem Schöpfer fluchen liess! Ein Götterwitz, ein Riesenwitz, ein Witz, an dem man ersticken kann, wenn man nicht darüber lacht – und die Juden haben das Lachen dem Ersticken vorgezogen.«[43]

In Disraeli erkennt Levy sein einsames Pendant: »Bei den Engländern als Jude verschrieen, bei den Juden als Christ – bei den Politikern als Dichter verhöhnt und bei den Dichtern als politischer Streber – bei den Revolutionären als Aristokrat gebrandmarkt und bei den Aristokraten als Revolutionär – bei den Schwärmern und Ideologen als Materialist abgelehnt und bei den Materialisten als Phantast und Mystiker –«[44]. Bei aller Übereinstimmung scheiden sich die Ansichten Disraelis und Levys jedoch in einem wesentlichen Punkt. Während Disraeli zur Rückkehr zu den Gesetzen des Sinai mahnt, sieht Levy in einer auf Moralkodices basierenden Religion die Gefahr des Dogmatismus' und der Absonderung: »Die unmittelbaren Auswirkungen dieser Werte sprangen mir ins Gesicht – die Zerstörung allen erhabenen, schönen, vernünftigen und heiteren Lebens.«[45] Levy tritt deshalb für ein Judentum jenseits von Assimilierung

---

43 Oscar Levy: Vorrede des Übersetzers. In: Lord Beaconsfield: Contarini Fleming, a.a.O., S. 20.
44 Ibid. S. 29.
45 Oscar Levy: Vorwort zur englischen Taschenbuchausgabe von ›Also sprach Zarathustra‹. S. 214 in diesem Band.

(im Sinne einer kulturellen Selbstverleugnung und Homogenisierung) und Zionismus (für ihn eine Form des Nationalismus) ein.[46] Seine Vorstellungen verdichten sich in den abschließenden Worten seiner Einführung zum ersten Roman Disraelis, in denen er zur Kultivierung der je eigenen Persönlichkeit rät, anstatt zu einer wie auch immer gearteten Ideologie.[47]

Ein Teil seiner Übersetzungsarbeiten entsteht in Berlin, wo Oscar Levy seine Geschwister in der Bendlerstraße besucht. Aber auch von ihnen hat er sich längst wider Willen entfernt. In einer Auseinandersetzung über den sich bereits abzeichnenden Ersten Weltkrieg tritt die Verschiedenheit ihrer Anschauungen zutage. Während Levy zu bedenken gibt, dass Deutschland sich mit seiner Haltung international unbeliebt mache, schlägt sein Bruder Max auf den Tisch und gibt zur Antwort: »Oderint dum metuant«[48] [Sollen sie mich hassen, solange sie mich nur fürchten]. Selbst bei seinem Bruder Emil, der als Bankier in Dresden sein Vermögen sonst am besten zu erhalten weiß und mit dem Oscar Levy sich zeitlebens am engsten verbunden fühlt, stößt Levy auf taube Ohren, als er ihm rät, sein Geld außer Landes zu schaffen. »We are the safest country in Europe, for our State possesses the railways«[49], antwortet dieser. Erst zu Beginn des Zweiten Weltkrieges rückt er von seiner Überzeugung notgedrungen ab und emigriert mit seiner Frau Nana nach Brasilien. Immerhin gelingt es Oscar Levy selbst, einen Großteil seines Erbes noch vor Ausbruch des Ersten Weltkrieges ins Ausland zu bringen.

---

46 Vgl.: Oscar Levy: Autobiogr., Bl. 10.
47 Vgl.: Oscar Levy: Vorrede des Übersetzers. In: Lord Beaconsfield: Contarini Fleming. A.a.O., S. 31.
48 Oscar Levy: Autobiogr., Bl. 87.
49 Ibid., Bl. 88.

VI. ›The New Age‹

Es ist das Jahr 1908. Levy ist nach London zurückgekehrt und lebt in 1 Talbot Mansions, Museum Str., im Stadtteil Bloomsbury, »where no decent families live.«[50] Levy hat mit seinem erneuten Weggang aus Deutschland nicht einfach die Nationalität wechseln wollen. Vielleicht bloß ein Brite zu werden, das hielte er für irrelevant. Vielmehr kultiviert er eine ganz eigene Mitte zwischen Integration und Abgrenzung. Er betreibt eine kulturelle Symbiose zwischen dem kulturell Besten des Kontinents, das er mitbringt, und – wie er hofft – einer aristokratischen Noblesse des Empire. Er setzt darauf, dass dabei vielleicht etwas die national-üblichen kulturellen Werte und national-selbstbezüglichen Standards Übersteigendes entstehen könnte. Was Levy dabei imaginiert, sind kulturell-geistige Umrisse für eine *Neue Renaissance*. Dafür versucht er ein kritisches Ferment, nämlich die Ideen Nietzsches, in den britischen Geist zu implantieren. Dass eine solche Operation gerade hier auf der Insel – wo man, wie Nietzsche einmal schrieb, *mit der ›Heilsarmee‹ moralisch grunzen lernt* – die geistige und geistliche Welt nicht gleichgültig lassen würde, davon war schon der Röckener einigermaßen überzeugt. Als er nämlich den *Ecce homo* seiner englischen Übersetzerin Helen Zimmern avisierte, verband er damit die sichere Vermutung, dieses »Attentat auf das Christenthum wird in England ein ungeheures Aufsehen machen«[51]. Levy findet hier allerdings auch schon den Boden dafür bereitet, u. a. in den kulturkritischen Versuchen der 1903 in London gegründeten Zeitschrift *Notes for Good Europeans* und in der von A. R. Orage geleiteten Zeitschrift *The New Age*, »a journal which has still not received the attention it deserves for its role in promoting modernism in English literature.«[52]

---

50 Ibid., Bl. 90.
51 Friedrich Nietzsche an Helen Zimmern, v. 8. Dez. 1888, in: KSB, Bd. 8, S. 512.
52 Dan Stone: An ›Entirely Tactless Nietzschean Jew‹, a. a. O., S. 273. Vgl.

»It was, on the whole, not a Socialist but a reactionary paper (which is the same)«[53], kommentiert Levy das Blatt. Er selbst ist mit der Wahl nicht ganz glücklich, und von ihrem Herausgeber meint er, er sei »all things to all men«[54], ein – wenn auch reaktionäres – Fähnlein im Winde also und ein Schönwetter-Nietzscheaner. Doch »many things wanted saying in pre-war England, but none of the ›better‹ publications would hear of it. So, the ›brainy fellows‹ were thrown upon the ›New Age‹.«[55] Und da er nicht der einzige ›brainy fellow‹ bleibt, entwickelt sich dieses Medium letztlich doch zum »most suitable outlet for airing his views on Nietzsche, and from which base he could gather around him others committed to the Nietzsche case«[56]. Hier entfaltet sich also das kritische, metaphorische und begriffliche Inventar Levys für die eigenen zeit- und zivilisationskritischen Diagnosen. Er will selber, ganz wie er einmal Nietzsche referiert, »nicht nur Protestant, nicht nur Revolutionär, nicht nur ewiger Verneiner ›à l'allemande‹ – der Vorwurf Dostojewskijs!« – sein, sondern »Schöpfer neuer Werte, neuer Ideale, neuer Visionen«, damit aber vertiefe er eben Nietzsches Verdienst – »ein über-deutsches, überprotestantisches, überjüdisch-christliches Verdienst.«[57]

---

auch: A. R. Orage: Friedrich Nietzsche: *The Dionysian Spirit of the Age*, London/Edinburgh 1906.
53 Oscar Levy: Autobiogr., Bl. 122.
54 Ibid., Bl. 128.
55 Ibid., Bl. 122.
56 Dan Stone: An ›Entirely Tactless Nietzschean Jew‹, a. a. O., S. 275.
57 Oscar Levy: Rez. zu Alfred Bäumler (ed.): *Nietzsche in seinen Briefen und Berichten der Zeitgenossen*, Leipzig 1932, in: Die Literatur [Stuttgart], Okt. 1932.

VII. Weimar

Anfang August 1908 erwartet die Villa Silberblick wichtigen Besuch aus England. »Ich reise«, so kündigt Oscar Levy seine Visite an, »zu einer Familienfestlichkeit am 5ten August von hier [London] nach Berlin und gehe von dort nach der Schweiz – könnte somit auf dem Wege dahin Weimar mit Leichtigkeit berühren.«[58] Am Freitag, dem 7. August 1908, begegnet dann Oscar Levy der Herrin des Nietzsche-Archivs zum ersten Male persönlich. – Die Förster-Nietzsche hätte eigentlich wissen können, was für ein außerordentlicher Nietzsche-Kenner sich da ankündigt – hatte sie doch schon seit Oktober 1904 Levys bedeutenden Essay *Das neunzehnte Jahrhundert* (Dresden 1904) mit einer Widmung des Verfassers in den Beständen des Archivs. Ein Text immerhin, bei dem man bis zu Heinrich Heines *Geschichte der Religion und Philosophie in Deutschland* zurückgehen müsste, wenn man auf etwas Vergleichbares hinweisen wollte. »Eine französische Revue (Revue universitaire vom 15. Juni 1904) nannte es in einer Rezension *un dithyrambe en l'honneur de Nietzsche*.«[59]

Doch die Förster-Nietzsche hat dieses Geschenk seinerzeit wohl kaum eines Blickes gewürdigt, denn erst anderthalb Jahre später erinnert sie in einem Brief, wie nebenbei, an jenes Büchlein: »Ueber Ihr deutsches Nietzsche-Buch, dessen correkter Titel mir augenblicklich nicht einfällt, habe ich viel Lob gehört. Herr Peter Gast sagte noch neulich, dass es doch sicherlich eines der besten Bücher sei, die über die Nietzscheschen Anschauungen geschrieben worden wären.«[60]

---

58 Oscar Levy an Elisabeth Förster-Nietzsche [abgek.: EFN], v. 27. Juli 1908, in: Goethe-Schiller-Archiv Weimar [abgek.: GSA], 72/BW 3190.
59 Oscar Levy an EFN, v. 27. Okt. 1904, in: GSA 72/BW 3190. »Eine Russin fügte ferner hinzu, dass in dem Buch sich ein ›nietzschéanisme intransigeant‹ kundgäbe, ›qu'être répandu en Allemagne en delà d'un cercle d'adeptes fort limité sans doute‹.« (ibid.).
60 EFN an Oscar Levy, v. 30. Juni 1906, in: GSA 72/726 b.

Der Gast aus London ist jetzt, nach seiner persönlichen Begegnung mit der Archivleiterin, allerdings einigermaßen konsterniert. Einer Freundin zu Hause teilt er seine Eindrücke mit. Er schreibt ihr: »Einen ganzen Tag lang durchstreifte ich die Straßen von Weimar und fragte mich, wie es möglich war, dass ein solcher Mann [Nietzsche] solch eine Schwester hatte. Im Großen und Ganzen habe ich Mitleid mit dieser Frau, die ihren ›Ruhm‹ doch sehr teuer bezahlt.«[61]

Levy will hier in Weimar die Bedingungen kennenlernen, unter denen es möglich wäre, eine englische Nietzsche-Ausgabe zu veranstalten. Levy denkt dabei nicht an diesen oder jenen Einzeltext Nietzsches, sondern gleich an eine Gesamtausgabe. Das muss natürlich mit dem Nietzsche-Archiv abgesprochen sein, sowohl was die philologischen als auch fiskalischen Sachbestände dabei betrifft.

»Nietzsche hat hier in England unendlich an gewissenlosen Übersetzern und geschäftskundigen Verlegern gelitten«[62], schreibt Levy einmal diesbezüglich an Peter Gast, und so wäre es eben an der Zeit, eine solche Unternehmung jetzt neu zu beginnen. – Gemeint ist mit jenen mangelhaften Ausgaben namentlich die von dem Sozialdarwinisten Alexander Tille 1896/97 edierte und kommentierte dreibändige englische Nietzsche-Auswahl. Einem breiteren englischen Publikum[63] war Nietzsches Denken damit also zwar bekannt gemacht, aber durchaus nicht authentisch. Zu dieser problematischen, eher abweisenden Nietzsche-Rezeption im England der Jahrhundertwende trug namentlich

---

61 Oscar Levy an Tessie Crosland, v. 7. August 1908, in: Ben Macintyre: Forgotten Fatherland: The Search for Elisabeth Förster, London 1992, S. 168 f.
62 Oscar Levy an Peter Gast, v. 12. Juli 1908, in: GSA 102/424.
63 Zur chronologischen Publikationsgeschichte englischer Nietzsche-Übersetzungen vgl. Walter Torsten Rix: George Bernard Shaw und Friedrich Nietzsche. Eine Studie zur englisch-deutschen Literaturbeziehung, Diss. Kiel 1974, S. 22–31 u. S. 55–61.

auch das Pamphlet *Degeneration* (London 1895)[64] des Zionisten Max Nordau ganz entscheidend bei.

Diesen sehr negativen Tendenzen gilt es zu begegnen. Levy und seine Freunde in England, u. a. Anthony M. Ludovici, der einige Jahre (1904 – 1906) Mitarbeiter bei Auguste Rodin in Paris war, oder John Macfarland Kennedy, beginnen gleichzeitig mit der Gesamtausgabe auch Artikel über Nietzsche und sein Denken für die britische Presse zu schreiben. Und so kann Levy nach einiger Zeit nach Weimar melden: »Und wenn auch die Eiskruste um das englische Herz keineswegs ganz gebrochen ist, so zeigt sich doch eine gewisse Tendenz zum Schmelzen und zum Weichwerden.«[65]

Levy hat gegenüber allen vorhergehenden Bemühungen, Nietzsche nach England zu bringen, von Anfang an drei Vorzüge: Levy ist der vielleicht authentischste Leser Nietzsches seiner Generation, er ist Muttersprachler und schließlich ist es ihm finanziell möglich, großzügig Mittel für die Edition selber bereitzustellen. »Ich möchte in einer großen Sache nicht kleinlich erscheinen«, schreibt er nach Weimar, »ich biete Ihnen daher, erst bei Abschluß des Vertrages zahlbar, Dreitausend Mark, und danach einmals eintausend Mark, zahlbar am 1. Juni 1911.«[66]

Bald schon ist aus London zu vernehmen: »Unsere Nietzsche-Ausgabe schreitet rüstig zunächst: bald nach Weihnachten werden die ersten Bände im Druck erscheinen.«[67] Im folgenden Jahr (1909) erscheinen dann ein halbes Dutzend Bände, – bis 1913 haben Levy und sein Team dann ihre enorme Aufgabe erfüllt und eine schließlich achtzehnbändige Nietzsche-Gesamtausgabe vorgelegt, – »die bis dahin vollständigste und umfassendste Übersetzung der Werke eines ausländischen Phi-

---

64 Vgl. Steven E. Aschheim: Max Nordau, Friedrich Nietzsche and Degeneration, in: Journal of Contemporary History 28 (1993), S. 643 ff.
65 Oscar Levy an EFN, v. 15. Okt. 1910, in: GSA 72/BW 3190.
66 Oscar Levy an EFN, v. 8. Nov. 1908, in: GSA 72/BW 3190.
67 Oscar Levy an EFN, v. 14. Dez. 1908, in: GSA 72/BW 3190.

losophen in die englische Sprache.«[68] Levy will den englischen Lesern Nietzsches keinen elegant geglätteten Nietzsche-Text vorlegen – sozusagen Nietzsche in *Eau de Cologne* (wie die zeitgleichen französischen Nietzsche-Übersetzungen) –, sondern auf eine getreue Wiedergabe des ›biblischen‹ Stils Nietzsches achten. Denn beide Sprachen – die deutsche und die englische – seien durch herausragende Bibelübersetzungen geprägt. »I worked very hard with my translators, for I had to look through every line (H. Zimmern and Thomas Common excepted [...])«[69], notiert er später.

Ein deutscher Rezensent bezeichnet Levys Nietzsche-Ausgabe denn auch als »meisterhaft« und als »einer jener paradoxen Fälle, dass die Übersetzung sprachlich besser sein kann als das Original«[70]. Levys Nietzsche-Ausgabe zielt nicht auf die akademischen Massen ab, sondern er hat zwei Leser-Typen vor Augen: die Künstler und die laizistischen Naturwissenschaftler – beide Gruppen sind lebensbejahend, innovativ und zerstören die Idole der Anschauung. Levy versteht seine Ausgabe so, dass sie sozusagen eine *europäische Denklehre* ist. Levy verbindet mit seiner Edition, dass sie mit dazu beitragen könnte, eine neue geistige europäische Identität herauszubilden – gewissermaßen die Idee der Geburt Europas aus dem Geist einer Edition.

Dieses Editionsunternehmen erfuhr sofort einen starken Widerhall, anhaltend auch über den ›Großen Krieg‹ hin [in England bisweilen als ›*Euro-Nietzschean-War*‹ apostrophiert], während dem diese große kulturelle Leistung Levys als ›Hunnen-Erbschaft‹ geschmäht wird. Die Parole »*Read the devil, in*

---

68 Marita Knödgen: Die frühe politische Nietzsche-Rezeption in Großbritannien, 1895–1914. Eine Studie zur deutsch-britischen Kulturgeschichte, Diss. Trier, FB III, 1997, S. 38.
69 Oscar Levy: Autobiogr., Bl. 133.
70 Josef Hofmiller: Friedrich Nietzsches ›Thus spoke Zarathustra‹, in: Süddeutsche Monatshefte, März-Heft 1933, S. 376 f.

order to fight him the better«[71] macht nach August 1914 kurzzeitig die Runde. Als Oscar Levy davon nach Weimar berichtet, glaubt die EFN – irrtümlich, wie sich herausstellt – »ihn heftigen Verfolgungen ausgesetzt. Aber nein«, schreibt sie verwundert, »meine Sorge war ganz umsonst. Plötzlich schreibt er mir, dass es ihm in seiner Wohnung vortrefflich geht, dass man ihn mit Achtung behandelt und dass er alle diese Annehmlichkeiten allein den Namen meines Bruders verdanke. Nietzsche würde so viel gekauft und gelesen wie sonst nie ...«[72]

Elisabeth Förster-Nietzsche versucht immer wieder, gelegentlich auftauchende Arbeitsdifferenzen ausnutzend, die englischen Nietzsche-Kreise gegeneinander aufzubringen. An Levy avisiert sie einmal Unannehmlichkeiten, die er von Thomas Common zu erwarten habe. »Er hat mir einen langen gegen Sie gerichteten Anklagebrief geschrieben«, lässt sie Levy wissen, »in welchem behauptet würde, dass Sie, lieber Herr Doctor, ein ganz falsches Verständnis von Nietzsche hätten.«[73] Die Archivleiterin weiß natürlich noch, wie Levy einst Thomas Common, der dann von ihm auch in den Übersetzerkreis der eigenen Ausgabe aufgenommen wurde, verteidigt hat. »Ich bin erstaunt und gleichzeitig betrübt darüber, dass Mr. Thomas Common sich in unhöflicher Weise an Sie, gnädige Frau, gewandt hat. [...] Ich kenne Mr. Common, der in Edinburgh wohnt, nicht persönlich – ich bin aber nach Allem, was ich von ihm gelesen und gehört habe, fest davon überzeugt, dass er sich nur aus Übereifer und in der Form vergangen haben kann und bitte Sie darum in meinem Namen um Entschuldigung.«[74]

Thomas Common ist gemeinsam mit William A. Haussmann ja schon seit 1896 mit Nietzsche-Übersetzungen beschäftigt und

---

71 Oscar Levy: Nietzsche im Krieg. Eine Erinnerung und eine Warnung, in: Die weissen Blätter, 6. Jg. (1919), H. 6, S. 278.
72 EFN an Baron Taube, v. 30. Dez. 1914, in: GSA 72/734 d.
73 EFN an Oscar Levy, v. 2. Okt. 1912, in: GSA 72/732 d.
74 Oscar Levy an EFN, v. 27. Juli 1908, in: GSA 72/BW 3190.

auch seit dieser Zeit schon mit dem englischen Verlag Henry & Co. sowie mit Nietzsches Leipziger Verlag C. G. Naumann in vertraglichen Verbindlichkeiten. Doch blieben diese Bemühungen um eine englische Gesamtausgabe nach den ersten drei Bänden hängen, d. h. der englische Verlag Henry & Co. stellte schon 1897 die Ausgabe ein, weil er bald aufgrund einer »impossible agreement with greedy Elisabeth Foerster-Nietzsche«[75] bankrott machte. Ein Jahr später wurden dann auch sämtliche Verträge des Leipziger Naumann-Verlags mit dem Nietzsche-Archiv für ungültig erklärt, »so dass alles aus der vergangenen Zeit damit abgeschlossen war.«[76]

Common bezieht sich später, nach dem Tode Nietzsches, immer wieder auf jene alten Abmachungen zwischen London und Leipzig. Aber, so weist ihn einmal die Archivleiterin zurecht: »Es ist Ihnen von unserer Seite, nachdem ich den neuen Vertrag [mit C. G. Naumann] geschlossen hatte, angeboten worden, einen Vertrag mit mir abzuschließen. Sie haben dies aber versäumt und sind nun ärgerlich, dass Dr. Levy das in mustergültiger, korrekter Weise getan hat. – Ich wiederhole, der Vertrag zwischen Henry & Co. und C. G. Naumann ist durch Schuld der Firma Henry & Co. ungültig geworden, sodann sind alle Verträge der Firma C. G. Naumann mit den Vertretern der Urheberrechte Friedrich Nietzsches bis zum 1. Dezember 1898 durch Schuld der Firma C. G. Naumann offiziell und feierlich ungültig erklärt worden. Nun geben Sie sich doch keine Mühe, sich auf lauter ungültige Verträge zu beziehen, die niemand mehr anerkennt und nicht den geringsten rechtskräftigen Wert haben.«[77]

Seit 1907 existierte dann ein Vertrag zwischen dem Nietzsche-Archiv und Oscar Levy. Der eben habe es, ganz im Unterschied zu allen anderen englischen Bemühungen um Nietzsche, »sehr geschickt verstanden, Nietzsche in England zu lancieren, weil er

---

75 Oscar Levy: Autobiogr., Bl. 91.
76 EFN an Adalbert Oehler, v. 6. Feb. 1913, in: GSA 72/733 a.
77 EFN an [Thomas Common], v. 4. Okt. 1912, in: GSA 72/732 d.

sich sehr gute Übersetzer gewählt hat«[78]. Schließlich wird sogar auch aus Weimar ein böser Blick auf jene erfolgreiche Ausgabe geworfen und der Vorwurf des (finanziellen) Betrugs erhoben; die Archivleiterin will – entgegen dem Vertrag, der alle Kosten und Risiken mit dem Vertrieb an Levy delegiert hat –, nun, bei dem sich abzeichnenden Erfolg, auch neuerdings mit Anteilen bedacht werden. »Ich habe Ihnen doch, wenn ich mich recht erinnere, schon früher geschrieben, dass der Vorstand der Stiftung [Nietzsche-Archiv] nicht mit dem Honorar für die Zukunft gebunden sein möchte«, um »in der Lage zu sein, zu bestimmen, was sie zur Zeit für angemessen hält.«[79] Die Folge ist ein Rechtsstreit, bei dem das Nietzsche-Archiv eklatant unterliegt. Das ist zugleich der endgültige Bruch Levys mit der Villa Silberblick: Ist das »der Dank vom Hause Nietzsche«, schreibt Levy 1922 empört nach Weimar, »als berechnender Nietzsche-Schieber«[80] betrachtet zu werden?

Mitte der Zwanziger Jahre besorgt der New Yorker Verlag Macmillan dann eine Wiederauflage dieser achtzehnbändigen englischen Nietzsche-Edition. Das wird gerade als für die Vereinigten Staaten mental heilsam gewertet: »Denn bei jenen Hinterwäldlern, wo der Fundamentalismus (d. h. der wörtliche Glaube an die heiligen Schriften) noch grassiert, da glaubt man noch immer an die offizielle Verdammung Nietzsches, d. h. an den Bannfluch, der gegen den ›teutonischen Uebermenschen‹ 1917 geschleudert wurde. [...] So mag uns die neue Auflage Nietzsches noch einige den Ernst der Zeiten erheiternde Skandale bescheren.«[81]

---

78 EFN an Adalbert Oehler, v. 6. Feb. 1913, in: GSA 72/733 a.
79 EFN an Oscar Levy, v. 30. Jan. 1911, in: GSA 72/731 a.
80 Oscar Levy an EFN, v. 5. März 1922, GSA 72/BW 3190.
81 Henry Louis Mencken: Nietzsche im wilden Westen, in: Das Tage-Buch, Jg. 7 (1926), H. 20, v. 15. Mai 1926, S. 672.

VIII. ›My isolation was drawing to an end.‹

Trotz seiner vielen Verbindungen bleibt Levy in England zunächst im Innersten einsam und mit keinem Menschen verknüpft, zumal er sich auch, soweit es ihm möglich ist, von der »motley group of artists, writers, sculptors, painters, and general outsiders«[82] fernhält, die für den *New Age* schreiben. »I was wise on my part to keep away from them«[83], notiert er. Seine Situation ändert sich, als er eines Tages im Jahr 1908 in der zwielichtigen Shaftesbury Avenue einen Blick auf sich ruhen fühlt. Es ist derjenige Frieda Brauers, die schöne Tochter eines deutschen Zollbeamten, die in London als Schreibkraft in einer Theateragentur arbeitet. Es entwickelt sich eine Unterhaltung zwischen ihr und Oscar Levy, und obwohl sie beim Abschied keine Verabredung treffen, begegnen sie sich kurze Zeit später erneut in derselben Straße und essen miteinander zu Abend. Im Laufe des Gesprächs erzählt Oscar Levy ihr von seinem Nietzsche-Vorhaben, und Frieda Brauer bietet ihm spontan an, die englische Fassung der *Unzeitgemäßen Betrachtungen* ins Reine zu schreiben. Damit legt sie den Grundstein für eine lebenslange Zusammenarbeit.

»My own isolation was drawing to an end«[84], vermerkt Oscar Levy in seiner Autobiographie. Im Anschluss an einen gemeinsamen Urlaub in Southend verlässt Frieda Brauer ihre Wohnung an der Ecke Oxford Street und Quaker Street in der Nähe von Soho und zieht zu Oscar Levy, und nur wenige Monate später – am Nachmittag des 22. April 1909 – kommt ihre gemeinsame Tochter Maud zur Welt. Mit einem Mal hat Levy eine Verbündete und eine, die ihn mit dem Leben verbindet: »My daughter. My relief. ›I have something in common with the world.‹«[85]

---

82 Oscar Levy: Autobiogr., Bl. 123.
83 Ibid., Bl. 124.
84 Ibid., Bl. 92.
85 Ibid., Bl. 95.

Oscar Levy und Frieda Brauer, 1908 in Venedig (Markus-Platz)

Eben ist Levy mit seiner Frau und Tochter nach 54 Russell Square umgezogen und hat die Übersetzung des zweiten Buches von Benjamin Disraeli abgeschlossen, da inspiriert ihn dieser Roman zu einer neuen Reise. Zu Beginn des Jahres 1910 lädt er seinen Nietzsche-Übersetzer Ludovici ein, ihn zu begleiten. Ihre erste Station ist Dresden, wo sie Levys Bruder Emil, dann Florenz, wo sie Helen Zimmern besuchen. Von dort reisen sie nach Korfu, dann nach Patras, Korinth und Athen. Ein Schiff bringt sie bei starkem Seegang nach Rhodos und anschließend, quer über das Mittelmeer, nach Beirut. Es ist Frühjahr, und die ersten Sonnenstrahlen im Libanon erlauben »a delightful café in the open«[86].
Von hier aus betritt Levy erstmals palästinensischen Boden. Etwa zehn Jahre zuvor hat er einem zionistischen Kongreß beigewohnt und mit einiger Skepsis eine Rede Theodor Herzls gehört, die vor einer begeisterten Zuhörerschaft gehalten wurde. »Whatever moves the people, *must* be wrong«[87], hatte er damals empfunden. Zu sehr ist Levy auf die Originalität des jüdischen Volks bedacht, als dass er diese Bewegung gutheißen könnte, die er als eine dem kruden europäischen Nationalismus nachempfundene Variante der alttestamentarischen Vorstellung von der Überlegenheit eines Volkes wahrnimmt: «Why imitate other nations? Has not Israel – at least the great amongst them – always shown the way to other nations?«[88]

IX. Die Urkatastrophe des XX. Jahrhunderts

Levy untersucht und kritisiert dieses Überlegenheitsgefühl anderen gegenüber, die Missachtung des (rassisch oder religiös) Fremden, den Militarismus und vor allem ein quer durch alle Konfessionen bemerkbares religiöses Sonderbewußtsein der je

---

86 Ibid., Bl. 102.
87 Ibid., Bl. 104.
88 Ibid., Bl. 104.

eigenen Gemeinschaft, welches er als den inneren Zusammenhalt in allen Nationen seiner Zeit bemerkt. Damit setzt er sich natürlich zwischen alle Stühle. Denn der böse Geist des Nationalismus ist in allen Nationen virulent. »Es gibt kaum eine Nation, die sich nicht für die erste Nation der Welt halten würde«[89], hatte Marcel Mauss in seiner fragmentarischen Studie zum *Begriff der Nation* (1920) lakonisch festgestellt. Dieser ›Geist der Sekten‹ ist ein Phänomen, das auch heutzutage überall, sowohl in traditionellen als auch in industriellen Gesellschaften herrscht: Er besteht in der Ablehnung jeder kosmopolitischen Haltung und in der Behauptung einer Ideologie, die sich in der Regel mit einer nationalen Gemeinschaft oder mit einer Nation identifiziert. Die nationale Wirklichkeit bildet die Grundlage für jede bedeutsame Handlung, besonders für den Krieg. »Das Gefühl der inneren Verbundenheit unter den Mitgliedern dieser Art von Organisation wird schließlich so umfassend, dass in den Augen der Sekte jeder Gegner von Anfang an seine menschliche Natur verloren hat.«[90]

Levy muss dann sogar erleben, dass »die Moral-Fanatiker der Entente ... [ausgerechnet!] Nietzsche als den bösen Genius des wilhelminischen Zeitalters bezeichnen und damit weithin Glauben gefunden, der schwer auszurotten sein wird.«[91] Das aber ist für Levy der exemplarische Fall eines augenscheinlich immer defizienten Zeitgeistes, der nichts begreift, sondern nur Ressentiments generiert. Die muss er auch einmal ganz persönlich erleben: Am 18. August 1914 findet er des Morgens im Briefkasten seines Londoner Hauses – in 54 Russell Square – den *The Scotsman* mit einen Nietzsche-kritischen Artikel, der besagen will, dass eben »die heidnische, antichristliche Gesinnung Nietzsches, ... seine Verherrlichung des Übermenschen, den Deutschen den

---

89 Marcel Mauss: La nation, in: ders.: Œuvres, Bd. 3, Paris 1969, S. 599.
90 Roger Caillois: L'Esprit des sectes, in: ders., Instincts et société, Paris 1987, S. 82–107.
91 Oscar Levy an Major Oehler, v. 7. Mai 1922, in: GSA 72/1803.

Kopf verdreht und sie zur Aussendung von vier Kriegserklärungen in einer Woche veranlasst habe«, und am Rande dieser Zeitung hatte irgendjemand handschriftlich geschrieben: »*You have brought this poison to England!*«[92]

Im Nietzsche-Archiv jedenfalls nimmt man – »Viel Feind, viel Ehr« – solche Nachrichten nicht nur nicht als groteske Verdrehung von Nietzsches Denken wahr, sondern man ist stolz darauf, dass, wenn auch widerwillig, anerkannt werde, wie EFN einmal hervorhebt, »dass mein Bruder mit seiner Lehre vom ›Willen zur Macht‹ als einer der Grund-Urheber dieser grandiosen Gesinnungsart Deutschland's bezeichnet wird. Darüber habe ich aus England interessante Dinge gehört.«[93] Es sei hier, schreibt sie einmal, »jedenfalls in der *Times*, wie man mir sagte, mein Bruder als der Hauptfeind geschildert, der den Deutschen diesen Willen zur Macht eingeprägt hätte.«[94] Kurz, die EFN scheint mit jener nationalen Umschreibung Nietzsches im jetzt feindlichen Ausland sehr zufrieden zu sein: »Es ist nämlich wunderbar, dass Nietzsche so zu sagen ein Kriegsheld geworden ist.«[95]

Levy steht jetzt offensichtlich sowohl diesseits wie jenseits des Kanals mit seiner Botschaft, dass eben doch gerade exemplarisch »Nietzsche alle Ideen, die zum grossen Tartuffenkrieg Europas führten – vom Nationalismus bis zum Sozialismus – scharf bekämpft hat«[96], allein da mit ein paar Getreuen (wie J. M. Kennedy, Th. Common und Miss Beatrice Marshall) und wird amtlich angefeindet. »Denn Nietzsche lagen nicht die po-

---

92 Oscar Levy: Nietzsche im Krieg. Eine Erinnerung und eine Warnung, a. a. O., S. 277.
93 EFN an Maria Thiel, v. 4. Dez. 1914, in: GSA 72/734 d. »Offenbar wollen die Engländer das Rezept kennen lernen, wodurch aus den geduldigen, nachsichtigen Deutschen dieses stahlharte nach Macht strebende Volk geworden ist.« (EFN an Baron Taube, v. 30. Dez. 1914, in: GSA 72/734 d.)
94 EFN an Baron Bodenhausen, v. 15. Sep. 1914, in: GSA 72/734 c.
95 EFN an Zschortich, v. 17. Dez. 1914, in: GSA 72/734 d.
96 Oscar Levy an Major Oehler, v. 7. Mai 1922, in: GSA 72/1803.

litischen Gegensätze, nicht die Gegensätze zwischen Preußen und Frankreich oder die zwischen Deutschland und Europa am Herzen, sondern, genau wie seinem ... Goethe, nur die zwischen Kultur und Barbarei.«[97]

X. Wieder heimatlos

Auch nach dem Krieg muss Levy schreiben: »Ich habe immer noch einen schweren Stand, sowohl als Deutscher als auch als Nietzschejünger. Selbst mein Hierbleiben ist noch ungewiss. Die ›former alien enemies‹ dürfen nur mit besonderer Erlaubnis des Ministers des Inneren hier landen und werden am permanenten Aufenthalt verhindert.«[98] Und auch nach den Schreckenserfahrungen mit dem Großen Krieg der »nationalen Derwische«[99] ist jener schreckliche Geist nirgends besiegt, kaum entschärft.

Es ist natürlich leicht, Levy, der sich immer als Europäer verstand und der sich gerade auch in England nie um sogenannte ›ordentliche Papiere‹ gekümmert hat, jetzt mit fremdenpolizeilichen Formalitäten zu blamieren. Und so wird Oscar Levy ein paar Jahre nach dem Krieg – im Oktober 1921 – in England (wo

---

97 Oscar Levy: Nietzsche im Krieg, a. a. O., S. 283.
98 Oscar Levy an EFN, v. 9. Okt. 1920, in: GSA 72/BW 3190.
99 Oscar Levy: Kriegsaphorismen für Europäer oder solche, die es werden wollen, Bern/Biel/Zürich 1917, S. 80 (Aph.Nr. 97). Diese Formel verwendet er erstmals im Brief an EFN vom 28. Dez. 1915: »Wir haben uns nie in Chimären ergangen, wie die *nationalen Derwische* [Hervorh. v. d. Vf.n.] von heute (...) wir aber, die wir an Politik nicht mehr glauben, müssen vorausdenken und voraussagen, damit uns nicht das passiert, was aller Literatur von Vor-dem-Kriege passieren wird: nämlich mit Hohngelächter von der kommenden Jugend ad acta gelegt zu werden. Das darf uns nicht passieren und das kann uns nicht passieren, wenn wir ... Nietzsche hoch und von Zeit-, Schmutzflecken rein erhalten«, und – mit einer deutlichen Warnung gerade nach Weimar gesagt –, »wenn wir uns selber von nationaler Neurotik und nationaler Mystik freizumachen verstehen.« (GSA, 72/BW 3190).

er, mit einigen Unterbrechungen, über zwanzig Jahre frei gelebt hat) plötzlich als ›feindlicher Ausländer‹ identifiziert. Noch zu Beginn des Weltkrieges hat Levy nach Deutschland schreiben können: »Trotzdem ich nicht naturalisierter Deutscher bin, habe ich bisher keinerlei Unannehmlichkeiten erfahren und bin nicht einmal, wie viele andere Deutsche, meiner englischen Freunde verlustig gegangen.«[100]

Gleichwohl ist sein Haus in 54 Russell Square während des Krieges besetzt worden, und Levy lebt mit seiner Familie in einer bescheidenen Wohnung in 13 Montague Street. Jetzt wird seine Aufenthaltsgenehmigung nicht verlängert, seine Gesundheit lässt zu wünschen übrig, und auch seine finanzielle Situation ist inzwischen kritisch geworden. Die staatlichen Verwalter des sogenannten »Enemy Property« verhören Levy mehrmals und befragen ihn höflich nach seinen Besitzverhältnissen. Levy antwortet jeweils wahrheitsgemäß, muss aber bald feststellen: »It was an execution by an executioner in evening dress and white gloves«[101].

Das britische Innenministerium hat inzwischen mit den Besetzern seines Hauses Kontakt aufgenommen und sie gebeten, die dort verbliebenen Papiere Levys nach Anhaltspunkten für eine politische Aktivität zu durchforsten. Derartiges wird nicht gefunden, aber man glaubt irrtümlich, entdeckt zu haben, dass Levy nicht rechtmäßig verheiratet sei und benutzt diesen Fund als weiteren Vorwand für seine Ausweisung. Da Oscar Levy und Frieda Brauer vor Kriegsbeginn geheiratet haben, geht der Schlag ins Leere, aber die unsaubere Vorgehensweise seitens der Regierung veranlasst Levy, seine eigene Strategie zu überdenken und, wenn es auf legalem Weg nicht möglich ist, illegal im Land zu bleiben.

An Weihnachten des Jahres 1920 wird seine Gerichtsverhandlung einberufen. Die Tatsache, dass Levy sich nach anfäng-

---

100 Oscar Levy an EFN, v. 12. Nov. 1914, in: GSA 72/BW 3190.
101 Oscar Levy: Autobiogr., Bl. 182.

lichem Zögern doch bereit erklärt, auf das Neue Testament zu schwören – »it had struck me, that the New Testament was as Jewish as the Old«[102] – ist seiner Sache nicht förderlich, hätte doch der Richter gerne »more Judaeorum«[103] gesehen. Als Levy dann zu Beginn des Jahres 1921 der Ausweisungsbeschluss vorgelegt wird, ignoriert er ihn schlechterdings und bleibt. Doch das Leben der Exilanten im Nachkriegsengland ist verdrießlich: Levy berichtet, wie er mit seiner Tochter aus Hotels und Pensionen verwiesen wird, in denen es zum guten Ton gehört, keine Deutschen zu beherbergen. Aber Levy »cultivated a ›I-do-not-care-a-damn‹ attitude«[104] und tut gut daran. Bald wendet sich das Blatt zu seinen Gunsten: Die Besetzer haben sein Haus in Russell Square auf unbestimmte Zeit verlassen und Levy beschließt kurzerhand, es seinerseits zu besetzen. Er bricht in sein eigenes Haus ein und wohnt dort ganze sechs Wochen lang unbehelligt. Dann jedoch steht die Besetzerfamilie, zusammen mit einigen Polizisten, vor der Tür. Levy öffnet und sieht sich plötzlich in eine Schlägerei verwickelt. Hätte seine Frieda ihm nicht resolut beigestanden – sie packt zwei der Angreifer am Kragen und schiebt sie beiseite, und wer könnte sich gegen eine gut gekleidete, schöne Dame zur Wehr setzen? – er wäre vermutlich unterlegen. So aber kann sich Levy ins Haus retten und »I remained victor on the battlefield 54 Russell Square.«[105] Als er von den Besetzern anschließend vor Gericht verklagt wird, erhebt er eine Gegenklage, und es kommt zu einem außergerichtlichen Vergleich. Noch im selben Jahr findet sich ein Käufer für das Haus, und es wechselt mit Gewinn den Besitzer.

Was seine Ausweisung angeht, erklärte Levy sich selbst vor Gericht für staatenlos und »I then made the whole thing known to the Press.«[106] Die englische intellektuelle Welt protestiert na-

102 Ibid., Bl. 187.
103 Ibid., Bl. 188.
104 Ibid., Bl. 190.
105 Ibid., Bl. 192.
106 Ibid., Bl. 193.

türlich gegen diese unsinnige und unzeitgemäße Abschiebung, u. a. erheben Schriftsteller wie Herbert G. Wells, Arthur Conan Doyle, George B. Shaw, Lord Alfred Douglas (der Freund Oscar Wildes) und John Galsworthy ihre Stimme für Levy; auch wird eine Neuauflage seiner Nietzsche-Gesamtausgabe veranstaltet. »Was ich ohne meine hiesigen aufopfernden Freunde hier gemacht hätte, ist kaum auszudenken, wahrscheinlich aber ›mich aus dem Staube!!‹ Es ist, nebenbei, urkomisch, offiziell so viel Feindschaft und privatim so viel Achtung zu genießen.«[107] Aber vor allem: diese Kampagne für Oscar Levy hat zur Folge, dass er demonstrativ den eben begründeten *Nansen-Pass* Nr. 1 ausgestellt bekommt. Dieses von dem bekannten Polarforscher Fridtjof Nansen angeregte, völkerrechtlich anerkannte Reisedokument für staatenlose politische Flüchtlinge wird Anfang Juli 1922 gestiftet. – Levy kann somit seine nomadische Lebensweise weiter fortführen.

Auch seiner geistigen Ausstattung nach ist Levy von allem Anfang an ein *Emigrant*. Geradeso wie es Nietzsche von sich und seinesgleichen postuliert hatte: »Wir sind Emigranten. – Wir wollen auch das böse Gewissen für die Wissenschaft im Dienste der Klugen sein!«[108] Emigranten in diesem Sinne sind also, wie Nietzsche an gleicher Stelle betont, gerade das Gegenteil von denen, den Vielen, »welche durch den Selbstbetrug leben müssen und wollen!«[109] Denn, und das macht nach Nietzsche den gewissermaßen ›synthetischen‹ Sinn bei Emigranten aus: »Das geistige Nomadenthum ist die Gabe der Objektivität oder die Gabe, überall Augenweide zu finden.«[110]

Levy sieht sich durch die Katastrophe des Weltkriegs weiterhin bestätigt, sein Nietzsche-Missionswerk fortzusetzen – gerade auch für Deutschland. »Das alte Deutschland ist erledigt«,

---

107 Oscar Levy an EFN, v. 30. Juni 1920, in: GSA 72/BW 3190.
108 Friedrich Nietzsche: Nachgelassene Fragmente, KSA, Bd. 9, S. 201.
109 Ibid.
110 Ibid., S. 667.

schreibt er 1922 nach Weimar an Max Oehler, »so gründlich erledigt, wie kein Deutscher es auch nur ahnt: der einzige Nicht-Erledigte und Überlebende des Schiffbruchs wird Ihr grosser Verwandter sein.«[111] Aber ausgerechnet von Weimar her muss Levy seit Kriegsbeginn August 1914 und dann kontinuierlich weiter bis in die Zwanziger und Dreißiger Jahre erleben, dass die Nietzsche-Gemeinde in Deutschland »NB unter Führung der nicht zu charakterfesten Nietzsche-Familie – ihren Heros schwarz-weiß-rot angestrichen hat.«[112] Hier wird etwas fortgeführt, was die Archivleiterin gleich im ersten Kriegsherbst 1914 mit Nietzsche versuchte, nämlich ihn vaterländisch-national einzureihen. Die EFN wendet sich nämlich in jenen Wochen an die Redaktion des *Kladderadatsch*, um dort nach einem Kriegsgedicht vom August 1870 [!!] – von dem ihr nur noch die erste Strophe[113] erinnerlich sei – suchen zu lassen, das Nietzsche seinerzeit auf einer Bahnfahrt spontan vertont hätte. Sie fragt an, »ob man dies Lied nicht in unsere jetzigen Kriegslieder einreihen könnte. Dazu gehört aber allerdings, dass ich nicht nur den ersten Vers kenne, sondern das ganze Lied. – Wäre es nun möglich die Nummer ... wieder aufzufinden in welcher das Gedicht stand?«[114]

Noch nach dem geschäftlichen Bruch mit Elisabeth Förster-Nietzsche (Anfang der zwanziger Jahre) nimmt Oscar Levy jede

---

111 Oscar Levy an Major Oehler, v. 7. Mai 1922, in: GSA 72/1803.
112 Oscar Levy: Rez. zu Charles Andler: Nietzsche, sa vie et sa pensée (Paris 1931), in: Die Literatur [Stuttgart], Sep. 1931.
113 Die ging so: ›Ade, ich muß nun gehn/zum Kampf wohl an den Rhein;/Viel Deutsche Brüder stehn/und harren dort schon mein -/Ich weiß auf wen ich zähle,/ich hab sie treu erkannt,/ein Herz und eine Seele/sind wir für's Vaterland‹. Dieses Lied konnte dann die Reisegesellschaft, die auf dem Wege von Lindau nach Erlangen gewesen war, »am Ende der Fahrt schon auswendig singen, und ein weiterer Freund [d. i. der Maler Mosengel – die Vf.] ... der in unseren Wagen kam, sang es auch noch mit. Den Refrain sangen wir alle mit Inbrunst: ›Ein Herz und eine Seele für's deutsche Vaterland« (EFN an Otto Crusius, v. 28. Dez. 1914, in: GSA72/734 d).
114 EFN an die Redaktion des ›Kladderadatsch‹, o. D. [Okt.-Dez. 1914], in: GSA 72/734 d.

Maud, Frieda und Oscar Levy bei ihrer Ausweisung aus England 1921.

Gelegenheit wahr, das völlige Unverständnis jener »stadtbekannten Schwester« mit dem philosophischen Grundbestand im Denken ihres »weltbekannten Bruders« offenzulegen. Die Weimarer Archivleiterin neigt zunehmend zu geistigen ›Kurzschlüssen‹, nämlich z. B. manche ihr neuerdings sympathische politischen Ereignisse als »innerlich« mit den Ideen ihres Bruders verknüpft zu sehen, das heißt aber in aller Regel: die Kontingenz jener Ereignisse mit Nietzsche sozusagen zu »konfirmieren«. Im Alter wird diese Marotte immer peinlicher.

Bei Gelegenheit eines öffentlichen Glückwunsches der Förster-Nietzsche an Mussolini vom Frühjahr 1929 anlässlich von dessen Konkordatsvertrag mit dem Vatikan karikiert Oscar Levy einmal solche schrägen Blicke aus der Villa Silberblick aufs politische Geschehen auch öffentlich. Levy hält dabei dem Nietzsche-Archiv gar nicht zuerst seine Sympathie für Mussolini vor. Damit hat Levy in jener Zeit keine Probleme. Er kennt Mussolini selber persönlich ein wenig, hat er ihn doch schon im Herbst 1924 einmal im Auftrag einer amerikanischen Zeitung interviewt.[115] Er, Levy, verstehe also zunächst »die Sympathie, die Sie für Mussolini empfinden, aber diese einleuchtende Sympathie wurde gerade bei mir durch jenes Ereignis getrübt, zu dem Sie ihm heute gratulieren: die Aussöhnung mit dem Papste«[116], so schreibt er aus Südfrankreich in einem ›Offenen Brief‹ nach Weimar. Zwar sei es schätzbar, dass, wie Levy hervorhebt, in jenem Lateran-Vertrag eine Bestimmung eingefügt sei, »nach welchem Israeliten, Protestanten, Orthodoxe in der Ausübung ihrer Kulte nicht nur vom faschistischen Staate toleriert, sondern direkt zu ihm zugelassen werden«[117], so könne aber doch, gibt Levy der Archivleiterin zu bedenken, »ein echter Jünger Nietzsches gerade Mussolinis Versöhnung mit dem Papst niemals billigen.«[118]

Levy hat übrigens schon früher, »bei Gelegenheit der Zentenar-Feier [1926] für den heiligen Franziskus, in einem an Mussolini persönlich gerichteten Brief meinen Zweifel an die Heilsamkeit dieses Bündnisses [mit dem Katholizismus] ausgedrückt.«[119] Nun mag Mussolini tun, was er glaubt tun zu müssen, unsere Sache als Nietzscheaner jedenfalls sei es, so Levy, alle Kompromisse mit Politikern zu vermeiden. Levy erinnert die Förster-Nietzsche an jene Mesalliance mit den Vorkriegs- und

---

115 »It is easy to go wrong nowadays for an Intellectual. Did I once myself not go to Mussolini? (But that was in 1924 – and I recanted a few years later!)«, notiert Levy später in seiner Autobiographie, Bl. 251.
116 Oscar Levy: Offener Brief an Frau Elisabeth Förster-Nietzsche, v. 11. Mai 1929, in: Das Tagebuch [Berlin], 10. Jg. (1929), H. 21, v. 25. Mai 1929, S. 858 f. bzw. S. 162 in diesem Band.
117 Ibid., S. 859.
118 Ibid., S. 859.
119 Ibid., S. 859.

Weltkriegspolitikern, »denen einst die deutschen Nietzscheaner durch Stillschweigen oder Beifallklatschen dienstbar waren« – ein, wie Levy hervorhebt, »nichtswürdiges Verhalten, das dem Auslande schließlich den wirksamen Propagandaschrei lieferte: ›Nietzsche hat den Weltkrieg gemacht!‹«[120] Wir Nietzsche-Verehrer sollten, so Levy, jene begreifliche Schwäche des Gerne-Mitmachens ablegen, »*denn wir, und nur wir, sind die Träger des Zukunftsgeistes Europas, das nur durch uns und unsere Werte wieder zur Besinnung kommen kann.*«[121] Und ganz nebenbei: In Weimar sollte doch nicht ganz vergessen werden, dass sämtliche Werke Friedrich Nietzsches auf dem *Index Expurgatorius* stehen…

Und so erlaubt sich gerade Levy diese Kritik an den jüngsten politischen Aspirationen des Nietzsche-Archivs, weil er, Levy, auch schon vor dem Kriege »gegen die Ausmünzung von Nietzsches Lehre zugunsten Bismarcks und seines Reiches, zugunsten Wilhelms und seiner Konsorten protestiert hatte.«[122]

Exkurs: ›My Sister and I‹

Bis in die fünfziger Jahre reicht die Geschichte eines Nietzsche-Fakes, der immer wieder einmal mit Oscar Levy verbunden wird. Im Jahr 1951, vier Jahre nach Levys Tod, erscheint im Verlag Boar's Head Books, New York, ein Buch mit dem Titel *My Sister and I*[123]. Auf der Titelseite wird als Autor Friedrich Nietzsche genannt, und als Übersetzer des Textes aus dem Deutschen sowie als Verfasser der Einführung erscheint der Name: Dr. Oscar

---

120 Ibid., S. 859.
121 Ibid., S. 860.
122 Ibid., S. 860.
123 [Angeblich] Friedrich Nietzsche: My Sister and I. [Angeblich] aus dem Deutschen übersetzt und mit einem Vorwort von Oscar Levy. New York, 1951. Es existiert eine Neuauflage des Textes, samt Beiträgen zu seiner fragwürdigen Urheberschaft, aus der hier jeweils zitiert wird: [Angeblich] Friedrich Nietzsche: My Sister and I. Herausgegeben und mit einem Vorwort von Stuart Swezey und Brian King, Los Angeles, 1990.

Levy. Der eigentliche Buchtext umfasst insgesamt 466 nummerierte, teils aphoristische Abschnitte unterschiedlicher Länge in zwölf Kapiteln sowie einen Epilog. Er ist verfasst in Form scheinbar autobiographischer Bekenntnisse vornehmlich geschlechtlicher Art und beinhaltet außerdem persönliche Stellungnahmen des vermeintlichen Autors zu Personen oder Ereignissen in seinem Umkreis sowie allgemeine Reflexionen.

Wollte man dem Vorwort Glauben schenken, fasste Nietzsche in den ersten Tagen[124] seines von Januar 1889 bis Mai 1890 dauernden Aufenthalts in der Jenaer Nervenheilanstalt den Entschluss, nach *Ecce Homo* »another autobiographical work«[125] zu verfassen und schrieb den Text noch in der Klinik. Auf das fragwürdige Verschwinden des ursprünglichen deutschen Manuskripts, die im Text enthaltenen Anachronismen, die Wortspiele und Zitate, die offensichtlich englischen Ursprungs sind, sowie auf die stilistische Unvereinbarkeit des Textes mit den übrigen Schriften Nietzsches und mit seinem gesundheitlichen Zustand im fraglichen Zeitraum sei hier nicht näher eingegangen.[126] Vielmehr sollen an dieser Stelle die Autorschaft der Einführung und die behauptete Übersetzerleistung Oscar Levys untersucht werden.

Zunächst fällt auf, dass ›Levy‹ hier erstmals überhaupt als Übersetzer Nietzsches auftritt: »How was I to find the English equivalents for those mad words?«[127], fragt er in seiner Einfüh-

---

[124] Da Franziska Nietzsche ihren Sohn in der Jenaer Nervenklinik erst im Juli besuchen durfte, müsste – sollte Nietzsche denn als Autor angenommen werden – mindestens ein halbes Jahr zwischen diesem Entschluss und dem Beginn der Niederschrift gelegen haben, denn im ersten Kapitel des Textes von *My Sister and I* heißt es: »Mother came to see me today« [(Angeblich) Friedrich Nietzsche: My Sister and I. A.a.O., Kap. 1, Abschn. 31]. Das lässt die im Vorwort des Werks genannte Zeitangabe unglaubwürdig erscheinen.

[125] [Angeblich:] Oscar Levy: Introduction. In: [Angeblich] Friedrich Nietzsche: My Sister and I. Los Angeles, 1990, S. xii.

[126] Dazu sei verwiesen auf: Walter Kaufmann: Nietzsche and the Seven Sirens. In: Partisan Review, Mai/Juni 1952.

[127] [Angeblich:] Oscar Levy: Introduction. In: [Angeblich] Friedrich Nietzsche: My Sister and I, a.a.O., S. xiv.

rung. Kein einziges der von Oscar Levy herausgegebenen und edierten Übersetzungen der gesammelten Werke Nietzsches war hingegen von ihm selbst angefertigt worden, denn er empfand seine Englischkenntnisse als unzureichend: »im Übrigen konnte ich in einer Sprache, die schließlich nicht die meine war, weder angemessen sprechen noch schreiben«[128], meinte er. Deshalb sah er sich gezwungen, »Übersetzer [zu] finden, denen ich Nietzsche erklären [...] musste«[129]. Es ist kaum anzunehmen, dass Levy mit dem Auftauchen des neuen Manuskripts ohne weiteren Kommentar dazu übergegangen wäre, ›Nietzsche‹ selbst zu übersetzen.

Die Einführung zu *My Sister and I* ist datiert auf März 1927. Im ersten Teil der Einführung kommentiert ›Levy‹ in kurzen Zügen einige Schriften Nietzsches. Anschließend berichtet er, wie er selbst von dem Manuskript zu *My Sister and I* erfuhr und wiederholt die ihm mündlich übermittelte Entstehungsgeschichte des Textes. Im dritten Teil nimmt ›Levy‹ zu dem Text selbst Stellung. Ein vierter und letzter Teil handelt von der zu erwartenden Wirkung der Veröffentlichung.

Bemerkenswert ist, dass in dem einleitenden Überblick über Nietzsches Werke die *Genealogie der Moral* zeitlich vor *Also sprach Zarathustra* angesetzt wird – ein Irrtum, der dem wirklichen Levy wohl kaum unterlaufen wäre und den der damalige Herausgeber des Textes, Samuel Roth, ab der zweiten Auflage mit einer Fußnote versieht, in der ›Levy‹ unterstellt wird, er habe diese Reihenfolge gewählt, weil *Also sprach Zarathustra* erstmals 1892, fünf Jahre nach der *Genealogie der Moral*, veröffentlicht wurde.[130]

---

128 Oscar Levy: Vorwort zur englischen Taschenbuchausgabe von ›Also sprach Zarathustra‹. Vorliegende Ausgabe, S. 212 f.
129 Ibid. S. 214.
130 Vgl.: [Angeblich:] Oscar Levy: Introduction. In: [Angeblich] Friedrich Nietzsche: My Sister and I, a. a. O., S. ix. Siehe hierzu auch: Walter Kaufmann: Nietzsche and the Seven Sirens. In: Partisan Review, Mai/Juni 1952.

1921 Victoria-Station, englische Intellektuelle verabschieden die Familie Levy (3. und 4. von rechts). Von links: Alfred Rose, Percy Hill (Bürgermeister von Holborn).

Weiterhin fehlt in dieser Auflistung jeder Hinweis auf die auch in seiner eigenen Nietzsche-Edition enthaltenen zwei Bände des *Willens zur Macht*[131], auf die Levy noch 14 Jahre später in einem ähnlichen Überblick über die Werke Nietzsches mit den Worten verweist: »power in every but mostly in the intellectual sense – with over a thousand aphorisms«[132]. Die Akzeptanz dieser Aphorismensammlung geriet erstmals durch die Kritik Karl Schlechtas an der Editionspraxis Elisabeth Förster-Nietzsches im Rahmen seiner eigenen editorischen Arbeit in

---

131 Bei diesen Bänden handelt es sich um von Elisabeth Förster-Nietzsche und Peter Gast aus dem mit philologisch unhaltbaren Eingriffen versehenen Nachlass Nietzsches kompilierte Bücher.
132 Vgl.: Oscar Levy: Friedrich Nietzsche. In: World Review vom Mai 1941, S. 43.

den Jahren 1933–42 ins Wanken.[133] Das deutet darauf hin, dass die Einführung zu *My Sister and I* wesentlich später entstanden ist als angegeben, zumal ›Levy‹ im zweiten Teil der Einführung selbst bereits die Entstehungsgeschichte des *Willens zur Macht* diskreditiert: »Barring another throwing together of a few thousand epigrams under a title Nietzsche once contemplated as the subject of a serious work (the method of composition of the posthumous *Will to Power*), his sister had no further surprises for me.«[134]

Im selben Monat, in dem die Einführung zu *My Sister and I* verfasst worden sein soll, erscheint das in dieser Ausgabe abgedruckte Vorwort Levys zur englischen Taschenbuchausgabe von *Ecce Homo*, in dem Levy schreibt, *Ecce Homo* sei in der Reihe der Bücher Nietzsches dasjenige, »das in nächster Nähe zu seinem Wahnsinn geschrieben wurde«[135], welches, »von einer letzten Anhöhe herab, einen Überblick über den Weg [gibt], den er ging«.[136] Solche Bezugnahmen auf *Ecce Homo* als einem abschließenden Werk wären unverständlich, hätte Levy an die Existenz eines noch späteren Buches Friedrich Nietzsches geglaubt.

Vergleicht man die beiden Texte im Hinblick auf ihre Einschätzung der Krankheit Nietzsches und ihren Einfluss auf seine Schriften, stößt man auf wesentliche Diskrepanzen. Während Levy im *Ecce Homo* beispielsweise, wie er in seinem Vorwort dazu schreibt, lediglich »Spuren jener Euphorie« feststellt, »des scheinbaren Hochgefühls, das sehr häufig dem endgültigen Kollaps vorangeht«, dessen auslösendes Gift aber »erst als Stimulus

---

133 Vgl.: Katrin Meyer: Geschichte der Nietzsche-Editionen. In: Henning Ottmann (Hrsg.): Nietzsche Handbuch. Leben-Werk-Wirkung, Stuttgart 2000, S. 439.
134 [Angeblich:] Oscar Levy: Introduction. In: [Angeblich] Friedrich Nietzsche: My Sister and I, a. a. O., S. x.
135 Oscar Levy: Einleitung zur englischen Taschenbuchausgabe von Friedrich Nietzsches Ecce Homo, vorliegende Ausgabe S. 155.
136 Ibid.

für die Verstandeskräfte«[137] wirkt, gibt der vermeintliche ›Levy‹ zum besten, *Ecce Homo* sei die erste Schrift Nietzsches, in der »madness [...] mingles with the frenzy of proselytism«[138]. Auch Nietzsches Persönlichkeit wird in beiden Texten unterschiedlich eingeschätzt: Während Levy im Vorwort zu *Ecce Homo* auf die damalige Kritik an der ›Dünkelhaftigkeit‹ Nietzsches eingeht, indem er schreibt, Dünkelhaftigkeit sei »eine launenhafte Selbstüberschätzung: Wie aber, wenn die Einschätzung nicht launenhaft, sondern gerechtfertigt ist?«[139], unterstellt der vermeintliche ›Levy‹ Nietzsche gar einen »inferiority complex«[140].

Die Liste der mit Levys scharfsinnigen Nietzsche-Interpretationen gänzlich unverträglichen Passagen in der Einführung zu *My Sister and I* ließe sich lange fortsetzen. Und das obwohl die Einführung von dem offensichtlichen Versuch geprägt ist, im Allgemeinen und Nichtssagenden zu verweilen. Etwa vermeidet der Schreiber, ganz im Gegensatz zu den Gewohnheiten des echten Levy, in seinem phantastischen Bericht über die angebliche Entstehung und das Auftauchen des Manuskripts die Nennung von Namen und genauen Orten. Dort heißt es lediglich, ein »young American in London«[141] habe Kontakt mit ihm aufgenommen und ihn um ein Gespräch bezüglich »a newly discovered autobiographical work by Friedrich Nietzsche«[142] gebeten. Wie behauptet wird, findet das Gespräch statt, und der nicht identifizierte junge Amerikaner berichtet, das Manuskript befinde sich in Kanada und sei im Besitz eines, wiederum namentlich nicht genannten, »Englishman, an ex-clergyman who

---

137 Ibid.
138 [Angeblich:] Oscar Levy: Introduction. In: [Angeblich] Friedrich Nietzsche: My Sister and I, a.a.O., S. ix.
139 Oscar Levy: Einleitung zur englischen Taschenbuchausgabe von Friedrich Nietzsches Ecce Homo, a.a.O., S. 156.
140 [Angeblich:] Oscar Levy: Introduction. In: [Angeblich] Friedrich Nietzsche: My Sister and I, a.a.O., S. xv.
141 Ibid., S. xi.
142 Ibid., S. xi.

had emigrated to Canada, but was now in England«[143]. Diesen ehemaligen Geistlichen habe der junge Amerikaner zufällig auf einem Schiff getroffen, heißt es. Dort wurde ihm das ›autobiographische‹ Manuskript im Gegenzug für einen nicht näher erläuterten »precious service«[144] im Zusammenhang mit der geplanten illegalen Einwanderung der Frau des einstigen Klerikers nach Kanada angeboten.

Darauf folgt die reichlich ausgeschmückte unwahrscheinliche Entstehungsgeschichte des Manuskripts: Nietzsche soll demzufolge vom Sohn eines Mitpatienten in der Jenaer Nervenheilanstalt Papier, Füller und Tinte erhalten[145] und diesem Patienten am Tag seiner Entlassung das Manuskript gegeben haben, mit der Bitte, es einem namentlich nicht genannten Verleger zu bringen, was jedoch nicht geschah. Der Sohn dieses ehemaligen Patienten habe das Manuskript statt dessen Jahre später nach Kanada mitgenommen und es für hundert Dollar seinem dortigen Arbeitgeber – dem besagten ehemaligen Geistlichen, der mittlerweile Gummifabrikant geworden sei – verkauft.

Levys Begegnung mit dem jungen Amerikaner soll im Frühjahr 1921 erfolgt und das Manuskript mehr als zwei Jahre später bei ihm angekommen sein. Derlei Ereignisse werden jedoch in Levys Autobiographie mit keinem Wort erwähnt, geschweige denn in seinen übrigen Schriften. Was Nietzsches Verhältnis zu Frauen angeht – das Grundthema des voyeuristischen Textes *My Sister and I* –, hält Levy sich ohnehin mit eigenen wie fremden Meinungsäußerungen zurück. Allerdings erwähnt er in seiner Autobiographie eine Unterredung mit Helen Zimmern,

---

143 Ibid., S. xi.
144 Ibid., S. xiii.
145 Das ist äußerst unwahrscheinlich: Nietzsches sogenanntes »Testament« – ein vorder- und rückseitig mit teils unentzifferbarer, teils unzusammenhängender chaotischer Schrift und Musiknoten vollgeschriebenes Blatt, welches drei Monate nach seiner Einlieferung in der Jenaer Klinik entstand – deutet auf seinen dortigen Mangel an Papier hin. Jenes ›Testament‹ befindet sich heute in Sils-Maria, im Nietzsche-Haus.

der Übersetzerin und persönlichen Bekannten Nietzsches. Sie berichtet Levy, dass sie einer Bitte des Historikers Daniel Halévy[146] um Informationen für ein Buch über Nietzsches Geschlechtsleben nicht nachkommen konnte, denn »although I had many walks with Nietzsche on the Fe[x]tal, he seemed to take no notice of my feminity« und fügt hinzu: »These French people always look for sex. But Nietzsche had too many other interests«[147]. Außerdem ist bei Levy von einer Anekdote über Elisabeth Förster-Nietzsche die Rede: »She, sitting on her sofa, talking about Nietzsche and her intimate relations with him and then, in the midst of rapture, looking over her visitor's shoulder: ›Der Karl hat schon wieder mal nicht die Türklinke geputzt‹.«[148] Da die Pointe aber auf der Verschrobenheit der Schwester Nietzsches und nicht auf ihren angeblichen »intimate relations« mit ihrem Bruder liegt, ist davon auszugehen, dass Levy diese Worte richtigerweise im Sinne einer von der Schwester behaupteten Vertrautheit mit ihrem Bruder, nicht aber einer physischen Intimität gedeutet und wiedergegeben hat.

Zuletzt gilt also, was Walter Kaufmann bereits im Januar 1955 mit Blick auf *My Sister and I* schreibt: »Dr. Oscar Levy, [...] must be considered wholly innocent of this volume, though the Introduction and translation are ascribed to him.«[149] Auch Thomas Mann verfolgt die Umstände dieser Fälschungsgeschichte; er schreibt dazu am 8. April 1952 eine Erklärung an die für die Buchkritik verantwortlichen Abteilungen der *New York Sunday Times* und des *Observer*, in der er betont: »It is my considered conviction that the book [My sister and I] is an impudent and ludicrous hoax which must not go unnoticed as such. Both Nietzsche's genius and the name of that first-rate

---

146 Daniel Halévy [1872–1962]: Französischer Historiker, Essayist und Biograph.
147 Oscar Levy: Autobiogr., Bl. 96.
148 Ibid., Bl. 77. Siehe auch S. 221 dieser Ausgabe.
149 Walter Kaufmann: Review of My Sister and I. In: The Philosophical Review, Jan. 1955.

scholar Oscar Levy must be protected against this sort of idiotic degradation.«[150] Und in sein Tagebuch notiert er am 1. Juni 1952, dass er in der New Yorker Exilzeitschrift *Aufbau* [im Jg. 18, Nr. 22, v. 50. Mai 1952] auch gerade »die geharnischte Erklärung der Tochter Lévys«[151] gegen diese Fälschung eines Nietzsche-Textes lese. Darin weist Maud Rosenthal jede Beteiligung ihres Vaters an dem Buch scharf zurück: »My father never wrote the introduction, he never translated, annotated, or knew this fantastic and clumsy concoction of nonsense here published as a text of Nietzsche's.«[152] Weit davon entfernt, auch nur eine leidliche Fälschung zu sein, »[t]he style, too, is, thank heaven! entirely unlike his«.[153]

XI. »Defensor Fidei«

Die vielfältige essayistische Tätigkeit Levys, vor allem seine Bemühungen um die geistesgeschichtlichen Gründe der ideologischen Abgründe im Europa der Zwischenkriegsperiode, wird kurz vor der Nazi-Zeit einmal jüdischerseits zusammenfassend so gewürdigt: »Den philosophischen Köpfen zuzuzählen ist wohl auch der polemische und satirische Kulturkritiker *Oscar Levy* ... selbst ganz im Banne Nietzsches stehend und seinem Werke mit der Leidenschaft eines reinen Geistes und Herzens hingegeben.«[154]

Der »Siegfriedangriff auf die Urbanität des Westens«[155], wie der politische Aufbruch von Hitler und seinen Deutschen nach

---

150 Thomas Mann: Tagebücher 1951–1952, hg. v. Inge Jens, Frankfurt/M. 2003, S. 618 f.
151 Ibid., Eintrag v. 1. Juni 1952, S. 222.
152 Maud Rosenthal (geborene Levy) in einem Leserbrief an den Saturday Review of Literature, 05.05.1952.
153 Ibid.
154 Kurt Walter Goldschmidt: Jüdische Philosophen, in: Jüdisch-liberale Zeitung, v. 15. März 1929, S. 49.
155 Karl Löwith: Nietzsches Philosophie der ewigen Wiederkehr, Stuttgart 1956, S. 211.

1933 von Alfred Baeumler nietzschefremd wahrgenommen wird – »Il taglio brutale che Baeumler opera nel corpo stesso del pensiero di Nietzsche va di pari passo con la sua strumentalizzazione politica«[156] –, eröffnet auch für Oscar Levy neue Horizonte des Exils. »Wir Heimatlosen«, so kann es Levy bei Nietzsche auch als eigenes Selbstverständnis dieser Tage lesen, »wir sind der Rasse und Abkunft nach zu vielfach und gemischt, als ›moderne Menschen‹, und folglich wenig versucht, an jener verlogenen Rassen-Selbstbewunderung und Unzucht theilzunehmen, welche sich heute in Deutschland als Zeichen deutscher Gesinnung zur Schau trägt.«[157]

Levy verkehrt jetzt mit den vielen neuen Emigranten aus Deutschland. Levy ist selber ein Exilant *avant la lettre*; hat er doch bereits vor der Jahrhundertwende dem wilhelminischen Obrigkeitsstaat den Rücken gekehrt. Nach wechselnden Aufenthalten in der Schweiz (1916–1919), und danach in England, Frankreich und Deutschland geht er nach 1933 schließlich wieder in den Süden, hauptsächlich nach »Frankreich, wo ihm ein Ausweis als ›*Homme de Lettres*‹ ausgestellt wird.«[158] Hier trifft er gelegentlich auch der Naziherrschaft entkommene Schriftstellerkollegen. Die kommen alle aus einem seltsamen Land, das sie »*Bei-uns-zu-Hause*« nennen.

Jetzt, anfangs des französischen Exils, verkehrt er vor allem mit Hermann Kesten, aber auch mit Thomas und Heinrich Mann. »H. Mann is the more straight-forward of the two brothers, in as much as he has remained faithful to his left line«, notiert Levy. «Thomas (Mann) has become an acrobat«[159]. Nelly

---

156 Carlo Gentili: Nietzsche, Bologna 2001, S. 372 [Dem groben Einschnitt, den Baeumler selbst in den Körper des Denkens Nietzsches setzt, entspricht genau die politische Instrumentalisierung dieses Denkens.].
157 Friedrich Nietzsche: Die fröhliche Wissenschaft, KSA, Bd. 3, S. 630.
158 Uschi Nussbaumer-Benz: Oscar Levys nietzscheanische Visionen, in: Jüdischer Nietzscheanismus, hg. v. Werner Stegmaier u. Daniel Krochmalnik, Berlin/N. Y. 1997 [Monogr. u. Texte z. Nietzsche-Forschung, 36], S. 199.
159 Oscar Levy: Autobiogr., Bl. 235.

Kroeger und ihr Lebensgefährte Heinrich Mann lernen Oscar und Maud Levy zu Beginn ihrer Emigration im Jahre 1933 in Südfrankreich kennen. Maud begleitet ihren Vater, Dr. Oscar Levy, oft auf seinen Wegen durch die Landschaft Zarathustras. »Heinrich Mann und die lustige Mdm. Kroeger waren einmal hier«, so schreibt Hermann Kesten in diesen Tagen nach London, »und erzählen von Mr. Levy.«[160] Maud erledigt von England aus diverse Aufgaben für ihren Vater, sie bringt vor allem nach 1933 u. a. Beiträge für die Exilzeitschrift *Das Neue Tage-Buch* in die Druckerei nach Amsterdam und bewerkstelligt finanzielle Transaktionen.

Als Oscar Levy einmal mit Heinrich Mann zusammentrifft, 1934 in Bandol (bei Toulon), kommentiert Levy dessen Kompliment: »Sie haben eine sehr natürliche Tochter!« mit »Sie ist auch eine natürliche Tochter.«[161] – Maud Levy ist ihres Vaters »faithful Daughter-Secretary.«[162] In dieser »Funktion« versorgt sie z. B. Heinrich Mann, als er am *Henry Quatre* schreibt, mit englischen Schreibfedern: »Liebes Fräulein Maud«, bedankt sich Nelly Kroeger einmal diesbezüglich, »das war aber eine grosse Überraschung – so einen schönen Brief habe ich lange nicht erhalten. Ich danke Ihnen herzlich. H. Mann ist sehr glücklich, die Federn zu haben, er konnte schon gar nicht mehr schreiben [...] Er ist so an diese Feder gewöhnt u. hier können wir sie nicht bekommen. Viel Besuch ist momentan hier – gestern hatten wir Dr. Landshoff und Gattin – u. <die> zwei kleinsten Kinder (17 u 18) von Th. Mann, natürlich als Ehrengast unsern Hausfreund [d. i. Oscar Levy]! Morgen erwarten wir Klaus u. Erika Mann mit Gatten [Wystan H. Auden (1907–1973), britischer Autor]. Heute abend ist noch ein kleines Concert in der Universität. [...] Heinr. Mann lässt vielmals grüssen u. dankt Ihnen sehr.

---

160 Hermann Kesten an Maud Levy, v. 11. Feb. 1937, im Privatbesitz v. Maud Rosenthal (Oxford).
161 Oscar Levy: Autobiogr., Bl. 245.
162 Ibid., Bl. 260.

Sollen wir die Federn Herrn Dr. [Oscar Levy] zahlen od. wie denken Sie?«[163]

Heinrich Mann berichtet seinem Bruder Thomas immer wieder von den Begegnungen mit Oscar Levy: »Im Hotel *Bandol* [in Nizza] sass gelegentlich an unserem Tisch ein älterer, etwas schwerhöriger Mann, Dr. Oscar Levy; der wohnte im Winter in Cannes und fuhr immer treu Autobus, damit wir den Abend verbrachten. Der war geduldig und anhänglich, zu schweigen von seinem eigenen Wert.«[164] Bereits im Frühsommer 1933 hat Thomas Mann bei einer Gesellschaft in Nizza die Gelegenheit eines ausführlichen Gesprächs mit Oscar Levy, »Heinrichs Bekannten, dem Herausgeber Nietzsches in England«, wie er in seinem Tagebuch[165] festhält. Thomas Mann spricht an diesem Abend »hauptsächlich mit ihm: über Nietzsche, die ›deutsche Revolution‹, die deutsche Form des Bolschewismus, die Austreibung des mediterranen Humanismus, den Aufstand der kleinbürgerlichen Un- und Antibildung, die sich als ›Volksbewegung‹ ideologisiert – und es in einem bestimmten welthistorisch-deutschen Sinne auch wohl ist.«[166] Aber Thomas Mann bleibt noch skeptisch gegenüber einer ›pessimistischen‹ Prognose Levys, was die historische Dauer und Folge des Neuen Nazi-Deutschland betrifft: »Soll man glauben, dass all das mehr ›Geschichtlicheres‹ als eine Verrücktheits-Episode ist?«[167]

Auch Walter Benjamin sucht in jenen Jahren die Nähe zu Levy: »Lewy [= Oscar Levy] ist leider nicht in Monte Carlo,

---

[163] Nelly Kroeger an Maud Levy, v. 13. Juni 1936, im Privatbesitz von Maud Rosenthal (Oxford).
[164] Heinrich Mann an Thomas Mann, 13. Mai 1934, in: Thomas Mann/Heinrich Mann, Briefwechsel, hg. v. Ulrich Dietzel, Berlin/Weimar 1977, S. 170f.
[165] Thomas Mann: Tagebücher 1933–1934, Eintrag v. 28. Mai 1933, hg. v. Peter de Mendelssohn, Frankfurt/M. 1977, S. 94.
[166] Ibid., S. 94.
[167] Ibid., S. 95.

sondern mit seiner Tochter [Maud] in der Bretagne.«[168] Levy besucht über die Jahre hier immer wieder mit seiner Tochter Maud, wenn sie aus England herüberkommt, das Seebad Étretat. Hier, aus Étretat, tut Levy einmal seine souveräne, von ideologischen Leitbildern freie Beurteilung der neuen deutschen Verhältnisse kund: »Ja, ich stimme mit Ihnen [d. i. Heinrich Mann] ob des Komischen in der deutschen ›Revolution‹ überein: dazu gehört aber etwas Distance, die die Meisten wohl heute noch nicht aufbringen werden. Am Wenigsten die Leidtragenden, die Emigranten, die mir immer zu pessimistisch erscheinen. In jeder Revolution steckt ja etwas Wagner Oper – in der deutschen mehr wie etwas: Hanswürste als Helden verkleidet, Simpels als Siegfried, Arrivisten als Arier! Das Gute an dieser Revolution ist, dass sie alle falschen Werte von heute kompromittiert: das Plebiscit (auf Deutsch: Das Volk weiss es!), den Fascismus, den Antisemitismus und selbst den Vegetarismus à la Hitler.«[169]

Seinen neuen Schicksalsgenossen zeigt Levy, der schon ein halbes Leben lang Emigrant gewesen ist, wie man sich dennoch selbst erhalten kann, sozusagen »übernational« (wenn auch zunächst erzwungenermaßen), in der Einübung einer – vorerst geistigen – europäischen Existenz. Levy betont dabei, dass es in den geistigen Kämpfen der Gegenwart für uns Deutsche u. a. darum gehen wird zu begreifen, »dass es sich in Europa nicht um den alten Nationalismus oder den alten Inter-Nationalismus handeln könne, sondern um einen neuen *sur-nationalisme*.«[170] Gerade das aber ist auch das politische Kernproblem bei der Verteidigung Nietzsches gegen seine volksdeutsche Vereinnahmung in diesen dreißiger Jahren. Levy kommentiert die politi-

---

[168] Walter Benjamin an Stephan Lackner, v. 9. Juli 1937, in: Walter Benjamin: Gesammelte Briefe, hg. v. Christoph Gödde u. Henri Lonitz, Frankfurt/M. 1999, Bd. 5, S. 548.
[169] Oscar Levy an Heinrich Mann, v. 30. Aug. 1933, in: Heinrich-Mann-Archiv der Stiftung der Akademie der Künste (Berlin), Nr. 1604.
[170] Defensor Fidei: Nietzsche-Feier in Nizza, in: NTB, 5(1937), H. 11, v. 13. März, S. 263.

sche Kultur seiner Zeit immer mit bitterem Sarkasmus. Damit steht er in jenen Zeiten nicht ganz allein: »Die moralische Kultur der Bourgeoisie ist es nicht wert, dass man sie mit ernsten Leidenschaften angreift. Man muß sie zu Tode lachen.«[171]

Das publizistische Zentrum zur Verteidigung Nietzsches ist jetzt Leopold Schwarzschilds Pariser Exilzeitschrift *Das Neue Tage-Buch*. Alle seine Beiträge schreibt Levy unter dem lange Zeit nicht aufgelösten Pseudonym *Defensor Fidei*. Seine unbefangene, von universitätsphilosophischen Einengungen freie Sicht auf Nietzsche bringt er einmal auf die treffliche Formel: »Also, Dantons Wort beherzigt, meine Herren Nietzsche-Kommentatoren aus Deutschland: ›De l'audace, de l'audace et encore de l'audace‹.«[172]

›Defensor Fidei‹ rezensiert (NTB, 20. Sept. 1935) eine amerikanische Anthologie mit Nietzsche-Aphorismen ›*Germans, Jews and France. By Nietzsche*‹, die Benjamin de Casseres – übrigens ein Nachkomme Spinozas! – herausgegeben hat. Levy würdigt diese Sammlung als nötiges Pendant »gegen jenes Deutschland, das schließlich in dem Monstrositäten-Jahrmarkt des Dritten Reiches seine Erfüllung fand.«[173] Sie zeige eindringlich, dass Nietzsche zwar hellsichtig, aber eben auch schon vergeblich gegen diesen Massen-Irrwahn geklagt habe. Die Deutschen, so Nietzsches Botschaft, die an »intellektueller Unsauberkeit« litten, sollten sich die schmutzigen Köpfe gerade von Juden waschen lassen. Oscar Levy empfiehlt dem amerikanischen Kollegen und Mitstreiter gegen die nationalsozialistische Vereinnahmung des Röckeners als Motto für künftige Arbeiten die Filiation eines Buchtitels des englischen Schriftstellers Edward Morgan Forster: *Fools rush in, where angels fear to tread.*[174]

---

171 Kurt Liebmann: Nietzsches Kampf und Untergang in Turin, Leipzig 1934, S. 50.
172 Oscar Levy: Rez. zu Alfred Bäumler [*Nietzsche in seinen Briefen u. Berichten v. Zeitgenossen*], in: Die Literatur, a. a. O.
173 Das Neue Tage-Buch, v. 20. Sep. 1935, S. 910.
174 Vgl. Edward Morgan Forster: Where Angels Fear to Tread, London 1905.

Aus Anlass ihres Todes (am 8. Nov. 1935) bedenkt ›Defensor Fidei‹ auch *Nietzsches Schwester* mit einem Nachruf (NTB, v. 16. Nov. 1935). Der Lebenseinfall jener Frau, nachdem sie mit der Idee der Kolonisierung gescheitert war, es nun mit der Kolonisierung einer Idee zu versuchen, führe zum Tod der Philosophie Nietzsches in Weimar. Die Schwester nämlich »hatte mit ihrem Genie ›à rebours‹ auf Houston Stewart Chamberlain gesetzt, der Deutschland eine neue Religion verheißen hatte, und nicht auf ihren Bruder, der alle Welt einst vor dem Reiche gewarnt und den Deutschen prophezeit hatte: *Ihr habt keine Zukunft!*«[175]

Das »Lama«, wie Nietzsche die Schwester nannte, habe einen untrüglichen Instinkt fürs Falsche und für die falschen Männer – von Bernhard Förster über Hindenburg bis Adolf Hitler. Ihr Lebensverhängnis: Sie hat im Weimarer Archiv Nietzsche ins Deutsche übersetzen wollen. »So hat ihr die Gleichschaltung der Lehre Nietzsches mit den Ansichten der jeweiligen Machthaber niemals irgendwelche intellektuellen Beschwerden verursacht.«[176] Schon im Ersten Weltkrieg hat sie Nietzsche ganz rigoros in den Dienst des Krieges gestellt. Sie wollte damals eine speziell für Soldaten gedachte – ›tornistergerechte‹ – Zarathustra-Ausgabe (›Kriegs-Zarathustra‹) bei Kröner durchsetzen und dafür alle kommentierenden Erklärungen weglassen, denn »diese philosophischen Auseinandersetzungen (sind) im Schützengraben nicht am Platze; das macht das Bändchen ein wenig leichter«, und »nach dem Kriege verschwindet diese Ausgabe wieder aus dem Handel.«[177]

Schon zwei Jahre zuvor hat das NTB davor gewarnt (am 25. Nov. 1933): »Aber die Herrin des Nietzsche-Archivs verwechselt geflissentlich ihren Bruder mit ihrem Mann. ... Aus dem Nietzsche-Archiv ist längst ein Förster-Archiv geworden, ebenso beharrlich sucht sie den Förster-Geist als Nietzsche-Geist vorzu-

---

[175] Das Neue Tage-Buch, v. 16. Nov. 1935, S. 1105, [S. 221–224 dieser Ausgabe].
[176] Ibid.
[177] EFN an Max Brahn, v. 10. Februar 1916, in: GSA 72/ 736 a.

stellen.«[178] Hier ist übrigens gewiss eine Rezeption dieser deutschen Exil-Zeitschrift in Paris durch z. B. Georges Bataille zu vermuten, der kurze Zeit danach in seiner Zeitschrift *Acèphale*[179] ebenfalls in diesem Sinne über Nietzsches Schwester schreibt. Anfang Februar 1936 veröffentlicht ›Defensor Fidei‹ eine Bücherübersicht unter dem Titel *Von Nietzsche zu Nazi* (NTB, v. 8. Febr. 1936; siehe S. 225–236 dieser Ausgabe). Hier werden drei deutschsprachige Neuerscheinungen zu Nietzsche vorgestellt. Der Philosoph gerät offensichtlich mehr und mehr »in den Mittelpunkt der geistigen Schlacht«[180]. Zunächst wird ein Buch von Dimitri Gawronsky[181]: *Friedrich Nietzsche und das Dritte Reich* (Bern 1935) besprochen. Das vordergründige Rätsel, dass sich sowohl Humanisten als auch Nationalsozialisten auf jenen Denker mit einigem Recht berufen zu können glaubten, löse sich nach Gawronsky dann, wenn man Nietzsche als typischen (deutschen) *Romantiker* auffassen würde. Kurz, so referiert Levy, »seine Widersprüche erklärten sich aus dieser seiner Herkunft, aus seiner Verwandtschaft mit der deutschen Volksseele, die immer zwischen Menschlichkeit und Titanenwahn einhertaumele und schließlich das Dritte Reich hervorgebracht habe.«[182]

Dieser Topos vom »widersprüchlichen« Nietzsche-Deutschen wird von Oscar Levy aufgegriffen und kritisiert. Es sei ein geläufiger hermeneutischer Laienfehler, dem Gawronsky aufsitze, nämlich: »er nimmt jedes Wort Nietzsches ›au pied de la lettre‹, er versteht keine ›innuendos‹ und ›sous-entendus‹; er

---

178 Das Neue Tage-Buch, v. 25. Nov. 1933, S. 514.
179 Vgl. Georges Bataille: Elisabeth Judas-Foerster, in: Acèphale [Paris], Jan.-Heft 1937 [*Nietzsche et les Fascistes*]. Neuerdings ins Deutsche übersetzt, in: Georges Bataille: Wiedergutmachung an Nietzsche, hg. v. Gerd Bergfleth, München 1999, S. 141–143.
180 Das Neue Tage-Buch, v. 8. Feb. 1936, S. 135.
181 Zu dieser Zeit Privatdozent für Philosophie an der Universität Bern. Er war seit den frühen Zwanzigern mit Ernst Cassirer befreundet (vgl. Toni Cassirer: Mein Leben mit Ernst Cassirer, Hildesheim 1981).
182 Das Neue Tage-Buch, v. 8. Feb. 1936, S. 135.

weiß nicht zwischen den Zeilen zu lesen […], dass Nietzsches Lehre nicht nur alle Werte, sondern damit auch alle Worte umgemünzt hat.«[183] Wer so mit seinem alten schulphilosophischen »Dictionnaire« an Nietzsches neue Sprache geht wie Gawronsky, wird die vielen nietzscheschen »Reizworte« nur als womöglich »immoralistische« Verrücktheiten zu deuten wissen. »Man hat vielleicht den besten Willen zu lernen«, konzediert Oscar Levy, »aber aller gute Wille führt nur zu Mißverständnissen. Denn hier muß es einmal gesagt werden, dass Nietzsche nicht wie Chemie, Mechanik und Bakteriologie erlernt werden kann und dass Schule, Fleiss, Gewissenhaftigkeit hier nicht zu sicherem Erfolge führen.«[184]

Ein anderer *Tage-Buch*-Autor, Klaus Mann, erinnert sich diesbezüglich einmal eines Gesprächs mit einem holländischen Freund und Nietzsche-Leser, Menno ter Braak[185], der ihm sagte: »Man muss zu *lesen* (und zu denken) verstehen, um sich von ihm [Nietzsche] nicht verwirren zu lassen. Nichts ist *peinlicher*, als ein naiver Nietzsche-Enthusiasmus, der ›wörtlich nimmt‹.«[186] Klaus Mann trifft in der zweiten Hälfte der Dreißiger bei Besuchen bei seinem Onkel Heinrich Mann auch immer wieder einmal auf Oscar Levy. Thomas Mann erinnert sich einmal des Wegs »zur Rue du Congrès [in Nizza], wo wir Klaus vorfanden. Der sympathische Dr. Levi [y] kam hinzu.«[187] Oscar Levy iden-

---

183 Ibid.
184 Ibid.
185 Vgl. den Aufsatz: »Menno ter Braak [1902 – 1940], Nietzsche, der Nationalsozialismus und die deutsche Exilliteratur« in: NACHBARN, Heft 42 (Niederländer und Weimar), hg. v. d. Kgl. Niederländischen Botschaft, Bonn 1999, S. 103–127. Und auch: Thomas Mann: In Memoriam Menno ter Braak [1947], in: Thomas Mann: Altes und Neues, Berlin/Weimar 1965, S. 260–262.
186 Klaus Mann: Tagebücher 1936–1937, Tagebuch-Eintrag, Amsterdam, 15. Apr. 1936, hg. v. Joachim Heimannsberg, Peter Laemmle u. Wilfried F. Schoeller, München 1990, S. 39.
187 Thomas Mann: Tagebücher 1935–1936, Eintrag v. 16. Mai 1935, hg. v. Peter de Mendelssohn, Frankfurt/M. 1978, S. 102.

tifiziert mit dem *Wörtlich-nehmen* ein mittelfristiges Problem für das Verstehen Nietzsches und sein ›Erbteil‹ für eine lebendige Philosophie der Zukunft überhaupt: Not täte nämlich eine gelehrte Vorurteilskritik, die diese Kritik auch immer auf sich selbst anzuwenden verstünde. Und solange das ausstehe, bliebe für die Gegenwart nur zu konstatieren: »mangels der Leitung echter Nietzsche-Forscher haben sich forsche Nietzsche-Fälscher dieser Philosophie bemächtigt.«[188]

Hoffnungsvoller blickt da der ›Defensor Fidei‹ auf das neue Buch von Alfred Rosenthal: *Nietzsches ›Europäisches Rasse-Problem‹* (Leiden 1935). Das Buch sei »ein einziger, tiefgefühlter Schmerzensschrei nach einem Europa, das endlich einmal einig werden und sich nach Nietzsches Wunsch zur Herrin der Erde machen möchte.«[189] Dazu seien nach Nietzsche *alle* Völker des alten Kontinents gefordert und nicht nur eine privilegierte Herrenrasse (aus womöglich Deutschen!); Nietzsche wende sich in dieser Frage gerade gegen den Nationalsozialismus – für ›Rassenmischung‹ statt ›Rasse-Reinheit‹. Die Deutschen hätten, allerdings ganz anders als die Nationalsozialisten sich dies dächten, wohl eine besondere Veranlagung zu solch einem europäischen ›Synkretismus‹ – nämlich gerade wegen, wie Klaus Mann einmal Nietzsche zitiert, ihrer »Juden, dem *europäischen Element* unter den Deutschen.«[190]

Dem Buch Rosenthals ist ein *Geleitwort* des großen holländischen Historikers Johan Huizinga beigegeben, in dem es heißt: »Aus der tobenden Ideen-Verwirrung von heute emporgehoben zu werden zu der Sphäre, in der Nietzsche seine Gedanken über Europäertum, Judentum und deutsche Art niederschrieb, ist eine Wohltat, für welche man dem Verfasser dieses Buches auf-

---

188 Das Neue Tage-Buch, v. 8. Feb. 1936, S. 136.
189 Ibid.
190 Klaus Mann: Tagebücher 1938 – 1939, a.a.O., S. 75 [Tagebuch-Eintrag v. 8. Dez. 1938]. Vgl. auch seinen Tagebuch-Eintrag v. 6. Feb. 1937 über ein Gespräch mit Walter Landauer (Lektor im Verlag Allert de Lange, Amsterdam), in: Klaus Mann: Tagebücher 1936–1937, a.a.O., S. 105.

richtig danken muß. Hier spricht ein Geist und eine Gesinnung, welche Deutschland nicht entbehren kann.«[191] Der Emigrant Rosenthal wagt sich mit seinen Vorschlägen weit hinein in das Problematischste des hassgeliebten Deutschland. Aber er hat keine Furcht, etwa von dort verwechselt zu werden mit dem gewissermaßen naturalistisch und proto-medizinisch (praktisch-»laboristisch«!) enggeführten Rassendiskurs, so wie er nationalsozialistisch seit langem dominiert wird. Sogar einem Freund des Nietzsche-Archivs, Börries Frh. v. Münchhausen, wurde schon in den zwanziger Jahren eine Zeitungsveröffentlichung verwehrt, weil sich darin anzudeuten schien, »dass es nicht nur keine deutsche Rasse gebe, sondern dass ›Rasse‹ überhaupt ein unmöglicher und jedenfalls unwissenschaftlicher Begriff sei.«[192] Rosenthal lässt selbstverständlich auch keinen Zweifel daran aufkommen, dass der damit verbundene sogenannte anthropologische Untergrund der völkischen Bewegung in Deutschland auch einzelwissenschaftlich unlegitimiert ist. Ihm, der wie viele deutsche Emigranten vor und mit ihm von Deutschland natürlich nicht loskommen kann, legt Levy ein »edleres Deutschland, das nie das Knie vor dem finsteren Staats-Baal beugte [...] ein sehr kleines, sehr stilles, sehr gefährdetes, oft in Exil, Wahnsinn und Verzweiflung getriebenes Deutschland« ans Herz.[193]

Ganz anders dagegen die dritte Neuerscheinung zu Nietzsche, die Oscar Levy vorstellt, nämlich Richard Oehler[194]: *Friedrich Nietzsche und die deutsche Zukunft* (Leipzig 1935). Der Verfasser, einer der Vettern Nietzsches, Bibliothekar in Weimar, bedient hier all die Vorurteile über Nietzsche und Deutschland

---

191 Johan Huizinga: Geleitwort zu: Alfred Rosenthal, Nietzsches ›Europäisches Rasse-Problem‹, Leiden 1935, unpag.
192 Chefredakteur Maushagen [v. *Chemnitzer Tageblatt*] an Börries Frh. v. Münchhausen, v. 27. Okt. 1927, in: GSA 69/5998.
193 Das Neue Tage-Buch, v. 8. Feb. 1936, S. 138.
194 »We do not approve of Nietzsche's anti-patriotic attitude« [vgl. Oscar Levy: Autobiogr., Bl. 209], musste Levy von ihm schon kurz nach dem ersten Weltkrieg hören.

in jener bipolaren Welt der Dreißiger, die in »Hitler das Schwert (oder Richtbeil?) des Zarathustra-Gedankens«[195] sehen wollen. Ein knappes Jahr später stellt »Defensor Fidei« unter dem Titel *De Nietzsche à Hitler* (NTB, v. 9. Jan. 1937; siehe S. 245–252 dieser Ausgabe) das – in der Édition Fasquelle in Paris erschienene – gleichnamige Werk des französischen christlichen Philosophen Marius Paul Nicolas vor.[196] Die Frage, wie es wohl kommen konnte, dass die europäische Zivilisation von Nietzsche auf Hitler heruntergekommen sei, werde hierzulande sehr »französisch« beantwortet: durch *La trahison des clercs*[197]. Das aber scheint Oscar Levy zu kurz gegriffen, zumal jener Ankläger [Julien Benda] »in einem Punkt selbst mitschuldig ist. Er selbst hat nämlich Friedrich Nietzsche verraten.«[198] Genau dies zu zeigen, sei unstrittig der Wert des vorliegenden Buches von Marius Paul Nicolas. Der nämlich argumentiere schon gewissermaßen »europäisch«, d. h., er widerstreitet denjenigen französischen Anklägern Nietzsches (und der Deutschen), denen ›Wahrheit gleich Vaterland‹ ist, wie im zeitgenössischen Frankreich etwa Charles Maurras, Léon Daudet oder André Suarez.

Oscar Levy bekundet der Scharfsicht von Marius Paul Nicolas seine Reverenz, wenn er bei ihm liest, dass man in Deutschland selbst kaum begriff, wer Friedrich Nietzsche eigentlich gewesen sei – natürlich kein »Präfaschist«, auch kein bloßer Skeptiker, kein Anarchist, kein »illuminierter Heiland«. Der

---

195 Das Neue Tage-Buch, v. 8. Feb. 1936, S. 138. Auch aus dem Nietzsche-Archiv war zu hören: »Sie werden danach gewiß selbst bei Nietzsche viel finden, was Ihnen die Verwandtschaft vieler seiner Gedanken und Maximen mit Grundanschauungen und Strebungen des Faschismus und Nationalsozialismus deutlicher machen wird.« (Max Oehler an Sollberger, v. 12. Apr. 1934, in: GSA 72/1803).
196 Auf Anraten Levys schickt Nicolas sein Buch per Einschreiben an Mussolini, als Warnung vor einer Kollaboration mit dem faschistischen Deutschland. Aber: »There was *no* answer!« [Oscar Levy: Autobiogr., Bl. 241].
197 So das gleichnamige Buch von Julien Benda [Paris 1927]. Es ist in deutscher Sprache 1978 im Carl Hanser Verlag München erschienen.
198 Das Neue Tage-Buch, v. 9. Jan. 1937, S. 37.

französische Denker Nicolas selbst dagegen sehe in Nietzsche »einen *Sur-Chrétien* (das Wort stammt vom Autor)«, in dem »das Christentum selber hier seine letzte Konsequenz gegen sich selber zieht.«[199] Aber er sei deswegen natürlich kein Zerstörer abendländischer Denkformen, auch wenn er sie grundsätzlich problematisierte und auf ihre Grenzen sowie die Möglichkeiten, sie zu überschreiten, aufmerksam machte. Dagegen sind die wirklich Abtrünnigen aller großen intellektuellen Traditionen Europas im heutigen Deutschland zu finden, eben gerade die Nazis; sie zerbrechen und negieren die Traditionen und das europäische Herkommen der deutschen Kultur. Nietzsche ginge es mit den Nazis gerade so wie Chamfort mit den Sansculotten – als der sah, dass die auch Voltaire zitierten und dabei Kirchen demolierten, rief er aus: *Diese Halunken werden mich noch in die Messe zurückjagen.* Das Buch von Marius Paul Nicolas wurde übrigens im »Dritten Reich« sofort verboten.

Von einem bemerkenswerten kulturellen Ereignis in Frankreich kann »Defensor Fidei« in seinem Beitrag *Nietzsche-Feier in Nizza* (NTB, v. 13. März 1937; siehe S. 253–256 dieser Ausgabe) berichten. Zur Fünfjahresfeier des hier von Paul Valéry geleiteten ›Centre Universitaire Méditerranéen‹ (am 1. März 1937) wurde von Édouard Spenlé, seinerzeit Rektor der Universität Dijon, eine große Hommage für Friedrich Nietzsche, speziell den »Inspirations méditeranéennes dans l'œuvre de Nietzsche«[200] zelebriert, »dem modernen Troubadour der Provence und des Mittelmeers.«[201] Seit der Gründung des »Centre Universitaire Méditerranéen« 1933 bis zu seiner Absetzung im Sommer 1941 ist Paul Valéry sein Leiter. Nachfolger Valérys

---

199 Ibid., S. 38.
200 Jean-Édouard Spenlé: Nietzsche et le Problème Européen, Paris 1943, S. 65–95.
201 Das Neue Tage-Buch, v. 13. März 1937, S. 262. Vgl. Brief v. Paul Valéry an André Gide v. Feb. 1940 und Brief v. André Gide an Paul Valéry, 21. Aug. 1941. In: André Gide/Paul Valéry: Briefwechsel 1890–1942, hg. v. R. Mallet, Frankfurt/M. 1987, S. 601 u. S. 606.

wird Marcel Lucain. – In Deutschland ist namentlich Gottfried Benn von dieser Académie méditerranéenne fasziniert: »Aber die Einladungen nach Deutschland verfielen der Geheimen Staatspolizei. Die Kunst wurde geschlossen. ›Messieurs, à la dernière for ever!‹«[202] In der Halle des »Palais du Centre« (in der Promenade des Anglais Nr. 65) wird ein Relief-Bild Friedrich Nietzsches, das der Bildhauer Tarnowsky geschaffen hat, angebracht. Offizielle Deutsche sind bei dieser Ehrung eines großen deutschen Philosophen nicht anwesend. »Nur einige Emigranten repräsentierten in Nizza das Volk, dem der große und freiwillige Emigrant, der Flüchtling aus dem ›Flachland Europas‹ (wie er Deutschland nannte) ebenfalls entstammte... .«[203]

In seinem Beitrag *Ein Nazi contra Nietzsche* (NTB, v. 3. Juli 1937; siehe S. 257–268 dieser Ausgabe) stellt ›Defensor Fidei‹ der Emigration ein Buch des nationalsozialistischen Autors Curt v. Westernhagen vor: *Nietzsche, Juden, Antijuden* (Weimar 1936). Hier habe endlich auch ein volksdeutscher Leser Nietzsches erkannt, »dass man ihn zu *Unrecht* als Vorkämpfer der Nazi-Ideen hinstelle«[204]. Und noch mehr habe Westernhagen recht, so Levy, »wenn er Nietzsche geradezu als den Saboteur ›*avant la lettre*‹ dieser Nazi-Theorie hinstellt.«[205] Bei Westernhagen lesen wir so bedauernd wie unmissverständlich: »In diesem Waffengang zwischen Judentum und Deutschtum stand Nietzsche in den Reihen des Judentums, aus Neigung und Berechnung, mit Herz und Kopf.«[206] Damit macht Westernhagen

---

202 Gottfried Benn: Kunst und Drittes Reich, in: ders.: Das Hauptwerk, hg. v. Marguerite Schlüter, Wiesbaden 1980, Bd. 2, S. 192.
203 Das Neue Tage-Buch, a.a.O., S. 263. Und: »Frankreich, auf das Nietzsche immer gehofft, zeigt Europa den Weg zu den neuen Werten, die Deutschland nach Kräften verschüttet und verfälscht« (ibid.).
204 Das Neue Tage-Buch, v. 3. Juli 1937, S. 641.
205 Ibid., S. 641. Und an gleicher Stelle: »Besonders für Deutsche hielt Nietzsche den Zuschuß jüdischen Blutes für dringend geboten und jede ängstliche Abschnürung für ein Zeichen der Schwäche und Minderwertigkeit.«
206 Curt v. Westernhagen: Nietzsche, Juden, Antijuden, Weimar 1936, S. 73. Denn, so stellte schon der junge Levy fest, seit alters her werden die »gros-

deutlich, dass für zentrale Bereiche der NS-Ideologie, namentlich eben der Rasse- bzw. Judenproblematik, das Werk Friedrich Nietzsches nicht nur nicht in Anspruch genommen werden könne, sondern dass dort explizite Gegenpositionen dazu bezogen würden. Dort fänden sich Ansichten, so Levy, für die Nietzsche heute »im Konzentrations-Lager oder in der Emigrations-Misere«[207] wäre.

Um auf diese Distanz Nietzsches zum Nationalismus und Rassenschwindel weiter bekräftigend aufmerksam zu machen, veröffentlicht »Defensor Fidei« *Drei Briefe aus Nietzsches Nachlass* (NTB, v. 19. Sept. 1936). Diese – undatierte – Korrespondenz erscheint in der englischen Zeitschrift *Time and Tide* und wird von Levy ins Deutsche rückübersetzt. Diese Briefe Nietzsches an seine englische Übersetzerin Helen Zimmern [v. 8. Dez. 1888], an den Chefredakteur des *Journal des Débats*, Jean Bourdeau, [v. 17. Dez. 1888] und an seinen italienischen Übersetzer Ruggiero Bonghi [v. Ende Dez. 1888] sind heute philologisch korrekt verfügbar[208]. Die Aktualität der Warnungen Nietzsches in diesen Briefen vor einem übermächtigen deutschen Nationalismus scheint Oscar Levy augenfällig: »Europa aber, an das sich der in Deutschland unverstandene Philosoph in der Not seiner letzten lichten Momente gewandt hatte, liess den warnenden Ekkehard in der Wüste predigen. [...] Jetzt haben sich die Nazis, als echte Vertreter der von Nietzsche gebrandmarkten ›schädlichen, lügnerischen, unglücklichen Rasse‹, seiner Lehre bemächtigt und verbergen ihre schmutzig-braune Uniform unter dem blütenweiss-sauberen Philosophen-Mantel des grossen Dichter-Propheten. Wird Europa endlich erwachen und protestieren gegen den Einbruch Unberufener in Zarathustras Garten? Oder wird es wieder, wie vor der ersten Katastro-

---

sen Fragen von jüdischen Denkern menschlicher, natürlicher, westlicher, heidnischer beantwortet.« (Oscar Levy: Das neunzehnte Jahrhundert, a.a.O., S. 143).
207 Das Neue Tage-Buch, v. 3. Juli 1937, S. 642.
208 KSB: Bd. 8, S. 511 ff.; S. 532; S. 569.

phe, den grossen, den tiefblickenden Kenner des Deutschtums überhören?«[209]

Eine andere Polemik zwischen den Exil-Autoren des *Neuen Tage-Buchs* betrifft die geistigen Beziehungen zwischen Friedrich Nietzsche und Heinrich Heine. Es ist dies in den Dreißigern eine noch ganz unbekannte und natürlich im Nationalsozialismus tabuisierte Genealogie zweier geistesverwandter Denker. Stephan Lackner holt sie in seinem Aufsatz *Der gelbe Fleck in Nietzsches Philosophie* (NTB, v. 5. Dez. 1936) ans Licht. Er kann dabei auf einige Vorarbeiten in der deutschsprachigen Nietzsche-Forschung (Carl A. Bernoulli und Erich F. Podach) zurückgreifen sowie besonders auf französische Recherchen von Charles Andler[210] und Geneviève Bianquis[211], denen »die Schwaden der Tradition, die unsereiner aus der deutschen Atmosphäre mitgebracht hat ... erst gar nicht den Blick getrübt«[212] haben.

Diese kleine Pariser *trouvaille* Lackners jedenfalls würdigt zunächst auch Oscar Levy in seiner Replik *Nochmals Heine und Nietzsche* (NTB, v. 26. Dez. 1936; siehe S. 237–243 dieser Ausgabe). Es sei von Lackner sehr richtig erkannt worden, dass der Emigrant Heine den Nietzsche gewissermaßen »vorempfunden« habe. Levy verstärkt indessen noch die Parallelität beider, namentlich in ihrer Position als Außenseiter (jener ist dem Jüdischen entfremdet, dieser dem Deutschen) und in ihrer beider Ablehnung der deutschen Schulphilosophie. Gerade vor dem Deutschen Idealismus glaubt Oscar Levy – en passant – am nachdrücklichsten warnen zu müssen. Dessen verkapptes Christentum und diese, wie Levy es nennt, »Luftschiffer unter den Philosophen«[213] hätten insbesondere für die Gegenwart zwei

---

209 Das Neue Tage-Buch, v. 19. Sep. 1936, S. 907.
210 Vgl. Charles Andler: Nietzsche, sa vie et sa pensée, Paris 1920–1931, 6 Bde.
211 Vgl. Geneviève Bianquis: Nietzsche, Paris: Les Éditions Rieder 1933, 78 S.
212 Das Neue Tage-Buch, v. 5. Dez. 1936, S. 1172. Diese Beziehung Nietzsches zu Heine wurde dann französischerseits später von Henri de Lubac wiederentdeckt; vgl. Eugen Biser: Nietzsche, Darmstadt 2000, S. 174.
213 Das Neue Tage-Buch, v. 26. Dez. 1936, S. 1242.

Oscar und Maud Levy, 1934
in Cannes

auf den ersten Blick ganz unterschiedliche, aber doch verschwisterte politische Phänomene zu verantworten: via Hegel den deutschen Obrigkeitsstaat (der in der Hitlerei gipfelt) und via Marx die modernen Befreiungsphantasien (des Bolschewismus). – In einer ganz anderen, vertrauten Tradition sieht Levy dagegen einen der Ahnherren des Deutschen Idealismus – Spinoza. Er ist ihm »der erste wieder erwachende Heide der Reformations-Zeit, der erste, der das baufällige Haus des Glaubens verliess und das Fundament für ein grösseres, schöneres, freudigeres legte, für den Palast von Nietzsches Philosophie: Baruch Spinoza.«[214]

---

[214] Oscar Levy: Das neunzehnte Jahrhundert, a. a. O., S. 150.

Hier würde nun Lackner im Blick auf Heine und Nietzsche nicht mehr radikal genug urteilen, d. h., er würde das hochproblematische Herauswachsen aus *diesen* religiösen bzw. philosophischen Traditionen für seine beiden Helden ziemlich unterschätzen, es gar für Selbsttäuschungen halten. Er glaubt ihnen gerade dadurch besser gerecht werden zu können, wenn er nicht nur betont, beide seien die besseren *Denker*, sondern auch, sie seien prototypisch gerade *deutsche* Denker gewesen. Hier komme, so diagnostiziert Oscar Levy, sogar bei Stephan Lackner noch ein besonders bei Deutschen zu beobachtendes Exilanten-Syndrom zum Tragen, nämlich nicht »loslassen zu können«. Eine Mentalität, womit sie sich »bei den witzigen Franzosen die Etikette ›les chez-nous‹ zugezogen hätten.«[215] Für den Blick auf Heine und Nietzsche bedeutet dies: Deren Herkommen aus »dem Deutschen« würde zu Ungunsten ihrer Emanzipation davon nostalgisch verstärkt. Damit aber, so befürchtet Oscar Levy, habe man im zeitgenössischen Ideenkampf um beide, Heine und Nietzsche, überflüssigerweise Positionen an die Nazis preisgegeben – und ausgerechnet den »[namenlos gemachten] Heine, dem sie am Lorbeer nagen, oder den [unglücklichen] Nietzsche, den sie mit ihrer Liebe plagen!«[216]

XII. Der ›undesirable alien‹ kehrt nach England zurück

Levys Publizistik aus seinem letzten Exil betrifft fortan Untersuchungen zu den geistesgeschichtlichen Zusammenhängen jener dunklen ideologischen Kräfte wie Antisemitismus, Nationalsozialismus und Bolschewismus, an denen das Europa *seiner* Werte zu zerbrechen drohte. Er begreift die beiden zeitgenös-

---

215 Das Neue Tage-Buch, v. 26. Dez. 1936, S. 1243.
216 Ibid. Und Nietzsche selbst dazu: »Heute macht man Heine in Deutschland ein Verbrechen daraus, Geschmack gehabt zu haben – *gelacht* zu haben« (KSA, Bd. 13, S. 533).

sischen politischen Erlösungsphantasien (in Nazi-Deutschland und Sowjet-Russland) als verquere Aufnahme biblischer Quellen: die »Rassenerlösung« der Nazis sei eine säkulare Abirrung mit Versatzstücken des Alten Testaments ebenso wie die »Klassenerlösung« in Russland eine entsprechende Groteske im Horizont des Neuen Testaments. Levy will mit diesen Analogien wohl vor allem eines klar machen: jene letztlich nationalistischen Abirrungen, die beide Angriffe auf den Kosmopolitismus des Subjekts darstellen, sind wohl doch viel mehr als nur vorübergehende Depravationen der Geschichte.

So ist dann Levys letztes, 1940 in London veröffentlichtes Werk – *The Idiocy of Idealism* – der Versuch einer »Naturgeschichte« von Diktatoren und Erlösern. Zwar ist das, was er zu verhindern suchte, zum Zeitpunkt der Veröffentlichung schon Wirklichkeit geworden, so dass Levy bei Kriegsausbruch »wished to keep the book back, but the publishers insisted on bringing it out, just in wartime.«[217] Aber George Bernard Shaw, »who had come to Levy's defence during the deportation débâcle in 1921«[218], empfiehlt dieses Buch, das zu einer im Sinne Nietzsches umfassenden genealogischen Selbstbesinnung und Selbstkritik des christlich-idealistischen Europas aufruft, um zu erkennen, dass das »Böse« nicht von »draußen« zu uns kommt, sondern aus den Tiefen unseres Ureigensten. Auf dem Buchumschlag prangt in handgeschriebenen Lettern seine Einschätzung, die mit den Worten schließt: »The demonstration of this [theory] by a well-known and entirely tactless Nietzschean Jew makes a very readable book of just the right length.«[219] Auch Thomas

---

217 Oscar Levy: Autobiogr., Bl. 259.
218 Dan Stone: An ›Entirely Tactless Nietzschean Jew‹, a. a. O., S. 291.
219 In seinem Nachruf auf Oscar Levy in der *Literary Supplement* der *Times* vom 21. Sep. 1946 zitiert Albrecht (Albi) Rosenthal, der Schwiegersohn Oscar Levys, einen Brief Shaws, der auf eine entsprechende Anfrage von Gordon S. Hogg erklärt, in welchem Sinne der Begriff »tactless« hier zu verstehen sei: »Tactlessness is sometimes a very valuable characteristic. It is never tactful to upset people's minds as Nietzsche had to do; and if Oscar Levy

Good, ein Freund Oscar Levys, bescheinigt dem Buch, es sei »so convincing an exposure of the futility of ›saviours‹«[220], gleich, welcher Couleur. Gleichwohl verhallt das Buch, wie Levy es befürchtet hat, in den Kriegswirren ungehört und wird vornehmlich in den britischen Kolonien rezipiert: »If one could only start a whispering campaign in the midst of a noisy War!«[221], seufzt der Verlagsleiter. In Levys These – schon im Herbst des Jahres der nationalsozialistischen ›Machtergreifung‹ aufgestellt –, die ganze Hitlerei sei geistesgeschichtlich auch – sophisticated – als jüdische Häresie lesbar, schwingt eben gerade die Wahrnehmung mit, »im Nationalsozialismus auch die Evidenz für das *Scheitern der europäischen Kulturtradition* zu erleben.«[222] Diese in der Nachkriegszeit verblasste These teilt Levy mit einigen anderen. In seinem während der Nazizeit geführten Tagebuch vermerkt der jüdische Literaturwissenschaftler Victor Klemperer ein Gespräch mit einem jüdischen Freund, der gesagt habe: »Herzls Rassenlehre ist Quelle der Nazis, sie kopieren den Zionismus, nicht umgekehrt.«[223]

Levys zivilisationskritische Arbeiten – zwischen 1904 und 1940 – suchen generell nach Antinomien, verdeckten Brüchen und verschwiegenen Voraussetzungen in den Urteilen desjenigen zeitgenössischen Denkens, das seine Zeitgenössigkeit und Modernität gerade erst darin glaubt finden zu können, wenn es denn in eine *praktische, politische* Konstellation ›überführt‹ worden sei: – für die Nation, für die klassenlose Gesellschaft, für den »Neuen Bund«, die »Reine Rasse«, etc. Darin folgt Levy

---

had been tactful he would have been useless as a Nietzschean: I attach high importance to his work, and admire his intellect cordially.«
220 Thomas Good: Dr. Oscar Levy. An Appreciation. Unveröffentlichtes Typoskript von 1946 im Besitz von Maud Rosenthal, geb. Levy.
221 Oscar Levy: Autobiogr., Bl. 262.
222 Hans Ulrich Gumbrecht: Vom Leben und Sterben der großen Romanisten, München 2002, S. 67.
223 Victor Klemperer: Ich will Zeugnis ablegen bis zum letzten. Tagebücher 1933 – 1941, hg. v. Walter Nowojski, Tagebuch-Eintrag v. 10. Dez. 1940, Bd. 1, Berlin 1995, S. 565.

einer methodischen Vorgabe Nietzsches. »Es zeigt sich, dass der Begriff der Realisierung Nietzsches eigentlicher Gegner ist, ihn vor allem wollen Termini wie ›ressentiment‹, ›décadence‹ oder ›Gesamt-Entartung‹ treffen.«[224]
Levy erkennt in diesem speziellen Wollen zur Transformation »aufs Praktische hin« eine Logik am Werk, die man – mit Nietzsche – eine Logik des Ressentiments nennen könnte. In diesen Unternehmungen wird dann allerdings so oder so das natürliche Subjekt[225] beschädigt. Dies vor allem deshalb, weil es in allen solchen Prozessen – »Ideologien« – darum geht, den Menschen *geistig zu fixieren*, d. h., ihn zu formieren, zu moralisieren, zu domestizieren, zu isolieren und zu kontrollieren. In seiner Kritik schont Levy denn auch keines jener marktgängigen Meinungssysteme mit ihren ihnen jeweils liebgewordenen *felsenfesten Überzeugungen*: weder die völkischen Rassenlehren, noch den Zionismus, natürlich nicht den Bolschewismus oder das Christentum, aber auch nicht den politischen Liberalismus mit seinen parlamentarischen Illusionen einer »endgültig-vernünftigen« politischen Verfassung. Dem allen will Levy entgehen, er will sich nicht festlegen lassen auf deren *eine* (natürlich immer die gute, verständige) Perspektive. So optiert Levy von allem Anfang an für die *nomadische Vernunft*.

Levys meist frappierende, mitunter die gewohnten Perspektiven verlassende Argumentation und seine Vorliebe für das Paradoxe im Denken und im Leben ist einmal von seinem Meister Nietzsche in einen Satz zusammengefasst worden, der als Schlüsselsatz für die gesamte geistige Existenz Levys gelten könnte: »Aber man soll nicht zuviel Recht haben, wenn man die Lacher auf *seiner* Seite haben will; ein Körnchen Unrecht

---

[224] Ernst Nolte: Der Faschismus in seiner Epoche, München 1963, S. 533.
[225] Schon wegen dieser Wahrnehmung war Levy gerade Nietzsche verbunden. denn: »In Nietzsche machte sich die zweitausendjährige Unterdrückung des natürlichen Menschen mit explosiver Gewalt Luft.« (Oscar Levy: Das neunzehnte Jahrhundert, a. a. O., S. 79).

gehört sogar zum guten Geschmack.«[226] – Levy verlässt 1938 Frankreich, er geht zurück nach England. Während des Zweiten Weltkrieges schreibt er weiterhin unermüdlich, mit der Hilfe seiner Tochter Maud, Protestbriefe gegen die erneuten Attacken auf den »Antichristen« Nietzsche als vermeintlichen Wegbereiter der Faschisten. «But without success.«[227] Die Kriegszeit selbst und die ständigen Luftangriffe durchlebt Levy mit dem Sarkasmus dessen, der umsonst gewarnt hat: »Give me my umbrella!«[228] bittet er, als die Bomben auf das Land niedergehen und die Menschen sich in ihre Luftschutzkeller flüchten. Oscar Levy stirbt am 13. August 1946 in Oxford[229]. – Zur geistigen Bilanz dieses Lebens für Nietzsche gehört es, dass sich bei Levy die Intensität seines gewissermaßen ›britischen‹ – schwarzen – Humors, je länger er lebte, immer mehr verstärkte. Auch das ein Zeichen seiner Nähe zum Meister, der einmal schrieb: »Dass der tiefste Geist auch der frivolste sein muß, das ist beinahe die Formel für meine Philosophie.«[230]

---

[226] Friedrich Nietzsche: Jenseits von Gut und Böse, KSA, Bd. 5, S. 156.
[227] Oscar Levy: Autobiogr., Bl. 260.
[228] Ibid., 267.
[229] Steffen Dietzsch: Gute Europäer in Zeiten des Nationalismus. Vor 55 Jahren starb Oscar Levy in Oxford, in: FREITAG (Berlin), Nr. 33, v. 10. August 2001, S. 15 [mit einem bisher unveröff. Foto Heinrich Manns u. Oscar Levys v. Sommer 1936].
[230] Friedrich Nietzsche an Ferdinand Avenarius, v. 10. Dez. 1888, in: KSB, Bd. 8, S. 516 f.

XIII. ›A Quixotic Philospher‹[231]

»Ich weiß es, und ich gestehe es, aber lassen Sie mich gleich dazusagen, ich bereue es nicht im geringsten«[232] – dieses Diktum Oscar Levys gelte nicht minder für die Herausgeber, die sich der Schärfe und Anstößigkeit der Texte des in weiten Teilen Westeuropas beheimateten jüdischen Nietzsche-Forschers durchaus bewusst sind. Es ist wahr, man öffnet eine Pandorabüchse, wenn man einem Mann das Wort verschafft, der sich, wie er mit einem Kopfschütteln bemerkt, den unbilligen Vorwurf des Antisemitismus, der Verunglimpfung des Christentums, des Deutschenhasses und der Vaterlandslosigkeit eingehandelt hat.[233] Man könnte dieser ›Levitenlesung‹ ohne weiteres noch die Begriffe des Antibolschewismus und der Demokratiekritik hinzusetzen. Immerhin brachte er es damit zuwege, alle verfeindeten extremen Parteien seiner Zeit gegen sich zu vereinen. Das tat er, indem er sie aufs ärgste kränkte: Er nannte sie »brother[s] in spirit«.[234]

Was sie miteinander verbindet, ist auch das, was sie voneinander trennt: ihr Puritanismus. Und in diesem fast schon veralteten Wort liegt die anhaltende Brisanz der Nietzsche-Interpretationen Oscar Levys. Der Puritanismus setzte seinem Wesen nach nicht erst im sechzehnten Jahrhundert ein, sondern schon damals, als *ein* Gott die Alleinherrschaft antrat. Das hatte

---

231 Das ist der Titel einer Rezension Israel Cohens von Oscar Levys Schrift *The Idiocy of Idealism*, in: The New Judæa, Mai 1940. – Cohen und Levy kannten sich mindestens seit 1909, er gehörte damals zu den, wie sie Levy nannte, ›intellectual refugees to the Riviera‹: »My meeting with Israel Cohen in Monte Carlo.« (Autobiogr., Bl. 244).
232 Oscar Levy: Die Nietzsche-Bewegung in England. Ein Rückblick, ein Geständnis und ein Ausblick. S. 22 in diesem Band.
233 siehe: Oscar Levy: Aus dem Exil. Verse eines Entkommenen, a. a. O., S. xiii–xxi.
234 Oscar Levy: The Idiocy of Idealism, London/Edinburgh/Glasgow 1940. S. 32.

zur Folge, mutmaßt Nietzsche, dass sich alle anderen Götter zu Tode lachten: »›Es ist Ein Gott! Du sollst keinen andern Gott haben neben mir!‹ – ein alter Grimm-Bart von Gott, ein eifersüchtiger vergass sich also: Und alle Götter lachten damals und wackelten auf ihren Stühlen und riefen: ›Ist das nicht eben Göttlichkeit, dass es Götter, aber keinen Gott giebt?‹«[235] Nachdem schließlich »[i]n the nineteenth century orthodoxy was replaced by ortho*patrie*«[236], scheint im einundzwanzigsten die Ortho*kultur* das Feld übernehmen zu wollen. Die streng nationalen Gesinnungsgefechte weichen zusehends den kulturellen. Was bleibt, ist der lichte moralische Anspruch, mit dem man mit der Waffe vor die Sterbenden und Klagenden hintritt. Dieser Anspruch setzt eine ethische Weltordnung voraus, die in Frage zu stellen, wie Levy anprangert, von vorn herein als unmoralisch gelten muss: »Mit anderen Worten: Es werden nur diejenigen Wahrheiten zugelassen, die mit unseren Vorurteilen nicht kollidieren – der Pragmatiker würde sagen ›die nützlich sind‹ –«.[237]

Die Grenze zwischen moralisch gut und böse verläuft heute zwischen Demokratien und Scheindemokratien auf der einen und Nichtdemokratien auf der anderen Seite, und man täuschte sich, glaubte man, die demokratischen Staaten bildeten das friedlichere der beiden Lager. Im Christentum galt die Gleichheit aller vor Gott. In der Demokratie, so Levy, ist Gott entbehrlich geworden, aber geblieben ist die Gleichheit aller. Geblieben ist auch die moralische Radikalität, mit der diese Gleichheit eingefordert wird: »Wenn dich dein rechtes Auge zum Bösen verführt, dann reiß es aus und wirf es weg!«[238] Aber die Verführung bleibt, und das Böse ist durch das Ausreißen schon Tat geworden.

---

235 Friedrich Nietzsche: Zarathustra, KSA Bd. 4, S. 325.
236 Oscar Levy: The Idiocy of Idealism, a. a. O., S. 115.
237 Oscar Levy: Die Nietzsche-Bewegung in England, a. a. O., S. 30.
238 Matthäus 5,29.

Jede Absolutheit ist ihrem Ansinnen nach puritanisch: Das kriegerische Ausreißen, boykottierende Ausgrenzen und interventionistische Zwangskonvertieren verfolgt eine »Reinheit«, die kontraproduktiv sein kann. Denn man soll die unreinen Geister nicht austreiben, meint Levy in seiner Eigenschaft als Arzt: Sie kehren zurück, siebenmal ärger als zuvor. Statt dessen rät er zur Schonung und zur Schaffung von Gegenkräften, um das nötige Gleichgewicht wiederherzustellen.

Der Dreh- und Angelpunkt seines von Nietzsche geprägten Querdenkens ist die Erkenntnis, »dass gut und böse nicht etwa unterschiedliche moralische Schattierungen sind, wie schwarz und weiß, sondern dass alle guten Eigenschaften in Wirklichkeit verfeinerte böse Eigenschaften sind, dass alles Gute im Bösen wurzelt und dass derjenige, der die Wurzel ausreißt, auch die Frucht zerstört«.[239] Jeder Waffengänger möchte hellauf in den Himmel fahren, aber der Zwang, mit dem er seine Tugend durchsetzt, verkehrt sie augenblicks zum ärgsten Laster. Deshalb genügt es nicht, so Levy, eine Tugend durchsetzen zu wollen. Man muss sie bis zu dem Punkt durchleben, an dem sie an ihre eigene Grenze stößt und in ihrer Selbstbeschränkung, die de facto ihre Umwertung bedeutet, eine Höhe finden, die über ihr liegt. »Of the latter, Puritanism knew nothing: [...] It fought shy of the last step«.[240] Aus dieser Bewegung aber resultiert allererst das nomadische Denken, welches seine jeweiligen Positionen nicht aus Bequemlichkeit aufgibt und verlässt, sondern sie durchlebt und überschreitet. In diesem Sinne gelte die von Thomas Good geäußerte Einschätzung Oscar Levys: »He was always at pains [...] to demonstrate that the message of Nietzsche must never be interpreted as a pretext for ruthlessness, nor the structures against orthodox Christianity be taken to imply that Christian-

---

239 Oscar Levy: Die Nietzsche-Bewegung in England, a.a.O., S. 24 f.
240 Oscar Levy: The Idiocy of Idealism, a.a.O., S. 86.

ity had no value at all.«[241] Aber die Werte des Christentums gingen, wie die aller anderen Heilsideologien, nicht weit genug: Der liebende Gott, »er selber liebte nur nicht genug: sonst hätte er weniger gezürnt, dass man ihn nicht liebe. [...] Geht aus dem Wege allen solchen Unbedingten! Sie haben schwere Füsse und schwüle Herzen: – sie wissen nicht zu tanzen.«[242]

Oscar Levy war also trotz seiner Radikalitätskritik kein pazifistischer Prediger allseitiger Toleranz. Vielmehr sind seine Schriften nicht minder von Schreckenswörtern gespickt als diejenigen seiner damaligen Antagonisten: Auch aus seinem Mund hören wir den dünkelhaften Begriff der »Rasse« und gar der »Eugenik«. Und in der Tat waren ihm die »weltoffenen Menschen«, die jede fremde Haltung billigen und sich jeder eigenen enthalten, zuwider.[243] Darin war sein Gaumen apokalyptisch geschult und lehnte schlechterdings alles Laue als geschmacklos ab. Levy war heißen Herzens und kühlen Bluts zugleich, und Letzteres hob ihn von dem Rassen- und Reinheitswahn seiner Zeit ab: »›Herr Kamerad!‹ fragte 1870 ein Bayer einen preußischen Offizier, ›sollen wir das Dörfle do anzünde oder blos moderiert verwüschte?‹ Ich bin [...] für das mildere«, meint Levy, »die moderierte Verwüstung.«[244]

Seine Vorstellung von »Rasse« war unumwunden elitär, aber er scherte sich nicht um ihre Reinheit. »No healthy man does: his mind and senses turn towards the fine women of all races. He feels that he himself conveys race: that he is able to impress his blood and spirit upon his descendants«[245]. Überhaupt war sie keine Frage der Herkunft, geschweige denn der Ideologie oder der Religion. »Mir lag ausschließlich der Kampf der ›Kultur gegen die Barbarei‹ am Herzen; der Kampf ›Nation gegen Nation‹

---

241 Thomas Good: Dr. Oscar Levy. An Appreciation, a.a.O.
242 Friedrich Nietzsche: Zarathustra, KSA Bd. 4, S. 365.
243 siehe: Oscar Levy: Die Nietzsche-Bewegung in England, a.a.O., S. 21.
244 siehe: Oscar Levy: Aus dem Exil, a.a.O., S. xx.
245 Oscar Levy: The Idiocy of Idealism, a.a.O., S. 26.

interessierte mich nicht, zumal ich wusste, dass er, unabhängig davon, wie er ausging, lediglich zu einer Steigerung der Barbarei führen würde.«[246] Sein Kulturbegriff wiederum rekurrierte – wie könnte es anders sein – auf Nietzsche, für den die Kultur eines Menschen wie eines Volkes sich von der Barbarei durch einen schöpferischen Gleichklang von Wesen und Ausdruck unterscheidet, so dass die »rosigen Wangen«,[247] für die Levy sich stark machte, weniger die leibliche Schönheit, Jugend und den Reichtum eines Menschen anzeigten als vielmehr seine »große Gesundheit« im stilistischen Sinne Nietzsches.

Dass ein ungeschultes Auge die »Gesunden« mit den »Kranken« verwechseln, den Weizen mit der Spreu ausreißen würde, darauf wies Levy ausdrücklich hin und mahnte alle, »die von keiner anderen Vernunft geleitet werden als von der eines Gemüsehändlers, für den Tüchtigkeit soviel bedeutet wie ›bürgerliche Verwertbarkeit‹, also Tüchtigkeit im Hinblick auf die faden Bedürfnisse einer kommerziellen und mechanischen Zivilisation«,[248] die Finger von der Sichel zu lassen. Und die Wenigen, die übrigbleiben, haben für sie ohnehin keine Verwendung, denn es sind weder die Schnitter der Menschenzucht noch des Krieges, »[e]s sind Werte, die den Menschen erschaffen und formen, es ist der Geist, der die Materie veredelt«.[249]

Als Denker verkörperte Levy selbst innerhalb der Fronde bedingungsloser Nietzscheaner daher eine – jedenfalls von heute her gesehen – bisweilen erschreckende Unangepasstheit, ja Fremdheit, von der unlängst gesagt worden ist, sie sei das, was »die Fremdheit des Nomadismus für die sitzende Vernunft bedeutet, genau dieselbe Bewegung, in der sich die sitzende Vernunft als aufsässige Vernunft selbst fremd wird. Vernunft, die

---

[246] Oscar Levy: Vorwort zur englischen Taschenbuchausgabe von ›Also sprach Zarathustra‹, in diesem Band S. 217 f.
[247] Oscar Levy: Die Nietzsche-Bewegung in England, a. a. O., S. 17 in diesem Band.
[248] Ibid., S. 35.
[249] Ibid., S. 32.

sesshaft zu sein versucht, ist eine Vernunft, die einen Standpunkt einnehmen muß, Standpunkte, von denen sie meint, sie wären die wahren und von ihnen aus ließe sich jedem Ding seine ihm gehörige Stelle zuweisen.«[250]

Von hier aus gesehen, vom nomadischen Bewusstsein, werden auch Levys dezidierte geistige Infragestellungen mancher Formen der zeitgenössischen politischen Kultur, namentlich der Parteiendemokratie und des Parlamentarismus, verständlich. Das hier obwaltende Gesetz »der grossen Zahl«[251] wirke, so befürchtet Levy, gerade dem Heraufkommen von differenzierter Lebensart & -kunst entgegen. Nicht nur, dass (organisierten) Mehrheiten erlaubt wäre, Lebensformen als lebenswert/-unwert zu bestimmen, hinzu kommt, dass es nach deren Regeln zudem möglich wäre, dass sogar mental randständige Minderheiten (wenn mit ihnen »Mehrheiten« generierbar wären) ermutigt würden, ihr – wenn auch augenfällig abstruses – Wünschenswertes dann jedem als »Gesetz« zuzumuten. So aber entsteht und verbreitet sich ein – vielleicht – ›Gut-Gemeintes‹, das sich aber in aller Regel bald als »das Böse aus Schwäche«[252] erweist.

Nun allerdings heißt, wie Friedrich Kittler neulich hervorhob, – nach Nietzsches Einsicht – »das Gegenteil von Demokratie nicht wie gehabt Barbarei, sondern Nomadentum.«[253] Hieraus aber entspringt die Mentalität des Ausgreifens nach Neuem, denn bei jenem existentiellen Unterwegssein relativiert sich der Wert des »hic et nunc«, und gerade die, die sich aus der (ruhenden) ›Mitte‹ herauswagten »waren es, die neue Länder entdeckten: Schiffbrüchige, Halbzerstörte waren von je die Eroberer.«[254] So blieb eben für Oscar Levy das Exil die eigentliche

---

[250] Kurt Röttgers: Nomadismus außerhalb und innerhalb des Archivs, in: Jahrbuch der Stiftung Weimarer Klassik, München 2001, S. 177.
[251] Vgl. Oscar Levy: Das neunzehnte Jahrhundert, a.a.O., S. 42.
[252] Ibid., S. 61.
[253] Friedrich Kittler: Von Städtern und Nomaden. Unveröff. Vortrag 2002.
[254] Friedrich Nietzsche: Nachgelassene Fragmente, KSA, Bd. 10, S. 566.

Verkehrsform seines Denkens – gerade so, wie uns ein Gebot des Röckeners mahnt: »Du sollst, um die Wahrheit sagen zu können, das Exil vorziehen.«[255] Levys lebenslange Hinweise auf Nietzsche verdichten sich dann schließlich zu der einfachen Botschaft: »Er war ein konstruktiver Geist, dessen Lehre unentbehrlich für den Wiederaufbau Europas ist.«[256]

---

255 Friedrich Nietzsche: Nachgelassene Fragmente, KSA, Bd. 8, S. 348.
256 Times Literary Supplement, v. 14. Feb. 1942.

Oscar und Maud Levy, 1941 Great Malvern.

Danksagung

Für ihre große Hilfe bei der Realisierung dieser *Oscar Levy Edition* sind wir dem Ehepaar Maud und Albi Rosenthal sowie ihrer Tochter Julia zu außerordentlichem Dank verpflichtet. Ihrer umfassenden Bereitschaft, uns ihr Privatarchiv und die Bibliothek benutzen zu lassen, ist es zu verdanken, dass diese Ausgabe gesammelter Schriften und Briefe Oscar Levys begonnen werden konnte. Mit besonderer Bewegung denken wir an die zuvorkommende Gastfreundschaft, die wir in ihrem Haus in Boars Hill erfahren haben und bedauern zutiefst, die Freude über diesen ersten Band nicht mehr mit Albi Rosenthal teilen zu können, der am 3. August 2004 in Oxford verstorben ist.

Wir danken ganz herzlich Herrn Dr. Heinz Mürmel und Herrn Dr. Carlos Marroquin vom Religionswissenschaftlichen Institut der Universität Leipzig.

Für Ihre Mitarbeit bei der Register-Recherche bedanken wir uns herzlich bei Caroline Dietzsch (Austin, Tx.).

Für Gespräche und Hinweise danken wir Frau Dr. Uschi Nussbaumer-Benz (Zürich).

Berlin, 21. August 2004

Steffen Dietzsch und *Leila Kais*

Zur Textgestalt

Als Druckvorlagen dienten, erstens, die jeweiligen Erstdrucke und, zweitens, maschinenschriftliche Typoskripte aus dem im Besitz von Maud Rosenthal befindlichen Nachlass Oscar Levys.

Nur offensichtliche orthographische Fehler in den Druckvorlagen wurden stillschweigend korrigiert. Die Schreibweise und Zeichensetzung Oscar Levys wurden beibehalten. Die Schreibweise von Personennamen wurde vereinheitlicht.

Die Texteingriffe der Herausgeber sind mit [...] gekennzeichnet. Alle nummerierten Anmerkungen stammen von den Herausgebern, soweit keine andere Quelle angegeben ist. Anmerkungen mit hochgestelltem Stern stammen von Oscar Levy.

Die Namen *Oscar Levy* und *Friedrich Nietzsche* werden im Personenregister nicht verzeichnet.

Oscar Levys ungedruckte Autobiographie *Myself in Pants O La La!* (273 Blätter, verfasst 1942–1943) wird zitiert als »Autobiogr.«.

Alle Bilder sowie die Autobiographie befinden sich im Besitz von Maud Rosenthal, Oxford.

Siglenverzeichnis

EFN	Elisabeth Förster-Nietzsche
GSA	Goethe-Schiller-Archiv Weimar
KSA	Friedrich Nietzsche. Sämtliche Werke. Kritische Studienausgabe, hgg. von Giorgio Colli und Mazzino Montinari, München/Berlin 1988
KSB	Friedrich Nietzsche. Briefe. Kritische Studienausgabe in 8 Bänden, hgg. von Giorgio Colli und Mazzino Montinari, München/Berlin 1988
NTB	Das Neue Tagebuch (Paris), hgg. von Leopold Schwarzschild, 1933–1940

Quellen

The Nietzsche Movement in England. A Retrospect, a Confession, a Prospect
Vorwort zu: The Complete Works of Friedrich Nietzsche. Edited by Oscar Levy. Vol. 18. Index to Nietzsche. London 1913.

Nietzsche im Krieg. Eine Erinnerung und eine Warnung
In: Die weissen Blätter (Berlin), 6. Jg. (1919), H. 6.

Mein Kampf um Nietzsche [1925]
Unveröffentlichtes Manuskript aus dem Besitz von Maud Rosenthal (Oxford).

Nietzsche und Spitteler
In: Das Tage-Buch (Berlin), 6. Jg. (1925), H. 3.

Brandes, Mussolini und Nietzsche
In: Kölnische Zeitung v. Dienstag, den 8. März 1927, Literatur- und Unterhaltungsblatt, Nr. 176a.

Ecce Homo
Einleitung zur englischen Ausgabe von: Friedrich Nietzsche: Ecce Homo. Translated by Anthony M. Ludovici. With an Introduction by Dr. Oscar Levy, London 1927.

Offener Brief an Frau Elisabeth Förster-Nietzsche vom 11. Mai 1929
In: Das Tage-Buch (Berlin), 10. Jg. (1929), H. 21.

Also sprach Zarathustra
Einleitung zur englischen Taschenbuchausgabe von: Friedrich Nietzsch: Thus spake Zarathustra. A Book for All and None. Translated by Thomas Common. Revised by Oscar Levy and

John L. Beevers. With an Introduction by Dr. Oscar Levy, London 1932.

Nietzsches Schwester †
In: Das Neue Tage-Buch (Paris), v. 16. Nov. 1935.

Von Nietzsche zu Nazi
In: Das Neue Tage-Buch (Paris), v. 8. Feb. 1936.

Nochmals Heine und Nietzsche
In: Das Neue Tage-Buch (Paris), v. 26. Dez. 1936.

›De Nietzsche à Hitler‹
In: Das Neue Tage-Buch (Paris), v. 9. Jan. 1937.

Nietzsche-Feier in Nizza
In: Das Neue Tage-Buch (Paris), v. 13. März 1937.

Ein Nazi contra Nietzsche
In: Das Neue Tage-Buch (Paris), v. 3. Juli 1937.

Oscar Levy, 1944 in Oxford, White Rock.

Personenregister

Aeschylos 234, 243
Alcibiades 234, 243
Aldanov, Mark (Pseud.:
  Mark Alexandrovitch Landau) 79
Amance, Paul 153
Andler, Charles 302, 328
Angelus Silesius (eigentlich
  Johann Scheffler) 226
Aquino, Thomas v. 30
Arnold, Matthew 127
Aschheim, Steven E. 288
Auden, Wystan H. 315
Avenarius, Ferdinand 7, 137, 334

Barrès, Maurice 92, 247
Bataille, Georges 320
Bäumler [Baeumler], Alfred 285, 314, 318
Beckmann, Max 237
Beethoven, Ludwig van 132
Beevers, John Leonard (Pseud.:
  John Clayton) 165, 249
Belloc, Hilaire 72, 118
Benda, Julien 245 f., 250, 324
Ben-Itto, Hadassa 97
Benjamin, Walter 237, 316 f.
Benn, Gottfried 326
Bennet, Arnold 118
Berg, Leo 265
Bergfleth, Gerd 320
Bergmann, Ernst 232
Bernhardi, Friedrich von 42, 53
Bernoulli, Carl A. 328
Bethmann-Hollweg,
  Friedrich von 39, 231
Bianquis, Geneviève 328
Bilhaud 277
Binswanger, Otto Ludwig 236, 242

Biser, Eugen 328
Bismarck, Otto v. 23, 39, 43 f., 122, 164, 184 f., 187, 239, 264, 305
Blackwell, Sir Basil 75
Blake, William 153
Blanqui, Louis-Auguste 197
Blum, Leon 250
Bodenhausen, Baron Eberhard v. 297
Boehme, Jakob 226
Bonghi, Ruggiero 327
Bonifazius 238
Börne, Ludwig 240 f.
Bourdeau, Jean 327
Braak, Menno ter 321
Bragg, Sir William 45
Brahn, Max 271, 319
Brandes, Georg (eigentl.: Morris
  Cohen) 124, 145–151, 264 f., 267, 271
Bridges, Sir Robert 42
Burckhardt, Jakob 139 ff., 143, 221
Butler, Samuel 127
Byron, Lord George Gordon
  Noël 74

Caillois, Roger 296
Calvin, Johannes 120, 265
Carnegie, Andrew 136
Cäsar, Julius 63, 147
Casseres, Benjamin de 318
Cassirer, Ernst 225, 320
Cassirer, Toni 320
Catilina, Lucius Sergius 66, 215
Chamberlain, Houston Stewart 47, 223, 235, 319
Chamfort, Sébastien Roch
  Nicolas 251, 256, 325
Chatterton-Hill, George 275

Chesterton, Gilbert Keith 72, 118, 211
Cid (siehe Vivar)
Claudel, Paul 246
Clemenceau, George 145
Cohen, Israel 335
Cohen 266
Colli, Giorgio 7, 26, 344
Common, Thomas 23, 43, 165, 289–291, 297
Cromwell, Oliver 73, 84
Crosland, Tessie 287
Crusius, Otto 302

d'Arc, Jeanne 44
Dante, Alighieri 195
Danton, Jacques-Georges 318
Darwin, Charles 31
Daudet, Léon 324
Davidson, John 11, 23
Defensor Fidei (d. i. Oscar Levy) 224, 236, 243, 252, 256, 268, 313, 317–320, 322, 324–327
Desmoulins, Camille 192
Dewey, John 45
Dietzel, Ulrich 316
Disraeli, Benjamin (Lord Beaconsfield) 20f., 82, 89f., 103, 136, 213f., 281ff., 295
Dostojewski, Fjodor 121, 153, 197, 285
Douglas, Lord Alfred 96f., 99f., 301
Douglas, Norman 7
Doyle, Sir Arthur Conan 118, 301

Eisler, Robert 58
Eisner, Kurt 87
Empedokles 169
Erasmus von Rotterdam 145

Fernau, Joachim 87
Fichte, Johann Gottlieb 47, 182f., 185, 226, 230, 239
Fontane, Theodor 66

Ford, Henry 93, 101 f., 107
Förster, Bernhard 221 ff., 319
Forster, Edward Morgan 318
Forster, Emily Rachel 67
Forster, Henry William 114
Förster-Nietzsche, Elisabeth 161–164, 221–224, 260, 286–288, 290–292, 297–299, 301–305, 308, 312, 319f.
Franziskus (Franz von Assisi) 163, 304
Fried, Alfred Hermann 87
Friedlaender, Salomo (Pseud.: ›Myona‹) 271
Friedrich der Große 12f., 230
Fuchs, Carl 265

Galsworthy, John 118, 301
Galton, Sir Francis 36
Gandhi, Mahatma 219
Garvin, James Louis 125
Gast, Peter 286f., 308
Gawronsky, Dimitri 225, 227, 235, 320f.
Gentili, Carlo 314
Gibbon, Edward 17
Gide, André 325
Gödde, Christoph 317
Goethe, Johann Wolfgang 27, 47f., 95, 132, 137, 147, 156, 169, 195, 234, 236, 238, 264, 280, 298
Goldschmidt, Kurt Walter 271, 313
Good, Thomas 331f., 337f.
Gosse, Sir Edmund 62
Graves, Philipp 97
Grelling, Richard 87
Gumbrecht, Hans Ulrich 332

Haase, Hugo 87
Haase, Marie-Luise 275
Haeckel, Ernst 29
Haldane, Lord Richard Burdon 185
Halévy, Daniel 312
Harden, Maximilian 265
Harrison, Austin 118

Hartmann, Eduard von 235
Hauer, Jakob Wilhelm Conrad 232 f.
Hausdorff, Felix (Pseud.:
 Paul Mongré) 271
Haussmann, William A. 23, 290
Hawkins, Anthony (eigentl.:
 Anthony Hope) 118
Hegel, Georg Wilhelm
 Friedrich 139 ff., 143, 182, 184,
 187–190, 226, 234, 239, 279, 329
Heimannsberg, Joachim 321
Heine, Heinrich 132, 137, 181, 187,
 197, 233 f., 237–243, 266 f., 286,
 328, 330
Heller, Otto 45
Henley, Anthony Morton 67
Henley, Rosalind Venetia 67
Herzl, Theodor 295, 332
Hill, Percy 308
Hiller, Kurt 272
Hindenburg, Paul v. 319
Hitler, Adolf 66, 223, 230 ff., 235,
 245–252, 255, 264, 313, 317, 319,
 324, 329, 332
Hobson, John A. 211
Hofmiller, Josef 289
Hogg, Gordon S. 331
Homer 267
Horneffer, Ernst 28
Hugo, Victor 153
Huizinga, Johan 322 f.
Huxley, Aldous (eigentl.:
 Leonard) 31
Hyndman, Henry Mayers 20

Ibsen, Henrik 62, 212
Inge, Wiliam Ralph 119

Jacks, Lawrence Pearsal 119
Jefferson, Thomas 120
Jensen, Johannes V. 112
Joël, Karl 226, 271

Kant, Immanuel 30, 45, 108, 120,
 137, 182, 185, 239

Karl I. 83
Kaufmann, Walter 306 f., 312
Kayserling, Hermann Graf von 226
Kennedy, John Macfarland 44, 288,
 297
Kerenski, Alexander 225
Kerrl, Hans 233
Kesten, Hermann 314 f.
Keynes, John Meynard 119
King, Brian 305
Kittler, Friedrich 340
Klages, Ludwig 226
Klemperer, Viktor 332
Klinger, Max 223, 235
Knödgen, Marita 289
Kohlenbach, Michael 275
Krochmalnik, Daniel 314
Kroeger, Nelly 315 f.

La Rochefoucauld, François 256
Lackner, Stephan (Pseud.:
 Ernst Morgenroth) 237–240,
 242, 317, 328, 330
Laemmle, Peter 321
Lambelin, Roger 92
Landauer, Gustav 87
Landauer, Walter 322
Landshoff, Fritz H. 315
Lange, Allert de 322
Latzko, Andreas 87
Le Bon, Gustave 197
Lenin, Vladimir Illitsch 78 f.,
 95, 105, 189, 193 f.
Lenz, Oscar 276
Leo XIII. 280
Lessing, Gotthold Ephraim 127
Lessing, Theodor 73, 271
Leviné, Eugen 87
(Levys Mutter) 272, 274, 277
Levy (geb. Brauer), Frieda 116,
 293 f., 299 f., 303
Levy, Emil 283, 295
Levy, Maud Ruth 116, 275, 293,
 300, 313, 315 ff., 329, 332, 334, 342
Levy, Max 283

Levy, Nana 283
Lichtenberg, Georg Christoph 127
Liebmann, Kurt 318
Lloyd George, David 43, 57
Lonitz, Henri 317
Louis XIV. 176
Löwith, Karl 313
Lubac, Henri de 328
Lucain, Marcel 326
Ludendorff, Erich 189
Ludovici, Anthony Mario 64, 66, 288, 295
Lunartscharski, Anatoli Wassiljewitsch 105, 191 f.
Luther, Martin 13, 78, 119–124, 164, 181, 226, 230, 236, 252, 255
Luxemburg, Rosa 87
Lyautey, Louis Herbert Gonzalve 252

Macintyre, Ben 287
Mallet, Robert 325
Mann, Erika 315
Mann, Heinrich 247, 254, 314–317, 321, 334
Mann, Klaus 315, 321 f.
Mann, Thomas 247, 312–316, 321
Marshall, Beatrice 45, 67, 297
Marshall, Emma 45
Marx, Karl 59, 73, 78, 80 f., 87, 136, 164, 187–191, 193, 239, 329
Maurois, André 20
Maurras, Charles 246 f., 324
Maushagen, Hubert 323
Mauss, Marcel 296
Mencken, Henry Louis 7, 44, 292
Mendelssohn, Peter de 316, 321
Metternich, Fürst von Klemens Wenzel Lothar 134
Meyer, Katrin 309
Meysenbug, Malwida von 221
Michelangelo Buonarroti 147
Monnier, Henri Bonaventure 155
Montaigne, Michel de 145
Montinari, Mazzino 7, 26, 344

Mosengel, Adolf Conrad 302
Münchhausen, Börries Freiherr v. 323
Müntzer, Thomas 78
Murray, Gilbert 118
Mussolini, Benito 73, 95, 124, 133, 145–151, 161–165, 303 f., 324

Nansen, Fridtjof 301
Napoleon Bonaparte 23, 82, 124, 131 f., 154, 176, 183, 221
Naumann, Constantin Georg 291
Nepomuk, Johannes v. 49
Nicolas, Paul Marius 7, 245–249, 251 f., 324 f.
Nietzsche, Franziska (geb. Oehler) 8, 130, 260, 263, 306
Nolte, Ernst 333
Nordau, Max (Max Südfeld) 288
Nowojski, Walter 332
Nussbaumer-Benz, Uschi 165, 314

Oehler, Adalbert 291 f.
Oehler, Max (Major) 130, 296 f., 302, 324
Oehler, Richard 235 f., 252, 323
Offenbach, Jacques 268
Orage, Alfred Richard 44, 54, 56, 62, 65, 123, 284 f.
Ormsby-Gore, William George Arthur 134
Ottmann, Henning 309
Ouspensky (recte: Uspensky), Pjotr Demianovitch 58
Overbeck, Franz 237

Parker, Gilbert 118
Pascal, Blaise 256
Peter von Amiens 183
Pitt-Rivers, George H. 66, 67, 70, 72, 75, 76 f., 79, 85, 88, 90, 94, 97 f., 100–103, 110, 114
Platon 246
Plutarch 237
Podach, Erich 328

Poe, Edgar Allen 37
Porcius Festus 113
Protagoras 169

Queensberry, Marquis of 96

Rathenau, Walter 73
Renan, Ernest 165, 252
Richter, Raoul 271
Rix, Walter Torsten 287
Robespierre, Maximilien de 78, 194
Rodin, Auguste 288
Rolland, Romain 145, 246
Rose, Alfred 100, 308
Rosenberg, Alfred 232, 252
Rosenthal von Grotthus, Hans Alfred 228, 230ff., 322f.
Rosenthal, Albrecht (Albi) 116, 272, 331
Rosenthal, Maud (siehe Maud Ruth Levy)
Roth, Samuel 307
Röttgers, Kurt 340
Rousseau, Jean Jacques 120, 250

Samuel, Horace Barnett 266
Samuel, Sir Herbert 235
Savonarola, Girolamo 79
Schelling, Friedrich Wilhelm Joseph 226
Schiller, Friedrich 137, 234, 236
Schlechta, Karl 308
Schlüter, Marguerite 326
Schnitzler, Arthur 276
Schoeller, Wilfried 321
Schopenhauer, Arthur 132, 149, 197, 226, 234, 264
Schwarzschild, Lepold 7, 318, 344
Shakespeare, William 53, 195
Shaw, George Bernard 44, 118, 185, 287, 301, 331
Shaw, Walter 216
Simmel, Georg 265, 271
Sollberger 324
Solomon, André 280

Sophokles 234, 243
Sorel, George 247
Spencer, Herbert 31, 130
Spengler, Oswald 226, 230ff., 235
Spinoza, Benedict de 27, 169, 237, 264, 318, 329
Spitteler, Carl (Pseud.: Carl Felix Tandem) 137–144
Stahl, Friedrich Julius 89
Stanford, Derek 11
Stegmaier, Werner 314
Steinitz, Hugo 276
Stendhal (eigentl.: Henri Beyle) 132, 153
Stirner, Max (eigentl.: Johann Kaspar Schmidt) 129
Stone, Dan 272, 284f., 331
Streicher, Julius 230
Suarez (recte: Suarès), André (eigentl.: Isaak-Félix) 246, 324
Swezey, Stuart 305

Taine, Hippolyte 194
Tarnowsky, Michel de 256, 326
Taube, Baron v. 290, 297
Tauler, Johannes 226
Thiel, Maria 297
Thucydides 267
Tille, Alexander 124, 287
Tolstoi, Leo 58f., 212
Treitschke, Heinrich von 40, 45, 53
Trotzky, Leo Davidovitsch 79, 81, 83, 191f.
Twain, Mark (eigentl.: Neill Clemens) 56
Tyrtäus, Tyrtaeus 126, 183

Valéry, Paul 246, 325
Vauvenargues, Marquis de 256
Vergil 220
Vivar, Rodrigo Diaz de (genannt El Cid) 49
Voltaire 17, 126, 147, 171, 231, 251, 325

Wagner, Cosima 221
Wagner, Richard 46, 197, 221,
 228f., 240f., 255, 257, 263, 317
Walpole, Hugh Seymour 118
Weininger, Otto 73
Wells, Herbert G. 118, 301
Westernhagen, Curt von 257–260,
 263, 266, 268, 326
Wieland, Christoph Martin 127
Wilde, Oscar 96, 278, 301
Wilhelm II. 164, 222, 231, 239,
 264, 275, 296, 305, 314
Wilkinson, Canon 205
Wilson, Thomas Woodrow 56
Wolf, Abraham 45
Wolf, Gustave 111
Wordsworth, William 74

Zimmern, Helen 226, 266, 284,
 289, 295, 311, 327
Zschortich 297
Zwingli, Huldreich 120